# 总　序

2022年5月27日，习近平总书记在主持中共中央政治局就深化中华文明探源工程进行第三十九次集体学习时指出，"要把中华文明起源研究同中华文明特质和形态等重大问题研究紧密结合起来，深入研究阐释中华文明起源所昭示的中华民族共同体发展路向和中华民族多元一体演进格局"。巴蜀地区是古代长江上游的文明中心，巴蜀文化是中华文明的一个重要发源地和组成部分。研究好巴蜀文化，可以为中华文明的源头、特质和形态以及中华民族多元一体格局演进等重大理论问题提供重要支撑。习总书记这一指示，为巴蜀文化研究提供了明确方向和巨大动力。

巴蜀独特的山川地理、经济生业和发展历史催生了独特的巴蜀文化，其内容包括在巴蜀地区形成的价值观念、语言符号、行为规范、社会关系与组织、物质产品等。巴蜀神话是巴蜀文化中一颗璀璨的明珠，涉及巴蜀文化的方方面面，它以思想、信仰和道德等价值观念为基础，形成了覆盖口头和书面的语言符号系统，并渗透在人们的法律、习俗等行为规范中，协调和凝聚各种社会关系与组织，还呈现于饮食、服饰、建筑、工具、器皿等物质产品中。因此，巴蜀文化的研究必然离不开对巴蜀神话的研究。目前中国和世界都在关注三星堆考古进展，我们看到了越来越多令人惊叹的文物，像鸟足曲身顶尊人像、猪鼻龙形器、四翼神兽等，它们都是古蜀神话的物化形态，蕴藏着古蜀人独特的价值观念和仪式行为，对古蜀社会有着重要的功能意义，也很可能铭刻着古蜀与中华文明其他发源地互动的密码。我们必须对巴蜀上古神话进行深入的研究，才能解读这些文物及古蜀文化。

巴蜀地区是中华神话的渊薮之一，除了三星堆神话，巴蜀地区还孕育和发展了众多本源性神话，为中华民族提供了优秀文化基因和海量文化资源。比如北川、汶川羌族民众中流传的大禹神话，讲述了大禹的出生、婚配、治水的相关事迹，融入中华民族大禹神话的大家庭，对中华民族共同体的凝聚起到了巨大作用；盐亭的嫘祖神话，涉及中华民族母亲神、蚕桑生产和服饰发明、婚嫁礼仪创制等重大文化议题，让盐亭成为全球炎黄子孙寻根祭祖、守望精神家园的文化圣地；梓潼的文昌帝君神话是中国民间和道教尊奉文教之神的源头，对中华民族的勉学重教传统影响巨大，至今仍以文昌祭祀大典的形式促进海峡两岸文化交流。此外，关于女娲、蚕丛、鱼凫、杜宇、柏灌、廪君、二郎等巴蜀神话也成为中国神话的重要元素……巴蜀神话之丰厚瑰丽，其对中华文明影响之深远、对中华民族共同体贡献之巨大，一时难以尽道。由此可见，巴蜀神话研究不仅具有史学、文化学、民族学等方面的学术价值，也具有凝聚全球中华民族精神、铸牢中华民族共同体意识的现实价值。

面对如此深厚的神话资源，前辈学人筚路蓝缕，进行了开拓性研究。民国时期，顾颉刚、冯汉骥、郑德坤、董作宾、常任侠、林名均等一批历史学、考古学、民族学、文学研究者，对巴蜀文化进行了大量探索，其中或多或少地涉及巴蜀神话。1949年以后，徐中舒、蒙文通、邓少琴、林向、汤炳正、李绍明、萧崇素、洪钟等老一辈四川学者，在研究巴蜀文化的过程中也不同程度地论及巴蜀神话。其中，最早提倡将巴蜀神话作为专题来研究并取得辉煌成就的学者，首推已故著名神话学家、我院研究员袁珂先生。袁先生毕生从事神话研究，对中国神话学贡献卓著，他的《中国古代神话》《中国神话资料萃编》《中国神话史》《中国神话通论》等书都不同程度地涉及巴蜀神话的研究，并提出自己的观点，为后来的巴蜀神话研究奠定了坚实的基础。

我们欣喜地看到，继袁珂先生之后，我省黄剑华、李诚、周明、苏宁、贾雯鹤、李祥林等学者继续进行巴蜀神话的深入研究。尤其是在2019年四川省社会科学院神话研究院成立以后，巴蜀神话研究领域更加活跃。我院将巴蜀神话研究列为重点研究方向之一，神话研究院主办的《神话研究集刊》也每期开辟"巴蜀神话研究"专栏，重点刊发相关研究论文。围绕"巴蜀神话研究"方向，我们聚集了一批省内外高等院校、科研机构的相关专家学者进行专题研究，撰写了一批学术论文，在国内外学界产生了较好的影响。

为了进一步凝聚巴蜀神话研究的人才队伍、营造巴蜀神话研究的良好学术氛围，以及从神话学角度和与神话学相关的角度对巴蜀文化进行系统研究，神话研究院于2021年成立了《巴蜀神话研究丛书》编辑委员会，将《巴蜀神话研究丛书》的编撰纳入科研计划立项，并与四川人民出版社多次磋商，达成了出版共识。

本丛书立足于巴蜀神话研究，以神话研究为切入点，关联若干与神话相关的学科或主题，形成以巴蜀神话资料长编、巴蜀神话与文学、艺术、审美，巴蜀神话与历史、巴蜀神话与考古、巴蜀神话与民俗、巴蜀神话与四川少数民族文化、巴蜀神话与宗教等为主题的系列专题著作，从学术研究的层面多方位地探讨巴蜀神话与巴蜀文化的关系，立足学术，兼及普及。我们争取将本丛书打造为一套有深度、有规模、有影响力的学术研究丛书，做好巴蜀神话研究的人才队伍建设和学科建设，深入挖掘巴蜀文化，进而为阐释中华文明起源、中华民族共同体发展路向和中华民族多元一体演进格局作出应有的贡献。

是为序。

向宝云

2022年9月11日

# 目 录 ///

第一章　古蜀时期的神话传说　　　　　　　/ 001
　　一、蜀山氏和蚕丛的传说由来　　　　　/ 002
　　二、柏灌与鱼凫的传说之谜　　　　　　/ 011
　　三、廪君创立巴国的传说记载　　　　　/ 026
　　四、杜宇、朱利、鳖灵的传奇故事　　　/ 034

第二章　末代蜀王与秦并巴蜀的传说　　　　/ 041
　　一、末代蜀王的好色与纳妃　　　　　　/ 041
　　二、五丁力士移山立石的传说　　　　　/ 044
　　三、秦惠王的石牛计与美人计　　　　　/ 046
　　四、秦并巴蜀与三封蜀侯的记述　　　　/ 051
　　五、蜀王子安阳率众远徙的故事　　　　/ 057

第三章　禹兴西羌的传说故事　　　　　　　/ 061
　　一、大禹故里与治水的故事　　　　　　/ 061

二、大禹娶涂山氏的传说　　／070

　　三、西羌白石崇拜的由来　　／076

　　四、大禹金简玉书与岣嵝碑之谜　　／081

　　五、羌族的巫师与释比图经　　／092

第四章　成都平原筑城与治水的传奇　　／100

　　一、鲧作城与梦郭移　　／100

　　二、张若修建成都龟城的传说　　／107

　　三、李冰与江神的搏斗　　／111

　　四、比长城更早的伟大创举　　／116

第五章　帝俊神话与南方稻作文化　　／123

　　一、青铜神树与太阳神话　　／123

　　二、古蜀象牙之谜　　／140

　　三、巴与蜀的蛇象探讨　　／159

　　四、石跪人像与祭祀活动　　／176

第六章　汉代画像中的绚丽景观　　／196

　　一、古代蜀人的天门观念　　／196

　　二、西王母与昆仑神话　　／208

三、蚕桑与丝绸的故乡　　　　　　／215

　　四、海贝与西南丝路　　　　　　　／232

第七章　盘古神话与汉代画像　　　　　／245

　　一、传说中的盘古创世神话　　　　／245

　　二、盘瓠传说与盘古神话的关系　　／253

　　三、创世神话中的浑沌、阴阳与盘古　／261

　　四、汉代画像中的伏羲、女娲与盘古　／267

　　五、汉代的高禖神与民间神禖习俗　／276

第八章　秦汉以来的鬼神信仰与仙话　　／292

　　一、鬼神信仰的由来　　　　　　　／292

　　二、鬼神解释系统的形成　　　　　／299

　　三、仙话的演化与盛行　　　　　　／310

　　四、佛教在巴蜀的传播与影响　　　／320

　　五、中国鬼神文化的特点与意义　　／328

后　记　　　　　　　　　　　　　　　／332

| 第一章 |

# 古蜀时期的神话传说

古蜀历史上，有关蚕丛、柏灌、鱼凫、杜宇、开明的记载，通常认为它们是古蜀国的五个王朝。传世文献中对蚕丛、柏灌、鱼凫的记载文字特别简略，而且具有较浓的神话传说色彩，未解之谜甚多。尽管文人学者历来已有各种不同的解释，但其真实情形却一直笼罩在迷雾之中。

扬雄《蜀王本纪》说："蜀之先称王者，有蚕丛、柏濩、鱼凫、〔蒲泽〕、开明。是时人萌椎髻左衽，不晓文字，未有礼乐。从开明已上至蚕丛，积三万四千岁。"又说："蜀王之先名蚕丛，后代名曰柏濩，后者名鱼凫。此三代各数百岁，皆神化不死，其民亦颇随王化去。鱼凫田于湔山，得仙。今庙祀于湔。时蜀民稀少。"[①]常璩《华阳国志·蜀志》说："蜀之为国，肇于人皇，与巴同囿。至黄帝，为其子昌意娶蜀山氏之女，生子高阳，是为帝（喾）〔颛顼〕；封其支庶于蜀，世为侯伯。历夏、商、周，武王伐纣，蜀与焉。其地东接于巴，南接于越，北与秦分，西奄峨嶓。地称天府，原曰华阳。"又说："有周之世，限以秦、

---

① 见《全汉文》卷五十三，〔清〕严可均校辑《全上古三代秦汉三国六朝文》第1册，中华书局影印出版，1958年12月第1版，第414页。

巴，虽奉王职，不得与春秋盟会，君长莫同书轨。周失纲纪，蜀先称王。有蜀侯蚕丛，其目纵，始称王。死，作石棺石椁，国人从之，故俗以石棺椁为纵目人冢也。次王曰柏濩。次王曰鱼凫。鱼凫王田于湔山，忽得仙道，蜀人思之，为立祠。"①

关于古蜀历史，能够查阅的文献记载，其实也就是《蜀王本纪》和《华阳国志》等古籍了。通过扬雄和常璩的记述，可知古蜀历史上确实有过蚕丛、柏濩、鱼凫三个王朝，但这三个王朝的史迹却比较模糊，汉代的扬雄和晋代的常璩都所知甚少，只留下了一些传说的影子。要揭开古蜀历史之谜，考古资料就成了我们很重要的依据。从考古发现看，成都平原上发现了新津宝墩古城遗址群，揭示了早在四千多年前的蜀地就已出现了早期城市文明的曙光，可见传说中的蚕丛时代并非子虚乌有。广汉三星堆遗址的考古发掘揭示，三千多年前这里已经有了规模宏大的王都，特别是三星堆一号坑、二号坑出土的青铜雕像群和大量精美文物，终于撩开了古蜀神秘的面纱，露出了璀璨的面容。

## 一、蜀山氏和蚕丛的传说由来

根据古代文献透露的信息，蚕丛是古蜀国的开创者。蚕丛之前，有蜀山氏。

古代文献中就有黄帝与蜀山氏联姻的记载，说明古蜀的历史确实是非常久远的。司马迁《史记·五帝本纪》就记载："黄帝居轩辕之丘，而娶于西陵之女，是为嫘祖。嫘祖为黄帝正妃，生二子，其后皆有天下：其一曰玄嚣，是为青阳，青阳降居江水；其二曰昌意，降居若水。昌意娶蜀山氏女，曰昌仆，生高阳，高阳有圣德焉。黄帝崩，葬桥山。其孙

---

① 见［晋］常璩撰，刘琳校注《华阳国志校注》，巴蜀书社1984年7月第1版，第175、181页。

昌意之子高阳立，是为帝颛顼也。"①这段记载中提到了黄帝与古蜀的两次联姻，先娶西陵之女为正妃，又为其子娶了蜀山氏女。在其他古籍中，也有类似记载，《山海经·海内经》就有"黄帝妻雷祖，生昌意，昌意降处若水"的传说。《帝王世纪》《世本》《大戴礼·帝系篇》等也有"黄帝娶于西陵氏之子，谓之累祖，产青阳及昌意"，"颛顼母濁山氏之子，名昌仆"，"昌意娶于蜀山氏之子，谓之昌仆氏，产颛顼"的记述。袁珂先生考证说，蜀，古字通濁，《世本》说的"濁山氏"也就是蜀山氏。②如果说《山海经》等书记述的是颛顼神话世系，那么《史记·五帝本纪》就是史家之言了。关于西陵与蜀山氏，后世学者通常认为西陵是一个地名，蜀山氏应该是族名，都和古蜀有着密切的关系。值得注意的是，西陵的地理位置究竟在哪里？蜀山氏与蚕丛又是什么关系？这都是需要探讨和弄清的问题。

据学者研究，西陵就在古蜀的岷江河谷，如邓少琴先生认为，西陵就是蚕陵，黄帝所娶西陵氏女当为蚕陵氏女，蚕陵就是今天的四川旧茂州之叠溪。③叠溪西面有蚕陵山，根据当地口碑流传，据说叠溪城北山上有蚕丛墓，蚕陵山之名便与此有关。由于年代久远，蚕丛墓究竟在蚕陵山的何处，已难以寻觅。但民间传说由来已久，绝非凭空杜撰。后来的文献史料，对此也有一些明确的记述。例如《蜀水考》卷一就记述说：岷江"南过蚕陵山，古蚕丛氏之国也"④，《蜀中名胜记》卷六对蚕丛的遗迹也作了记述。学者对叠溪与"蚕陵"都非常关注，认为这里很可能就是蚕丛的发迹与建国之地，大都深信不疑。蒙文通先生就认为："可能古代蚕丛建国即在蚕陵。"⑤任乃强先生也认为：叠溪发现古碑有

---

① 见[汉]司马迁《史记》第1册，中华书局点校本，1959年9月第1版，第10页。
② 见袁珂校注《山海经校注》（增补修订本），巴蜀书社1993年4月第1版，第503—504、391页。
③ 参见邓少琴《巴蜀史迹探索》，四川人民出版社1983年6月第1版，第136页。
④ 见[清]陈登龙《蜀水考》卷一，巴蜀书社1985年4月第1版，第6页。
⑤ 见蒙文通《巴蜀古史论述》，四川人民出版社1981年8月第1版，第76页。

图001　岷江河谷的叠溪"蚕陵重镇"遗迹，传说与古蜀蚕丛有关

"蚕陵"字，"可以肯定蚕丛氏是自此处发迹的"①。蒙文通先生、任乃强先生、邓少琴先生，都是近现代研究古蜀历史的权威学者。他们认为以茂县为核心区域的岷江上游河谷是蚕丛故里，应该是古蜀历史上一个比较可信的重要史实。（图001）

通过司马迁《史记·五帝本纪》的记载，可知蜀山氏和黄帝是同时代的重要部族与杰出人物。如果说黄帝是中原地区的部族联盟首领，那么蜀山氏就应该是蜀地最大的部族了，所以才会相互通婚和联姻。联姻是上古时期部族之间增进团结和扩大势力的重要手段，黄帝娶四妃生二十五子就是和各部族联姻的结果（皇甫谧《帝王世纪》云：黄帝的元妃是西陵氏女嫘祖，此外还娶有次妃方雷氏女、次妃彤鱼氏女、次妃嫫母）。与黄帝同时期的蜀山氏，很可能是岷江上游最早养蚕的部族。有学者认为，蜀山氏因为长期养蚕和纺织丝绸，后来便以蚕为族名，称为

---

① 见任乃强《四川上古史新探》，四川人民出版社1986年6月第1版，第59页。

蚕丛氏。蚕和蜀，其实都是和养蚕密切联系在一起的。《说文》解释蜀字，就是"蜀，葵（桑）中蚕也"的意思。[①]以蚕作为族名，说明古代蜀人很早就驯养桑蚕了。学者大都认为，正是由于这个原因，蜀山氏又被称为蚕丛氏。任乃强先生认为，蜀字像蚕之形，盖即原蚕之本称也，"是故蜀山氏，即古人加于蚕丛氏之称也。其义皆谓最先创造养蚕法之氏族。西陵氏女子嫘祖得其法，转施之于中原地区。故其子娶于蜀山氏。疑西陵氏居地与蜀山氏近，故传其术于中原独早。然则蚕丛氏在黄帝之先已养蚕矣"。[②]任乃强《四川上古史新探》中也论述，蜀山氏是最早"拾野蚕茧制绵与抽丝"的部族，到了"西陵氏女嫘祖为黄帝妃，始传蚕丝业于华夏"。[③]尽管这些见解各有推测，都是一家之言，却也说明了嫘祖蚕桑文化和古蜀文化千丝万缕的关系。养蚕带来了部族的兴旺，也促使了古蜀的崛起。

黄帝对蜀山氏非常重视，司马迁《史记·五帝本纪》说黄帝后来分封两个儿子玄嚣（青阳）、昌意分别居于江水与若水，并为儿子昌意娶了蜀山氏女，可知黄帝和蜀山氏又有了第二次联姻，进一步巩固了两个大部族的亲密关系。司马迁博学广闻，很有见识，记载的这些史实，应该是有所依据和真实可信的。常璩对古蜀历史做过认真研究，在精心撰写的地方志书《华阳国志·蜀志》中就赞同和采用了司马迁的记述，同《史记·五帝本纪》《尚书·牧誓》等记载都是一致的，也认为古蜀历史非常久远，并力图将古蜀王朝与中原王朝的历史对接起来。根据古籍记载透露的信息，上古时期在岷江流域和西南地区还有羌、氐、濮、彭等部族，以及䝠灌族、鱼凫族等，都是比较大的部族或氏族。蚕丛能够

---

[①] 见［汉］许慎撰，［清］段玉裁注《说文解字注》，上海古籍出版社1988年2月第2版，第665页。
[②] 见［晋］常璩撰，任乃强校注《华阳国志校补图注》，附录"蚕丛考"，上海古籍出版社1987年10月第1版，第220页。
[③] 见任乃强《四川上古史新探》，四川人民出版社1986年6月第1版，第44—48页。

联盟诸多部族，执掌牛耳，创建蜀国，与蜀山氏部族自身的强盛，以及黄帝的联姻支持紧密相关。

  岷江上游河谷是蚕丛的故里和崛起之地，扬雄《蜀王本纪》佚文有"蚕丛始居岷山石室中"之说，[①]联系到后世传说的蚕丛事迹大多在岷江上游，可知蚕丛起初可能是栖息于岷江河谷地区以牧业为主兼营狩猎与养殖的部族，后来才由岷江河谷逐渐迁入成都平原。考古发现也揭示了岷江上游河谷曾是古蜀先民的栖息地，譬如营盘山的考古发现，以及岷江上游河谷多达上万座的石棺葬，便给予了充分的印证。位于茂县城郊不远的营盘山遗址，背靠群山，岷江环绕流过，台地平缓，视野开阔。遗址就位于开阔的台地上，面积有15万平方米。

图002 岷江上游的叠溪河谷

图003 茂县牟托石棺葬墓地遗址

图004 茂县营盘山石棺葬遗址，考古人员在这里发现了大量的石棺葬

---

① 据《古文苑·蜀都赋》章樵注引，参见［晋］常璩撰，刘琳校注《华阳国志校注》，巴蜀书社1984年7月第1版，第181页注2。

考古发掘揭示，这里曾是四千多年前的古蜀先民栖息地，有祭祀场所，还有墓葬区，留下了大量的石棺葬。而距离茂县40多公里的叠溪，有着开阔的河谷和险要的地形，控扼着岷江上游的交通要冲，是一处形胜之地，所以这里也成了古蜀先民的重要聚居之处。（图002、003、004）

蚕丛后来迁徙进入成都平原之后，叠溪作为蚕丛故里，依然是古代蜀人心目中的圣地。在后来的古蜀王朝中，祭祀活动非常兴盛，其中有一项非常重要的祭祀活动，就是祭祀神山。例如三星堆出土的一件玉璋上，就刻画有古代蜀人祭祀神山的情景。神山指的就是蜀山，说得明确一点，叠溪的蚕陵山便是古代蜀人心目中的神山。因为蚕丛是从这里崛起并创建蜀国的，而且传说蚕丛的王陵也在这里，所以神圣的蚕陵山便成了古代蜀人心目中永恒的崇拜象征。古代蜀人由此而形成了魂归天门的观念，扬雄《蜀王本纪》记述说李冰为蜀守时，"谓汶山为天彭阙，号曰天彭门，云亡者悉过其中，鬼神精灵数见"。[1]常璩《华阳国志》也记载李冰为蜀守时，说李冰"能知天文地理，谓汶山为天彭门，乃至湔氐县，见两山对如阙，因号天彭阙。仿佛若见神，遂从水上立祀三所，祭用三牲，珪璧沉濆。汉兴，数使使者祭之"。[2]后来的《水经注·江水》中也有相同记述，说岷山是大江源头："至白马岭而历天彭阙，亦谓之天谷也。秦昭王以李冰为蜀守，冰见氐道县有天彭山，两山相对，其形如阙，谓之天彭门，亦曰天彭阙。江水自此已上至微弱，所谓发源滥觞者也。"[3]岷山也就是蜀山，古人认为这里是大江之源，也是古蜀先民的发祥之地。这些记载，都说明了岷江上游的蜀山在古代蜀人心目中的重要性，而天彭阙作为天门观念的象征，也就成了崇尚与祭祀的对象。

---

[1] 见《全汉文》卷五十三，[清]严可均校辑《全上古三代秦汉三国六朝文》第1册，中华书局影印出版，1958年12月第1版，第415页。又参见《寰宇记》卷七十三；林贞爱校注《扬雄集校注》，四川大学出版社2001年6月第1版，第318页。
[2] 见[晋]常璩撰，刘琳校注《华阳国志校注》，巴蜀书社1984年7月第1版，第201页。
[3] 见[北魏]郦道元撰，王国维校《水经注校》，上海人民出版社1984年5月第1版，第1035—1036页。

蚕丛为什么要举族迁徙？为什么要离开祖居之地、放弃岷江上游河谷，而选择了成都平原作为新的定居之地？其中的原因究竟是什么呢？我认为，最关键的至少有两大原因：一是发展所需，二是灾害迫使。

　　首先从发展所需方面来看，蚕丛初期以岷江上游河谷为主要活动区域，以发展粗耕农业和养殖畜牧为主，促使了人口的繁衍和部族的兴旺。蚕丛崛起之后，开始筹划创建蜀国，团聚了其他诸多部族，成了盟主和大首领。随着蚕丛威望的提高，以及对外界联系的扩大，归顺蚕丛的部族逐渐增多，叠溪一带就显得比较狭小了。岷江上游河谷的生存环境比较狭窄，耕地本来就稀少，其他资源也相对较少，随着古蜀族人口的增多与势力的扩充，已难以满足日益增长的需求，所以必须开拓疆域，寻求更为广阔的发展空间才行，于是蚕丛率领蜀族与其他追随的众多部落，开始向岷江下游迁徙，进入了地域更加开阔、生态环境更为良好的成都平原。

　　其次从灾害迫使方面来看，另一个更为严重与急迫的问题是，很可能当时发生了大地震，对蜀山氏和诸多部族的生存环境造成了破坏和危害。这样的大地震每隔几十年便会发生一次，也促使蚕丛下决心率领族人迁出了岷江上游河谷。古代文献记载中就透露有地震的信息，如《古本竹书纪年》说黄帝"七十七年，昌意降居弱水……一百年，地裂"，殷商时期也发生过"地震""瞿山崩"。[1]又如《太平御览》记述"《穀梁传》曰：梁山崩，壅河三日不流"；"《汉书》曰：成帝时，岷山崩，壅江水，江水逆流"。[2]《水经注·江水》也说："汉延平中岷山崩，壅江水三日不流。"[3]《国语·周语上》也记载："幽王二年，西周三川皆

---

[1] 见《古本竹书纪年》，载《帝王世纪·世本·逸周书·古本竹书纪年》，齐鲁书社2010年1月第1版，第41、60、62页。
[2] 见[宋]李昉等《太平御览》第1册，中华书局影印出版，1960年2月第1版，第192—193页。
[3] 见[北魏]郦道元撰，王国维校《水经注校》，上海人民出版社1984年5月第1版，第1036页。

震。伯阳父曰：'……夫国必依山川，山崩川竭，亡之征也……'是岁也，三川竭，岐山崩。十一年，幽王乃灭，周乃东迁。"[1]这个记载说西周幽王时发生了大地震，引发了后来的改朝与迁都，由此也可见大地震造成的重大影响。岷江上游河谷自古就是地震多发地段，例如20世纪30年代发生的大地震，曾形成叠溪海子，堰塞湖溃决后对下游造成很大的危害。2008年"5·12"汶川特大地震，对岷江上游河谷居民造成的危害更是有目共睹。所以，大地震促使了蚕丛的迁徙，应该是一个关键性的原因。

蚕丛率族迁徙，离开了岷江上游河谷，进入了开阔的成都平原之后，开始择地筑城而居。迁徙和筑城，都是蚕丛时代很英明的举措，不仅改善了各部族的生存环境，也为古蜀带来了兴旺。传世文献对此虽然缺少记载，考古发现却给予了较多的印证。成都平原上发现了许多早期古城遗址，有新津宝墩古城遗址、都江堰芒城遗址、崇州双河古城遗址、崇州紫竹古城遗址、郫县古城遗址、温江鱼凫城遗址等多座，其年代大约在新石器时代晚期，距今有4500～3700年历史。考古发掘揭示，古代蜀人往往根据河流的走向与附近地势特点来选择筑城，宝墩文化这些早期古城遗址与三星堆古城遗址便有这种显著特征。金沙遗址也沿袭了这一传统，同样显示出了滨河而居的特点。古代蜀人滨河而居不仅对生活有种种便利，而且也是有益于发展农业生产的一种选择。众多的河流与充沛的水资源，有利于灌溉种植水稻和其他农作物，也有利于捕鱼，为古代蜀人的繁衍生息提供了极大的便利，但当发生自然灾害时也给滨河而居的古蜀国都邑造成难以想象的危害。有学者认为，宝墩文化一些早期古城不留城门的斜坡状城垣，便体现了古蜀先民防治水患的意识。

---

[1] 见［周］左丘明撰，上海师范学院古籍整理组校点《国语》上册，上海古籍出版社1978年3月第1版，第26—27页。

古代蜀人在成都平原上修筑城市和都邑，最初是从靠近岷山的西北部边缘地带开始的，然后沿着岷江支流河道两岸台地逐渐向平原腹心地区推进。最初修筑的早期城市规模较小，后来不断扩展，到殷商时候的三星堆古城已蔚为壮观，商周时期的金沙遗址更是规模宏大，这不仅与先后选址筑城的地理条件有关，也与不同时期古蜀国或古蜀族人力和物力资源的强弱有着较大的关系。这些古城遗址说明，这个时期成都平原已经出现了早期城市文明的曙光，也揭示出当时散居在成都平原与西南地区的部族很多。有学者认为，早期古蜀国的构成，可能就是通过部族结盟而建立起来的酋邦式国家，从而形成了共主政治的局面。蒙文通先生曾精辟地指出："蜀就是这些戎伯之雄长。古时的巴蜀，应该只是一种联盟，巴、蜀不过是两个霸君，是这些诸侯中的雄长。""可见巴、蜀发展到强大的时候，也不过是两个联盟的盟主。"[①]古蜀国部族众多，结构比较松散，这种多部族联盟的形式，正是古蜀国与中原和其他地区在社会结构方面的不同之处。当时的部族有哪些？从文献记载透露的信息看，比如氐族、羌族、濮族、斟灌族、鱼凫族、彭族、僰人等，都是比较重要的部族，此外还有西南夷众多的土著部落，都和古蜀国有着密切的关系。蚕丛显然就是当时获得诸多部族拥戴的盟主，结盟建立了蜀国，成了首位蜀王。

后世为了纪念蚕丛，曾修建蚕丛祠，有些地名也与蚕丛有关，并称蚕丛为青衣神，有些地方还修建了青衣神庙，传世文献对此记载颇多。在岷江穿越丛山进入成都平原的地方，曾有"蚕崖关""蚕崖石""蚕崖市"等古地名，便与蚕丛氏南迁的史迹有关。宋本《方舆胜览》卷五十一记述"成都古蚕丛之国，其民重蚕事，故一岁之中二月望日鬻花木蚕器于其所者号蚕市"。古代成都曾修建有蚕丛祠以祭祀教人养蚕的

---

① 见蒙文通《巴蜀古史论述》，四川人民出版社1981年8月第1版，第30—31页。又见《蒙文通文集》第二卷《古族甄微》，巴蜀书社1993年4月第1版，第199—200页。

蚕丛氏："蜀王蚕丛氏祠也，今呼为青衣神，在圣寿寺。"[①]《大明一统志》卷六十七也说："蚕丛祠在府治西南，蚕丛氏初为蜀侯，后称蜀王，教民桑蚕，俗呼为青衣神。"卷七十一又说：青神县又名"青衣县，盖取蚕丛氏青衣以劝农桑为名"；当地修建有"青衣神庙，在青神县治北，昔蚕丛氏服青衣，教民蚕事，乡人立庙祀之"[②]。《蜀中名胜记》卷十五也记述说：青神县的得名与蚕丛有关，"青神者，以蚕丛衣青，而教民农事，人皆神之，是也"[③]。因为蚕丛是古蜀国的开创者，数千年之后人们仍在怀念他倡导养蚕和教民农事的功绩，对后世的影响可谓深远。蚕丛应该有后代子孙，但情况如何，则比较模糊。从古籍相关记载透露的信息看，蚕丛将王位传给柏灌之后，柏灌即位不久便被鱼凫夺走了王位，柏灌只有离开王城迁徙到其他地方，蚕丛的子孙很可能也迁徙他乡了。文献记载古代西南地区有青衣羌国，或称青衣国，栖居于大渡河流域和青衣江畔，从习俗与称谓推测，很有可能便是蚕丛后裔中的一支。

## 二、柏灌与鱼凫的传说之谜

根据传世文献记载，柏灌是蚕丛之后的蜀王，是古蜀国第二个王朝的统治者。扬雄《蜀王本纪》就说"蜀王之先名蚕丛，后代名曰柏濩"。常璩《华阳国志·蜀志》则说蚕丛先称王，"次王曰柏灌"。扬雄记述的柏濩，与常璩记载的柏灌，一字之差，可能是后世文献在传抄上出现的问题，使字形发生了讹变，显然是同一个人。蒙文通先生就认为

---

[①] 见[宋]祝穆《宋本方舆胜览》第11册，上海古籍出版社影印线装本，1986年1月第1版。

[②] 见[明]李贤等《大明一统志》下册，三秦出版社1990年2月第1版，第1043、1102、1106页。

[③] 见[明]曹学佺《蜀中名胜记》，重庆出版社1984年10月第1版，第219页。

"濩"是字误,应是古籍传写之误。①常璩记载的柏灌,可能更准确一些。扬雄和常璩的记述,透露了柏灌是古蜀国的第二代蜀王,但记载只有寥寥数字。关于柏灌在蚕丛之后是如何继承王位的?柏灌统治古蜀国的时间有多久?柏灌有些什么作为?柏灌的兴衰与去向又是怎样的?《蜀王本纪》与《华阳国志·蜀志》中都语焉不详,说得极其笼统和含糊,因此成了古蜀历史上一个很大的谜。

学者研究古蜀历史,对此曾做过探讨,提出了一些看法。有学者认为:柏灌率领族人后来跟随大禹治水,迁往了中原,很可能史籍中的"斟灌氏或即蜀王柏灌,被夏征服后,变为夏的同盟部族,一直随夏东迁……这样,我们可以解释一个问题,为什么蜀王柏灌,看不见他在蜀的事迹和踪影?第二代蜀王应该是有辉煌事迹的,现在却找不到有关他的史迹,原来他就是斟灌氏,迁到中原去了"②。这个看法颇有见地,因为大禹治水首先就是从蜀地开始的。根据《禹贡》和《蜀王本纪》等古籍记载,西蜀岷江在五帝先秦时代曾是水患比较严重的地区,《禹贡》中数次提到大禹由"岷山之阳,至于衡山","岷山导江,东别为沱","岷嶓既艺,沱潜既道"③,说明大禹曾花费大量精力对岷江进行过治理。有学者认为,大禹导山治水的办法在岷江流域取得了成功,进而才变成了整个中原的治水措施,并推广到了九州,这种见解是很有道理的。古代文献中说大禹"西兴东渐",考古发现对此已有较多的印证。大禹治水的过程中,有跟随他的本族队伍,也有追随他的其他部族,获得了广大民众的拥护,应该是比较真实可信的史实。由此推测,斟灌族和大禹的关系比较密切,随同大禹治水并去了中原,确实具有较大的可能性。

---

① 见蒙文通《巴蜀古史论述》,四川人民出版社1981年8月第1版,第42、81页。
② 见谭继和《禹文化西兴东渐简论》,《四川文物》1998年第6期,第12页。
③ 见[清]胡渭著,邹逸麟整理《禹贡锥指》卷九、卷十一下、卷十四下的考述,上海古籍出版社,1996年12月第1版。

关于柏灌,还有学者认为司马迁《史记·秦本纪》记述,秦人的祖先曾"佐舜调驯鸟兽,鸟兽多驯服,是为柏翳"[①],认为柏灌与柏翳都是称号,都崇鸟,故而应有某种渊源,推测柏灌氏很可能是经营关中地区的秦先公派往古蜀的镇守者,也应该是秦人。[②]这个推测,将柏灌视为外来守蜀者,而并非蜀地的土著部族,在年代上也比大禹时代要晚了许多,也是颇有新意的一家之言。但是文字考古,必须要有其他更多的资料来支持和印证,才有说服力。据扬雄《蜀王本纪》所言,在蚕丛、柏灌、鱼凫时代,古蜀国还是"椎髻左衽,不晓文字,未有礼乐"的状态,所以根据文字称呼来推测柏灌的族源,还是难免有牵强之感。在时间上,柏灌是否和秦人的先公同时代?古蜀是否很早就已为秦人所据有?这些都是很大的疑问。此外,还有一些学者提出了其他不同的分析看法,见仁见智,颇有争论,莫衷一是。总而言之,由于古代史籍中对柏灌的记载语焉不详,所以学者提出了各种推测看法,也是百家争鸣的正常现象。正因为学者的看法都是推测之见,所以柏灌的故事,也就给我们留下了很大的想象空间。

传世文献关于中原斟灌族的事迹,在《古本竹书纪年》与《左传》等古籍中有比较简略的记载,其中似乎也隐藏了很多故事。《古本竹书纪年》有斟灌与斟寻的记载,既是地名,也是氏族名,都是夏朝发生的事情。《古本竹书纪年》说"帝太康,元年癸未,帝即位,居斟寻",又说"羿人居斟寻"。在帝相"八年,寒浞杀羿,使其子浇居过。九年,相居于斟灌"。"二十六年,寒浞使其子帅师灭斟灌。二十七年,浇伐斟鄩,大战于潍,覆其舟,灭之。"又说"斟灌之墟,是为帝丘",后来"伯靡自鬲帅斟鄩、斟灌之师以伐浞","于是,夏众灭浞,奉少康

---

① 见〔汉〕司马迁《史记》第1册,中华书局点校本,1959年9月第1版,第173页。
② 据何峥先生《柏灌考》文稿中的论述。

归于夏邑。诸侯始闻之，立为天子"。①在寒浞杀羿和相继发生的政变中，斟灌族也深受其害，后来斟灌族的遗民又协助夏朝王室灭掉了寒浞，建立了少康政权。由此可见，斟灌族与夏王朝的密切关系，可谓非同一般，由来已久。《左传·襄公四年》也记载了历史上发生的这件事情，说寒浞杀羿，夺取了羿的妻妾，生了浇与豷，"使浇用师，灭斟灌及斟寻氏"，后来"靡自有鬲氏，收二国之烬，以灭浞而立少康"。这里说的"收二国之烬"，是说召集了斟灌族与斟寻氏两国的遗民，组成军队，从而消灭了寒浞，扶助少康即位，重新恢复了夏王朝的统治。《左传·哀公元年》也说到了这件事情，说"昔有过浇杀斟灌以伐斟鄩，灭夏后相"，后来消灭了寒浞，才"复禹之绩"，终于又复兴了夏禹的事业。②

　　文献中的这些记述，都是发生在大禹建立夏王朝之后的事情，其时间在于夏代的太康与少康之间。根据夏代帝系表，大禹是夏王朝的开国帝王，其后是启、太康、仲康、相、少康，都是子承父业，形成了世袭制度。通过这些记载透露的信息，可知当时在中原地区确实是有一个斟灌族的，和夏王朝的关系特别密切，一直和王室毗邻而居，荣辱与共。由此联想，这个斟灌族，会不会就是跟随大禹治水从古蜀国迁居华夏的斟灌族呢？大禹治理九州水患是先从岷江治水开始的，当时大禹召集了很多民众参加治水，柏灌很可能也率众参与了治水，并跟随大禹去了中原。古籍文献中关于柏灌的记载甚少，也许与此有着较大的关系。但柏灌作为蚕丛王之后的古蜀国第二代王朝的统治者，仅仅因为协助大禹治水，就会轻易放弃了蜀王之位吗？柏灌不做蜀王也不统治蜀国了，而亲自率领部族离开蜀国跑去外地治水，若按常理推测确实有点不可思议，其中显然另有隐情。

---

① 见《古本竹书纪年》，载《帝王世纪·世本·逸周书·古本竹书纪年》，齐鲁书社2010年1月第1版，第53—54页。
② 见王守谦等译注《左传全译》下册，贵州人民出版社1990年11月第1版，第770、1483页。

我认为，蚕丛和柏灌的关系应该是比较融洽的，所以蚕丛才将王位传给了柏灌。柏灌很可能是蚕丛王朝的一位贤能之臣，也不排除斟灌族与蜀山族有姻亲关系，深得蚕丛王的信任和倚重，因此成了第二代蜀王。但柏灌继承王位后不久便发生了激烈的王位之争，被强悍的鱼凫夺走了王位。从史书记载看，王位之争从上古以来就是经常发生，不乏其例的。比如《史记·夏本纪》《韩非子·外储说右下篇》《战国策·燕策》《楚辞·天问》等书记载，夏禹去世前将帝位禅让给益，三年后，夏禹的儿子启为禹守丧期满，谋夺帝位，被益拘禁，后来启逃脱，杀益得位。这个故事，就是一个比较典型的例子。

柏灌失国之后，这才不得已率众而走，其时间应该和蚕丛王朝相去不远。若按时代推算，后来跟随大禹治水去了中原的斟灌族，很可能并非柏灌王亲自率领本族民众，而是柏灌王的后代子孙追随大禹参加了治水，由于深得大禹的信任和重用而举族迁徙，这样就解释得通，也更加合情合理了。

总而言之，因为古蜀国的朝代与历史在古籍中缺少明确记载，有些文献中的记述也过于简略和语焉不详，我们很难确定其世系编年，因此也很难准确地和中原帝王世系相互对应。我们所能做的，也就是大致地推测而已。

鱼凫是古蜀历史上一个很重要的部族，继蚕丛与柏灌之后统治了蜀国，是古蜀历史上第三个王朝。

扬雄《蜀王本纪》和常璩《华阳国志·蜀志》都有"鱼凫王田于湔山"的记载，任乃强先生考证说，"湔水，今彭县北海窝子河是也，出'关口'注于沱江（郫河），古称'湔水'"；"海窝子，古称瞿上"；秦以前，岷江上游与成都平原的交通皆取道于湔水山谷。他认为蚕丛部族自岷江河谷逾土门之山入山南之草原至瞿上，逗留甚久，至鱼凫时，当已下入成都平原，但这里很可能仍是鱼凫族的一个重要活动区域，经常"渔猎垦牧于湔水湔山之间"。鱼凫原为鸟名，是善于捕鱼之鸟，鱼凫族以此为名，透露了对渔业的崇尚，说明是一个嗜好渔猎的民族。所以古蜀国在鱼凫王朝时期，还是以渔猎为主的社会，后来到了杜宇时代，才进入了农业社会。①

由于文献记载的简略和语焉不详，我们对于鱼凫族和鱼凫王朝的了解都很有限，所知甚少，而且有很多未解之谜。譬如鱼凫是如何取代柏灌而继承王位的？鱼凫王朝的都邑在哪里？鱼凫王朝修建过规模宏大的王城吗？鱼凫王朝究竟延续了多久？鱼凫王统治古蜀国的时期有些什么作为？鱼凫王朝是否参加过战争？鱼凫王朝是如何被杜宇王朝颠覆而败亡的？鱼凫族的遗民后来去了哪里？等等，诸如此类，各种疑问，都需要我们加以分析，进行探讨。

首先探讨一下鱼凫是如何建立第三代古蜀王朝的，会不会是柏灌将王位禅让给了鱼凫呢？众所周知，我国上古尧、舜时期曾有禅让之说，但到了大禹建立夏朝之后，就已变成了子承父业的家天下。如果说蜀山氏与黄帝、嫘祖同时代，其后蚕丛建立了古蜀国，到了柏灌继承王位的时候，其时间相当于尧、舜时期，蚕丛王与柏灌王之间很有可能通过禅让或指定方式来合法继承王位。但是，柏灌王朝与鱼凫王朝的更迭，其时期已在尧、舜之后，显然不大可能再有禅让了。何况柏灌王朝的时间很短，柏灌王即位不久便被鱼凫王取代了，也透露了王位的更替绝非禅让所致，而是另有隐情。我们由此推测，最大的可能就是鱼凫族在当时日渐强盛，已成为雄霸一方的强大部族，在古蜀国内的势力已远远超过了斟灌族，然后强悍的鱼凫族便取代了斟灌族的地位，夺取了王位，成了新的蜀王。其中当然也不排除鱼凫采取了阴谋政变与武力夺取王位的可能。

其次是鱼凫王朝的都邑在哪里。据唐代卢求《成都记》说"古鱼凫

---

① 见［晋］常璩撰，任乃强校注《华阳国志校补图注》，上海古籍出版社1987年10月第1版，第119页；又见附录"蚕丛考"中所述，第221页。

国，治导江县"，明代曹学佺《蜀中名胜记》卷六引用了这个记述，说蜀汉时刘备将这里设置为都安县，属汶山郡，周武帝并入益州之郫，唐初改为盘龙县，又改为导江县，孟蜀改导江为灌州。①宋代罗泌《路史前纪》卷四也有"蚕丛纵目，王瞿上。鱼凫治导江"的记述。由此可知，导江是秦并巴蜀之后的县治名称，其具体位置，大约在现代的灌县（今都江堰市）南一带。上面引用的这些记述透露，古蜀国的鱼凫族可能就居住在导江一带，鱼凫王朝也可能在这里建立过最初的都邑。但这些都是唐代诗人与宋代文人记述的说法，传说的色彩很浓，只能姑妄言之、姑妄听之。此外还有一些关于鱼凫的传说，宋孙寿《观古鱼凫城诗》自注云：温江县北十五里有古鱼凫城。刘琳先生说："据嘉庆《温江县志》，在县北十里，俗称古城埂。"②根据考古发现，温江确实有鱼凫古城遗址，其时代大约始筑于新石器晚期，后来延续使用的时间非常久远，蜀汉时期仍被使用，唐宋时期城址尚存。导江和鱼凫城，可能都是鱼凫王朝使用过的早期都邑。此外还有瞿上城，可能始于蚕丛王朝，到了鱼凫王朝，也在使用。由此推测，鱼凫王朝的早期城邑可能不止一处，但规模都比较小。（图005、006）

这里要顺便说一下瞿上的地理位置，前面已提到任乃强先生认为海窝子就是瞿上所在，瞿上亦是彭县北的重要关口，有的地理志书指为天彭门。③宋代罗泌《路史前纪》卷四说"蚕丛纵目，王瞿上"，罗苹注曰："瞿上城在今双流县南十八里，县北有瞿上乡。"罗苹的说法，显然是对瞿上的另一种解释了。刘琳先生说："按其方位，在今双流县南黄甲公社境牧马山上。新津文化馆藏县人李澄波老先生实地考察后的手稿记载：

---

① 参见［明］曹学佺《蜀中名胜记》，重庆出版社1984年10月第1版，第83页。
② 见［晋］常璩撰，刘琳校注《华阳国志校注》，巴蜀书社1984年7月第1版，第182页注4。
③ 参见［晋］常璩撰，任乃强校注《华阳国志校补图注》，附录"蚕丛考"中所述，上海古籍出版社1987年10月第1版，第221页。

图005 温江鱼凫古城城垣遗址　　图006 温江鱼凫王墓遗址

'瞿上城在今新津县与双流县交界之牧马山蚕丛祠九倒拐一带。与《路史》所载大体相合。'"① 瞿上究竟是在彭县北的海窝子，还是在双流与新津交界的牧马山一带？两种说法不同，而且两地相距颇远，学者对此也看法不一，并无定论。我觉得任乃强先生的看法是颇有道理的，罗苹的解释臆想的色彩较重。因为古蜀邈远，史实迷茫，所以后人常有附会。《路史》顾名思义，就是道听途说的历史，很多记载都比较杂乱，并不可信。总而言之，两种说法并不一致，都是推测，只能作为研究古蜀历史的参考。瞿上城究竟在哪里？目前依然是个很大的谜。（图007）

鱼凫王朝统治古蜀国的时间比较久长，这个时期已经像夏王朝一样实行王位世袭制度了，从第一代鱼凫王到后来的末代鱼凫王，很显然延续了很多代。《古文苑》章樵注引《蜀纪》说"上古时，蜀之君长治国久长"，说的应该是古蜀国鱼凫王朝时期的情形。考古发现在这方面也提供了大量的资料，给予了很好的印证。随着社会的发展和人口的繁衍，鱼凫王朝的势力日渐强势，于是又择地修建了规模更为宏大的王城。三星堆古城应该就是鱼凫王朝所建的一座新都城，其规模的宏大和

---

① 见［晋］常璩撰，刘琳校注《华阳国志校注》，巴蜀书社1984年7月第1版，第183页注3。

占地面积的广阔（约达2.6平方千米），充分展示了鱼凫王朝鼎盛时期的一种兴旺景象。考古发现揭示，三星堆遗址分四期，依次约当新石器时代晚期、夏代至商代前期、商代中期或略晚、商代晚期至西周早期。三星堆遗址先后延续的时间可能有几

图007　温江鱼凫村遗址已公布为"全国重点文物保护单位"

百年，出土有大量与鱼凫族有关的陶器之类，都属于鱼凫王朝的遗存。特别是三星堆遗址出土有大量鸟头勺柄，长喙带钩，极似鱼鹰，通常都认为与鱼凫族有关。我们在前面已提到，关于鱼凫，本是巴蜀先民驯养用于捕鱼的一种带鹰钩嘴的水禽，又名鸬鹚，鱼凫氏以鸟为族名，可见是早期崇尚渔猎的民族。三星堆遗址出土了数量可观的带鹰钩嘴鸟头形器柄，对鱼凫族的传说无疑是很好的印证。三星堆一号坑所出金杖上的图案，有人头、鸟、鱼，鸟的形象，与勺柄上的鸟头一致，因此学术界普遍认为这是鱼凫族的文化遗存。三星堆二号坑出土的大量青铜雕像和器物，显而易见也是鱼凫时代的文物，说明当时的青铜文明已经达到了相当灿烂辉煌的程度。三星堆一号坑与二号坑的年代，学者认为："一号坑相当商文化的殷墟早期，二号坑相当殷墟晚期。"[1]两个坑的年代相差百年以上，出土的青铜人像与人头像在衣冠发式和造型上都基本一致，也是对鱼凫王朝世袭制度的一个有力印证。这些制作精美的青铜雕像群，应该是当时古蜀国各部族首领和王公贵族阶层的生动写照，不仅生

---

[1] 见李学勤《三星堆饕餮纹的分析》，载《三星堆与巴蜀文化》，巴蜀书社1993年11月第1版，第79页。

019

动地展示了各部族联盟的情形，同时也说明了当时祭祀活动的昌盛，为我们深入了解古蜀国的历史与社会提供了珍贵的资料。（图008、009、010、011、012、013）

再者是鱼凫时代的作为如何？概括地说主要表现在两个方面：一是修建了新的王城，二是拓展了疆域。新的王城就是三星堆古城了，这座规模宏大的都城使得这里成为古蜀国的交通枢纽和经济文化中心，对促

图008　三星堆二号坑出土的铜鸟首

图009　三星堆二号坑出土的鸟首形铜铃

图010　三星堆二号坑出土的青铜凤鸟

图011　三星堆二号坑出土的青铜人首鸟身像，是古代蜀人的绝妙创造

图012　三星堆出土的陶鸟头勺把

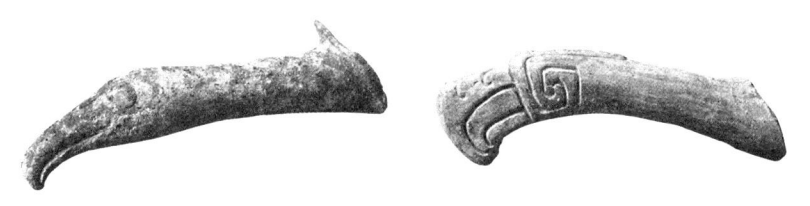

图013　三星堆出土的陶鸟头勺把

进古蜀国的兴旺繁荣显然起到了非常关键的作用。在鱼凫王朝最为昌盛的夏商时期，古蜀国的疆域曾东达川东、鄂西，西至成都平原边缘的雅安、汉源，也许还包括了川北、汉中一部分。从地名上考察，川东、川南、川西的一些地方都有与鱼凫相关的地名，大概都是其统辖过的区域。鱼凫王朝对疆域的拓展，显然超过了蚕丛时代，这与鱼凫王朝拥有较强的军事力量，很可能也有较大的关系。三星堆二号坑出土的青铜神树底座上，雕刻有身穿铠甲的武士像，该像雕刻于神树的底部，做下跪祈求状，应为武士参加祭祀时的形象。这对于鱼凫王朝建有军队，应该是一个重要的印证。鱼凫王朝拥有军队，对征服周边的其他部族，就会发挥很重要的作用，广袤的西南地区可能都臣服于鱼凫王朝的统治之下。当时廪君创建的巴国也很强势，鱼凫王朝是否和相邻的巴国发生过征战就不得而知了。也可能鱼凫王和廪君互有讨伐，巴蜀之间曾有过战争，后来又和平相处，改善了关系，双方甚至有过联姻，其间可能发生过很多故事，因缺少文献记载，我们对此只能猜测了。从考古资料看，巴蜀两地出土的器物比较多，但缺少文字的发现，不像殷墟有甲骨文，通过出土的大量卜辞可以比较准确地了解到殷商王朝的很多历史事件，而巴蜀却没有类似的文字，只有出土的一些兵器上面刻有图像或巴蜀图语。迄今发现的巴蜀图语，已有几十个至上百个之多，但时间已晚至战国时期，而且大都含义朦胧，复杂难解，因此尚未破译。所以我们对鱼凫和廪君时期的巴蜀关系了解甚少，当时发生过的历史事件与故事始终是笼统的、朦胧的或模糊的。对于研究者来说，这是一个很大的遗憾，也是很无奈的事情。

据古籍记载，在商周之际，古蜀国曾派兵参加了武王伐纣的行动。《尚书·牧誓》说当时有"庸、蜀、羌、髳、微、卢、彭、濮人"参与了军事行动①，在八个西南部族中，蜀是排列在前面的。当时的军队编制，有千夫长、百夫长，使用的兵器有弓箭、戈、矛、盾、刀剑之类。《古本竹书纪年》也有周师伐纣的记述："冬十有二月，周师有事于上帝。庸、蜀、羌、毛、微、卢、彭、濮从周师伐殷。""遂东伐纣，胜于牧野，兵不血刃而天下归之。"②蜀王派军队参加了周武王灭纣的战争，学者大都认为，这应该是鱼凫时代的事情。但从时间上推测，显然不是第一代鱼凫王，而是鱼凫王朝中期或后期发生的事情了。常璩《华阳国志·蜀志》对此也作了明确记载："蜀，世为侯伯，历夏、商、周，武王伐纣，蜀与焉。"又说："有周之世，限于秦、巴，虽奉王职，不得与春秋盟会。"卷十二也说："及周之世，侯伯擅威，虽与牧野之师，希同盟要之会。"③这些记载说明，在鱼凫王朝统治古蜀国的时期，曾是西南地区一个实力比较雄厚的诸侯国，鱼凫王朝派兵参加武王伐纣后，仍同周王朝保持着密切关系，但因受阻于秦、巴两国，所以很少参加中原盟会之类的活动。这也揭示出，鱼凫王朝确实延续了很多代，一直到后来才

---

① 见［清］阮元校刻《十三经注疏》上册，中华书局影印出版，1980年9月第1版，第183页。
② 见《古本竹书纪年》，载《帝王世纪·世本·逸周书·古本竹书纪年》，齐鲁书社2010年1月第1版，第78—79、81页。
③ 见［晋］常璩撰，刘琳校注《华阳国志校注》，巴蜀书社1984年7月第1版，第175、181、891页。

被大力发展农业的杜宇所取代。常璩说的春秋盟会，从时间上推测，也可能是杜宇成为蜀王之后的事情了。

关于鱼凫王朝的结束，又是怎么发生的？《蜀王本纪》记载说"鱼凫田于湔山，得仙，今庙祀于湔"，透露出鱼凫王是在湔山田猎的时候，突然仙化了。常璩《华阳国志·蜀志》说："鱼凫王田于湔山，忽得仙道，蜀人思之，为立祠。"湔山是都江堰附近的山林之地，田猎也就是王者的狩猎了，仙化则是一种很含蓄的说法，当然不是成了神仙，而是从此不知去向，莫名其妙地消失了。也有学者认为："《蜀王本纪》和《华阳国志》所说鱼凫田于湔山，是指其军事行动，而忽得仙道则是隐括其败入湔山，当是被杜宇战败后退走湔山，并不是说鱼凫都于此。"认为《蜀王本纪》说的鱼凫"仙去"与三代蜀王"皆神化不死"，其实"均为战败而亡之义。所谓'猎于湔山'，也颇与古籍'天子狩于某''王者狩于某'的笔法相类，都是史家为王者避讳之辞，实指王者遇难或逃亡"[1]。这个分析，是颇有见地的。杜宇崛起之后，采取军事行动，击败了鱼凫王，这本是情理中事。值得注意的是，当时鱼凫王作为古蜀国的统治者，拥有比较强大的军队，怎么会突然败亡呢？首先推测，杜宇很可能隐秘地积蓄了自己的精锐力量，并采取了袭击的方式，这才出其不意地击败了鱼凫王。如果进一步推测，杜宇很可能就是乘着鱼凫王在湔山田猎的时候，发起了突然攻击，鱼凫王猝不及防，因此而战死或败亡了，这种可能性应该是存在的。其中当然也有很多疑问，都成了不解之谜。总而言之，由于鱼凫王的突然"仙化"失踪，鱼凫王朝也就此终结了，古蜀国江山易主，杜宇从此成了新的蜀王。

鱼凫王朝败亡之后，鱼凫族人的去向也是一个值得关注的问题。从四川境内和周边区域的考古资料看，在宝鸡茹家庄发现有弸国墓地，很可能就是鱼凫族人的墓葬。据考古报告介绍，在陕西宝鸡地区茹家庄、

---

[1] 见段渝《四川通史》第1册，四川大学出版社1993年10月第1版，第33、51页。

竹园沟、纸坊头等处发掘出土的一批西周时期강国墓葬，呈现出一种复合的文化面貌。学者认为有三种文化因素并存："居址和墓地的出土遗物从各个不同的侧面揭示出商周时期传统的周文化同西南地区早期蜀文化、西北地区寺洼文化（主要是安国文化类型）的有机联系，展现出一幅五彩缤纷的历史画面。毫无疑问，这对于研究当时的民族关系、文化交流与融合都具有重要意义。"[1]值得注意的是茹家庄一、二号墓出土的小型青铜人像，那夸张的握成环形的巨大双手，完全继承了三星堆青铜立人像双手造型的风格。강国墓地发现有大量的丝织品和刺绣制品遗痕，还发现有许多玉石制作的蚕形饰物，显示了墓葬主人对蚕图腾的尊崇。这些出土文物浓郁的早期蜀文化特征告诉我们，居住在这里的很可能是古代蜀人北迁的一个部族。有学者认为：从各种文化现象分析，강氏文化"是古蜀人及其文化沿嘉陵江向北发展的一支，是古蜀国在渭水上游的一个拓殖点"。[2]也有学者认为：鱼凫王朝覆灭后，鱼凫族四散逃亡，有一部分鱼

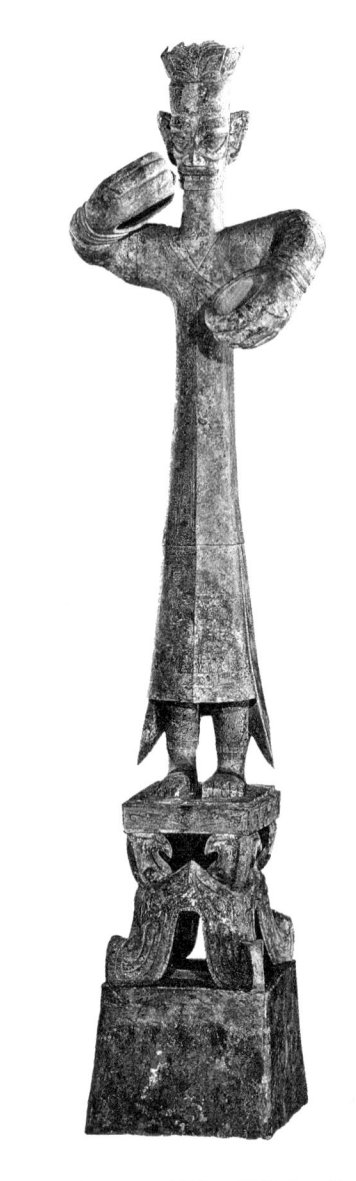

图014 三星堆二号坑出土的大型青铜立人像

---

[1] 见卢连成、胡智生《宝鸡강国墓地》上册，文物出版社1988年10月第1版，第6页。
[2] 见屈小强、李殿元、段渝主编《三星堆文化》，四川人民出版社1993年12月第1版，第601页。

图015　三星堆二号坑出土的兽首冠青铜人像　　图016　陕西宝鸡弡国墓地出土的小型铜人像（男相）　　图017　陕西宝鸡弡国墓地出土的小型铜人像（女相）

凫族人辗转北上，到达了宝鸡，建立了弡国。无论是拓殖点，或是逃亡后的隐居地，只是时间上的早晚，都与鱼凫族人有着密切的关系，应该是没有多大疑问的。这些鱼凫族人，从西周初期开始便长期生活于此，形成了一个相对独立的方国，从称谓到日常生活，都保持着自己的习俗和文化特色。他们和当地以及西北地区的居民常有往来，很可能还有了通婚，又由于和中原周王朝的关系比较密切，后来便逐渐被中原文化所融合了。（图014、015、016、017）

　　鱼凫王朝覆灭之后，并非鱼凫族人都北逃了，也有一部分鱼凫族人逃进了蜀国的山林，或是流亡到了西南各地，后来等到局势平静，又逐渐回到了原先生活的地方，或者留居在了川西地区，成为杜宇王朝的顺民。扬雄《蜀王本纪》对此便有记载，先说鱼凫王仙化后，"其民亦颇随王化去"，说的便是鱼凫族人的逃亡之事；又说杜宇"乃自立为蜀王，号曰望帝，治汶山下邑曰郫，化民往往复出"[1]，记述的便是一部分鱼

---

[1] 见《全汉文》卷五十三，[清]严可均校辑《全上古三代秦汉三国六朝文》第1册，中华书局影印出版，1958年12月第1版，第414页。

凫族人归顺了杜宇王朝。杜宇自立为蜀王后,以农业兴国,大力拓展疆域,使古蜀国的繁荣达到了鼎盛,获得了西南地区各部族的拥戴,被尊崇为"杜主"。鱼凫族人失国之后,鱼凫王的子孙是否尝试过复国,或者是否策划过复仇的行动?我们不得而知。但雄才大略的杜宇,不会对鱼凫族人赶尽杀绝,则是显而易见的。所以相信晚期蜀地居民中,其中会有一部分属于鱼凫族后裔。

## 三、廪君创立巴国的传说记载

廪君是巴国的开创者,根据文献记载和考古资料推测,廪君创建巴国的时间,可能略晚于蚕丛时期,而和古蜀国的鱼凫王朝属于同一个时代。

从文献记载看,巴族也是很古老的部族,由起源于西南地区的很多原始部落,组成了古代的巴人族群。如《山海经·海内经》就说:"西南有巴国,大皞生咸鸟,咸鸟生乘釐,乘釐生后照,后照是始为巴人。"[1]学者通常解释大皞就是伏羲,而伏羲与女娲都是神话人物,巴人为伏羲的后代,当然是一种神话色彩很浓的传说。《世本·氏姓篇》则记述了巴人先祖廪君创国的传说:"廪君之先,故出巫诞。巴郡南郡蛮,本有五姓:巴氏、樊氏、瞫氏、相氏、郑氏,皆出于武落钟离山。其山有赤、黑二穴,巴氏之子生于赤穴,四姓之子皆生黑穴。"当时"未有君长,俱事鬼神,廪君名曰务相,姓巴氏",与其他四姓互相赌胜,巴氏子务相掷剑中石、乘土船浮水不沉,众皆叹服,"因共立之,是为廪君"。后来又率众乘船来到盛产鱼、盐的地方,射杀了盐水神女,"廪君于是君乎夷城,四姓皆臣之,世尚秦女"[2]。

《后汉书·南蛮西南夷列传》也采录了此说,作了大致相同的记

---

[1] 见袁珂校注《山海经校注》(增补修订本),巴蜀书社1993年4月第1版,第514页。
[2] 见《世本》,载《帝王世纪·世本·逸周书·古本竹书纪年》,齐鲁书社2010年1月第1版,第53—54页。

述:"巴郡南郡蛮,本有五姓:巴氏、樊氏、曋氏、相氏、郑氏。皆出于武落钟离山。其山有赤黑二穴,巴氏之子生于赤穴,四姓之子皆生黑穴。未有君长,俱事鬼神,乃共掷剑于石穴,约能中者,奉以为君。巴氏之子务相乃独中之,众皆叹。又令各乘土船,约能浮者,当以为君。余姓悉沉,唯务相独浮。因共立之,是为廪君。乃乘土船,从夷水至盐阳。盐水有神女,谓廪君曰:'此地广大,鱼盐所出,愿留共居。'廪君不许。盐神暮辄来取宿,旦即化为虫,与诸虫群飞,掩蔽日光,天地晦冥。积十余日,廪君伺其便,因射杀之,天乃开明。廪君于是君乎夷城,四姓皆臣之。"并说:"廪君死,魂魄世为白虎。巴氏以虎饮人血,遂以人祠焉。及秦惠王并巴中,以巴氏为蛮夷君长,世尚秦女。"[①]在后来的一些类书和地理书中,譬如《太平御览》卷七百六十九,《水经·夷水注》中,也都引用了此说。这些记述虽然传说的色彩很重,但也透露了早期巴人是联络了其他一些部族而建立巴国的史实,并揭示了巴人有白虎崇拜之习俗。崇虎是巴人习俗中的一大特点,巴人喜欢双结头饰,因而被称为"弩头虎子"。巴人使用的青铜剑、青铜矛上,常雕铸有双结的人像。[②]有学者认为,现在的土家族即为古代巴人的后裔。

《世本》与《后汉书·南蛮西南夷列传》中的记述,是了解巴人起源与廪君创建巴国的重要依据。但这段记述中的关键情节,颇有疑问,例如廪君的土船怎么能入水不沉呢?泥土做的船不沉,还能乘坐载人,确实有些不可思议。如果加以推测,也许廪君堆放柴火,将土船烧制成了陶质的船?类似于低温烧制而成的陶器,当然可以在水中不沉,而且可以载人了。这说明了廪君的聪明,但也只是一种推测而已。又譬如廪君射杀盐水神女的记述,神女能够变化飞行,也好似神话情节一样。但其中也有一些真实的成分,如盐水神女主动提出要和廪君联姻,廪君和

---

[①] 见〔南朝·宋〕范晔《后汉书》第10册,中华书局点校本,1965年5月第1版,第2840页。
[②] 参见邓少琴《巴蜀史迹探索》,四川人民出版社1983年6月第1版,第48页。

神女同居了十多天却不同意结婚，并伺机将神女射杀了，乘势夺取了盐阳和夷城，便很可能是廪君创建巴国过程中真实发生过的事情。《水经注》卷三十七说：在夷水（清江）下至盐阳的地方，有石台，"疑即廪君所射盐神处也"，但"事既鸿古，难为明征"①。《晋书》卷一百二十也记载有廪君与神女的传说故事："廪君，乘其土船，将其徒卒，当夷水而下，至于盐阳。盐阳水神女子止廪君曰：'此鱼盐所有，地又广大，与君俱生，可止无行。'廪君曰：'我当为君求廪地，不能止也。'盐神夜从廪君宿，旦辄去为飞虫，诸神皆从其飞，蔽日昼昏。廪君欲杀之不可，别又不知天地东西。如此者十日，廪君乃以青缕遗盐神曰：'婴此，即宜之，与汝俱生。弗宜，将去汝。'盐神受而婴之。廪君立砀石之上，望膺有青缕者，跪而射之，中盐神。盐神死，群神与俱飞者皆去，天乃开朗。廪君复乘土船，下及夷城，……因立城其旁而居之。其后种类遂繁。"②这个传说故事透露了廪君显然是个很有主见和韬略的人，而且很有本事，也非常能干。我们也由此可知，廪君崛起之后，既有和其他部族的联盟，也有征战和攻取，从而迅速扩张了势力，成了很有威望的巴国君王。

关于廪君崛起的时代，如何和中原王朝对应？究竟是什么时候？文献记载没有细说。至于巴氏的传承关系，史籍中也是语焉不详。还有就是巴族的起源，也有些含混不清。至于巴氏与其他部族的关系，传世文献中倒是有一些比较简略的记载，应该属于联盟与臣属形式。例如常璩《华阳国志·巴志》说"巴国远世，则黄、炎之支"，又说巴国"其属有濮、賨、苴、共、奴、獽、夷、蜑之蛮"。③由此可知，廪君蛮可能是

---

① 见［北魏］郦道元撰，王国维校《水经注校》，上海人民出版社1984年5月第1版，第1161页。
② 见［唐］房玄龄等《晋书》第10册，中华书局点校本，1974年11月第1版，第3021—3022页。
③ 见［晋］常璩撰，刘琳校注《华阳国志校注》，巴蜀书社1984年7月第1版，第101、28页。

巴人的主体族群之一，此外还有其他一些氏族与部落，比如濮人与賨人等，都是巴国的重要部族，通过联盟形式，尊崇廪君为君王，共同组成了巴国。据《后汉书·南蛮西南夷列传》记载，秦汉时期嘉陵江流域有善于射虎的板楯蛮，板楯蛮有罗、朴、昝、鄂、度、夕、龚七姓[①]，也是巴国的重要族群之一。巴国因为是由多个族群构成的国家，所以既有崇拜白虎的氏族，也有畏惧白虎和射杀白虎的部族。

学者对巴人的起源和部族形成，历年来做过很多研究，提出过一些不同的看法。有认为清江地区，或认为陕南汉江流域，还有认为嘉陵江流域、长江三峡地区等，都是巴人的早期发祥栖居之地。学者这方面的文章与著述颇多，见仁见智，都很有见地。总之，西南地区部族众多，巴人的发祥之地确实有多处，可能经过长时期的联盟与联姻，才逐渐形成了巴国。到了文献记载中的廪君时代，巴国的历史才终于明朗起来，开始建立政权，并有了早期的都城。

巴与蜀是古代西南地区的两大部族和邦国，由于地域相近、文化习俗相同，古人常将巴蜀连称。常璩《华阳国志·巴志》记述：巴、蜀肇始于人皇之时，"华阳之壤，梁岷之域，是其一囿，囿中之国则巴、蜀矣"，到大禹治水、重新划分九州的时候，"命州巴、蜀，以属梁州"，后来大禹"会诸侯于会稽，执玉帛者万国，巴、蜀往焉"。又说"周武王伐纣，实得巴、蜀之师"[②]。按照常璩的说法，巴国的出现，应该是和古蜀国同时的，而依据其他文献记载来看，其实是古蜀国创建在前，巴国的创建可能要略晚一点。也就是说，蚕丛可能比廪君略早，鱼凫和廪君可能是同时代的。关于周武王伐纣的记载，《尚书·牧誓》记述协助周武王伐纣的有"庸、蜀、羌、髳、微、卢、彭、濮人"，这些都是

---

① 参见［南朝·宋］范晔《后汉书》第10册，中华书局点校本，1965年5月第1版，第2842页。
② 见［晋］常璩撰，刘琳校注《华阳国志校注》，巴蜀书社1984年7月第1版，第20—21页。

比较大的部族，才有实力出兵参与伐纣，其中有蜀，却未言有巴。《华阳国志·巴志》则称："周武王伐纣，实得巴、蜀之师，著乎《尚书》。巴师勇锐，歌舞以凌殷人，前徒倒戈，故世称之曰'武王伐纣，前歌后舞'也。武王既克殷，以其宗姬封于巴，爵之以子。"常璩说巴也和蜀一起参加了周武王伐纣的军事行动，也许另有所据，亦可能是一种推测。按照时间推算，这是古蜀国鱼凫王朝时期发生的事情，也正是廪君崛起创建巴国之后，当时巴国与蜀国相邻，也是相当强大的部族和邦国了，派兵协助周武王伐纣，应该是可能性很大的一个史实。

常璩说的"巴师勇锐，歌舞以凌殷人"，反映了当时巴人的尚武之风，这种尚勇之风在汉代仍有突出表现。常璩《华阳国志·巴志》说："阆中有渝水，賨民所居水左右，天性劲勇，初为汉前锋，陷阵，锐气喜舞。帝善之，曰：'此武王伐纣之歌也。'乃令乐人学之，今所谓'巴渝舞'也。"[1]《后汉书·南蛮西南夷列传》将廪君和武落钟离山五姓称为巴郡南郡蛮，将渝水（嘉陵江）流域的巴人称为板楯蛮夷，又称为巴郡阆中夷人，说在秦昭王时"能作白竹之弩，乃登楼射杀白虎"，而闻名于世，又说："世号为板楯蛮夷，阆中有渝水，其人多居水左右，天性劲勇，初为汉前锋，数陷阵。俗喜歌舞，高祖观之，曰：'此武王伐纣之歌也。'乃命乐人习之，所谓'巴渝舞'也。遂世世服从。"[2]《后汉书·南蛮西南夷列传》与《华阳国志·巴志》的记述大致相似，称谓略有不同，但史实则是一致的。在川东地区发现的汉代画像上，就描绘和刻画了巴人动作劲勇、刚健有力的舞蹈情景，例如綦江二蹬岩崖墓刻画的巴人舞、四川璧山（今重庆市璧山区）出土汉代石棺上刻画的巴人舞等[3]，就是很好的例证。四川宣汉县罗家坝遗址出土有较多的青铜兵

---

[1] 见［晋］常璩撰，刘琳校注《华阳国志校注》，巴蜀书社1984年7月第1版，第37页。
[2] 见［南朝·宋］范晔《后汉书》第10册，中华书局点校本，1965年5月第1版，第2842页。
[3] 参见《中国美术分类全集·中国画像石全集》第7册《四川汉画像石》，山东美术出版社、河南美术出版社2000年6月第1版，图三七、图一六四。

图018　璧山出土汉代石棺上刻画的巴人舞

器，器型有青铜钺、青铜剑、青铜矛、青铜镞等，也反映了当时巴人的尚武之风。（图018）

关于巴国的疆域与都邑，据常璩《华阳国志·巴志》所说，巴国的范围"其地东至鱼复，西至僰道，北接汉中，南极黔、涪"。由此可知巴国的地域范围，大致是北起汉中，南达黔中，西起川中，东至鄂西。其主要的活动区域，则分布在四川盆地东部与鄂西等地区，尤其是嘉陵江流域和渠江流域，是巴人的主要栖居地。汉水上游陕东南地区与大巴山之间，以及长江三峡地区，也都是巴人活动的重要范围。《华阳国志·巴志》又说"及七国称王，巴亦称王"，"巴子时虽都江州，或治垫江，或治平都，后治阆中。其先王陵墓多在枳"①。由此可知巴人曾在重庆、合川、阆中等处相继建立过都城。从其他文献记载看，《史记·张仪列传》正义引《括地志》说："巴子城，在合州石镜县南五里，故垫江县也。巴子都江州，在都之北，又峡州界也。"②民国《合川县志》也有"今（合州）州治之南，地名水南，俗谓之故城口，即巴子别都也"的记载。巴人为什么要建多处都城？推测与巴族自身的发展，以及巴与楚曾多次发生战争，可能都有一定的关系。譬如《华阳国志·巴

---

① 见［晋］常璩撰，刘琳校注《华阳国志校注》，巴蜀书社1984年7月第1版，第25、32、58页。
② 见［汉］司马迁《史记》第7册，中华书局点校本，1959年9月第1版，第2282页。

志》说"巴、楚数相攻伐,故置扞关、阳关及沔关",就是例证。

蜀国和巴国很可能曾结为联盟,郑樵《通志·氏族略》引盛弘之《荆州记》说:"昔蜀王銮君王巴蜀,王见廪君兵强,结好饮宴,以税氏五十人遗廪君。"[1]这是说廪君时候的巴蜀友好,所言蜀王銮君可能是鱼凫王朝某代君王之名。可见巴、蜀在先秦时期关系应该是比较密切的,由于地域相邻的关系,在文化与经济上的往来一直比较频繁。《华阳国志·蜀志》说杜宇教民务农,巴国也受到了很大的影响,"巴亦化其教而力务农,迄今巴、蜀民农时先祀杜主君"[2],这也是一个较好的例证。

巴、蜀虽然友好,但也常闹矛盾,甚至发生过战争。我们知道,蛇是巴人的族徽,象是蜀人崇尚的动物。《山海经·海内南经》有"巴蛇食象"之说,就隐约地透露了巴、蜀之间复杂的关系,曾发生过战争。从文献记载看,《华阳国志·巴志》就有"巴、蜀世战争"的记载,文献中还有"蜀王据有巴、蜀之地"的记述。[3]这些记载透露,强势的鱼凫王朝很可能向东拓展疆域,曾与廪君打过仗。之后到了古蜀国开明王朝时期,也曾东扩疆土,占据过巴国的部分地区。史籍中还有"昔巴、蜀争界,久而不决"的记述[4],也说明巴、蜀之间在疆域方面的相互争夺由来已久。

巴国的东面是楚国,两国的关系也较为密切。文献记载,巴与楚常常结成同盟,以维持各自的地位和利益。譬如楚与巴曾联合讨伐位于河南南阳一带的申国,在鲁文公十六年又联手灭掉了位于鄂西(今湖北竹山一带)的庸国。联盟带来的好处,是使双方都获得了壮大。但巴与楚也常闹矛盾,有时候还会发生战争。例如双方出兵伐申时,楚文王使

---

[1] 见[宋]郑樵《通志二十略》上册,中华书局点校本,1995年11月第1版,第197页。
[2] 见[晋]常璩撰,刘琳校注《华阳国志校注》,巴蜀书社1984年7月第1版,第182页。
[3] 参见《太平寰宇记》卷七十二引《蜀王本纪》。
[4] 见《太平寰宇记》卷一百三十六引李膺《益州记》。参见蒙文通《巴蜀古史论述》,四川人民出版社1981年8月第1版,第24页。

巴军惊骇，而导致了巴与楚关系的破裂。《左传》与《华阳国志》都记载了此事，究竟是什么原因则没有详说，总之巴人非常生气，转而出兵伐楚，在津地（今湖北江陵一带）将楚军打得大败，楚文王也因此而病死了。这是鲁庄公十八年（前676年）发生的事件，到了鲁哀公十八年（前477年），巴人又再次伐楚，包围了楚国的鄾邑（今湖北襄阳附近），这次巴人就没有那么幸运了，楚国派出了三位能干的将领，击败了巴军。这是巴、楚之间两次比较大的战役，其他各种小型摩擦可能就更多了。《华阳国志·巴志》说"巴、楚数相攻伐，故置扞关、阳关及沔关"，《水经·江水注》也有"昔巴、楚数相攻伐，藉险置关，以相防捍"的记载[1]，就如实地反映了这种状况。《华阳国志·巴志》又说"巴子时虽都江州，或治垫江，或治平都，后治阆中"，巴国多次迁徙都城并建立了陪都，很可能也与巴、楚战争而引起的形势强弱变化有关。在此之后，巴与楚又曾采用联姻的方式，来改善两国的关系。《史记·楚世家》与《左传·昭公十三年》，均说楚共王有巴姬，并有巴姬埋璧立嗣的记述，巴姬就是巴国嫁于楚国的宗室女。[2]据《华阳国志·巴志》记载"战国时，尝与楚婚"，说明巴国与楚国的这种联姻通婚关系，从东周春秋一直延续到了战国时期。

自20世纪以来，在古代巴国的区域内有很多重要考古发现，对先秦时期巴人的社会生活情形、崇尚习俗、文化特色，给予了大量的揭示和印证。譬如这些地区出土的青铜器和青铜印章，大量使用巴蜀符号，就属于典型的巴人器物。出土的青铜錞于，也是典型的巴人重器。例如重庆涪陵小田溪巴人墓葬出土的虎钮錞于、铜钲、编钟等，就是巴国王室的遗存。湖北枝江、宜昌等地出土的巴式青铜器，以及长江巫峡和鄂西

---

[1] 见［北魏］郦道元撰，王国维校《水经注校》，上海人民出版社1984年5月第1版，第1064页。
[2] 参见［汉］司马迁《史记》第5册，中华书局点校本，1959年9月第1版，第1709页。见王守谦等译注《左传全译》下册，贵州人民出版社1990年11月第1版，第1233页。

巴东等地出土的大批巴国青铜兵器，也充分印证了巴人在这些地区的栖居与活动。考古出土的巴人青铜錞于多以虎为钮，就表达了使用者是以白虎为图腾的廪君后裔。这些考古发现的巴人兵器，以及出土的青铜錞于等，对研究巴人、巴文化、巴国历史都是非常重要的资料。（图019）

图019　巴蜀地区出土的虎钮錞于

应该指出的是，蜀文化有三星堆、金沙等大遗址，但巴文化迄今尚未有大遗址的考古发现，这对全面深入透彻地了解巴国历史无疑受到了局限。所以，我们对廪君和巴国早期历史的了解还是有限的，对于很多未解之谜，也只能想象和推测了。

## 四、杜宇、朱利、鳖灵的传奇故事

杜宇在古蜀历史上，继蚕丛、柏灌、鱼凫之后建立了第四王朝。杜宇取代鱼凫之后，自立为蜀王，大力发展农业和拓展疆域，使蜀国的经济、文化、社会生活都大为繁荣，后来还号称望帝，是一位非常杰出的人物。

传世文献中对杜宇的记载，比蚕丛、柏灌、鱼凫要多一些。但其中一些记载也有较浓的传说色彩，比如关于杜宇的出生，扬雄《蜀王本纪》说"后有一男子，名曰杜宇，从天堕止"，说得很含糊，使人不得其解。若从字面看，"从天堕止"似乎就是天生英才之意了。常璩《华阳国志·蜀志》干脆略去了传说，记述得更加简明了，只说"后有王曰杜宇，教民务农，一号杜主"。这些记载确实过于简单了。杜宇的出生地，杜宇的部族由来，杜宇早年的经历，杜宇自立为蜀王之前的作为，杜宇是如何取代鱼凫王朝的，都成了一个谜。

杜宇和朱利的结合，也是一件很重要的事情，在杜宇崛起的过程中显然发挥了重要作用。扬雄《蜀王本纪》说："后有一男子，名杜宇，从天堕止。朱提有一女子名利，从江源井中出，为杜宇妻。乃自立为蜀王，号曰望帝。"这是《全汉文》卷五十三的文字。《太平御览》卷一百六十六引扬雄《蜀王本纪》的文字略有不同："后有王曰杜宇，出天堕山。又有朱提氏女名曰利，自江源而出，为宇妻。乃自立为蜀王，号曰望帝，移居郫邑。"《太平御览》卷八百八十八也有引用，文字大致相同。[1]北魏郦道元《水经注·江水》引来敏《本蜀论》也沿袭了这一说法："望帝者，杜宇也，从天下女子朱利，自江源出，为宇妻。遂王于蜀，号曰望帝。"[2]这些记述显示出较为浓郁的传说色彩，对杜宇与朱利有明显的神化倾向。常璩《华阳国志·蜀志》说得比较实际："时朱提有梁氏女利游江源，宇悦之，纳以为妃。"朱利究竟是什么地方的人？学者对此曾有不同的理解和说法。扬雄《蜀王本纪》关于杜宇与朱利的记述，传说的色彩很浓，因文字断句和读法的不同，很容易使人产生误解。如有的学者将其断句读为"杜宇，从天堕，止朱提，有一女子名利，从江源井中出，为宇妻"，进而认为杜宇是从朱提（今云南昭通）来的，朱利是江源（今崇州）人。但常璩说得很清楚，朱利应该是朱提人，是梁氏部族之女，后来可能行走江湖，入蜀游览，到了江源，结识了在当地发展农业的杜宇，两情相悦，成了杜宇的王妃。常璩是崇州人，是一位严谨的史学家，如果朱利真的是江源（崇州）土著，常璩是

---

[1] 见《全汉文》卷五十三，[清]严可均校辑《全上古三代秦汉三国六朝文》第1册，中华书局影印出版，1958年12月第1版，第414页。参见[宋]李昉等《太平御览》，中华书局影印出版，1960年2月第1版，第1册第808页，第4册第3944页。
[2] 见[北魏]郦道元撰，王国维校《水经注校》，上海人民出版社1984年5月第1版，第1045页。

决不至于说错的。朱利和杜宇都是古蜀历史上的著名人物，地方志书对待名人皆会以此为荣，哪有将家乡名人说成是其他地方之人的道理呢？所以，关于朱利的来历，常璩显然做过考证，说得很明确，朱利是朱提梁氏女，我们还是应该相信常璩的记述。明代曹学佺《蜀中名胜记》说成都府北三十里，有天回山，扬雄《蜀记》以杜宇自天而降，号曰"天隳"，认为天回山的原意便与"天隳"的传说有关，显而易见杜宇就降生于此。到了后世，唐玄宗幸蜀返跸之后，土人呼为"天回"，才附会成了天回镇。[①]总之杜宇和朱利在江源联姻了，杜宇得到了朱利和梁氏部族的支持，并因之而崛起，后来成了新的蜀王。

杜宇是如何战胜和取代强悍的鱼凫王的？这是古蜀历史上一件很重要的大事，文献中对此缺少记载，语焉不详，也是一个很大的谜。从《蜀王本纪》与《华阳国志·蜀志》记述"凫王田于湔山，忽得仙道"透露的信息猜测，杜宇很可能是利用鱼凫王狩猎时疏于防范的机会，采取了突然袭击的方式，击败或杀死了鱼凫王，从而夺取了王位。在此之前，杜宇应该有一个较长时期的谋划和准备，而且都是悄然进行的。杜宇秘密地积蓄了力量，很可能暗中训练了壮士，组织了精锐的队伍，做好了充分准备，等到时机来临，杜宇这才有可能骤然出击，出其不意攻其不备，一举而大获全胜。但这些也都是分析猜想，其中的真实情形与过程怎样？究竟发生了哪些事情？都不得而知，我们只能通过想象去推测而已。

杜宇成为新的蜀王之后，曾大力提倡耕、牧、工、商，拓展蜀国的疆域，常璩《华阳国志·蜀志》说，杜宇"教民务农，一号杜主"，在成都平原的腹心地带郫县（今郫都区）建立了都邑，并将蚕丛时代的瞿上城作为别都，成为当时华夏中国一方相当繁荣昌盛的区域。到"七国称王"的时候，"杜宇称帝，号曰望帝，更名蒲卑。自以功德高诸王，乃

---

① 参见［明］曹学佺《蜀中名胜记》，重庆出版社1984年10月第1版，第40页。

以褒斜为前门，熊耳、灵关为后户，玉垒、峨眉为城郭，江、潜、绵、洛为池泽，以汶山为畜牧，南中为园苑"①。这时的蜀国疆域，是一片相当广阔的领域，除了成都平原和川西盆地的丘陵地带，还囊括了汉中平原以及贵州、云南的大部分地区。北魏郦道元《水经注》卷三十三注文也说："杜宇称帝于蜀，号望帝，其相开明决玉垒山以除水害。"②由此可知，杜宇是一位很有作为的蜀王，也是古蜀历史上第一位称帝的君王。关于"望帝"究竟是杜宇的帝号还是谥号？也有学者曾提出过一些不同的看法。但《华阳国志·蜀志》所言杜宇称帝之事，肯定不是空穴来风，应该是有所依据的。因为杜宇大力发展农业，国力昌盛，对巴人和周边地区也产生了很大的影响，常璩说"巴亦化其教而力农务，迄今巴、蜀民农时先祀杜主君"，就对此作了真实的记述。栖居在川东丘陵地带的巴族也因此而进入农业社会，同蜀人一样尊奉杜主为农神。

杜宇身居王位的时间比较长久，据《文选》张衡《思玄赋》李善注引《蜀王本纪》说：杜宇"治汶山下邑曰郫，积百余岁"③。后来蜀国发生了大水灾，《太平御览》卷八百八十八引《蜀王本纪》说："时玉山出水，若尧之洪水，望帝不能治水，使鳖灵决玉山，民得陆处。"④杜宇任用鳖灵治水，其间与鳖灵之妻发生了恋情，由此而导致了蜀国王位的更替。扬雄《蜀王本纪》说："鳖灵治水去后，望帝与其妻通，惭愧，自以德薄不如鳖灵，乃委国授之而去，如尧之禅舜。鳖灵即位，号曰开明帝。"⑤汉代许慎《说文解字》"巂"字下也有同样记述："蜀王

---

① 见［晋］常璩撰，刘琳校注《华阳国志校注》，巴蜀书社1984年7月第1版，第182页。
② 见［北魏］郦道元撰，王国维校《水经注校》，上海人民出版社1984年5月第1版，第1038页。
③ 见［南朝·梁］萧统编，［唐］李善注《文选》上册，中华书局影印出版，1977年11月第1版，第217页。
④ 见［宋］李昉等《太平御览》第4册，中华书局1960年2月第1版，第3944页。
⑤ 见《全汉文》卷五十三，［清］严可均校辑《全上古三代秦汉三国六朝文》第1册，中华书局影印出版，1958年12月第1版，第414页。

望帝淫其相妻，惭，亡去为子巂鸟。"①《太平御览》卷一百六十六引《十三州志》也说："望帝使鳖冷治水，而淫其妻。冷还，帝惭，遂化为子规。"②这其实并非古代文人的虚构和杜撰，而是古蜀历史中真实发生过的故事。这个故事使我们很自然地联想到了《荷马史诗》中的海伦，古代爱琴海沿岸的古希腊人和特洛伊人为了美丽的海伦而发生了长达十年的战争，杜宇的风流韵事虽然没有爆发战争，却也诱发了政变，导致了两个王朝的更迭。到了晋代常璩撰写《华阳国志》时，也许觉得此事不雅，而略去了这一重要情节，只记述了此事的结果："会有水灾，其相开明决玉垒山以除水害。帝遂委以政事，法尧、舜禅授之义，遂禅位于开明，帝升西山隐焉。"③《华阳国志》是研究古蜀历史的案头常备之书。由于常璩的省略，后来研究古蜀历史的学者，亦大都忽略了这个故事。徐中舒先生认为，杜宇化鹃本是一个优美的爱情故事，许慎是经学家，"淫其相妻"不合于儒家伦常道德，所以称其"惭，亡去"。点金成铁，实在糟蹋了这个故事。李商隐诗曰"望帝春心托杜鹃"，才是这个故事的正解。④实际上，这个故事透露的信息是如此丰富，真实而又生动的历史真相就掩藏在这个故事后面。由杜宇王朝更迭为开明王朝，正是这件事情使古蜀历史发生了重大转折，起了非常关键的作用。

一个是教民务农拓展疆域曾经雄视天下的望帝杜宇，一个是才略过人治水创立奇功赢得蜀人爱戴的蜀相鳖灵，两人之间的政权更迭当然不会风平浪静。古人在文献记载中大都认为，此事当然是杜宇"德薄"之错，但后来的研究者也对此提出了疑问，这会不会是一个有意安排的阴谋呢？因为此事直接导致了政权的更迭，由鳖灵取代杜宇而建立了开明

---

① 见〔汉〕许慎撰，〔清〕段玉裁注《说文解字注》，上海古籍出版社1988年2月第2版，第141页。
② 见〔宋〕李昉等《太平御览》第1册，中华书局1960年2月第1版，第808页。
③ 见〔晋〕常璩撰，刘琳校注《华阳国志校注》，巴蜀书社1984年7月第1版，第182页。
④ 参见徐中舒《论巴蜀文化》，四川人民出版社1982年4月第1版，第141页。

图020　成都市郫都区望丛祠

王朝。史料中的"禅授"或"禅位"其实是很难自圆其说的。爱情和阴谋，在古今中外的历史上都屡见不鲜，望丛时代显然也不会例外。扬雄《蜀王本纪》等史料中说杜宇委国禅让给鳖灵后，"遂自亡去，化为子规"，或说"升西山隐焉"，便隐约透露出了杜宇往岷江上游大山深处逃亡而去的信息。《太平寰宇记》则说得更为明确，杜宇显然是被推翻的："望帝自逃之后，欲复位不得，死化为鹃，每春月间，昼夜悲鸣，蜀人闻之曰，我望帝魂也。"[①]东汉应劭《风俗通义·怪神》引《楚辞》的一条记载说："鳖令尸亡，泝江而上，到崏（岷）山下苏起。蜀人神之，尊立为王。"[②]也说明鳖灵推翻了杜宇王朝，成了新的蜀王。于是，杜宇王朝华丽的宫室和整个蜀国的权力都落入了鳖灵之手。文献记载说，鳖灵即位后，称为丛帝。后来，开明王朝延续了十二代，开创了古蜀历史上另一个重要时代。《华阳国志·蜀志》说，丛帝之后为卢帝、保子帝

---

① 见［清］常明、杨芳灿等纂修嘉庆《四川通志》卷二〇一，第8册，巴蜀书社1984年12月第1版，第5753页。
② 见［汉］应劭《风俗通义》卷九，《百子全书》下册，浙江古籍出版社1998年8月第1版，第1094页。

等,"凡王蜀十二世",到秦惠王灭蜀后才结束了开明王朝的统治。(图020、021、022)

杜宇由于好色"德薄"失去王位隐入西山后,蜀国百姓仍旧怀念他"教民务农"的恩惠,每当早春二月杜鹃鸟啼,农耕即将开始的时候,蜀人便会想到望帝,为杜宇晚年的失国逃亡而感到悲伤。怀着这种感情的蜀人于是便在灌县(今都江堰市)城西枕山临水的地方建起了望帝祠,以表达对杜宇的纪念。到南朝齐明帝建武年间(494—498年),益州刺史刘季连将望帝祠迁到郫县(今郫都区),与纪念鳖灵的丛帝祠移建在一起,称为望丛祠,而将灌县原址更名为崇德庙,以祭祀李冰。移建后的望丛祠在宋朝得到了大规模的扩建,明末战乱中遭到破坏,清代乾隆以后又重新修复。这两座成都平原上最古老的帝陵,如今位于成都市郫都区城郊,这里

图021 古望帝之陵

图022 古丛帝之陵

古柏森森环境幽雅,已成为人们经常去游览凭吊的一处人文古迹。闻名遐迩的望丛祠,不仅是古蜀历史的象征,也是对望帝杜宇、丛帝鳖灵这两位古蜀历史上伟大传奇人物的纪念。

| 第二章 |

# 末代蜀王与秦并巴蜀的传说

## 一、末代蜀王的好色与纳妃

古蜀时期，自从鳖灵取代杜宇建立开明王朝之后，一共延续了十二代。

从文献史料记载看，前期的开明王朝，是比较奋发图强的。扬雄《蜀王本纪》说："鳖灵即位，号曰开明帝。帝生卢、保，亦号开明。""开明帝下至五代，有开明尚，始去帝号，复称王也。"[1]常璩《华阳国志·蜀志》也说："开明立，号曰丛帝。丛帝生卢帝。卢帝攻秦，至雍，生保子帝。帝攻青衣，雄张獠僰。九世有开明帝，始立宗庙，以酒曰醴，乐曰荆，人尚赤，帝称王。时蜀有五丁力士，能移山，举万钧。每王薨，辄立大石，长三丈，重千钧，为墓志，今石笋是也，号曰笋里。未有谥列，但以五色为主，故其庙称青、赤、黑、黄、白帝也。开明王自梦郭移，乃徙治成都。"[2]这些记载就讲述了开明王朝开疆拓土的

---

[1] 见《全汉文》卷五十三，[清]严可均校辑《全上古三代秦汉三国六朝文》第1册，中华书局影印出版，1958年12月第1版，第414页。
[2] 见[晋]常璩撰，刘琳校注《华阳国志校注》，巴蜀书社1984年7月第1版，第185—186页。

历史，后来建都于成都，修筑了王城，经过数代蜀王的努力，形成了社会的繁荣，达到了国力的鼎盛。

末代蜀王的时候，已经不图进取，只求享乐了。蜀王喜欢音乐歌舞，而且比较好色，看到喜欢的女子，就会纳以为妃。文献记载有蜀王娶武都女子的传说，就是一个比较典型的例子。扬雄《蜀王本纪》中就说到了这件事："武都人有善知蜀王者，将其妻女适蜀。居蜀之后，不习水土，欲归。蜀王心爱其女，留之。乃作伊鸣之声六曲以舞之。"又说："武都丈夫化为女子，颜色美好，盖山之精也。蜀王娶以为妻。不习水土，疾病欲归。蜀王留之。无几物故。蜀王发卒之武都担土，于成都郭中葬之。盖地三亩，高七丈，号曰武担。以石作镜一枚，表其墓，径一丈，高五尺。"[1]扬雄《蜀王本纪》的这两条记述都提到了蜀王喜爱武都女子，所谓"丈夫化为女子"可能是女扮男装。也许是为了出游的方便吧。女子化装成男子，在古代还是比较常见的，《古本竹书纪年》说周武王时，曾"有女子化为丈夫"。[2]《墨子·非攻下》也有"时有女为男"的记述。[3]

常璩《华阳国志·蜀志》对此也有记述："武都有一丈夫，化为女子，美而艳，盖山精也。蜀王纳为妃。不习水土，欲去。王必留之，乃为《东平》之歌以乐之。无几，物故。蜀王哀之。乃遣五丁之武都担土，为妃作冢，盖地数亩，高七丈。上有石镜。今成都北角武担是也。后，王悲悼，更作《臾邪歌》《陇归之曲》。"[4]扬雄记述的是两种说法，常璩选取了其中的一种说法。曹学佺《蜀中名胜记》卷三引《蜀

---

[1] 见《全汉文》卷五十三，[清]严可均校辑《全上古三代秦汉三国六朝文》第1册，中华书局影印出版，1958年12月第1版，第414页。
[2] 见《古本竹书纪年》，载《帝王世纪·世本·逸周书·古本竹书纪年》，齐鲁书社2010年1月第1版，第78页。
[3] 见《二十二子》，上海古籍出版社1986年3月第1版，第241页。
[4] 见[晋]常璩撰，任乃强校注《华阳国志校补图注》，上海古籍出版社1987年10月第1版，第123页。

记》，也有相同记载："武都山精，化为女子，美而艳。蜀王纳为妃，不习水土，欲去。王必留之，乃作《东平》之歌以悦之。无几，物故。王乃遣武丁于武都担土为冢，盖地数亩，高七尺。上有一石，圆五寸，径五尺。莹澈，号曰石镜。王见，悲悼。遂作《臾邪》之歌，《龙归》之曲。"又引《路史》说："开明妃墓，今武担山也。有二石阙，石镜。武陵王肖纪掘之，得玉石棺，中美女容貌如生，体如冰，掩之而寺其上。"[1]

这些记载的大意是说，武都有一个女子，美貌如仙，有人传说是山精变的，来到了蜀都，被蜀王纳为妃子。蜀王喜其美艳，宠爱无比，可是好景不长，这位爱妃不久就因为水土不适而病故了。蜀王非常悲痛，派五丁力士到武都担土筑墓，上立石镜，寄托思念。石镜，又名蜀镜，在后人撰述的一些著述与诗词中也都有提及，《路史》云"镜周三丈五尺"，《太平寰宇记》卷七十二云"厚五寸，径五尺，莹澈可鉴"。唐代诗人苏颋《武担山寺》和杜甫《石镜》之诗，都说石镜平坦圆滑，比喻为月轮，薛涛诗将石镜比之为妆镜。后人推测，此石圆形光洁，半埋土中，似为人工琢磨之墓石。[2]唐代大诗人杜甫曾游览过武担山，赋《石镜》诗曰："蜀王将此镜，送死置空山。冥漠怜香骨，提携近玉颜。众妃无复叹，千骑亦虚还。独有伤心石，埋轮月宇间。"[3]据说蜀王为了和爱妃享乐，在成都的王宫里还特地建造了奢华的楼阁。据曹学佺《蜀中名胜记》引李膺《记》云："开明氏造七宝楼，以珍珠为帘，其后蜀郡火，民家数千与七宝楼俱毁。"[4]

总之，末代蜀王是位好色的君王，发现了武都女子的"颜色美

---

[1] 见［明］曹学佺《蜀中名胜记》，重庆出版社1984年10月第1版，第32页。
[2] 参见四川省文史馆编《成都城坊古迹考》，四川人民出版社1987年1月第1版，第325—326页。
[3] 见《全唐诗》上册，上海古籍出版社1986年10月第1版，第553页。
[4] 见［明］曹学佺《蜀中名胜记》，重庆出版社1984年10月第1版，第17页。

好"，便将其"娶以为妻"了。蜀王的好色，并不是一件好事情，后来秦人正是利用了蜀王的这个毛病，策划了巨大的阴谋。当时对蜀国虎视眈眈、一心想吞并蜀国的秦惠王，据此了解到了蜀王的性格，"于是秦王知蜀王好色，乃献美女五人与蜀王。蜀王爱之，遣五丁迎女"。①蜀王由此而落入了秦惠王的圈套，五丁在归蜀途中遇难而死，使得蜀国遭到了难以挽回的损失。

## 二、五丁力士移山立石的传说

古蜀有五丁的传说，扬雄《蜀王本纪》记述说："天为蜀王生五丁力士，能徙蜀山。"五丁力士身怀移山之力，犹如古希腊神话中的英雄，那简直就是超人了。

常璩《华阳国志·蜀志》对五丁也有记载，说开明王朝"九世有开明帝，始立宗庙，以酒曰醴，乐曰荆，人尚赤，帝称王。时有五丁力士，能移山，举万钧"。到了末代蜀王的时候，秦惠王作石牛五头，说牛能便金，蜀王"乃遣五丁迎石牛"。蜀王的爱妃因不习水土病故后，蜀王"乃遣五丁之武都担土为妃作冢"。之后，秦惠王"知蜀王好色，许嫁五女于蜀，蜀遣五丁迎之"。②《太平御览》卷五百五十八援用了《华阳国志》的记述，也说："蜀有五丁，能移山，举万钧，其王薨，辄立大石，长三丈，重千钧，为墓志。"又曰："蜀遣使朝秦，秦惠王许嫁五女于蜀，蜀遣五丁力士奉迎。蛇山崩，同时压杀五丁及秦五女。蜀王痛伤，命曰五妇冢，今其人或名五丁冢。"《太平御览》卷八百八十八又说："秦王知蜀王好色，乃献美女五人与蜀王，爱之，遣五丁迎女，还至梓潼，见一大蛇入山穴中，五丁共引蛇，山崩，压五丁，五丁大呼秦王

---

① 见［宋］李昉等《太平御览》第4册，中华书局影印出版，1960年2月第1版，第3945页。
② 见［晋］常璩撰，刘琳校注《华阳国志校注》，巴蜀书社1984年7月第1版，第185—190页。

五女及送迎者上，化为石。蜀王登台望之不来，因名五妇台。蜀王亲理作冢，皆致方石以志其墓。"①

这些记载的传说色彩比较浓郁，其中既有一定的真实性，也有比较夸张的描述，同时也有较为明显的疑问。古蜀历史上是否确实有五丁力士？五丁力士的故事是否可信？学者对此曾有不同的解释与分析看法。

蒙文通先生认为："《常志》说开明九世，'蜀有五丁力士能移山，举万钧。每王薨，辄立大石，长三丈，重千钧，为墓志'。秦惠王时，蜀'遣五丁迎石牛'。从开明九世到十二世应该有百年，前后服劳役的都是五丁。显然十二世三百余年间，都有五丁服沉重的劳役，可见五丁就不是偶然天降的五个大力士了。《春秋繁露·王道》说：'梁内役其民，使民比地为伍，一家亡，五家杀。'蜀的五丁，想来和梁一样，是一种劳役组织形式，可能是一种奴隶社会制度。"②

任乃强先生认为："五丁力士，丁与个字古文无区别，犹云五大力士也。可能是此蜀王有忠勇奴隶，编为五军。"③按照任乃强先生的推测，认为五丁应该是开明王朝末代蜀王的五支部队，能力超群，战斗力极强，属于特种部队的性质。但古代部队皆有主帅或将领，有的部队称号就是以主帅或将领之名而来的，譬如历史上的岳家军、戚家军，就是例子。由此可知，如果说末代蜀王有五支部队，那么五丁力士也应该是率领五支部队的将领之名才对，这样才比较合情合理。

春秋战国时期，因为科技不发达，属于冷兵器时代，谁的力气大武艺高强，谁就能称雄于世，所以古人赞赏大力士也就不足为奇了。据司马迁《史记·秦本纪》记载，秦惠王时就有任鄙、乌获、孟说三人，

---

① 参见［宋］李昉等《太平御览》，中华书局影印出版，1960年2月第1版，第3册第2524页，第4册第3945页。
② 见蒙文通《巴蜀古史论述》，四川人民出版社1981年8月第1版，第65页。
③ 见［晋］常璩撰，任乃强校注《华阳国志校补图注》，上海古籍出版社1987年10月第1版，第124页注5。

都是力能举鼎的大力士。秦武王继位后，尤其崇尚武力，"武王有力好戏，力士任鄙、乌获、孟说皆至大官。王与孟说举鼎，绝膑。八月，武王死，族孟说"。①司马迁记载的人物与事件，应该是比较真实可信的历史故事。既然秦惠王有大力士，末代蜀王身边也同样有五丁这样的大力士，而且力气更大，更忠勇更威猛，也是符合情理的。总而言之，五丁力士是古蜀的传奇人物，他们的经历与遇难都充满了传奇色彩，他们的传说为后人津津乐道，也留下了许多费人猜测的难解之谜。

## 三、秦惠王的石牛计与美人计

蜀国与秦国相邻，关系比较微妙。蜀国强盛的时候，曾向北扩张。常璩《华阳国志·蜀志》说："开明立，号曰丛帝。丛帝生卢帝。卢帝攻秦，至雍，生保子帝。"末代蜀王的时候，蜀王与秦惠王曾在边界见面。扬雄《蜀王本纪》说："蜀王从万余人东猎褒谷，卒见秦惠王。秦王以金一笥遗蜀王。王报以礼物，礼物尽化为土。秦王大怒。臣下皆再拜贺曰：'土者地也，秦当得蜀矣。'"②蜀王的狩猎，颇有耀武扬威之意，却没有吞并秦国的野心。但秦惠王就不同了，对蜀国一直虎视眈眈，表面对蜀王表示友好，暗中则秣马厉兵，随时都准备出兵攻蜀。

秦国经过卫鞅变法，改革图强，到秦惠王时已成为北方强国。据史书记载，秦惠王曾与众臣多次商议如何攻取蜀国，当时秦朝的文武大臣中主要有两种意见，张仪主张先取韩，司马错主张先伐蜀。《战国策·秦策一》对此就有实录，"司马错与张仪争论于秦惠王前"，秦惠王曰："请闻其说。"然后司马错就分析了蜀国的情形，将蜀国的众多部族比喻为群羊，说："以秦攻之，譬如使豺狼逐群羊也。取其地，足以广国

---

① 见〔汉〕司马迁《史记》第1册，中华书局点校本，1959年9月第1版，第207页。
② 见《全汉文》卷五十三，〔清〕严可均校辑《全上古三代秦汉三国六朝文》第1册，中华书局影印出版，1958年12月第1版，第414页。

也;得其财,足以富民;缮兵不伤众,而彼已服矣。"认为蜀国具有地广财多容易攻取的特点,秦惠王大为赞许,于是采纳了司马错的意见,决定起兵伐蜀。[①]

司马迁在《史记·张仪列传》中,对此也做了相同而详细的记载:"秦惠王欲发兵以伐蜀,以为道险狭难至,而韩又来侵秦,秦惠王欲先伐韩,后伐蜀,恐不利,欲先伐蜀,恐韩袭之敝,犹豫未能决。司马错与张仪争论于惠王之前,司马错欲伐蜀,张仪曰:'不如伐韩。'王曰:'请闻其说。'仪曰:'亲魏善楚,下兵三川,塞什谷之口,当屯留之道,魏绝南阳,楚临南郑,秦攻新、宜阳,以临周之郊,诛周王之罪,侵楚、魏之地,周自知不能救,九鼎宝器必出。据九鼎,案图籍,挟天子以令诸侯,天下莫敢不听,此王业也。今夫蜀,西僻之国而戎翟之伦也,敝兵劳众不足以成名,得此地不足以为利。臣闻争名者于朝,争利者于市。今三川、周室,天下之朝市也,而王不争焉,顾争于戎翟,去王业远矣。'司马错曰:'不然,臣闻之,欲富国者务广其地,欲强兵者务富其民,欲王者务博其德,三资者备而王随之矣。今王地小民贫,故臣愿先从事于易。夫蜀,西僻之国也,而戎翟之长也,有桀纣之乱。以秦攻之,譬如使豺狼逐群羊。得其地足以广国,取其财足以富民缮兵,不伤众而彼已服焉。拔一国而天下不以为暴,利尽西海而天下不以为贪,是我一举而名实附也,而又有禁暴止乱之名。今攻韩,劫天子,恶名也,而未必利也,又有不义之名,而攻天下所不欲,危矣。臣请谒其故:周,天下之宗室也;齐,韩之与国也。周自知失九鼎,韩自知亡三川,将二国并力合谋,以因乎齐、赵而求解乎楚、魏,以鼎与楚,以地与魏,王弗能止也。此臣之所谓危也,不如伐蜀完。'惠王曰:'善,寡人请听子。'卒起兵伐蜀,十月,取之,遂定蜀,贬蜀王更号为侯,而

---

[①] 参见《战国策·秦策一》,参见王守谦等《战国策全译》,贵州人民出版社1992年9月第1版,第82—84页。

使陈壮相蜀。蜀既属秦，秦以益强，富厚，轻诸侯。"①

常璩《华阳国志》对此亦有记述："秦惠王方欲谋楚，群臣议曰：'夫蜀，西僻之国，戎狄为邻，不如伐楚。'司马错、中尉田真黄曰：'蜀有桀、纣之乱，其国富饶，得其布帛金银，足给军用。水通于楚，有巴之劲卒，浮大舶船以东向楚，楚地可得。得蜀则得楚，楚亡则天下并矣。'惠王曰：'善。'周慎王五年秋，秦大夫张仪、司马错、都尉墨等从石牛道伐蜀。蜀王自于葭萌拒之，败绩。王遁走，至武阳，为秦军所害。其相、傅及太子退至逢乡，死于白鹿山，开明氏遂亡。凡王蜀十二世。冬十月，蜀平，司马错等因取苴与巴。"②《蜀中名胜记》卷四引张咏《创设记》说："按《图经》秦惠王遣张仪、陈轸伐蜀，灭开明氏。"③需要注意的是，在秦惠王的文武大臣中，张仪是丞相，陈轸是重要谋臣，司马错与都尉墨是将领。率领和指挥大军当然要用名将，显而易见司马错应该是伐蜀的主帅，而张仪与陈轸应该只是参与了伐蜀。

秦惠王谋划攻占蜀国，并非突然决定，而是老谋深算，有一个较长的准备过程。秦惠王在出兵之前，曾对蜀王使用了计谋。先使用了石牛计，接着又使用了美人计。为什么要策划这两条计谋？主要是想利用蜀王的贪财好色，使五丁力士来开通蜀道，为以后秦军攻打蜀国埋下了伏笔。同时又暗中设下埋伏与陷阱，借机除掉五丁力士，为以后攻蜀扫除了障碍。秦惠王的计谋，虽然狡狯而又毒辣，破绽还是很明显的。可惜蜀王不察，或者是不听劝谏，竟然草率地派五丁力士去拖运石牛，又派五丁力士去迎娶秦国的五位美女，结果上当受骗，中了秦人的圈套。

扬雄《蜀王本纪》记述说："秦惠王欲伐蜀，乃刻五石牛，置金其后。蜀人见之，以为牛能大便金，牛下有养卒，以为此天牛也，能便

---

① 见［汉］司马迁《史记》第7册，中华书局点校本，1959年9月第1版，第2281—2284页。
② 见［晋］常璩撰，刘琳校注《华阳国志校注》，巴蜀书社1984年7月第1版，第191—192页。
③ 见［明］曹学佺《蜀中名胜记》，重庆出版社1984年10月第1版，第42页。

金。蜀王以为然。即发卒千人，使五丁力士拖牛成道。致三枚于成都。秦道得通，石牛之力也。后遣丞相张仪等，随石牛道伐蜀焉。"又说："秦王知蜀王好色，乃献美女五人于蜀王。蜀王爱之，遣五丁迎女。还至梓潼，见一大蛇入山穴中，一丁引其尾不出，五丁共引蛇，山乃崩，压五丁。五丁踏地大呼秦王，五女及迎送者皆上山，化为石。蜀王登台，望之不来。因名五妇候台。蜀王亲埋作冢，皆致万石，以志其墓。"①

常璩《华阳国志·蜀志》也记述了这两件事情："周显王之世，蜀王有褒汉之地。因猎谷中，与秦惠王遇。惠王以金一笥遗蜀王。王报珍玩之物，物化为土。惠王怒。群臣贺曰：'天承我矣！王将得蜀土地。'惠王喜。乃作石牛五头，朝泻金其后，曰'牛便金'。有养卒百人。蜀人悦之，使使请石牛，惠王许之。乃遣五丁迎石牛。既不便金，怒遣还之。乃嘲秦人曰：'东方牧犊儿。'秦人笑之，曰：'吾虽牧犊，当得蜀也。'"②关于石牛计，《水经注》卷二十七引来敏《本蜀论》是这样记述的："秦惠王欲伐蜀而不知道，作五石牛，以金置尾下，言能屎金，蜀王负力，令五丁引之，成道。秦使张仪、司马错寻（循）路灭蜀，因曰石牛道。"③《艺文类聚》卷九十四引《蜀王本纪》说：蜀王对秦国诈称五条能屙金的石牛信以为真，"即发卒千人，使五丁力士拖牛成道，致三枚于成都，秦得道通，石牛力也。后遣丞相张仪等，随石牛道伐蜀"④。《华阳国志》与《十三州志》的记述大致相同，可知这是一个广为流传比较可信的历史事件。（图023、024）

---

① 见《全汉文》卷五十三，[清]严可均校辑《全上古三代秦汉三国六朝文》第1册，中华书局影印出版，1958年12月第1版，第414页。
② 见[晋]常璩撰，任乃强校注《华阳国志校补图注》，上海古籍出版社1987年10月第1版，第123页。
③ 见[北魏]郦道元撰，王国维校《水经注校》，上海人民出版社1984年5月第1版，第881页。
④ 见[唐]欧阳询《艺文类聚》第4册，上海古籍出版社1982年1月新1版，第1626页。

常璩《华阳国志·蜀志》又记述说："周显王三十二年，蜀使朝秦，秦惠王数以美女进，蜀王感之，故朝焉。惠王知蜀王好色，许嫁五女于蜀，蜀遣五丁迎之。还到梓潼，见一大蛇入穴中。一人揽其尾掣之，不禁，至五人相助，大呼曳蛇，山崩。时压杀五人，及秦五女并将从。而山分为五岭，直顶上有平台。蜀王痛伤，乃登之，因名曰'五妇冢山'，于平台上为望妇堠，作思妻台。今其山或名五丁冢。"[1]剔去记述中的荒诞色彩，五丁力士由于某种突然事件而同时葬身于梓潼县的山谷中，应该是可信的。秦惠王使用的石牛计与美人计，利用了蜀王的贪财好色与昏庸，终于获得了成功。

值得探析的是，五丁力士的突然遇难，究竟是什么原因所致，是一个很大的谜。传说曰五丁曳蛇山崩，对此事说得有点玄妙。其中很可能有自然原因，譬如遭遇了泥石流，或者遇到了突然发生的地震与山崩等。此外，也不能排除是秦人使用了阴谋。根据史料分析，蛛丝马迹颇多，这种可能性应该是存在的。秦国长期谋划吞并蜀国，五丁力士个

图023　金牛古道

图024　金牛古道上的雕塑

---

[1] 见［晋］常璩撰，刘琳校注《华阳国志校注》，巴蜀书社1984年7月第1版，第190页。

个力大超群，在使用冷兵器的时代，无疑是秦国出兵伐蜀的最大障碍。秦国只有先除掉五丁，才能确保取胜，所以不择手段使用各种阴谋是毫不奇怪的，这也是情理之中的事情。总之，由于天灾人祸，五丁遭遇了不幸，在归蜀途中突然遇难了。五丁之死，犹如折断了蜀国的栋梁，开明王朝大厦失去了最有力的支撑，顿时变得岌岌可危了。

## 四、秦并巴蜀与三封蜀侯的记述

秦惠王一直在等候出兵攻取巴蜀的机会，这时巴蜀突然打起了仗，终于给了秦人可乘之机。其实，巴与蜀在先秦时期的关系是比较密切的，常璩《华阳国志·巴志》记述，大禹治水、划分九州的时候，就"命州巴、蜀，以属梁州"，后来大禹"会诸侯于会稽，执玉帛者万国，巴、蜀往焉"。又说，"周武王伐纣，实得巴、蜀之师"[①]。这些记载说明，先秦时期的巴、蜀，属于同一战线的同盟国，所以常常一起参加很多重要的政治军事行动。

巴、蜀是邻邦，唇齿相依，虽然友好，但也常闹矛盾，甚至发生过战争。巴国有巴蔓子的故事，很可能就是因为巴蜀打仗，不得已才向楚国求援的。末代蜀王与巴王的关系比较紧张，矛盾已有扩大与加剧的趋势，可能因为某件事情结下了仇恨，双方已势若水火。其实，当时巴蜀都面临着强秦的威胁。在蜀国与巴国关系友好的时候，可以联手抵御强敌，共同抗击秦军的侵犯，秦国是无隙可乘的。一旦蜀国与巴国的友好关系发生了重大裂痕，麻烦也就来了。但蜀王与巴王都掉以轻心，对此没有清醒的认识，缺少这方面的战略思考。常璩《华阳国志·蜀志》说开明王朝后期"巴与蜀仇"，记录的便正是这种情形。蜀王的弟弟苴侯，倒是比较重视巴蜀友好，却招致了蜀王的愤怒。后来，"蜀王别封弟

---

① 见[晋]常璩撰，刘琳校注《华阳国志校注》，巴蜀书社1984年7月第1版，第20—21页。

葭萌于汉中，号苴侯，命其邑曰葭萌焉。苴侯与巴王为好，巴与蜀仇，故蜀王怒，伐苴侯。苴侯奔巴，求救于秦"。①因为苴侯私下与巴王亲密往来，蜀王竟然草率出兵打苴侯，并贸然进攻巴国，由此可见蜀王的糊涂与昏聩。秦惠王对此当然是求之不得了，谋划多年不就是在等待这样的时机吗？于是立刻露出了虎狼的獠牙。

无论是从当时的局势，或是从历史的角度来看，蜀王草率出兵攻打巴国肯定是个很大的错误，苴侯和巴王仓促之际向秦国求援也是严重错误，双方都犯了大错。当时秦国君臣正在谋划攻取巴、蜀，认为蜀王与苴侯的内部矛盾而导致了蜀王对巴国的征伐，犹如历史上的"桀、纣之乱"，是一个不可多得的机会，同时也有了可以充分利用的借口，于是秦惠王便果断出兵了。公元前316年秋天，秦惠王派遣张仪、司马错、都尉墨率领大军从石牛道南下伐蜀，一路上势如破竹，在短短的几个月内便攻占了蜀国。传了十二世的开明王朝，就这样灭亡了。司马错统率秦军紧接着又占领了葭萌，攻取了巴国，将巴、蜀都纳入了秦国的版图。

秦惠王派兵攻取蜀国之后，便开始了对蜀地的经营。在政治措施上，秦朝采用了分封制与郡县制并用的统治方式，在蜀地驻防了大量军队，但对蜀地的控制仍不放心，于是又实施了从秦国本土往蜀地大量移民的措施。常璩《华阳国志·蜀志》说秦人认为"戎伯尚强，乃移秦民万家实之"，就真实地记述了这一状况。按一家最少三口人计算，迁移入蜀的秦民至少有数万人之多，从当时的人口数量来看，这绝非小数目。当时经历了战争之后，战死者应该不少，加上安阳王子率众远徙又带走了数万人，导致蜀地人口锐减，所以秦人通过移民来补充蜀地人口，也是一个比较重要的原因。移民入蜀的这些人都是秦国的百姓，以此来改变蜀地的人口结构，以增强秦人对蜀地的控制，足见秦朝用心良苦，是下了决心要彻底将蜀与秦融为一体了。

---

① 见［晋］常璩撰，刘琳校注《华阳国志校注》，巴蜀书社1984年7月第1版，第191页。

第二章 末代蜀王与秦并巴蜀的传说

此后秦人又从新占领地区不断移民入蜀,以此来充实蜀地,促使蜀地的经济与商贸发展。特别是秦灭六国之后,仍继续实行这种移民措施,从山西、河北、山东等地将六国的贵族与富豪大量迁往蜀地。这种做法,既扩充了蜀地人口,又削弱了六国势力,对秦朝的统一大业来说可谓一举数得。这些移民中有善于铸造与经商者,将中原地区的铁器铸造技术与农耕方法带到了蜀地,不仅对蜀地的经济发展起到了积极的作用,同时在客观上也加速了区域文化之间的融合。譬如《史记》与《汉书》记述的临邛卓氏,便是秦汉之际从北方迁到蜀地的移民中的代表。《史记·货殖列传》说:"蜀卓氏之先,赵人也,用铁冶富。秦破赵,迁卓氏……致之临邛,大喜,即铁山鼓铸,运筹策,倾滇蜀之民,富至僮千人。田池射猎之乐,拟于人君。"又说:"程郑,山东迁虏也,亦冶铸,贾椎髻之民,富埒卓氏,俱居临邛。"① 常璩《华阳国志·蜀志》也记载说:"秦惠文、始皇克定六国,辄徙其豪侠于蜀,资我丰土。家有盐铜之利,户专山川之材,居给人足,以富相尚。故工商致结驷连骑,豪族服王侯美衣,娶嫁设太牢之厨膳,归女有百两之车。""若卓王孙家僮千数,程郑亦八百人……富侔公室,豪过田文,汉家食货,以为称首。盖亦地沃土丰,奢侈不期而至也。"② 通过这些记载,可知秦朝的移民,持续了较长的时期,确实取得了很大的成功。

秦朝对巴人主要采取了联姻与怀柔的策略,来加强对巴地的控制。《后汉书》说:"及秦惠王并巴中,以巴氏为蛮夷君长,世尚秦女,其民爵比不更,有罪得以爵除。"③ 便真实地记载了这一情形。秦朝对待巴人中的经商致富者,也很有策略,比如巴寡妇清就是一个比较典型的例证。还有秦朝对待板楯蛮的态度也很友好,据《后汉书·南蛮西南夷

---

① 见〔汉〕司马迁《史记》第10册,中华书局点校本,1959年9月第1版,第3277、3278页。
② 见〔晋〕常璩撰,刘琳校注《华阳国志校注》,巴蜀书社1984年7月第1版,第225页。
③ 见〔南朝·宋〕范晔《后汉书》第10册,中华书局点校本,1965年5月第1版,第2841页。

列传》和《华阳国志·巴志》记述，秦昭襄王时白虎为患，在秦、蜀、巴、汉境内伤害千余人，秦王乃重募能射虎者，"时有巴郡阆中夷人，能作白竹之弩，乃登楼射杀白虎"。①秦王原来悬赏，能杀虎者邑万家、金帛称之，却又因为射杀白虎者是夷人，不欲加封，乃刻石为盟，给予了减轻租赋等许多优惠政策，"夷人安之"。②秦朝的这些做法，微妙又讲究，既笼络了人心，又强化了对巴人的控制，手段可谓高明。这说明秦朝对治理巴、蜀有着清醒的认识，采用了一系列有效的策略，并取得了较好的效果。

秦惠王为了加强对蜀地的统辖控制，除了驻兵和委派蜀守，还封了蜀侯。司马迁《史记·秦本纪》记载说："（秦惠王）九年，司马错伐蜀，灭之。""十一年……公子通封于蜀。""十四年……蜀相壮杀蜀侯来降。"秦武王元年，"诛蜀相壮"。到了秦昭襄王时，"六年，蜀侯煇反，司马错定蜀"③。《史记·张仪列传》对此也有记载，说秦惠王听从司马错的谋划，"卒起兵伐蜀，十月，取之，遂定蜀，贬蜀王更号为侯，而使陈壮相蜀"。④《战国策·秦策》也说"蜀主更号为侯"。

常璩《华阳国志·蜀志》说："周赧王元年，秦惠王封子通国为蜀侯，以陈壮为相。置巴郡。以张若为蜀国守。戎伯尚强，乃移秦民万家实之。三年，分巴、蜀置汉中郡。六年，陈壮反，杀蜀侯通国。秦遣庶长甘茂、张仪、司马错复伐蜀，诛陈壮。七年，封子煇为蜀侯。""赧王十四年，蜀侯煇祭山川，献馈于秦（孝文）〔昭襄〕王。煇后母害其宠，加毒以进王。王将尝之，后母曰：'馈从二千里来，当试之。'王与近臣，近臣即毙。（文）王大怒，遣司马错赐煇剑，使自裁。煇惧，夫

---

① 见［南朝·宋］范晔《后汉书》第10册，中华书局点校本，1965年5月第1版，第2842页。
② 见［晋］常璩撰，刘琳校注《华阳国志校注》，巴蜀书社1984年7月第1版，第34—35页。
③ 见［汉］司马迁《史记》第1册，中华书局点校本，1959年9月第1版，第207—209、210页。
④ 见［汉］司马迁《史记》第7册，中华书局点校本，1959年9月第1版，第2284页。

妇自杀。秦诛其臣郎中令婴等二十七人。蜀人葬恽郊外。十五年，王封其子绾为蜀侯。十七年，闻恽无罪冤死，使使迎丧入葬郭内。初则炎旱，三月后又霖雨；七月，车溺不得行。丧车至城北门，忽陷入地中。蜀人因名北门曰咸阳门，为蜀侯恽立祠。其神有灵，能兴云致雨，水旱祷之。三十年，疑蜀侯绾反，王复诛之，但置蜀守。"①

通过《史记·秦本纪》与《华阳国志·蜀志》的记载，可知秦并巴蜀之后曾三封蜀侯，三任蜀侯又先后遇害或被杀。这段史实因为有文字记载，应该是比较真实可信的，同时又有较为明显的疑问。譬如，秦王为什么要封蜀侯？所封蜀侯究竟是什么人？是秦王子弟，还是蜀王后裔？蒙文通先生研究巴蜀古史，就指出："秦灭蜀后，三封蜀侯，三个蜀侯又都被杀，这事真是可疑。"分析认为："从秦灭蜀后三十年，到诛蜀侯绾才算定蜀。秦三次封的蜀侯，都是因反叛而被诛。六国和秦都不把土地来分封子弟，《史记·李斯列传》说'秦无尺土之封，不立子弟为王、功臣为诸侯'。但秦对蜀却是几次反，又几次封，这是很难理解的。秦既置蜀相，又置蜀国守，这在当时的制度上也很特殊。但从汉代越巂、牂柯诸郡来看，很多县既有县令，又还有邑君，……这就可见秦汉对少数民族的政策，和对内地不同，虽设置郡县，但邑郡侯王依然存在。蜀侯、蜀相之外又置守，也就是这个缘故。所说'秦封其子'，想来都是从前蜀王之子，而不是秦人之子。"②蒙文通先生的分析是很有见地的，秦王将蜀王之子封为蜀侯，应该是一种策略。秦王同时还派遣了蜀相，任命了蜀郡守，对蜀侯加以监管，可见蜀侯并没有什么实际的权力，享有的主要是名义上的优待而已。

杨宽先生也认为，秦兼并巴、蜀之后，采用了羁縻政策，"秦虽然在进攻中杀了蜀王，俘虏了巴王，也还改封蜀王子弟为'侯'，改封巴

---

① 见〔晋〕常璩撰，刘琳校注《华阳国志校注》，巴蜀书社1984年7月第1版，第194、199—200页。
② 见蒙文通《巴蜀古史论述》，四川人民出版社1981年8月第1版，第56、58页。

的原来统治者为'君长'"。"公元前314年秦惠王封公子通为蜀侯（《史记·秦本纪》；《六国年表》记在次年，作公子繇通；《华阳国志》作公子通国），公子通即蜀王之子而非秦王子弟。尽管秦派遣蜀相和蜀国守，蜀还是不断发生内乱。公元前311年'丹犁臣蜀，相庄杀蜀侯来降'（《史记·秦本纪》）。丹犁是蜀西南的部族，这时臣服于蜀侯，说明蜀侯还在扩大其势力。蜀相陈庄把蜀侯杀死，该是与蜀侯发生冲突的结果。次年秦武王为了安定蜀地，又派甘茂等人伐蜀，杀死陈壮，又讨伐丹犁。公元前308年秦武王又封子煇为蜀侯，子煇也该是原来蜀侯的子弟。公元前301年秦昭王又派司马错入蜀，迫使蜀侯煇自杀，并杀其臣郎中令婴等二十七人。次年秦昭王又封煇的儿子绾为蜀侯。公元前285年秦怀疑蜀侯绾反叛，把他杀死，从此只派张若为蜀守，设置蜀郡（《华阳国志·蜀志》）。秦先后杀死了三个蜀侯，才巩固了对蜀的统治。"[1]查《史记·秦本纪》记载"十四年，更为元年……伐楚，取召陵。丹、犁臣，蜀相庄杀蜀侯来降。秦惠王卒，子武王立……诛蜀相壮。"[2]杨宽先生此处引文断句似有误，丹、犁应是向秦称臣，而杀蜀侯应是蜀相陈壮之错，所以秦武王下令诛灭了蜀相陈壮。这事发生在秦惠王突然去世，秦武王继位不久。

总之，秦早期相继分封的三位蜀侯（通、公子煇、公子绾）三十余年内皆死于非命，而秦初置的巴、蜀、汉中三郡三十一县则不断添置达四十一县。这说明随着时间的推移，秦王的化蜀归秦策略终于取得了成功，蜀侯之位也就顺理成章被秦朝终结了。

---

[1] 见杨宽《战国史》，上海人民出版社1980年7月第2版，第325—326页。
[2] 见［汉］司马迁《史记》第1册，中华书局点校本，1959年9月第1版，第207—208页。

## 五、蜀王子安阳率众远徙的故事

据史料记载，蜀王在秦国大兵压境时，仓促应战，在葭萌战败后逃至武阳（今彭山县东北），被秦军追杀。太子与太傅丞相等败死在白鹿山（今彭县北）。蜀王的其他儿子与王室成员，都逃离了蜀都，流散于西南各地。

王子安阳是蜀王的一个儿子，当时可能领兵驻扎在外。见蜀国败亡，秦军势力强盛，无法抗争，只有率众远走南中，其后又辗转远徙，前往交趾。关于此事，史料中有一些记载。《史记·南越列传》记述南越王尉佗的故事，索隐引《广州记》云："交趾有骆田，仰潮水上下，人食其田，名为'骆人'。有骆王、骆侯。诸县自名为'骆将'，铜印青绶，即今之令长也。后蜀王子将兵讨骆侯，自称为安阳王，治封溪县。后南越王尉他攻破安阳王，令二使典主交趾、九真二郡人。"[①]《旧唐书·地理志》也有记述，引《南越志》曰："交趾之地，最为膏腴。旧有君长曰雄王，其佐曰雄侯。后蜀王将兵三万讨雄王，灭之。蜀以其子为安阳王，治交趾。其国地，在今平道县东。其城九重，周九里，士庶蕃阜。尉佗在番禺，遣兵攻之。王有神弩，一发杀越军万人，赵佗乃与之和，仍以其子始为质。安阳王以媚珠妻之，子始得弩毁之。越兵至，乃杀安阳王，兼其地。"[②]《太平御览》卷三百四十八引《日南传》曰："南越王尉佗攻安阳王，有神人皋通，为安阳王治神弩一张，一发万人死，三发杀三万人。他退，遣太子始降安阳。安阳不知通神人，遇无道理，通去。始有姿容端美，安阳王女眉珠悦其貌而通之。始与珠入库，盗锯截神弩，亡归报佗。佗出其非意，安阳王弩折兵挫，浮海奔窜。"[③]

---

① 见［汉］司马迁《史记》第9册，中华书局点校本，1959年9月第1版，第2969—2970页。
② 见［后晋］刘昫等《旧唐书》第5册，中华书局点校本，1975年5月第1版，第1750—1751页。
③ 见［宋］李昉等《太平御览》第2册，中华书局影印出版，1960年2月第1版，第1603页。

尉佗进攻安阳王，应该是确有其事的；而派王子尉始去卧底，诱惑了安阳王女儿眉珠，暗中锯断了神弩，则属于传说了。总之，由于安阳王自己的粗心大意，尉佗终于得手了。安阳王战败之后，只有再次率众远徙。

《水经注》卷三十七引《交州外域记》对此也有较为详细的记述："交阯昔未有郡县之时，土地有雒田，其田从潮水上下，民垦食其田，因名为雒民。设雒王雒侯，主诸郡县，县多为雒将，雒将铜印青绶。后蜀王子将兵三万，来讨雒王雒侯，服诸雒将，蜀王子因称为安阳王。后南越王尉他举众攻安阳王，安阳王有神人名皋通，下辅佐，为安阳王治神弩一张，一发杀三百人。南越王知不可战，却军住武宁县。按《晋太康记》县交阯，越遣太子名始，降服安阳王，称臣事之。安阳王不知通神人，遇之无道，通便去，语王曰：能持此弩王天下，不能持此弩亡天下。通去，安阳王有女名曰眉珠，见始端正，珠与始交通，始问珠，令取父弩视之，始见弩便盗，以锯截弩讫，便逃归报越王，越进兵攻之，安阳王发弩，弩折遂败，安阳王下船，径出于海，今平道县后王宫城，见有故处。"[①]

通过这些记述可知，蜀王之子安阳率众远徙交阯，是比较真实的历史故事，同时也颇具传奇色彩。关于神弩的传说，未免夸大其词，但古代蜀人是最早使用弓箭的部族，却是不争的事实。四川广汉三星堆遗址出土的金杖上，就刻画有长杆箭矢射穿鸟颈射入鱼头的情景，成都金沙遗址出土的金冠带上也刻画有同样的画面，说明早在三千多年前的商周时期甚至更早，古蜀先民已经能够熟练地使用弓箭了。弓箭可以射猎鸟兽或射鱼，也可以武装军队，用于进攻打仗或防御杀敌。古代有十日神话与射日的传说，就起源于长江上游和蜀地。《山海经》中记述说帝

---

① 见［北魏］郦道元撰，王国维校《水经注校》，上海人民出版社1984年5月第1版，第1156—1157页。

俊与羲和生十日，三星堆出土的青铜神树，便使人很容易联想到《山海经》中关于太阳神鸟与扶桑神树的记述。《楚辞·天问》有"帝降夷羿，革孽夏民"之说，《山海经·海内经》说："帝俊赐羿彤弓素矰，以扶下国。"[1]唐代成玄英注疏《庄子·秋水篇》时曾引用古本"《山海经》云，羿射九日，落为沃焦"。[2]过去学界有人将"夷羿"说成是东夷之天神，显然是误解。其实关于"夷"，商周时代已形成"四夷"观念，东夷只是上古以来"四夷"之一，更多的则是指西南夷。譬如《史记》与《汉书》皆称西南地区的各民族为西南夷，而称沿海地区为吴、越，对于南方则称南蛮与滇越或骆越，可知"夷"主要是指长江流域上游地区。上古夷人就以制造弓矢出名，有学者认为"夷"字的写法，就表示一个背着弓箭的人。任乃强先生认为："'夷'字，本取负弓引矢，狩猎民族之义。《西南夷》之夷字，用此义；非同《尔雅》'东方曰夷'之义。"[3]可见西南夷擅长狩猎，很早就以制作弓箭闻名于世了。弩是连射的弓箭，威力更为强大，《帝王世纪》就有黄帝"梦人执千钧之弩"的记述，[4]至迟在战国时期已经开始使用弩箭了。王子安阳来自蜀地，善于使用威力强大的弩箭，也就不足为奇了。

关于王子安阳率众远徙的人数以及到达的地区，蒙文通先生在《越史丛考》中曾做过考证，认为《交州外域记》言"蜀王子将兵三万来讨雒王"，《南越志》亦谓"蜀王之子将兵三万讨雄（当为'雒'之讹）王"，是蜀兵三万之数当为可据。指出："蜀王子孙之南迁，实为一民族之迁徙，此一迁徙流离之集团中胜兵者三万人，推其不胜兵者当亦不下

---

[1] 见袁珂校注《山海经校注》（增补修订本），巴蜀书社1993年4月第1版，第530、241页。
[2] 见袁珂《中国神话传说词典》，上海辞书出版社1985年5月第1版，第303页；参见袁珂《中国神话大词典》，四川辞书出版社1998年1月第1版，第434页。参见郭庆藩辑，王孝鱼整理《庄子集释》第3册，中华书局1961年7月第1版，第565页。
[3] 见［晋］常璩撰，任乃强校注《华阳国志校补图注》，上海古籍出版社1987年10月第1版，第231页注释3。
[4] 参见［晋］皇甫谧《帝王世纪》，载《帝王世纪·世本·逸周书·古本竹书纪年》，齐鲁书社2010年1月第1版，第7页。

三万人,则南迁之蜀人略为六万。"①在战国时代,率领三万军队,再加上随军南迁的家属三万人,可不是一个小数目。王子安阳率领这支庞大的队伍,征服了雒王雒侯,在交阯建国称王,也是情理中事。后来,南越王进攻交阯,用计破城后,安阳王兵败而逃,传说乘船出海了。

总而言之,安阳王的故事,也可称为是古蜀历史上的一个传奇了。

---

① 见蒙文通《越史丛考》,人民出版社1983年3月第1版,第76页。

| 第三章 |

# 禹兴西羌的传说故事

## 一、大禹故里与治水的故事

西羌是大禹的故乡，而羌族是中华民族大家庭中最古老的民族了。

说到大禹，我们很自然便会联想到很多有关大禹的传说故事，有些故事甚至带有相当浓郁的神话色彩。但大禹并不是神话人物，而是新石器时代率领中华各族人民疏通江河、治理水患的一位杰出的英雄。今天，我们从东汉流传下来的山东嘉祥武梁祠画像石上，能看到一幅大禹的画像，头戴笠，手持锸，衣着简朴，正是大禹风尘仆仆于九州治理水患的生动写照。（图025）

图025 山东嘉祥武梁祠西壁大禹画像，传说大禹治水就是从岷江开始的

关于大禹的出生地，常璩《华阳国志》卷三说："蜀之为邦……则汶江出其徼，故上圣则大禹生其乡。"①汶江是古代羌人的栖息地，常璩虽没有明确说明大禹的出生地点，但认为大禹生于羌乡则是肯定的。从其他古籍记载来看，司马迁《史记·六国年表序》就有"禹兴于西羌"之说，集解说："皇甫谧曰：孟子称禹生石纽，西夷人也。传曰'禹生自西羌'是也。"正义说："禹生于茂州汶川县，本冉駹国，皆西羌。"②查今本《孟子》中未见这段文字，可能是佚文，但也透露了先秦已有此说。陆贾《新语》也采用了这一说法，说"大禹出于西羌"。③赵晔《吴越春秋》卷六说得更为详细："鲧娶于有莘氏之女……剖胁而产高密。家于西羌，地曰石纽。石纽在蜀西川也。"④文中所说高密，也就是大禹。古籍《世本》也有相同记述。扬雄《蜀王本纪》也说："禹本汶山郡广柔县人也，生于石纽。"⑤皇甫谧《帝王世纪》也说："伯禹，夏后氏，姒姓也，其先出颛顼，颛顼生鲧，尧封为崇伯，纳有莘氏女，曰志，是为脩己，山行，见流星贯昴，梦接意感，又吞神珠薏苡，胸坼而生禹于石纽……名文命，字高密，身长九尺二寸，长于西羌，西夷人也。"⑥陈寿《三国志·蜀书·秦宓传》也记载："禹生石纽，今之汶山郡是也。"裴松之注引谯周《蜀本纪》曰："禹本汶山广柔县人也，生于石纽，其地名刳儿坪。"⑦明代曹学佺《蜀中名胜记》也记述说："开辟以来，群圣之功，唯禹为大也。百川之长有四渎，而江河为大。江出蜀之西徼，禹乃

---

① 见［晋］常璩撰，刘琳校注《华阳国志校注》，巴蜀书社1984年7月第1版，第330页。
② 见［汉］司马迁《史记》第2册，中华书局点校本，1959年9月第1版，第686页。
③ 见陆贾《新语·道基》，《百子全书》上册，浙江古籍出版社1998年8月第1版，第89页。
④ 见［汉］赵晔著，张觉译注《吴越春秋全译》，贵州人民出版社1993年9月第1版，第239页。
⑤ 见［清］严可均校辑《全上古三代秦汉三国六朝文》第1册，中华书局影印出版，1958年12月第1版，第415页。
⑥ 见［晋］皇甫谧《帝王世纪》卷三，载《帝王世纪·世本·逸周书·古本竹书纪年》，齐鲁书社2010年1月第1版，第21页。
⑦ 见［晋］陈寿《三国志》第4册，中华书局点校本，1959年12月第1版，第975页。

生于西羌，石纽其地也。"①可见这是古籍记载中比较一致的说法。

而据《史记·五帝本纪》和《夏本纪》以及浙江绍兴禹陵所藏《姒氏世谱》等史料所载，大禹名文命，字高密，父亲是鲧，祖父是颛顼，曾祖父是昌意，而昌意的父亲则是黄帝。据《华阳国志·蜀志》中记载，黄帝为昌意娶蜀山氏之女，生子高阳，封于蜀，世为侯伯，所以按辈分算下来大禹应是资格的黄帝元孙，并和蜀族有着亲缘关系。大禹的母亲名脩己，为有莘氏女，属于羌族，怀孕了十四个月，于尧戊寅二十八载六月六日生禹于西川之石纽乡。后世纪念大禹，每年农历六月六日即为大禹的诞辰纪念日。

大禹兴于西羌，生于石纽，按照众多古籍史料中的记载，应该是没有疑问的。石纽是古代西羌的一个地方，位于西川岷江东岸一带。其地望究竟在何处，大致有四种说法。一为今汶川县飞沙关山岭，二为今北川县石纽山，三为今理县汶山寨石纽山，四为今都江堰市龙池山。这些地方，都有许多关于大禹诞生的传说和遗迹。其中尤其是北川县禹里、治城两个羌族乡现存的遗迹最多，有"石纽""甘泉""禹穴"等摩崖刻石，又有刳儿坪、禹床、洗儿池、禹母池等名胜。当地传说，禹穴刳儿坪即为禹母剖生大禹之处，瀑布下面的水也因洗浴过大禹，水中的白石因之染上了红斑，民间附会这里的红斑白石"以滚水浸之水腥，孕妇服之能催生"，颇有奇效。又传说，在大禹的诞生之地石纽，"夷人营其地，方百里不敢居牧。有过，逃其野中，不敢追，云畏禹神，能藏三年，为人所得，则共原之，云禹神灵佑之"②。《水经注》卷三十六对此也有记述："沫水出广柔徼外，县有石纽乡，禹所生也。今夷人共营之，地方百里，不敢居牧，有罪逃野，捕之者不逼，能藏三年，不为人得，

---

① 见〔明〕曹学佺《蜀中名胜记》，重庆出版社1984年10月第1版，第24页。
② 见〔晋〕常璩撰，刘琳校注《华阳国志校注》，巴蜀书社1984年7月第1版，第331、964页。参见〔汉〕司马迁《史记》卷二《夏本纪》正义所引《华阳国》文，第1册，中华书局点校本，1959年9月第1版，第50页。

图026　北川石纽，附近有禹王沟，传说即为兴于西羌的大禹出生地

则共原之言大禹之神祐之也。"①传说虽有附会，但融入了当地民俗，流传颇为悠久。（图026）

中国历史上的诸多伟大人物，特别是古代的开国帝王，当后人追述他们的生平事迹时，大都加以渲染，会有许多神奇的附会。大禹自然也不例外，所以其诞生地有诸种说法也就不足为奇了。西川之石纽，在秦汉之前本是比较笼统的说法，泛指岷江流域古羌居地的某个地方。汉武帝征服了西南夷后，设置了汶山郡广柔县，这才有了后来多种史籍中比较明确的禹生于汶山郡广柔县的说法。而由于广柔县是在古代西羌地区新开辟的县，其地广袤，故今汶川、茂县、北川等地均有禹迹。唐朝贞观年间改置石泉县后，在石纽山麓修建了禹庙，作为敬仰纪念大禹的象征。禹庙的规模并不大，仅三楹两进。明朝嘉靖年间在禹庙庭院内增建了碑亭，刻建了有名的"崛嵝碑"。到了清朝，禹庙得到了进一步扩建，并在石纽山前修建了"神禹故里坊"。其实，禹庙的修建并不仅

---

① 见［北魏］郦道元撰，王国维校《水经注校》，上海人民出版社1984年5月第1版，第1121页。

石纽一处,其他许多地方为了纪念大禹也纷纷建起了禹庙,唐宋明清以来,数量相当可观。譬如山东禹城为纪念大禹修建了禹王亭,浙江绍兴修建有大禹陵,等等。当然,四川境内最著名的仍是石泉(今北川)的禹庙。(图027、028、029、030)

大禹生活的尧舜时代,古羌和华夏民族都处于向农耕发展的过程之中。这个时代的气候属于多变期,经常洪涝成灾,严重威胁着人们的生存和发展,治水便成了这个时代的一件头等大事。《孟子·滕文公》描述当时的情形说,当尧的时候,洪水横流,四处泛滥,五谷不登,禽兽逼人,大地上成为蛇和龙的居处,人们无处安身,低地的人只有在树上搭巢,高地的人则挖洞穴而居,可见处境是非常严峻的。[①]《史记》记载尧曾公开征求能治水者,当时分管四方诸侯的四岳与群臣都推荐鲧,于是尧付鲧于重任,负责治理全国的水害。鲧在危难之际接受了这个艰巨的任务之后,殚心竭力治理洪水,传说他甚至偷来了上帝的息壤以填塞洪水。《山海经·海内经》记述说:"洪水滔天,鲧窃帝之息壤以堙洪水,不待帝命。帝令祝融杀

图027 北川县城广场上的大禹塑像("5·12"汶川特大地震前)

图028 汶川的大禹塑像("5·12"汶川特大地震后)

---

① 参见杨伯峻编著《孟子译注》,中华书局1960年1月第1版,第124页。

图029　山东禹城为纪念大禹修建的禹王亭　　　图030　浙江绍兴大禹陵

鲧于羽郊。"①传说息壤是一种神奇的泥土，可以无限制生长，用来阻挡填塞洪水显然是非常好的东西。鲧治水，主要是采取筑堤的方法，实践证明这种方法并不能阻挡洪水的泛滥，每年秋冬千辛万苦筑起的堤坝，一到春夏洪水大肆泛滥便又冲垮了，就这样年年修年年垮，治水九年都没成功，最后导致了鲧的悲壮失败。史料记载，当时继承尧摄行天子之政的舜，巡行天下，对鲧的治水无状十分生气，"乃殛鲧于羽山以死。天下皆以舜之诛为是，于是舜举鲧子禹，而使续鲧之业"。②而据《吕氏春秋·行论》所言，是因为尧以天下让舜，鲧为诸侯，表示不服，"欲以为乱"，"舜于是殛之于羽山，副之以吴刀。禹不敢怨，而反事之，官为司空，以通水潦，颜色黎黑，步不相过，窍气不通，以中帝心"。可知鲧是因为要与舜争夺帝位，所以被诛杀的。③总之，舜在严厉地惩处了治水失败的鲧之后，又举贤任能，任命鲧的儿子禹继承父业，继续担当治理洪水的重任。

---

① 见袁珂校注《山海经校注》（增补修订本），巴蜀书社1993年4月第1版，第536页。
② 见［汉］司马迁《史记·夏本纪》第1册，中华书局点校本，1959年9月第1版，第50页。
③ 见陈奇猷校释《吕氏春秋校释》第3册，学林出版社1984年4月初版，第1389页。

第三章 禹兴西羌的传说故事

　　大禹治水，吸取了鲧的教训，放弃了单纯堵塞的方法，改为堙疏并用，着重采用了疏导的手段。《山海经·海内经》说："帝卒命禹布土定九州。"①《淮南子·墬形训》说："禹乃以息土填洪水，以为名山。"②近期在成都博物馆看到展出的燹公盨铭文中也有"天令禹敷土，随山浚川，乃差地设征，降民监德"的记述（北京保利艺术博物馆收藏，成都博物馆最近展出了该件器物）。燹公盨是北京保利艺术博物馆专家2002年在海外文物市场发现的，不是考古发掘出土，传闻得自河南窖藏，未必可信。李学勤等专家对这件燹公盨做了鉴定，并对铭文做了辨识。有专家认为燹公盨是西周时期的一件器物，铭文所述大概是迄今所知最早关于大禹治水的记录了。（图031、032）

　　据《尚书》与《史记》等记载，为了行之有效地治理水患，大禹对全国的山川河流进行了详细勘查，"行山表木，定高山大川"，将全国划为九个州，每州征调民工3万人，组成27万治水大军，疏通河道，使洪

图031　燹公盨铭文　　　　　　图032　燹公盨铭文关于大禹治水的记述

---

① 见袁珂校注《山海经校注》（增补修订本），巴蜀书社1993年4月第1版，第536页、第539页注。
② 见［汉］刘安《淮南子》卷四，《二十二子》，上海古籍出版社1986年3月第1版，第1221页。

水东归于海，使百姓有地可居，有田可耕。以当时的人力物力，来完成如此浩大的工程，其艰巨的程度是难以想象的。《史记·夏本纪》记述：大禹"乃劳身焦思，居外十三年，过家门不敢入。薄衣食，致孝于鬼神。卑宫室，致费于沟淢。陆行乘车，水行乘船，泥行乘橇，山行乘樏。左准绳，右规矩，载四时，以开九州，通九道，陂九泽，度九山。"①《太平御览》引《吕氏春秋》记载说：大禹一心治水，"年三十未娶"，后来娶涂山氏女，新婚才数日，便又走上了治水的征途。②通过这些记述所展示的生动画卷，我们看到，大禹不仅做出了表率，更体现了一种精神——吃苦耐劳，不畏艰险，公而忘私，发奋图强，率领治水大军经过十三年百折不挠的奋斗，终于取得了治水的成功。

大禹治水的范围相当广阔，从岷江到黄河流域和长江流域，足迹遍及九州。根据《禹贡》等古籍记述，有的地方水患情形复杂，大禹往返了多次。西蜀岷江是水患比较严重的地区，《禹贡》中数次提到大禹曾由"岷山之阳，至于衡山"，"岷山导江，东别为沱"，"岷嶓既艺，沱潜既道"。③说明大禹在治水过程中曾花了大量精力对岷江进行过治理。如果我们作进一步深入的探讨，大禹治水很可能就是从岷江开始的。大禹导山实际也是从岷山开始的。导山是治水的准备，大禹采取的办法是"随山刊木"。④根据山势地形确定水的流向，然后随山之势，相其便宜，斩木通道以治之，进而疏浚河道，达到根治水患的目的。导山治水，可以说是对自然环境进行综合治理的一种高明而有效的手段，大禹乃是华夏历史上综合治理山与水的第一人，亦是世界人类文明史上开创自然环境

---

① 见［汉］司马迁《史记》第1册，中华书局点校本，1959年9月第1版，第51页。
② 见［宋］李昉等《太平御览》，中华书局影印出版，1960年2月第1版，第1册第382页，第3册第2580页。
③ 见［清］胡渭著，邹逸麟整理《禹贡锥指》，上海古籍出版社1996年12月第1版，第375、557、272、273页。
④ 见《尚书正义·夏书·禹贡》，［清］阮元校刻《十三经注疏》上册，中华书局影印出版，1980年9月第1版，第146页。

综合治理的鼻祖。

　　大禹导山治水的办法在岷江流域取得了成功，进而才变成了整个中原的治水方法，并推广到了九州。古代文献中说大禹"西兴东渐"，考古发现对此也有较多的印证。我们知道，大禹兴起于西羌，以大禹为代表的夏部族后来由岷江迁移到了汉中平原汉水流域，进而迁移到了晋南豫西豫中地区。以崇山（嵩山）为中心的伊洛河三川地带是夏人鼎盛时期的疆域，西蜀地区则是夏人早期活动区域。中原偃师二里头考古发现的夏文化为灰陶文化，分布于陕西、山西、河南；成都平原宝墩古城遗址出土的泥质灰陶和夹砂褐陶，也可称为灰陶文化，与夏人尚黑说相符，其年代与二里头文化相当或略早，这些考古资料便揭示了夏部族的迁徙。大禹治水的过程中，有跟随他的本族队伍，也有追随他的其他部族。有学者认为，古蜀国的第二代蜀王柏灌，就率领族人跟随大禹治水，迁往了中原。[①]在《古本竹书纪年》等古籍中有斟灌氏的记载，是夏的同盟部族。[②]《左传》中也说到了斟灌族与夏王朝的密切关系。[③]由此推测，斟灌氏很可能就是迁到中原的蜀王柏灌子孙及其族人。

　　总而言之，我们有充足的理由认为，正是大禹最先治理岷江，使岷江西羌的文化发达起来，所以后人才把岷江视为长江的源头。现在我们可以说，大禹治水的次第：第一是首先治理岷江，第二是治理汉水，第三是治理河济，第四是治理江淮，最终取得了全国水患被治理的大成功。

---

① 参见谭继和《禹文化西兴东渐简论》，《四川文物》1998年第6期，第12页。
② 参见《古本竹书纪年》，载《帝王世纪·世本·逸周书·古本竹书纪年》，齐鲁书社2010年1月第1版，第53—54页。
③ 参见王守谦等译注《左传全译》下册，贵州人民出版社1990年11月第1版，第770、1483页。

## 二、大禹娶涂山氏的传说

大禹有很多传说故事，譬如大禹的娶妻也有不同的传说。根据古籍中的记载，大禹是在治水的过程中遇见了涂山之女，此时大禹已经年过三十，于是娶涂山之女为妻。新婚才数日，大禹便离家外出，率领民众继续去治理水患了。这个传说故事，大约在先秦时期就开始流行了。

首先是《尚书·虞书·益稷》中的记述，大禹自述说："予创若时，娶于涂山，辛壬癸甲。启呱呱而泣，予弗子，惟荒度土功。"[1]关于《尚书》的成书时间与流传，历代学者看法不一，颇有争议，或有认为是伪书。王国维认为："《虞夏书》中……或系后世重编，然至少亦必为周初人所作。"[2]司马迁在《史记·夏本纪》中也沿袭了《尚书》的说法：禹曰"予娶涂山，〔辛壬〕癸甲，生启予不子，以故能成水土功劳"[3]。司马迁是汉代的史学大家，由于《史记》的巨大影响，这个记载便成了权威之说。

其次是《吕氏春秋·音初》的记载，说："禹行功，见涂山之女，禹未之遇而巡省南土。涂山之女乃令其妾待禹于涂山之阳，女乃作歌，歌曰'候人兮猗'，实始作为南音。"《吕氏春秋·佚文》说："禹年三十，未娶，行涂山，时暮失制，乃娶涂山女。"又说："禹娶涂山氏女，不以私害公，自辛至甲四日，复往治水，故江淮之俗，以辛壬癸甲为嫁娶日也。"[4]《吕氏春秋》系吕不韦门客著所闻集论而成，成书于战国时期，可知大禹娶涂山之女为妻的传说在当时已经广为流传了。

在《楚辞·天问》中也有"禹之力献功，降省下土四方。焉得彼涂

---

[1] 见《尚书正义·虞书·益稷》，〔清〕阮元校刻《十三经注疏》上册，中华书局影印出版，1980年9月第1版，第143页。
[2] 见张心澂编著《伪书通考》，上海书店出版社1998年1月第1版，第120页。
[3] 见〔汉〕司马迁《史记》第1册，中华书局点校本，1959年9月第1版，第80页。
[4] 见陈奇猷校释《吕氏春秋校释》，学林出版社1984年4月初版，第1册第334—335页，第4册第1815、1811页。

山女，而通之于台桑？"的记述。①《楚辞》也是战国时期开始流行于南方楚地的一部诗歌作品，相传为屈原所作。《楚辞·天问》中的这段记述，也反映了大禹娶涂山之女故事在当时的传播。

再者是《吴越春秋》的记载，说："禹三十未娶，行到涂山，恐时之暮，失其度制，乃辞云：'吾娶也，必有应矣。'乃有白狐九尾造于禹。禹曰：'白者，吾之服也；其九尾者，王之证也。涂山之歌曰：绥绥白狐，九尾庞庞；我家嘉夷，来宾为王；成家成室，我造彼昌；天人之际，于兹则行。明矣哉！'禹因娶涂山女，谓之女娇。取辛壬、癸、甲，禹行。十月，女娇生子启。"②《吴越春秋》为东汉赵晔撰著，记载了春秋末期吴、越两国的史事，并采摭掺入了许多逸闻传说，是一部介于史家与小说家之间的作品。这段记述，绘声绘色，颇为生动，很可能是汉代文人对流行的传说故事做了修润和加工。

《尚书》与《史记》，以及《吕氏春秋》与《吴越春秋》等古籍中关于大禹娶涂山之女为妻的记载，对后世产生了广泛的影响，并为后来的很多著述所转引。宋代编撰而成的大型类书《太平御览》卷八十二与卷五百七十一就引用了《吕氏春秋》关于大禹娶涂山之女的记载，《太平御览》卷九百九则引用了《吴越春秋》的记载。③其他的很多类书和笔记野史，对此也都有转引和记述，从而使得这个传说成了家喻户晓的故事。

关于大禹娶涂山氏的传说，在广为流传的过程中，虽然故事内容大致相同，但涂山究竟在哪里，却发生了不同的说法与记述。归纳起来，大致有以下几种说法和解释。

---

① 见黄寿祺、梅桐生译注《楚辞全译》，贵州人民出版社1984年2月第1版，第62—63页。
② 见［汉］赵晔著，张觉译注《吴越春秋全译》，贵州人民出版社1993年9月第1版，第248页。
③ 参见［宋］李昉等《太平御览》，中华书局影印出版，1960年2月第1版，第1册第382页，第3册第2580页，第4册4030页。

一说在江州（今重庆），常璩便采用了此说。常璩《华阳国志》卷一说："禹娶于涂山，辛壬癸甲而去，生子启，呱呱啼，不及视，三过家门而不入于室，务在救时。今江州涂山是也，帝禹之庙铭存焉。"又说："江州县郡治，涂山有禹王祠及涂后祠。"①

一说涂山即会稽山，如《越绝书》就说"涂山者，禹所取妻之山也，去县五十里"，认为越国境内有涂山，就是大禹其子所居住的山，离都城五十里。②《国语·鲁语》中有"昔禹致群神于会稽之山，防风氏后至，禹杀而戮之"的记述。③汉代许慎《说文解字》说："盉，会稽山也。"清代段玉裁注释中引用了《国语·鲁语》的这段记述，解释说："盉山即会稽山，盉、塗，古今字。……大禹以前名盉山，大禹以后则名会稽山。……会稽山在今浙江省绍兴府治东南十二里。"④

一说在九江当涂，如东汉高诱注释《吕氏春秋》就认为"涂山在九廻，近当涂也"，毕沅认为九廻即九江。⑤《汉书·地理志》有"九江郡……当涂，侯国"，应劭注释曰"禹所娶涂山侯国也，有禹虚"，也采用了此说。⑥许慎《说文解字》也记载了这一说法："一曰九江当涂也。民俗曰辛壬癸甲之日嫁娶。"段玉裁注释说："一曰者，别一义。谓盉山在九江当涂也。《地理志》：九江郡当涂。应劭曰，禹所娶涂山氏国也。《郡国志》：九江郡属县有当涂，有平阿，平阿有涂山。按平阿本当涂地，汉当涂即今安徽省凤阳府怀远县。县东南有涂山。非今在江南太平

---

① 见［晋］常璩撰，刘琳校注《华阳国志校注》，巴蜀书社1984年7月第1版，第20—21、64页。
② 参见［汉］袁康、吴平辑录，俞纪东译注《越绝书全译》，贵州人民出版社1996年10月第1版，第189页。
③ 见［周］左丘明撰，上海师范学院古籍整理组校点《国语》，上海古籍出版社1978年3月第1版，第201页。
④ 见［汉］许慎撰，［清］段玉裁注《说文解字注》，上海古籍出版社1988年2月第2版，第441页。
⑤ 参见陈奇猷校释《吕氏春秋校释》第1册，学林出版社1984年4月初版，第339页注13。
⑥ 参见［南朝·宋］范晔《后汉书》第6册，中华书局点校本，1965年5月第1版，第1569页、第1579页注4。

府治之当涂也。"①

一说在安徽寿春（今安徽寿县），或说在安徽当涂（今安徽怀远），《左传·哀公七年》说："禹合诸侯于涂山，执玉帛者万国。今其存者，无数十焉。"杜预注释说："涂山，在今寿春东北。"即今安徽怀远县之当涂山。②《史记·夏本纪》索隐也引用了上述解释："杜预云'涂山在寿春东北'，皇甫谧云'今九江当涂有禹庙'，则涂山在江南也。"③《说文解字注》中段玉裁解释"盉"字也列举了这个说法，认为"杜注《左传》云，涂山在寿春东北，非古说也"。

由此可知，对于涂山的地理位置，在汉代就已经有了好几种不同的说法。

为什么对涂山会有这么多不同的说法呢？当然是因为涂山是大禹娶妻生子之地，而大禹是非常了不起的治水英雄，又是夏王朝的开创者，所以很多地方都愿意和大禹攀亲。中国历史上诸多伟大人物，特别是古代的开国帝王，当后人追述他们的生平事迹时，大都加以渲染，会有许多神奇的附会。大禹也不例外，所以其诞生地与娶妻生子的地方有诸种说法也就不足为奇了。

在上面列举的多种说法中，最可信的应该是常璩的记载了。其他诸说，颇为牵强，附会而已。因为大禹治水是从治理岷江开始的，在江州娶了涂山之女，比较符合实情。常璩虽然对大禹的诞生地点说得较为笼统，但对大禹娶妻生子之地则说得非常明确，从历史与地理的角度来看，常璩的记述确实是比较客观和准确的。常璩对大禹忙于治水三过家门而不入等事迹的记载，则与《尚书·皋陶谟》《孟子·滕文公上》《史

---

① 见［汉］许慎撰，［清］段玉裁注《说文解字注》，上海古籍出版社1988年2月第2版，第441页。
② 参见王守谦等译注《左传全译》下册，贵州人民出版社1990年11月第1版，第1576页、第1517页注3。
③ 见［汉］司马迁《史记》第1册，中华书局点校本，1959年9月第1版，第81页注3。

记·夏本纪》等记载相同，也充分显示了他治学严谨的特点。正因为如此，后来很多著述大都沿用了他的说法。如《寰宇记》卷一百三十六，嘉庆《四川通志》卷十一，都说涂山在巴县，俗称真武山，古代即有禹庙，内有禹王殿、涂后祠，有禹王及涂山氏塑像。①

郦道元《水经注·江水》也记述说："江州县，故巴子之都也……江水北岸有涂山，南有夏禹庙、涂君祠，庙铭存焉。常璩、仲雍并言禹娶于此。余按群书，咸言禹娶在寿春当涂，不于此也。"②郦道元引用了常璩之说，同时也将不同的说法附在了后面。这是比较客观的记录，但是没有对此加以分析和评述。

到了清代嘉庆《四川通志·舆地志》记载此事的时候，特地探讨了关于大禹娶于涂山的几种说法，认为常璩之说才是正确的，其他的说法都是附会。文中说："《华阳国志》云，夏禹娶涂山，今江州涂山是也，有庙存。……尝考娶于涂山之说，一谓在此，一谓在九江当涂。东汉郡志云涂山在巴郡江州，杜预考曰，巴国也，有涂山、禹庙。又古巴郡志云，山在县东五千二百步，岷江东折，高七里，周三十里。郦道元《水经注》云，江州涂山有夏禹庙、涂山祠，九江当涂亦有之。杜预所谓巴国江州，乃今重庆巴县，江州非九江之江州也。汉史、蜀志有稽，至今洞曰涂洞，村曰涂村，滩曰遮夫，石曰启母。复合《帝王世纪》《蜀本纪》《华阳国志》《元和志》等书参考之，禹乃汶山郡广柔人，其母有莘氏感星之异，生禹于石纽，广柔。隋改广柔为汶川，石纽在茂州域，隶石泉军。所生之地方百里，夷人其营之，不敢居牧，灵异可畏。禹为蜀人，生于蜀，娶于蜀。古今人情，不大相远。导江之役，往来必经，过门不顾，为可凭信。先是帝曾大夋曰，昌意为黄帝次子，娶蜀山氏，

---

① 参见［晋］常璩撰，刘琳校注《华阳国志校注》，巴蜀书社1984年7月第1版，第65页注2。
② 见［北魏］郦道元撰，王国维校《水经注校》，上海人民出版社1984年5月第1版，第1053页。

生帝颛顼，颛顼生鲧，鲧生帝，帝之娶于蜀又有自来。又谓蜀涂山，肇之人皇，为蜀君掌涂山之国，亦一征也。至会诸侯于涂，当以九江郡者为是。东汉郡志云，山在当涂，杜预云，在寿春东北，今有禹会村，柳子有铭，苏子有诗。且于天下稍向中，会同于此，宜矣。《通鉴外纪》亦云，禹娶涂山之女，生子启，南巡狩，会诸侯于涂山。如是，则娶而生子，生子而后南巡，南巡而后会诸侯。娶则在此，会则在彼，次序昭然。会稽乃致群臣之地，或崩葬之所，故有禹穴，所谓涂山，一曰栋山，一曰防山，纷纷不一。太平乃晋成帝世，当涂之民徙居于此，故亦名其县曰当涂。好事者援此以为说，而实非涂山。世次绵远，地名改易烦乱，傅会不足征。况会稽涂山在禹时未入中国，禹安得娶彼哉？今特辩而正之，庶祠庙之建，得其本真，而后受享于诞生之地，尤不可阙尔。"①显而易见，这个分析比较客观中肯，其见识与结论也是很有说服力的。

清代顾祖禹《读史方舆纪要》卷六十九记载说："涂山，府东八里，岷江南岸，山之址有石中分，名曰龙门，其下有水与江通。古巴郡志，山高七里，周围二十里，尾接石洞峡，峡东西约长二里许，刘先主置关于此。山之山禹庙及涂后祠在焉。杜预曰，巴国有涂山，禹娶于涂山是矣。"②顾祖禹在这里说得很清楚，显然也是赞同常璩与《四川通志》说法的，巴县的涂山就是大禹娶妻的地方。

近代著名学者蒙文通先生也认为："禹兴于西羌，娶于涂山（巴县），是很近理的。"③其他说法到距离西羌很远的地方找涂山，说服力就不强了。由此可见，常璩《华阳国志》中对大禹故里与娶涂山氏传说的记载，在后世已成为一种比较权威的说法。

---

① 见［清］常明、杨芳灿等纂修《四川通志》第2册，巴蜀书社1984年12月第1版，第739页。
② 见［清］顾祖禹《读史方舆纪要》，上海书店出版社1998年1月第1版，第475页。
③ 见蒙文通《巴蜀古史论述》，四川人民出版社1981年8月第1版，第33页。

## 三、西羌白石崇拜的由来

在中华民族发展融合的历史过程中，羌人是古老而又影响深远的民族，原游牧栖居于今天的川、甘、青相交的区域内，位于长江、黄河二源之间，亦是传说中昆仑山西王母的范围。长江和黄河的上游源流处与河湟区域，远古时期生态良好，水草丰茂，曾是古羌的栖息繁衍之地。古代羌人的牧羊业特别发达，所以《说文》解释"羌"字从羊从人，即指此。①后来羌人不断东进，向岷江流域和渭河流域发展，逐步转向农耕。

羌人历史上有过多次迁徙，有西迁和北迁的，西迁的一支后来成为藏族先民的一部分，还有向西南发展的，建立了青衣羌国。羌族的若干分支在长期的历史发展过程中，由于不同的条件和原因而演变为汉藏语系中藏缅语族的各民族。正如学者所述："在长期的历史发展过程中，羌族中的若干分支由于种种条件和原因，逐渐发展、演变为汉藏语系中的藏缅语族的各民族。研究藏、彝、白、哈尼、纳西、傈僳、拉祜、基若、普米、景颇、独龙、怒、阿昌、土家等族的历史，都必须探索其与羌族的关系。"②据《后汉书·西羌传》记载，汉以前在河湟区域居住的主要是羌人，对此也是一个很好的说明。《后汉书·西羌传》说：秦献公时羌人"畏秦之威，将其种人附落而南，出由赐支河曲西数千里，与众羌绝远，不复交通。其后子孙分别，各自为种，任随所之。或为牦牛种，越巂羌是也"③。实际上古羌的迁徙，早在春秋战国之前就开始了。这里说的越巂羌，只是古羌的一支，还有若干分支则分散迁徙到了西南其他地方。著名的羌族史诗《羌戈大战》，便记叙了羌人九支人马

---

① 参见［汉］许慎撰，［清］段玉裁注《说文解字注》，上海古籍出版社1988年2月第2版，第146—147页。
② 参见冉光荣、李绍明、周锡银《羌族史》，四川民族出版社1985年1月第1版，第1页。
③ 见［南朝·宋］范晔《后汉书》第10册，中华书局点校本，1965年5月第1版，第2876页。

分别向西向南迁徙的故事，其中一支来到岷江上游打败了戈基人而定居下来。有学者认为戈基人可能是冉駹，为氏族。①

岷江上游同时还栖居着与氏羌关系密切的蚕丛氏蜀人，在考古学上遗留下了丰富的石棺葬文化。据说岷江上流是古代蜀人的发祥地，其先称为蜀山氏，后称为蚕丛氏，与古羌毗邻而居。黄帝的时候，蜀山氏已成为和黄帝氏族世代通婚的部落。黄帝娶西陵氏女嫘祖为正妃，生子青阳与昌意，为昌意娶蜀山氏女而生高阳，高阳生颛顼，后继承帝位称为帝颛顼。颛顼生鲧，鲧生大禹。大禹兴于西羌，羌乡是大禹的故里。可知古代羌人和古代蜀人的亲缘关系，可谓由来已久。

蚕丛氏后来沿着岷江向东发展，进入成都平原创立了古代蜀国。当我们查阅古籍的时候，会读到一些这样的记述，如章樵注《蜀都赋》引《蜀王本纪》云："蚕丛始居岷山石室中。"《华阳国志·蜀志》说："有蜀侯蚕丛，其目纵，始称王，死，作石棺石椁，国人从之，故俗以石棺椁为纵目人冢也。"②20世纪的考古学者，在岷江上游发现了大量的新石器时代晚期文化遗存，即与古代氏羌和蚕丛氏蜀人有关。

石崇拜这一古老习俗的形成与盛行，与大禹为代表的夏族崛起有很大的关系。古籍中说大禹生于石纽，古人解释石纽为两块结成纽状的灵石。北川禹穴附近有敬奉血石的习俗，传说亦与大禹降生有关。古籍中又说，大禹的儿子启也是破石而生的，如《墨子·墨子后语》与《蜀典》等古籍中就记述了"石破北方而生启"的传说。《楚辞·天问》有"何勤子屠母"的询问：为何夏启出生杀害母亲？朱熹《楚辞集注》说："屠母疑亦谓《淮南》所说，禹治水时自化为熊以通辕辕之道，涂山氏见之而惭，遂化为石。时方孕启，禹曰归我子，于是石破北方而启生。其石在嵩山，见《汉书》注。"③在《汉书·武帝纪》中有汉武帝巡视

---

① 参见段渝《四川通史》第1册，四川大学1993年10月第1版，第32页。
② 见〔晋〕常璩撰，刘琳校注《华阳国志校注》，巴蜀书社1984年7月第1版，第181页。
③ 见〔宋〕朱熹《楚辞集注》第2册，人民文学出版社1953年影印宋端平刻本，第11页。

中岳"见夏后启母石"的记载,颜师古注释曰:"启,夏禹子也,其母涂山氏女也。禹治鸿水,通镮辕山,化为熊,谓涂山氏曰:'欲饷,闻鼓声乃来。'禹跳石,误中鼓。涂山氏往,见禹方作熊,惭而去,至嵩高山下化为石,方生启。禹曰:'归我子。'石破北方而启生。事见《淮南子》。"①《水经注》卷三十九也有"启生石中"的记载,并对这个传说颇有疑问,王国维注释亦引用了上述说法,文字上略有不同:"《随巢子》《淮南子》并云:禹娶涂山氏,治鸿水通镮辕山,化为熊,涂山氏见之惭而去,至嵩高山下化为石,禹曰:归我子石,破北方而生启。李彤《四部》云:嵩山南有启母祠,郭景纯云:阳城西有启母石也。"②

《淮南子·修务训》说:"禹生于石。"③《艺文类聚》卷六引《随巢子》也有"禹产于崐石,启生于石"的记载。④这些古老的民间传说与遗迹,都显示了大禹与儿子启乃石所衍生的内容,而这正是典型的石崇拜形式。大禹产于石,其子启亦出生于石,这无疑说明了夏族具有强烈的石崇拜信仰。

由于夏族与西羌和古蜀的特殊关系,夏族的石崇拜观念在西羌和古蜀也同样盛行。就像龙图腾信仰的传播一样,夏族的石崇拜观念对西南地区的许多讲羌语支民族和一些藏缅语民族,在心理与习俗上都产生了重大影响。也许是因为这些民族在远古时期有着族源上的密切关系,同时也由于客观上存在着地域传播带,所以他们的文化大都具有相似的现象。在经历了漫长的发展演变和融合之后,迄今我们仍能看到许多远古时期流传下来的遗俗,堪称是民族文化史上的"活化石",这对我们探

---

① 见[汉]班固《汉书》第1册,中华书局点校本,1962年6月第1版,第190页。
② 见[北魏]郦道元撰,王国维校《水经注校》,上海人民出版社1984年5月第1版,第1214页。
③ 见[汉]刘安撰,高诱注《淮南子》,《二十二子》,上海古籍出版社1986年3月第1版,第1297页。
④ 见[唐]欧阳询撰,汪绍楹校《艺文类聚》第1册,上海古籍出版社点校本,1982年1月新1版,第107页。

索描述石崇拜观念无疑提供了极大的方便。

在羌族的原始信仰中,延续至今的白石崇拜一直占据着极其重要的地位。羌族这个古老的习俗与夏族的石崇拜观念是一脉相承的,同时又采用传说的形式给予了神奇的解释和美丽的发挥。据羌族世代相传的史诗《羌戈大战》描述说,羌人原来生活在水草丰美牛羊成群的西北大草原上,后遭到北方异族侵略,被迫迁徙,羌人九弟兄率九支人马各奔前程,大哥率领的人马途中又遭到敌兵袭击,损失惨重,他们向天女木姐珠祷告,祈求帮助,木姐珠从天上抛出三块白石,变成岷山上的三座雪山,挡住了敌兵,使这支羌人才得以摆脱敌人,重建家园。于是,羌人便决定在"雪山顶上捧白石,白石供在房顶正中间",以报答神恩。后来羌人又受到戈基人的侵犯,羌人屡战不胜,得到天神几波尔勒授予的白石与麻秆,才战胜了戈基人,终于在岷江上游定居下来,这使得羌人更加强了对白石崇拜的信念。

羌人以一种乳白色的石英石作为偶像的表征,供奉在山上、地里、屋顶或庙内。此外在门楣、窗口、碉楼上以及树林之中也供奉着这样一些白石,作为神灵的象征。学者认为,羌族的这一石崇拜形式,可以称之为以白石为中心的多神崇拜或以白石为表征的诸神信仰。[1]其内涵包括了自然崇拜、动物崇拜、植物崇拜和祖先崇拜,原始宗教所具有的几种基本形式,在羌族的信仰习俗中都保留得比较完整,并通过白石崇拜给予了充分的体现。羌族敬奉白石,与羌人自古尚白的习俗也有很大关系。世界上崇尚白色的民族不少,但将尚白习俗与石崇拜观念密切结合并发挥到了极致,羌族可谓是最典型的代表。(图033、034)

如果我们作更深入的探讨,我们便会发现,崇拜白石这一信仰习俗对羌族人民的思想和行为都产生了深厚的影响。在漫长的历史进程中已逐步渗透到社会生活的各方面,并积淀为一种稳定的民族心理因素。羌

---

[1] 参见李绍明《从石崇拜看禹羌关系》,载《四川文物》1998年第6期。

族的白石崇拜，对西南其他少
数民族也有很大的影响。在我
国西南地区岷江、大渡河、雅
砻江、金沙江流域的崇山峻岭
中，有很多属于羌语支语言的
少数民族，"凡操羌语支语言的
居民，都把白石作为自己崇拜
的偶像"。①对于羌族这样一个
历史悠久而又演变剧烈的民族
来说，白石崇拜代代相传影响
深远，起到了传承羌族文化的
纽带作用，显然具有非常重要
的意义。

图033　茂县羌族民居随处可见白石崇拜

图034　羌族的白石崇拜习俗

　　古代蜀人的大石崇拜，作为一种悠久的信仰象征，同样具有隐秘而又复杂的文化内涵。从文献记载看，《华阳国志·蜀志》记述古蜀时代最先称王的蜀侯蚕丛"死，作石棺石椁，国人从之"，便透露出了古代蜀人崇拜大石的原始宗教意识。这与古蜀蚕丛时期居住在岷江上游的生存环境，无疑有着很大的关系，同时与夏族石崇拜观念的影响亦密不可分。古代蜀人沿着岷江走出岷山迁入成都平原之后，崇拜大石的传统依然盛行。《华阳国志·蜀志》说古蜀国开明王朝时期，"每王薨，辄立大石，长三丈，重千钧，为墓志，今石笋是也"，便是一个很好的说明。这种崇拜大石的习俗，反映了古代蜀人的心理观念，既有自然崇拜的因素，更有浓郁的祖先崇拜特征。据文献记载，古蜀时代留传下来的大石遗迹，除了著名的

---

① 参见《中国原始宗教资料丛编》，上海人民出版社1993年10月第1版，第447页。

石笋,还有武担石、石镜、天涯石、地角石、五块石、支机石等。据刘琳解释,这些巨石"均为古代蜀王墓前的标志","皆由数十里乃至百里外的山上开采运来"。①这些巨石,大都附会有神奇的传说,曾矗立在富饶美丽的成都,形成一种特殊的景观。在追述古蜀历史故事的时候,迄今仍使人津津乐道。

## 四、大禹金简玉书与岣嵝碑之谜

相传为夏禹治水纪功的《岣嵝碑》,又称为《夏碑》《禹碑》或《神禹碑》,可能是迄今所知最早的石刻碑文了。《岣嵝碑》的来历,主要源自一个神话传说,在《吴越春秋》和《水经注》等古籍中对此均有记载。

根据《吴越春秋·越王无余外传》中的记载,相传四千多年前,夏禹出生在西羌石纽(今四川汶川县境内),当时天下洪水泛滥,其父鲧受命治水九年毫无成效,受到严惩。于是夏禹接替父职,奉命率众治水,历经七年闻乐不听,过门不入,鞠躬尽瘁,殚思极虑,仍然没有成效。禹苦苦思索着治水的办法,一边查阅当时所有关于治理水患的记载,一边继续考察山川河流的情形。"禹伤父功不成,循江溯河,尽济甄淮,乃劳身焦思以行,七年,闻乐不听,过门不入,冠挂不顾,履遗不蹑,功未及成。愁然沉思,乃案《黄帝中经历》——盖圣人所记,曰:'在于九疑山东南天柱,号曰宛委,赤帝在阙,其岩之巅,承以文玉,覆以磐石,其书金简,青玉为字,编以白银,皆瑑其文。'禹乃东巡,登衡山,血白马以祭,不幸所求。禹乃登山,仰天而啸,忽然而卧,因梦见赤绣衣男子,自称:'玄夷苍使者,闻帝使文命于斯,故来候之。

---

① 见[晋]常璩撰,刘琳校注《华阳国志校注》,巴蜀书社1984年7月第1版,第185—186页、第187页注6。

非厥岁月,将告以期。无为戏吟,故倚歌覆釜之山。'东顾谓禹曰:'欲得我山神书者,斋于黄帝岩岳之下,三月庚子,登山发石,金简之书存矣。'禹退又斋,三月庚子,登宛委山,发金简之书,案金简玉字,得通水之理解。"《吴越春秋》佚文说:"禹乃登宛委之山,发石,乃得金简玉字。"①这段记述的意思是说,禹听说黄帝留下有金简玉书,于是东巡来到了会稽山,杀了白马祭祀山神,登上山峰,仰天长啸。当晚禹留宿在山上,梦见一位身穿红色绣花衣的男子,自称是山神的使者,对禹说,在宛委山巅的石洞里,有金简玉书,看了便可知道疏通水患的道理。禹醒来后,登上山峰,凿石寻觅,果然找到了金简玉书,懂得了治水之法。

宋代编撰的大型类书《太平御览》也援引了这段史料,记述曰:"《吴越春秋》曰,禹案《黄帝中经》,见圣人所记曰,在九疑山,东南天柱,号曰宛委,乘以文玉,覆以磐石。其书简,青玉为字,编以白银。禹乃东巡狩,登衡山求之。卧见赤绣衣男子,自称玄夷苍水使者,来候禹,令禹斋三月,更求之。禹乃斋三月,登宛委山,取得书,通水经。遂周行天下,使益疏记之,名曰《山海经》。"②

《吴越春秋·越王无余外传》还记载,舜崩之后,大禹即天子之位,召见四方群臣,谈论治国之道,曾说到了"吾获覆釜之书,得以除天下之灾,令民归于里闾,其德彰彰若斯,岂可忘乎"。③覆釜之书是否就是金简玉书?此处没有说明。但大禹从获得的书中懂得了治水之理,则是清楚的。这样就出现了几种不同的记载与说法。

这里需要弄清楚的是,大禹究竟登上了哪座山取得了金简玉书?在

---

① 见[汉]赵晔著,张觉译注《吴越春秋全译》,贵州人民出版社1993年9月第1版,第243—244、450页。
② 见[宋]李昉等《太平御览》第1册,中华书局影印出版,1960年2月第1版,第381页。
③ 见[汉]赵晔著,张觉译注《吴越春秋全译》,贵州人民出版社1993年9月第1版,第255—256页。

《吴越春秋》与《太平御览》的记述中提到了"九疑山""宛委""衡山"几处地名,在地理上颇有混淆。据有的学者解释,九疑山也作九嶷山,在今湖南境内;而宛委是会稽山的一峰,在今浙江境内;既然大禹东巡,所以这里说的衡山应是会稽山。例如《史记·封禅书》曰:"禹封泰山,禅会稽。"索隐引《吴越春秋》云"禹巡天下,登茅山,群臣乃大会计,更名茅山为会稽",亦曰苗山也;正义引《括地志》云:"会稽山一名衡山,在越州会稽县东南一十二里也。"①后世学者也认为,大禹登上的应该是会稽山,《吴越春秋》记述成了衡山,显然有误。②值得注意的是,在《史记·封禅书》中还记述了舜的巡狩:《尚书》曰舜曾"巡狩至南岳,南岳,衡山也"。正义引《括地志》云:"衡山,一名岣嵝山,在衡州湘潭县西四十里。"③由古籍记载可知,舜和大禹都做过巡狩,舜巡狩到过南岳,大禹巡狩到了会稽山,两者巡狩的路线不同,衡山与会稽山也并非一个地方。但《吴越春秋》的作者,在此处记述的地名很可能是搅混了,从而给后来的读者造成了误解。

后来的《水经注》卷四十也记载说:古代吴越境内"有会稽之山,古防山也,亦谓之为茅山,又曰栋山。……《吴越春秋》称覆釜山之中,有(金简玉字之书,黄帝之遗谶也。)山下有禹庙,庙有(圣姑像,《礼》乐纬云:禹治水旱,天赐)神女圣姑,即其(像也。山上有禹冢,昔大禹即位十)年,东巡狩,崩于(会稽,因而葬之。有鸟来,为之耘),春拔草根,秋啄其秽,是以县官禁民不得妄害此鸟,犯则刑无赦。山东有硎,去庙七里,深不见底,谓之禹井,云东游者多探其穴也。秦始皇登稽山,刻石纪功,尚存山侧。孙畅之述征书云:丞相李

---

① 见[汉]司马迁《史记》第4册,中华书局点校本,1959年9月第1版,第1361页、第1362页注9。
② 参见[汉]赵晔著,张觉译注《吴越春秋全译》,贵州人民出版社1993年9月第1版,第245页注19。
③ 见[汉]司马迁《史记》第4册,中华书局点校本,1959年9月第1版,第1356页注3。

斯所篆也。又有石山，石形似，上有金简玉字之书，言夏禹发之，得百川之理也。"又说："衡山在长沙湘南县南，（禹治洪水，血马）祭衡山，于是得金简玉字之书，按（省玉字，得）通水理也。"《水经注》卷三十八又记载说：湘水流经衡山县东，"西南有三峰……山经谓之岣嵝，山为南岳也。山下有舜庙，南有祝融冢，楚灵王之世山崩，毁其坟，得营丘九头图，治洪水，血马祭山，得金简玉字之书"[①]。也是两个说法，金简玉书一在会稽山，一在衡山，显得很矛盾。比较而言，大禹在衡山取得金简玉书的说法，似乎占据了上风。比如南北朝时期梁朝的刘昭注《后汉书·郡国志》关于长沙郡衡山，就说："郭璞曰：'山别名岣嵝。'《湘中记》曰：'衡山有玉牒，禹案其文以治水。'"[②]《湘中记》是东晋罗含撰写的游记与地理书，曾被其他地理书所引用，由此透露当时的一些文人已认为大禹是在南岳衡山得到了金简玉书。

大禹究竟在何处获得了金简玉书，传说纷纭，有点莫衷一是。但有一点则是一致的，即从此以后，大禹治理水患，终于获得了成功。这里需要说明的是，有史籍记载说"会稽山，一名衡山，在越州会稽县东南一十二里也"[③]。而宛委山则是会稽山的一座山峰。因为会稽山别名衡山与南岳同名，后人便将大禹取得金简玉书的地方附会成了湖南衡山，宛委山也讹传成了南岳的祝融峰。后世以讹传讹，流传也就日益广泛了。顾祖禹《读史方舆纪要》卷八十就说：岣嵝峰"衡山主峰也，故衡山亦兼岣嵝之名……相传禹得金简玉书于此"[④]。因为毕竟是传说记载，所以后人也就很少去深入认真考证，而附会的东西却反而增多了。后世最

---

[①] 见［北魏］郦道元撰，王国维校《水经注校》，上海人民出版社1984年5月第1版，第1255—1256、1279—1280、1194页。
[②] 见［南朝·宋］范晔《后汉书》第12册，中华书局点校本，1965年5月第1版，第3485页。
[③] 见［汉］司马迁《史记》正义引《括地志》所述，第4册，中华书局点校本，1959年9月第1版，第1362页注9。
[④] 见［清］顾祖禹《读史方舆纪要》，上海书店出版社1998年1月第1版，第544页。

重要的一个附会，就是金简玉书之后，又出现了岣嵝碑。传说后来夏禹治水成功，又将金简玉书藏回原处，并把治水之事刻石立于岣嵝峰上，故称为禹碑，又称为《岣嵝碑》。

《岣嵝碑》究竟是什么文字？谁书谁刻？记述的是什么内容？历经数千年，无人可识，迄今仍是个谜。这个传说，大约在南北朝时期已经流传颇广了。但在宋代之前，谁也没有见过《岣嵝碑》的真实面目，所凭借的只有传说。六朝人伪托东方朔之名撰写的《海内十洲记》，曾描述说，大禹治水成功后，"祠上帝于北阿，归大功于九天。又禹经诸五岳，使工刻石，识其里数高下。其字科斗书，非汉人所书。今丈尺里数，皆禹时书也。不但刻剧五岳，诸名山亦然，刻山之独高处尔。今书是臣朔所具见"[1]。东方朔是否真的见到过《岣嵝碑》？书中并未细说，有点语焉不详。后世学者大都认为《海内十洲记》"诡诞不经，皆假托也"，实乃六朝好事者所为，讲述的故事"大抵恍惚支离，不可究诘"。[2]

唐代文学家韩愈（768—824年），得知了这个传说之后，对岣嵝碑产生了浓厚的兴趣，曾亲自前往湖南衡山岣嵝峰上寻找，却未能找到，怅然而返，赋《岣嵝山》诗曰："岣嵝山尖神禹碑，字青石赤形模奇。科斗拳身薤倒（一作叶）披，鸾飘凤泊拏虎螭。事严迹秘鬼莫窥，道人独上偶见之。我来咨嗟涕涟洏，千搜万索何处有？森森绿树猿猱悲。"[3]唐代诗人刘禹锡（772—842年）也听说和搜寻过禹碑的下落，但也没有什么结果，他写的一首五言诗中也曾提到这件事，诗云："尝闻祝融峰，上有神禹铭。古石琅玕姿，秘文螭虎形。"[4]韩愈和刘禹锡虽然都没有亲眼看到《岣嵝碑》，却根据传说，凭着丰富的想象，写出了《岣嵝碑》的

---

[1] 见《百子全书》下册，浙江古籍出版社1998年8月第1版，第1227页。
[2] 参见张心澂编著《伪书通考》，上海书店出版社1998年1月第1版，第868—867页。
[3] 见《全唐诗》上册，上海古籍出版社1986年10月第1版，第836页。
[4] 见《全唐诗》上册，上海古籍出版社1986年10月第1版，第879页。

形状和特征。两人都是唐代著名诗人，通过他们的关注与描述，从而进一步为《岣嵝碑》披上了扑朔迷离的神秘色彩。宋代著名学者朱熹与张栻，也曾到南岳游玩，依照传说寻找过禹碑，也是毫无所得，最终无功而返。后来朱熹注释韩愈诗文，认为韩愈诗中所谓岣嵝山中有神禹碑，乃"传闻之误"。

应该提到的是，宋朝重视碑刻的风气非常昌盛，在宋初已经出现了所谓的"禹书"，在《淳化阁帖》中就收录有"仓颉书"与"夏禹书"文字。《淳化阁帖》是北宋初年搜集汇编而成的一部书帖，据史料记载，宋太宗赵光义平定天下，因为忱玩翰墨，曾下诏广泛搜集先贤名迹，藏于内府，共获得墨迹五百余轴，于淳化三年（992年），命翰林侍书学士王著将秘阁（皇帝的私人图书馆）所藏历代法帖汇编成帖，摹刻于禁中，称为《淳化秘阁法帖》，简称《淳化阁帖》或《阁帖》。然后用澄心堂纸、李廷珪墨拓印，大臣登二府者赐帖一部。《淳化阁帖》共十卷，收录的历代名家墨迹甚多，可谓洋洋大观。但王著学识不足，采择不精，标题多误，在编排次序上也比较杂乱，甚至混入了伪迹，受到了苏轼、米芾等人的批评。《淳化阁帖》中收录的"夏禹书"，释文是"出令聂子星，纪齐春，其尚节化"。[①]"夏禹书"没有标明出处，不知其由来，可能并非传说的禹碑。但由于《淳化阁帖》在皇室与士大夫阶层的流行，对当时朝野都产生了巨大影响，也是不言而喻的。所以搜寻禹碑的下落，又成了一个备受关注的话题。（图035、036）

到了南宋嘉定年间（1208—1224年），有个叫何致的人，平时嗜书好古，前去游览衡山，寻找禹碑，在当地樵夫的帮助下，终于找到了《岣嵝碑》。据宋代张世南撰《游宦纪闻》卷八记述："何贤良名致，字子一，嘉定壬申，游南岳，至祝融峰下，按岳山图，禹碑在岣嵝山，询樵者，谓采樵其上，见石壁有数十字。何意其必此碑。俾之导前，过

---

① 见赵力光编释《淳化阁帖》，三秦出版社1992年4月第1版，第224、225、273页。

图035、036　《淳化阁帖》中的"仓颉书"与"夏禹书"

隐真屏，复渡一二小涧，攀萝扪葛，至碑所，为苔藓封剥，读之，得古篆五十余，外癸西二字，俱难识。韩昌黎所谓科斗拳身薤倒披，鸾飘凤泊拏蛟螭。而其形模果为奇特，字高阔约五寸许，取随行市买历辟而模之。字每摹二，虽墨浓淡不匀，体画却不甚模糊。归旅舍，方凑成本。何过长沙，以一献曹十连彦约，并柳子厚所作，及书般舟和尚第二碑。以一揭座右，自为宝玩。曹喜甚，牒衡山令，搜访柳碑，本在上封寺，僧法圆申，以去冬雪多，冻裂。禹碑，自昔人罕见之，反疑何取之他处以诳曹。何遂刻之岳麓书院后巨石。但令解柳碑来匣之郡庠而已。"① 南宋王象之《舆地纪胜》亦有类似记载。

---

① 见《笔记小说大观》影印本，第7册，江苏广陵古籍刻印社出版、扬州古籍书店发行，1983年4月第1版，第369页。

何致将《岣嵝碑》文捶拓下来，整理成拓本，自己留了一份，将另一份送给了当时长沙转运使曹彦约。曹彦约大喜过望，视为绝世珍宝，随即又派人前往捶拓，哪知找遍了衡山，《岣嵝碑》却杳无影踪。何致获得的《岣嵝碑》拓本，究竟是真是假？谁也无法说清。曹彦约却深信不疑，并将《岣嵝碑》文拓本，翻刻于长沙岳麓山的碑石上。以后历经风雨侵蚀，碑石被泥土湮没，到明代初年被人发现，得以重见天日。万历年间，有人将岳麓山的《岣嵝碑》进行翻刻，置于衡阳石鼓书院。到了清代康熙初年，好古者又将石鼓书院的《岣嵝碑》翻刻，置于岣嵝峰上。其后，又有人不断将《岣嵝碑》翻刻，置于其他地方。目前全国主要存有五处：一在湖南衡山岣嵝峰，二在浙江绍兴禹陵，三在西安碑林，四在四川北川县，五在云南安宁县。此外，开封古吹台、南京栖霞山、河南汤阴县羑里城等地，也有摹刻。这就是《岣嵝碑》的来龙去脉了。

《岣嵝碑》文为摩岩阴刻，碑文9行，世传禹碑77字。其笔画字体，形似篆籀又非篆籀，无人可识，难解其意。南宋嘉定以后，文人学者绞尽脑汁，对《岣嵝碑》文进行了深入研究。到了明代，陆续出现了一些破译者，如杨升庵、沈鉴、安如山、郎瑛、杨廷相、杨时乔等人，其中最著名的是杨升庵。杨升庵（1488—1559年），名慎，字用修，号升庵，是明代著名的大才子和大学者。他学识渊博，一生著述甚多，不仅擅长文学诗词，还精通哲学史志，雅好金石考古。杨升庵见到《岣嵝碑》拓本，大约是在明代嘉靖十六年，当时他因大礼之争得罪了嘉靖皇帝，已被充军云南永昌卫，有个叫张素（碧泉）的巡抚从长沙带回《岣嵝碑》拓本，请他考释。据史料记载，"（杨）慎在滇日，尝释岣嵝禹碑之文，摩岩刻石，当其苦索深思，形之梦寐，如有神授，亦好奇太过。于明人学风，不无影响"。《升庵遗集》记述曰："杨子读禹碑，不得者四字，夜梦黄衣鱼首人告之曰：此'南渎衍亨'也。篝火而觅之，故曰：思之不通，鬼神将通之；故曰：天地有官，阴阳有藏，待时显也。"又载杨升庵自叙："禹碑，宋嘉定中，蜀士有好奇者，不惮高峻，始陟其所，乃濡纸脱其文七十二字，刻于夔门观，后亦磨灭。张季文得之，云是岳麓书院者。余既流避裔土，乃获坐玩之，亦奇且幸矣。遂拓刻之安宁州法华山之晚照亭，仍建亭曰岣嵝亭。"杨升庵后来"撰《禹碑歌》并序略谓：禹碑在衡山绝顶，韩文公诗云云。厥后晦翁注韩文，遂谓衡山实无此碑，反以韩诗为传闻之误矣。再考六一《集古录》、赵明诚《金石录》、郑渔仲《金石略》，之三家者，古刻胪列，独不见所谓禹碑者。则自昔好古名流，得见是刻亦罕矣。余得此刻于碧泉张子季文，作《禹碑歌》以纪之云云"。①（图037、038）

图037 传说中的《岣嵝碑》（局部）

虽然夏禹刻石在唐朝以前已有传闻，而禹碑拓文却出自宋人，故而有人疑其非真，认为"岣嵝之刻，后人妄作明矣"。但杨升庵对禹碑却是深信不疑的。博学多才的杨升庵对《岣嵝碑》拓本仔细研究，精心考释，终于破译了碑文77字的深奥含义，注出了汉文。这77字的译文

图038 杨慎像

是："承帝曰咨，翼辅佐卿，洲渚与登，鸟兽之门。参身洪流，而明发尔兴。久旅忘家，宿岳麓庭。智营形析，心罔弗辰。往求平定，华岳泰衡。宗疏事衷，劳余伸禋。郁塞昏徙，南渎衍亨。衣制食备，万国其宁，窜舞

---

① 参见王文才《杨慎学谱》，上海古籍出版社1988年8月第1版，第129、510—511、542—543页。

永奔。"①这是自从宋代发现《岣嵝碑》拓文以来的首次破译。张素（碧泉）随即将《岣嵝碑》原文和杨升庵的注释镌刻于云南安宁县法华寺石窟山的岩壁上，以永久保存，传之后世。同时还被摹刻于大理等处。到了近代，由于风雨侵蚀，字迹漫漶，有人根据拓本重刻于安宁县北的温泉岩壁上。杨升庵的译文，明代嘉靖末年被人翻刻在四川石泉县（今北川县）的禹庙内，清代康熙初又被人翻刻在西安的碑林中，并附刻了其他人的注文。对比参照，可以知道，各家注释均以杨升庵的破译为蓝本，只不过改动了其中的个别字而已。清代学者朱彝尊撰写了《书岣嵝山铭后》，专门记述此事（其文详见朱彝尊《曝书亭集》）。王昶在《金石萃编》中收入了禹碑，并对其真伪提出了疑问，认为"此碑自南宋始出，故欧（阳修）、赵（明诚）皆不录，后来考据家如杨慎、杨时乔、安如山、郎瑛诸人深信不疑。余皆斥为伪物，今亦究无确证"。近代有学者认为，此碑"传为夏禹时所建，然宋代金石家对此未加论述，至明杨慎始盛加赞美，即著名于世。于是各地起而重刻，现云南昆明、四川成都、湖南长沙、西安碑林、河南汲县等地均有摹刻本，凡七十余字。此碑书法非篆非蝌蚪文，颇为独特，实难信其为古代之文字。……虽无断定伪物之确证，但多有认为伪物者"②。由此可知，《岣嵝碑》真伪难辨，确实是大有疑问的，但传拓者却不乏其人，摹刻甚多。

历代文人学者为什么对《岣嵝碑》怀有如此浓郁的兴趣呢？其原因大致有四：一、《岣嵝碑》在宋代之前，都是传说记载，谁也没有见过其碑，显得扑朔迷离，神秘诱人；二、文献典籍中，关于夏朝的记载很少，而且大都语焉不详，夏朝留下的实物资料就更少了，大禹刻石记功，也都是传说而已；三、如果《岣嵝碑》确有其碑，那么它就是大禹留下的最珍贵的文物了，它将弥补先秦文献记载的不足，其巨大的价值

---

① 参见倪宗新《杨升庵年谱》中册，中央文献出版社2013年6月第1版，第390—392页。
② 见杨震方编著《碑帖叙录》，上海古籍出版社1988年6月第2版，第94页。

是不言而喻的；四、更重要的是，《岣嵝碑》是所有石刻碑碣的鼻祖，对高雅好古的文人雅士们来说，其诱惑力是多么的强大啊！所以如此热衷于对《岣嵝碑》的搜罗与翻刻，就不难理解了。这不仅是高雅的赏玩，更表达了历代文人学者对炎黄文化的深情厚爱。

关于《岣嵝碑》的文字，对它的含义以及真伪问题，现代的文人学者正在做进一步的深入研究。有的学者提出了类似籀篆与科斗文的《岣嵝碑》文可能是巴蜀文字的新观点。古蜀时代同古羌一样，没有发现文字传世，但三星堆和金沙遗址等重大考古发现揭示古蜀国有着灿烂的青铜文明，如此辉煌的古蜀时代怎么会没有文字？这是一个很大的谜。据明代曹学佺《蜀中名胜记》记述，蜀汉时期诸葛亮在成都的西门古寺遗址曾发现有篆字《蚕丛氏启国誓蜀之碑》。① 如果古蜀蚕丛时代尚无文字，怎么会有"启国誓蜀之碑"呢？因此有人推测，传说的此碑显然也是后人所为。从考古资料看，三星堆和金沙遗址出土了众多的青铜人物造像和玉石器，巴蜀两地出土的青铜器物也非常多，却缺少文字的发现，不像殷墟发现有甲骨文，通过出土的大量卜辞可以比较准确地了解到殷商王朝的很多历史事件，而巴蜀却没有类似的文字，只有出土的一些兵器上面刻有图像或巴蜀图语。迄今发现的巴蜀图语，已有数十个至上百个之多，但时间已晚至战国时期，而且大都含义朦胧，复杂难解，尚未破译。所以对巴蜀图语的探析与识读，已吸引了众多学者的关注，成为一个有待深入研究的重要学术领域。

值得注意的是，随着近年文物普查的开展，又在我国福建、贵州、浙江、四川等地发现了一些同《岣嵝碑》文颇为近似的古文字碑刻。这些考古发现，对研究古文字来说，都是非常珍贵的资料。相信终有一天，人们会真正揭开《岣嵝碑》之谜。

---

① 参见［明］曹学佺《蜀中名胜记》，重庆出版社1984年10月第1版，第17页。

## 五、羌族的巫师与释比图经

巫师是中国古老的萨满文化，汉族称为巫师、巫觋，民间也有称为端公的，彝族称为毕摩，羌族称为释比。羌族的巫师与释比图经，也是西羌文化中的重要元素。

古代岷江上游的羌族有很多羌寨部落，自古就有六夷、七羌、九氐之称。[①]在对巫师祖师的称谓上，羌乡不同的氏族常有各自的表达。比如茂县与汶川县威州以北称巫师祖师为"阿爸锡拉"，汶川县绵池乡称巫师祖师为"阿爸木拉"，理县蒲溪乡称巫师祖师为"斯多吉比"，理县桃坪乡称巫师祖师为"质地格板"。羌族巫师祖师的称谓虽有不同，但传说都是天神的家庭祭司下凡，这一点又是一致的。羌乡的巫师在称谓方面也略有不同，通常自称"许"，岷江上游与杂谷脑河流域的羌族巫师则自称"诗谷"，或称"诗卓"，人们尊称为"释比"，或尊称为"阿爸比"，简称"比"。羌族巫师及其祖师的称谓，这些不同的表达方式，反映了羌族不同支系在宗教文化方面具有丰富多样的特点。

释比作为羌族原始宗教的祭司，起源于何时？由于羌族无文字，对此缺少记载，汉文典籍有关羌族原始宗教的记载也是凤毛麟角，故而很难确考。有学者认为，传说远古时期羌族先民战胜戈基人的时候，就有了宗教祭祀活动，起先由部落长老主持，后来逐渐演变而由巫师主持，从而成为专门的宗教祭司。[②]

从传世文献记载看，早在黄帝时期甚至更早就有了祭祀活动。《史记·五帝本纪》对此就有记载，索隐说黄帝时"万国和同，而鬼神山川封禅祭祀之事，自古以来帝皇之中，推许黄帝以为多"。[③]到了大禹治

---

① 参见［南朝·宋］范晔《后汉书》第10册，中华书局点校本，1965年5月第1版，第2858页。
② 参见《中国原始宗教资料丛编》，上海人民出版社1993年10月第1版，第450页。
③ 见［汉］司马迁《史记》第1册，中华书局点校本，1959年9月第1版，第7页。

水的时候，也经常举行祭祀活动，祭祀形式也更加成熟和完备了。《史记·封禅书》说舜有"类于上帝，禋于六宗，望山川，徧群神，辑五瑞，择吉月日"的传统，"禹遵之"。[①]就透露了大禹对祭祀活动的重视和沿袭。颜师古注释《汉书·武帝纪》与朱熹《楚辞集注》都提到《淮南子》中关于"大禹治水时自化为熊，以通轘辕之道"的记述，若加以分析推测，这其实就是大禹治水过程中举行祭祀活动的一种情景。古代先民祭祀时有戴面具和跳巫舞的作法，一些少数民族地区至今仍有此俗。自古巫师作法，手舞足蹈，称为"禹步"，很可能就是从大禹时候开始的，或者说在形式上继承了大禹时的祭祀传统。

一些古代文献对此就有记述，比如《尸子·君治》就说："古者龙门未辟，吕梁未凿，河出于孟门之上，大溢逆流，无有丘陵，高阜灭之，名曰洪水。禹于是疏河决江，十年未阚其家，手不爪，胫不毛，生偏枯之疾，步不相过，人曰'禹步'。禹长颈鸟啄，面貌亦恶矣，天下从而贤之，好学也。"[②]汉代扬雄撰写的《扬子法言·重黎篇》说："昔者姒氏治水土，而巫步多禹。"[③]唐代李轨注曰："禹治水土，涉山川，病足而行跛也，而俗巫多效禹步。"晋代皇甫谧撰写的《帝王世纪》也说：大禹"继鲧治水，乃劳身涉勤，不重径尺之璧而爱日之寸阴，故世传禹病偏枯，足不相过，至今巫称禹步是也"。[④]通过这些记载，可知"禹步"的由来，也说明了大禹对后世巫师及其祭祀活动的深远影响。

后来的本土宗教道教也尊崇大禹，将"禹步"作为道士在祷神仪礼中常用的一种步法动作。道家所著《抱朴子》《云笈七签》等典籍中对此就多有记载，传为大禹所创，故称"禹步"。《抱朴子·内篇·登

---

① 见［汉］司马迁《史记》第4册，中华书局点校本，1959年9月第1版，第1355—1356页。
② 见［周］尸佼《尸子》卷上，《百子全书》上册，浙江古籍出版社1998年8月第1版，第479页。
③ 见《百子全书》上册，浙江古籍出版社1998年8月第1版，第225页。
④ 见［晋］皇甫谧《帝王世纪》，载《帝王世纪·世本·逸周书·古本竹书纪年》，齐鲁书社2010年1月第1版，第21页。

涉》曰："天地之情状，阴阳之吉凶，茫茫乎其亦难详也。吾亦不必谓之有，又亦不敢保其无也。然黄帝太公皆所信仗，近达者严君平、司马迁皆所据用……王者立太史之官，封拜置立，有事宗庙，郊祀天地，皆择良辰……禹步而行。"[1]《云笈七签》卷六十一曰："诸步纲起于三步九迹，是谓禹步。其来甚远，而夏禹得之，因而传世。"[2] 道家推崇的"禹步"，因其步法依北斗七星排列的位置而行步转折，宛如踏在罡星斗宿之上，又称"步罡踏斗"。除了道家推崇此法，西南地区少数民族的法师，也都使用"禹步"，并演化出很多独特的形式。

　　羌族巫师主要从事祭神与巫术活动，与道家有所不同，但崇尚大禹，重视祭祀，则是一致的。羌族巫师通过主持祭祀活动，为人禳解祸祟，驱鬼治病，除秽镇邪，祈祷牲畜繁殖和五谷丰登。在羌族民众生产与生活中凡是有大事情的时候，譬如祭祀先祖、许愿还愿、消灾除难、节庆、合婚、送葬等，都要请巫师主持。羌族巫师作法时，须击鼓演唱经咒。由于羌族无文字，这些经咒都是通过口授传承，年轻的巫师须拜师受业，由师父口授唱经咒语，熟练背诵，起码要学习和修炼三年以上，才能掌握巫术，懂得做各种法事的方式方法，然后方可行业。据一些从事历史学、社会学、民族学、考古学等研究的学者调查，羌族巫师的唱经大约可分为上中下三坛，上坛为祭神，中坛为人事，下坛为祭鬼。根据调查，在岷江上游、汉代以来的汶山郡地流传的上中下三坛唱经各有十多部，共四五十部。羌族巫师在村寨做法事时，有特制的服饰，头戴猴皮帽，身着白布衣或麻布衣，外套羊皮褂，颈上挂骨质白色念珠，手执法器（羊皮手鼓、铜铸法铃、木质神杖与师刀、龙头形法水瓶之类），配合诵经念咒，敲击皮鼓，手舞足蹈，以造成一种神秘的气氛，从而影响人们的视觉与心灵。羌族巫师的唱经大都是韵文或诗歌，

---

[1] 见［晋］葛洪《抱朴子》，《百子全书》下册，浙江古籍出版社1998年8月第1版，第1450页。
[2] 见《云笈七签》，书目文献出版社1992年7月第1版，第448页。

有的则如同史诗。羌族巫师的咒语与唱经有很大的不同，唱经全都用古羌语演唱，咒语则多用汉语杂羌语演唱，咒语形式很像道教咒语，内容反映出较多的佛教或道教思想，显然是受到了佛教与道教影响的结果。①

羌族的宗教观念是多神信仰，根据学者的调查研究，羌族崇敬的神灵共有三十多种，包括自然诸神、家神、劳动工艺之神、寨神或地方神（社神或图腾崇拜遗迹）等。羌族巫师主持的祭祀活动，以祭天神最为常见，以祭山神最为隆重，究其原因，应和羌族自古以来所处的自然环境有关，也和羌族的生活形态有着很大的关系。羌族的一些支系定居于岷江上游的高山深谷之间，所以特别崇拜天神与山神。在羌族的宗教观念中，认为天神（或太阳神）象征天，使人们得到温暖，使粮食生长；认为山神是山区的主宰，卫护人畜不至于遭受野兽与瘟疫的危害。祭山是羌民的大典，流传的谚语有"皇帝祭社，百姓祭山"之说，通常村寨成员都要参加。羌族相信万物有灵，而常以白石代表种种神灵。羌族巫师主持的祭山会亦称祭天会，一般都在村寨附近的"神树林"中举行，因为祭祀时要围绕着一个高六七尺、顶上供奉白石的小石塔活动，故又称为塔子会。在每年农历正月（岁首）、五月（播种）、十月（秋收）都要举行这种祭祀活动，由老巫师主祭，巫师的徒弟协助。释比作法时一般均着麻布衣，外套豹皮或羊皮褂，有的则围白布裙。他们头戴金丝猴帽，手敲羊皮鼓，足踏"禹步"，口念经文，在众目睽睽下临场作法或演练巫术。祭祀时最重要的就是供奉祭品，演唱坛经、宰羊（或屠牛或杀鸡），然后巫师跳神，群众欢呼，跳锅庄，饮咂酒，吃牛羊肉，使祭祀活动达到高潮，然后尽欢而散。羌族的原始宗教表达了对自然的崇拜以及对神灵的敬畏，通过村寨共同遵守的禁忌，以达到维护社会秩序、增强部落和民族团结的目的。羌族的原始宗教对孕育羌族文化艺术

---

① 见《中国原始宗教资料丛编》，上海人民出版社1993年10月第1版，第451页。

也起到了重要作用，譬如羌族巫师的唱经便包含了内容丰富的文学题材，羌族的"跳盔甲"便起源于古老的传统祭祀风俗舞，羌族的"跳皮鼓"则仿照巫师作法时跳的宗教舞。在羌民的日常生活中，羌族巫师还有占卜的传统，其旧俗主要有羊卜，以羊髀骨灼之占卜吉凶，此外还有羊角卜、鸡蛋卜、白狗卜等。在《元史·张庭瑞传》《西夏纪事本末》等史籍，以及明代嘉靖《四川总志》与清代道光《茂州志》等一些地方志书中，便有关于羌族"羊卜"的记述。

关于羌族巫师在宗教文化方面的传承，由于羌族无本民族文字，故而羌族巫师没有文字记录的纸质经书，只有唱经，所有唱经全靠博闻强记，老巫师向年轻徒弟教授时全凭口传心授，要经过数年反复背诵才能熟记，以此代代相传。释比口授传承的唱经，内容相当丰富，有的涉及祭祀与巫术，有的包含羌族的神话传说和历史文化故事，表达羌族的崇尚和信仰。这些经文由于世代口传，记忆与背诵难免会有出入，所以各地很不一致，有的经文晦涩难懂，就连一些羌族巫师也只能背诵而不解其意。到了近现代，羌族巫师的经典，才出现了采用汉文记音的抄本，经文全为韵文，有音韵优美的特点。[①]经过学者的搜集整理，有的经文现在已有了汉译文字。羌族是古老的民族，为什么没有本民族的文字呢？究其原因，大致有几个方面：一是古羌经历了较多的迁徙变化，分散为较多的支系，因此难于形成本民族的文字；二是羌族聚居地区，大都为高山深谷，分散为众多的羌寨居住生活，在这种交通不便、长期自耕自足的环境状况下，即使出现有早期的巫师图语，也很难形成本民族的通用文字；三是羌族和汉族的关系在历史上一直比较密切，由于汉文字的强势影响，也使得羌族没有出现本民族的文字。总而言之，中国自古以来民族众多，现在56个民族中，许多少数民族都是没有本民族文字

---

① 见冉光荣、李绍明、周锡银《羌族史》，四川民族出版社1985年1月第1版，第340—344页。

的。羌族中的若干分支在漫长的历史发展过程中,由于历史、环境、社会等诸多方面的原因,逐渐发展演化和融入了汉藏语系,应该是比较客观和正常的现象。

值得注意的是,在岷江上游的羌族聚居区发现了有流传的《释比图经》。它是羌族巫师使用的一种无文字的图经画卷,羌语称为"刷勒日"。《释比图经》主要流传于四川岷江上游的羌族聚居区,在其相邻的嘉绒藏区没有发现此类画卷,现已成为羌民族珍贵的宗教文化瑰宝。发现的这些《释比图经》采用麻布做底,上面粘裱白纸,使用彩色颜料和传统的国画手法,由众多画面组合,在麻布白纸上绘制而成。整幅画卷为折叠式两面绘图,合则为册、展为画卷。据不完全统计,目前发现和搜集到的羌族《释比图经》已有好几部,有的画卷长约176厘米、宽约16厘米,画卷上共有大小108图;有的画卷全长820厘米,由277幅小画连缀而成,每幅小画长16.5厘米,宽10厘米,分上下两部分,被尊称为"摩刷"。有的羌族《释比图经》经过学者的整理,已经正式出版了,便于更多人了解和仔细观赏这些《释比图经》画面,也为学术研究提供了便利。[1]这些《释比图经》,从用途性质看,有的是羌族巫师用以推算、演易、预测吉凶的图谱,有的是羌族巫师用于唱经、占卜的一种图画经典,使释比在做法事时能够依据图画的提示,看图唱诵经文。从《释比图经》的画面看,其内容涉及了羌族的历史故事、宗教祭祀、卜卦、婚姻、丧葬、耕作、放牧、建筑、人物、车马、牲畜、服饰、日常生活、民俗民风、自然环境等各个方面,可谓丰富多样。羌族《释比图经》绘制得简练而又生动,装饰比较单纯,内涵隐喻,情节奇谲,具有比较浓郁的神秘色彩,同时也给人以丰富的想象和启迪。因为《释比图经》上面只有画面而无文字,画面内容只有释比了然于心,普通人难以解释,所以又常被人称为"奇书"或"天书"。

---

[1] 见《羌族释比图经》,四川民族出版社2010年3月出版。

羌族的《释比图经》起源于何时？因为缺少文字记载，很难给予一个明确的说法。有人认为最早的《释比图经》可能绘于唐代，有的则认为大约出于元代画卷，说法不一，推测而已。但目前见到的《释比图经》，据传承者如实相告，已经保管使用了十六代。按时间推算，那应该是明清之际了。还有搜集到的一些羌族《释比图经》，纸质完好，色彩比较鲜艳，绘制与使用的时间显然还要晚一些；其中有的画面内容描绘了清代中期改土归流之后发生的事情，很可能是清代晚期甚至民国时期绘制的。在明清之前，是否还有更早的羌族《释比图经》尚存于世呢？因为没有见到实物，所以不敢妄言，目前还不得而知，还需要在羌族地区做更多的调查研究。

从传世文献记载看，采用绘画与图像的方式记录故事，曾是中华民族的一个古老传统，在黄帝和大禹的时候就有了。如《左传·宣公三年》说："昔夏之方有德也，远方图物，贡金九牧，铸鼎象物，百物而为之备，使民知神奸。"[1] "远方图物"是说远方的邦国图画山川奇异之物而献给夏朝君主，"铸鼎象物"是说大禹将各种物象铸在鼎上，使百姓了解何物为神何物为奸。《史记·孝武本纪》也有"黄帝作宝鼎"和"（大）禹收九牧之金，铸九鼎，皆尝鬺烹上帝鬼神"的记述。[2] 后汉大将军崔瑗窦撰写的《鼎铭》说："大禹铸鼎，象物百神。"[3] 可知举行祭祀和绘画图谱的传统，从大禹时候就对中国各民族都产生了重要影响。如果说"铸鼎象物"是统治者采用的做法，那么上古时候的"岩画"以及彩陶纹饰图像之类就是民间的表达形式了。这个古老的传统，特别在我国少数民族地区尤其流行，在我国的南北各地发现岩画甚多，就说明了古代先民绘图记述故事之俗的流行。到了秦汉时期，绘画之风更加盛

---

[1] 见王守谦等译注《左传全译》上册，贵州人民出版社1990年11月第1版，第495页。
[2] 见［汉］司马迁《史记》第2册，中华书局点校本，1959年9月第1版，第465页。
[3] 见［唐］欧阳询撰，汪绍楹校《艺文类聚》第3册，上海古籍出版社点校本，1982年1月新1版，第1254页。

行，汉代画像曾风行全国各地，从日常生活与精神崇尚到丧葬之俗都接受了绘画之风的影响，遗留至今的汉阙石祠、出土的大量汉代画像石画像砖以及墓室壁画等对此就给予了充分揭示。唐宋时期，也是绘画繁荣发展的重要阶段。内地昌盛的画风，也对少数民族地区产生了显著的影响，并融入了宗教文化。

羌族也是喜欢绘画和擅长绘图记事的民族，羌族的服饰与建筑装饰，就生动地展现了美术方面的特长。羌族巫师是羌族文化的传承者，采用画卷的方式有助于唱经的记忆和传授，所以《释比图经》也就应运而生了。目前发现的羌族《释比图经》虽然时间稍晚，但推测其起源应该在明清之前甚至更早就已出现并使用了，应该是符合情理的。羌族的《释比图经》有着极其丰富的文化内涵，涉及人文地理和社会历史的各个方面，是非常宝贵的羌族文化遗产。目前我们对羌族《释比图经》的了解还比较有限，对图经画面内容的解读也比较肤浅，尚有待于进一步发掘整理和深入研究。

| 第四章 |

# 成都平原筑城与治水的传奇

## 一、鲧作城与梦郭移

古代城邑是人类社会生活发展到一定阶段的产物,根据传世文献透露的信息,城的出现可上溯至夏代之前乃至传说中的黄帝时代。成都平原很早就有了筑城的传说,虽然神话色彩较浓,却透露了较为真实的上古历史信息。早在夏代古蜀先民在成都平原确实已开始筑城而居,考古发现对此给予了充分的印证。

司马迁《史记·封禅书》便记载有"黄帝时为五城十二楼"的传说[1],《吕氏春秋·君守篇》则有"夏鲧作城"的说法[2],《世本·作篇》也有"鲧作城郭"的记载[3]。据闻一多先生《天问疏证》考证,认为鲧作城即龟作城,指鲧在成都平原上作城。闻一多先生对神话有精深的研

---

[1] 见[汉]司马迁《史记》,中华书局点校本,1959年9月第1版,第2册第484页,第4册第1403页。
[2] 见陈奇猷校释《吕氏春秋校释》第3册,学林出版社1984年4月初版,第1051页。
[3] 见《世本》,载《帝王世纪·世本·逸周书·古本竹书纪年》,齐鲁书社2010年1月第1版,第70页。

究，这是很有见地的看法。

关于"鲧作城"与成都平原上古城遗址的关系，又有学者提出了一些卓见。著名学者徐中舒先生也对传世文献记述做过考证，认为"鲧是夏禹的父亲，为夏之所自出。西汉人屡称'大禹出西羌'，而《世本》又言'夏鲧作城郭'，是城郭之建筑，在居于山岳地带的姜姓或羌族中，也必然有悠久的历史。城垣的修建，在低地穴居则为防水的必要设施，在山岳地带也为防御猛兽侵袭的屏障。这都是我们祖先在与自然作斗争中积累下来的丰富经验。在阶级社会中，统治者就利用这样的工事，作为保护他们自己和他们家属、部族，并为镇压居住在他们四周原野上的被征服部族之用"。[1]

谭继和先生由闻一多的考证进一步探讨，认为鲧作城"在成都平原上一定经过了一个作城迁徙的时代"，结合到考古发现看，宝墩等"六座古城呈现从平原西部和西南部边缘，向平原腹心发展的走向，这正与这一传说相合，时代亦相当于新石器时代晚期"，所以成都平原古城遗址文化"应该称之为先夏文化"，这对研究夏禹文化西兴东渐提供了重要线索。[2]孙华先生也对"夏鲧作城"做了考证，认为"根据先秦文献，鲧是城郭的发明制作者"，实际上"城垣在古时形制和功用都与堤防相似，鲧作城也就是鲧作堤。鲧在先秦时期在人们的心目中同禹一样，是治水英雄，要治理洪水，当然需要修筑堤防"，而且认为古蜀治水的"鳖灵与鲧是同一天神的不同名称，因此在传说中鲧活动地区和鳖灵活动地区，都留下了相同或相近的传说"。[3]孙华先生所说鲧作城起源于治水修筑堤防，这与考古发现宝墩等古城址斜坡状城垣的防洪功能，基本是一致的。还有考古发现的都江堰市芒城与崇州双河古城两座古城

---

[1] 见徐中舒《论巴蜀文化》，四川人民出版社1982年4月第1版，第86—87页。
[2] 见谭继和《禹文化西兴东渐简论》，《四川文物》1998年第6期，第12页。
[3] 见孙华《鳖灵名义考——兼论鳖灵与蜀开明氏的关系》，《四川文物》1989年第5期，第20页。

址，都是"回"字形的双圈城垣，这在黄河流域的早期城址中是比较罕见的。林向先生认为这种成都平原上独特的建城特征，"肯定与'夏鲧始筑城郭'的传说有关系"。① 综合以上所述，不论是传世文献记载还是考古发现，都说明了长江流域上游的成都平原是中华城市文明的最早起源地之一，并在发展过程中形成了自己的鲜明特色。

用历史发展的眼光看，古代城邑的出现与人类社会生产力的发展、私有制的产生也是分不开的。与城邑起源密切相关的，便是阶级的产生和国家的出现。《世本》张澍补注转引《吴越春秋》说："鲧筑城以卫君，造郭以守民，此城郭之始也。"② 说明早期城址的出现，一是卫君，二是守民，都是为了保护统治阶级以及聚落城邦和整个方国的利益。伴随着这些城邑的涌现，则是青铜器的铸造使用和文字的出现，以及宗教和礼制的发展。黄河流域夏商早期城址便清晰地展示了这种发展规律。长江流域和成都平原上的古蜀早期城址，也遵循着这一发展规律，同时又显示出自己的一些特点。

根据传世文献记载，《蜀王本纪》说："蚕丛始居岷山石室中。"经过蚕丛、柏灌、鱼凫三代蜀王，到杜宇王朝的时候，"移治郫邑，或治瞿上"③，不仅有正式的都城，还建造了别都。当时古蜀国的疆域也很广阔，"乃以褒斜为前门，熊耳、灵关为后户，玉垒、峨眉为城郭，江、潜、绵、洛为池泽，以汶山为畜牧，南中为园苑"。其地理位置囊括了成都平原与四川盆地、北面的汉中和云南的部分地区。随着古蜀国人力物力的强盛，修建恢宏的都城也就成了情理之中的事情。

考古发现告诉我们，古蜀国的繁华都城在商周时期就出现了，位于

---

① 见林向《蜀与夏——从考古新发现看蜀与夏的关系》，《中华文化论坛》1998年第4期，第64页。
② 见《初学记》，又见〔汉〕赵晔著，张觉译注《吴越春秋全译·吴越春秋佚文》，贵州人民出版社1993年9月第1版，第444页。
③ 见〔晋〕常璩撰，刘琳校注《华阳国志校注》，巴蜀书社1984年7月第1版，第181页注2、第182页。

广汉鸭子河畔的三星堆遗址，就是当时规模宏大的古蜀王都。三星堆除了一号坑和二号坑出土了青铜造像群和大量珍贵文物，还发现了古城墙遗址。考古工作者通过对文化堆积叠压情况的分析，认为三星堆古城的建筑年代至迟为商代早期，延续使用到终商之世，结合古代文献记载，这里很可能就是传说中古蜀国鱼凫王朝或杜宇王朝的都邑所在。

而早在三星堆古城之前，成都平原就出现了早期城市文明的曙光。成都市文物考古工作队从1995年以来，在成都平原上进行了大范围的考古调查，相继发现了新津宝墩古城、温江鱼凫城、郫县古城、都江堰芒城、崇州双河古城等遗址，这些古城址"在时代上虽然互有早晚，但文化总体面貌基本一致，既区别于同一区域的三星堆文化，与同一时期的周邻其他考古学文化也明显不同，已建议命名为'宝墩文化'，其绝对年代参照相关遗址的C14年代结合遗物分析，初步推定在距今4500年～3700年左右，并初步分为四期"。[①] 如果说宝墩文化遗址所处的时期尚是文明孕育时期的话，那么三星堆遗址则说明古蜀王国在殷商时期已完全进入了文明社会，城市的规模与经济的繁荣，以及青铜文化的灿烂辉煌，数千年之后仍使我们惊叹不已。

根据考古资料的揭示，古代蜀人在成都平原上修筑城市和都邑，最初是从靠近岷山的西北部边缘地带开始的，然后沿着岷江支流河道两岸台地逐渐向平原腹心地区推进。最初修筑的早期城市规模较小，后来不断扩展，到殷商时候的三星堆古城已蔚为壮观，商周时期的金沙遗址更是规模宏大，这不仅与先后选址筑城的地理条件有关，也与不同时期古蜀国或古蜀族人力和物力资源的强弱有较大的关系。从另一个方面看，城市规模的大小也与其在当时社会中的地位和作用密不可分。在古蜀国的发展过程中，城市的修建曾发挥了非常重要的聚合效应，其中最重要

---

① 见王毅、蒋成、江章华《成都地区近年考古综述》，《四川文物》1999年第3期"成都市文物考古专辑"，第3页。

的就是都城的修建与迁徙了。如果说三星堆是古蜀王朝的早期王都，那么金沙遗址则是成都的母本之城。在人类文明发展史上，迁移都城通常是古代王国的一个重大举措，其中既有诸如更朝换代等方面的政治因素，也有地理环境等方面的原因。查考史籍，古蜀时代就曾有过多次迁移都城的记载。例如蚕丛创国、鱼凫兴邦、杜宇大力发展农业、鳖灵积极治理水患，古蜀国的这些王朝更替，都建立过不同的都城。

据扬雄《蜀王本纪》记述，古蜀国在鳖灵取代杜宇建立开明王朝之后，到了开明五世将都城迁移到了成都。"开明帝下至五代，有开明尚，始去帝号，复称王也……蜀王据有巴蜀之地，本治广都樊乡，徙居成都。"①常璩《华阳国志·蜀志》的记述，与扬雄的说法不同，认为是"九世有开明帝，始立宗庙……未有谥列，但以五色为主，故其庙称青、赤、黑、黄、白帝也。开明王自梦郭移，乃徙治成都"②。后来的《路史·余论》卷一也说："开明子孙八代都郫，九世至开明尚，始去帝号称王，治成都。"曹学佺《蜀中名胜记》卷一也说："开明位号曰丛帝，丛帝生卢帝，卢帝生保子帝，九世始传开明尚焉。开明尚自梦郭移，乃徙治成都。"③

究竟是开明五世还是九世移治成都？学界的看法也颇有争议，而大都认为开明五世之后的可能性比较大。如有学者认为："九世为五世之误，当以上引《蜀王本纪》为是。"④有的认为"由晋至宋的地志，凡引用抄录扬雄《蜀王本纪》和常璩《华阳国志》的，都说'始立宗庙'的开明尚是开明氏'第五世'"，所以"说开明尚是开明氏第五代国君是正

---

① 见《全汉文》卷五十三，[清]严可均校辑《全上古三代秦汉三国六朝文》第1册，中华书局影印出版，1958年12月第1版，第414页。参见[宋]李昉等《太平御览》第4册，中华书局影印出版，1960年2月第1版，第3945页。
② 见[晋]常璩撰，刘琳校注《华阳国志校注》，巴蜀书社1984年7月第1版，第185—186页。
③ 见[晋]常璩撰，刘琳校注《华阳国志校注》，巴蜀书社1984年7月第1版，第187页注8。参见[明]曹学佺《蜀中名胜记》，重庆出版社1984年10月第1版，第1页。
④ 见段渝《四川通史》第1册，四川大学出版社1993年10月第1版，第67页。

确的"。①其实，扬雄记述的是传说，《蜀王本纪》在流传过程中曾散佚了，我们现在看到的《蜀王本纪》已是后人的辑本。常璩是严谨的史学家，对古蜀的重要史实大都做过考究，在《华阳国志·序志》中特别强调了"抑绌虚妄，纠正谬言"②，所以我们还是应该相信常璩的记述，可能更准确一些。

关于常璩《华阳国志·蜀志》说的"自梦郭移"，学者对此亦有不同理解。有学者认为梦郭是地名，是开明王朝都城的名字，可能是樊乡误读成了梦郭二字。③任乃强先生解释是："或是先有此愿而成梦，或是托言梦其当移邑以推动其臣民。"④也有学者认为旧说"梦郭移"即梦见城郭迁移，"因梦而迁都之说令人怀疑"。⑤还有学者对此考证，提出了完全不同的看法，认为"梦郭"中的梦是泽的意思，如《尔雅·释地》称楚有云梦二泽，江南为梦，江北为云，到了后世才淤成陆地。将泽称为梦，那是古代楚地的民俗。而鳖灵本是荆楚之人，于杜宇时代带着族人入蜀，因治水有功取代杜宇建立了开明王朝，其家族仍保持着楚地风俗也是情理中事，所以后来的开明王称泽为梦也就不足为奇了。郭是外城或外围之意，"梦郭移"就是周围变成了大泽，可知迁都"是由于大水灾的结果"。⑥上述各种不同的看法和见解，也可谓是见仁见智。其中关于大水灾迫使开明王朝迁都的分析，应该是比较有见地的一家之言。

结合文献记载和考古发现来看，古蜀时代曾多次发生洪灾，水灾确实给古代蜀人造成诸多的不便。如《太平御览》卷八百八十八引《蜀王本纪》说，杜宇时大洪水，直到鳖灵开凿了玉垒山以除水害后，才使

---

① 见温少峰、陈光表《成都建城史研究二题》，《成都文物》1989年第1期，第15页。
② 参见［晋］常璩撰，刘琳校注《华阳国志校注》，巴蜀书社1984年7月第1版，第909页。
③ 参见段渝《四川通史》第1册，四川大学出版社1993年10月第1版，第60—61页。
④ 见［晋］常璩撰，任乃强《华阳国志校补图注》，上海古籍出版社1987年10月第1版，第125页注7。
⑤ 见徐学书《论述成都应有的历史地位》，《成都文物》1997年第3期，第6页。
⑥ 见钱玉趾《古蜀王徙治成都原因考释》，《四川文物》1998年第4期，第15页。参见钱玉趾《巴蜀史与古文字探》，天马出版有限公司2010年印，第311—312页。

"民得陆处"。①考古揭示，三星堆古城的湮没就与突发的洪灾有着很大的关系。成都平原上早期城址的遗弃，也大都与水灾有关。还有成都十二桥商周遗址，也因水灾而导致了古建筑群的湮没。显而易见，开明王朝很可能由于大水灾对原先的都城与环境造成了极大的破坏，才决定在成都建立新的都城。用历史的眼光来看，开明王朝做出了一个无奈的、也是很明智的决定。成都则由此而兴盛，随着都城的建立而成了开明王朝的政治经济文化枢纽，并从此成为长江上游新的古蜀文明中心。

简而言之，到了开明九世的时候，成都已成为蜀国的都城，经过长期的营建发展，其规模是相当可观的。有意思的是，坐落在开阔的成都平原上作为蜀国统治中心的都城，并没有中原古城那样高大的城墙，是一座开放的城市。在秦人的眼里，这是不可思议的。而在古代蜀人和南方诸多部族的社会生活中，却是习以为常的做法。正如徐中舒先生所述："他们在自己部族的周围，不是构筑城防而是种植荆楚或棘围，作为防御之用。这就是楚称荆楚，如濮称僰人的由来。""棘围即为城寨之类的防御物（后来用土筑的称塞，用树木则称寨，用石垒则称砦）。这就是统治部族所居的区域。"②

开明王朝后期的成都，其城市特点与北方秦朝的城市不同，当然是有原因的。其中很关键的因素，是因为当时成都的工商业非常繁荣，蜀地又长期富庶无战争，王室贵族平民百姓都过着和平安定的生活，城市的军事防御功能也就不重要了。所以徐中舒先生就论述认为，成都是古代的自由都市。③段渝先生也认为："早期成都的功能体系中，起主导作用的是工商业，是一座早期的工商业城市，与具有王都气象的三星堆古城不同。成都是古代的自由都市，它的聚合形成，即与工商业有关。成

---

① 见〔宋〕李昉等《太平御览》第4册，中华书局影印出版，1960年2月第1版，第3944—3945页。
② 见徐中舒《论巴蜀文化》，四川人民出版社1982年4月第1版，第97页。
③ 参见徐中舒《成都是古代自由都市说》，《成都文物》1984年第1期。

都古无城垣，一方面是同它大量的干栏式建筑有关，显示出早期城市居民的民族风格和文化特性。一方面与它的功能体系相适应，是它作为一座早期的工商业城市的特点所决定的。"①由于城市功能体系的重大差异，古蜀开明王朝的成都长期不设防，应该是当时的一种实际状况。这种情况随着蜀国的败亡，很快就被秦人纠正了，秦人大刀阔斧地对成都进行了改建。

## 二、张若修建成都龟城的传说

秦并巴蜀之后，除了派驻军队并向蜀地移民，为了加强对蜀地的控制，秦采取的另一个重大措施，是仿照咸阳的模式修筑成都城。

按照秦人的思维模式，成都作为统辖蜀地的重要都市，没有城垣肯定是不行的。于是秦人对蜀都进行了大规模改造，主要是修筑高大的城墙与城楼、改建街道府舍等。秦人同时还对临邛城、郫城等几座城市进行了重新修筑，以便于派兵驻守，有利于加强对蜀地的控制。扬雄《蜀王本纪》对此有记载说："秦惠王遣张仪司马错定蜀，因筑成都而县之。成都在赤里街，张若徙置少城内，始造府县寺舍，今与长安同制。"②由此可知，按照扬雄《蜀王本纪》中的说法，成都城的修建从张仪开始，到张若治蜀时才完善了城市的布局与功能。综合其他文献记载来看，真正负责修筑成都城的，应该是张若才对。据司马迁《史记·太史公自序》说：司马氏"在秦者名错，与张仪争论，于是惠王使错将伐蜀，遂拔，因而守之"。集解苏林曰："守，郡守也。"③司马迁的记述很清楚，

---

① 见段渝《四川通史》第1册，四川大学出版社1993年10月第1版，第154—155页。
② 见《全汉文》卷五十三，[清] 严可均校辑《全上古三代秦汉三国六朝文》第1册，中华书局影印出版，1958年12月第1版，第414页。
③ 见[汉] 司马迁《史记》第10册，中华书局点校本，1959年9月第1版，第3286—3287页。

司马错伐蜀成功之后便担任了蜀守，也可以说司马错是秦惠王任命的第一任蜀郡守。司马错是秦惠王时候的名将，是奉命率军伐蜀的主帅，其任务主要是领兵打仗和平息叛乱，还顾不上筑城的事情。张仪是秦惠王时候的丞相，受命协助司马错伐蜀，秦军攻取巴蜀之后，秦惠王便将张仪召回了，派他出使齐国，这些在《史记》里面都是有记载的，可见张仪在蜀地停留的时间很短暂，一直行色匆匆地为了秦惠王的政治军事战略而奔走，也无暇顾及在蜀地筑城之事。张若是继司马错之后的第二任蜀郡守，此时秦并巴蜀大局已定，为了加强对蜀地的统治，筑城也就成了张若要认真去做的一件重要事情。

张若在修筑成都城时，由于不熟悉成都的气候与土质，最初几次夯筑的土墙一遇大雨洪水就毁坏了。据干宝《搜神记》说："秦惠王二十七年，是张仪筑成都城，屡颓。忽有大龟浮于江，至东子城东南隅而毙。仪以问巫。巫曰：'依龟筑之。'便就。故命龟化城。"①这个记载属于民间传说，附会的色彩很重，因袭了《蜀王本纪》关于张仪筑城的说法，属于以讹传讹了。《太平御览》卷一百六十六引《九州志》曰："益州城初累筑不立，忽有大龟，周行旋走，因其行筑之，遂得坚固。故曰龟城。"②《太平御览》卷九三一引《华阳国志》曰："秦惠王十二年，张仪司马错破蜀克之。仪因筑城，城终颓坏。后有一大龟，从硎而出，周行旋走，乃依龟行所筑之，乃成。"③这段文字可能是传抄的佚文，今本《华阳国志》中是没有这个记载的。后来曹学佺在《蜀中名胜记》中也记述了这个传说，引《周地图记》云："初，张仪筑城，城屡坏，不能立。忽有大龟，出于江，周行旋走。巫言依龟行处筑之，城乃得立。"又引《古今集记》说："张仪筑城，虽因神龟，然亦顺江山之形，以城势

---

① 见［晋］干宝撰，汪绍楹校注《搜神记》卷十三等记述，中华书局1979年9月第1版，第161页。
② 见［宋］李昉等《太平御览》第1册，中华书局影印出版，1960年2月第1版，第808页。
③ 见［宋］李昉等《太平御览》第4册，中华书局影印出版，1960年2月第1版，第4140页。

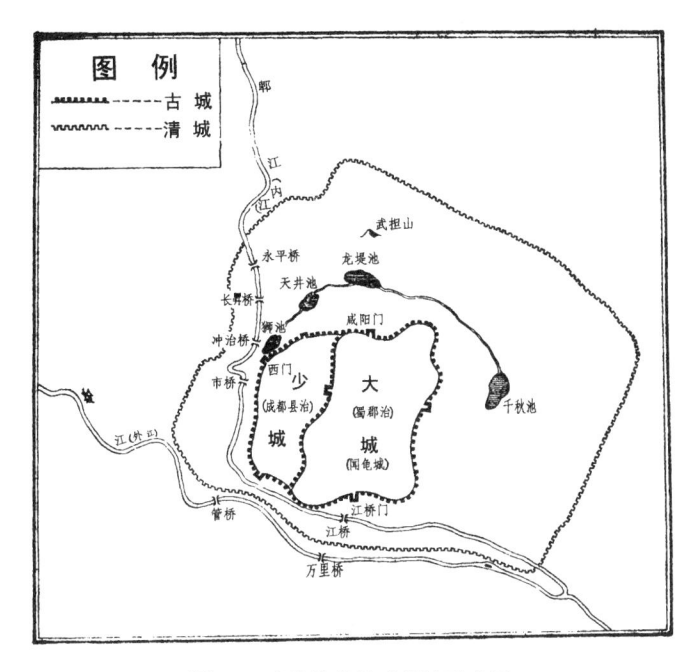

图039　秦代修筑的成都城示意图

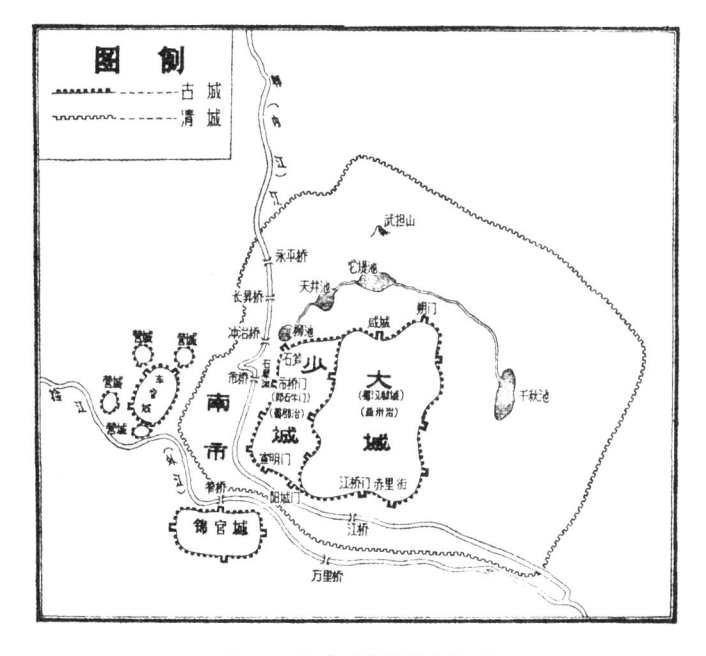

图040　汉代成都城市发展图

稍偏，故作楼以定南北。"又引张咏《创设记》云："按《图经》秦惠王遣张仪、陈轸伐蜀，灭开明氏，卜筑蜀郡城，方广十里，从周制也。分筑南北二少城，以处商贾。少城之迹，今并湮没。"①这些记述，都是因袭传说，只能姑妄言之姑妄听之。（图039、040）

常璩比较严谨，不相信这个传说，在他撰写的地方志书中只记载了史实，《华阳国志·蜀志》说："秦惠王封子通国为蜀侯，以陈壮为相。置巴郡。以张若为蜀国守。"又说："（秦）惠王二十七年，仪与若城成都，周回十二里，高七丈；郫城周回七里，高六丈；临邛城周回六里，高五丈。造作下仓，上皆有屋，而置观楼射兰。成都县本治赤里街，若徙置少城内（城）。营广府舍，置盐、铁、市官并长丞；修整里阓，市张列肆，与咸阳同制。"②值得注意的是，常璩着重提到了张若，可见张若在修筑成都城的过程中发挥了重要作用。常璩是严谨的史学家，对巴蜀重要史实大都做过梳理和探究，记述的应该是真实情况。左思《蜀都赋》注曰："秦惠王讨灭蜀王，封公子通为蜀侯。惠王二十七年，使张若与张仪筑成都城。其后置蜀郡。以李冰为守。"③也认为是张若在主持筑城。据史书记载，张仪在秦惠王派遣大军伐蜀之后不久便出使齐国，之后又游说韩国与赵魏等国，不可能在蜀地久待。由此可知，张仪筑城不过是传说而已。总之，秦军伐蜀后第一任蜀守是司马错，其职责主要是统率秦军占领巴蜀；第二任蜀守是张若，加强对蜀地的统治乃当务之急，由他负责修筑成都城才是顺理成章的事。张若很有才干，不负所望，终于建成了成都城。关于"龟城"，不过是古人的逸闻，历代口口相传，文人们又加以记述，因而成了一个神奇的传说。

---

① 见［明］曹学佺《蜀中名胜记》，重庆出版社1984年10月第1版，第4、15、42页。
② 见［晋］常璩撰，刘琳校注《华阳国志校注》，巴蜀书社1984年7月第1版，第194、196页。
③ 见［南朝·梁］萧统编，［唐］李善注《文选》上册，中华书局影印出版，1977年11月第1版，第75页。

秦人对巴郡也采取了相应的措施，同样修筑了一些城邑。譬如文献记载，秦人还修筑了江州（今重庆）城和阆中城。这些城市的修建，给秦朝提供了驻守和控扼蜀郡与巴郡政权的便利，同时也促进了巴蜀地区盐铁等工商业和农业经济的发展。

## 三、李冰与江神的搏斗

秦并巴蜀之后，到李冰担任蜀郡守的时候，蜀地大局已定，治理水患、兴修水利、大力发展农业生产，便成了李冰要做的头等大事。

李冰是继司马错、张若之后的第三任蜀郡守，其上任时间大概在秦昭王三十年（前277年）张若离蜀调任黔中郡守的时候，下限时间应在其后任"金"于始皇九年（前238年）接任蜀郡守之前。[①]李冰长时间担任蜀郡太守，为其在蜀中施展才能大干一番事业提供了条件。《华阳国志·蜀志》说"秦孝文王以李冰为蜀守。冰能知天文地理"，是一位具有真才实学的奇才。"冰乃壅江作堋，穿郫江、检江，别支流双过郡下，以行舟船。岷山多梓、柏、大竹，颓随水流，

图041　成都城及二江七桥示意图

---

① 见罗开玉《四川通史》第2册，四川大学出版社1993年10月第1版，第8—10页。

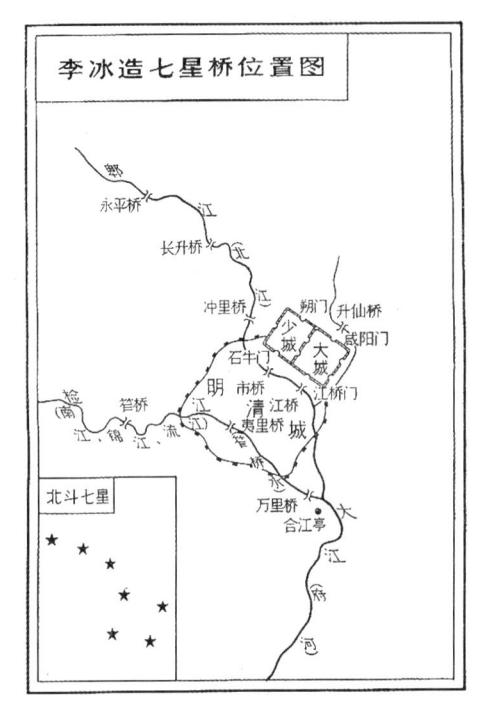

图042 李冰造七星桥位置图

坐致材木,功省用饶;又溉灌三郡,开稻田。于是蜀沃野千里,号为'陆海'。旱则引水浸润,雨则杜塞水门,故记曰,水旱从人,不知饥馑,时无荒年,天下谓之'天府'也。"[1]（图041、042）

李冰治蜀事迹甚多,在经济建设诸如水利、交通、盐业等许多领域,都有非凡的建树,特别是在水利建设方面,更是功绩卓著。李冰在蜀地进行的水利建设是多方面的,据古籍记载,大致有:创建都江堰,疏通成都二江,开凿羊摩江,开凿石犀溪,疏通洛水,开通笮道文井江,凿平南安溷崖、僰道崖滩,平掉雷垣险滩、盐溉险滩等。李冰兴修水利,不仅规模宏大,而且高瞻远瞩,深谋远虑,着眼于综合利用,使水利工程兼顾到防洪、灌溉、运输等多方面的功能和效益,受益于当世,更造福于子孙后代。不论是当时或是两千多年后的今天,来评价李冰,都称得上是古代中国最有作为、最有贡献、最富影响的一位地方官员,是世界水利史上一位青史流芳的了不起的人物。李冰的非凡作为和杰出贡献,为蜀地民众带来了福祉,开创了新的繁荣兴旺局面,使蜀地从此成为名副其实的天府之国。（图043）

---

[1] 见［晋］常璩撰,刘琳校注《华阳国志校注》,巴蜀书社1984年7月第1版,第201—202页。

图043 都江堰鸟瞰图

李冰在修建都江堰之前，曾对岷江水系和山川地貌做了大量的实地调查，这对都江堰因地制宜的总体规划显然起了至关重要的作用。在修建过程之中，李冰亲临指挥调度，特别是工程遇到困难之际，更显示出了李冰过人的胆识和魄力。都江堰不仅是古代科技与聪明才智的结晶，更是意志与人格力量的体现。

古代传说，李冰修建都江堰时曾与江神进行了大无畏的搏斗。《水经注》卷三十三引《风俗通》对此就有一段精彩的记述："李冰为蜀守，开成都两江，溉田万顷。江神岁取童女二人为妇，冰以其女与神为婚，径至神祠，劝神酒，酒杯恒澹澹，冰厉声以责之，因忽不见。良久，有两牛斗于江岸旁，有问冰还，流汗谓官属曰：吾斗疲极，当相助也，南向腰中正白者我绶也。主簿刺杀北面者，江神遂死。蜀人慕其气决，凡壮健者，因名冰儿也。"[1]常璩《华阳国志》卷三也记述了相似的传说：李冰在率领军民凿平由于水流漂疾经常为害舟船的涧崖以通正水道时，"水

---

[1] 见［北魏］郦道元撰，王国维校《水经注校》，上海人民出版社1984年5月第1版，第1039—1040页。参见［宋］李昉等《太平御览》第2册，中华书局影印出版，1960年2月第1版，第1229页。

神怒，冰乃操刀入水中与神斗，迄今蒙福"。①常璩的记载有点简略，虽然传说故事发生的地点不同，讲述的内容和《风俗通》则基本是一致的。李冰斗江神虽是神话传说，却透露了丰富的信息，为我们描绘了一幅两千多年前生动而又传神的情景。李冰大兴水利，为民除害，斗智斗勇，豪气冲天，终于大获全胜。

《太平广记》卷二百九十一引《成都记》有一段比《风俗通》更为精彩的描述：李冰入洪水中与江神相斗，江神先化为蛟，又变作牛，情形紧张，动人心魄，"冰乃入水战蛟，已为牛形，江神龙跃，冰不胜。及出，选卒之勇者数百，持强弓大箭，约曰：'吾前者为牛，今江神必亦为牛矣，我以太白练自束以辨，汝当杀其无记者。'遂吼呼而入。须臾雷风大起，天地一色，稍定，有二牛斗于上，公练甚长白，武士乃齐射，其神遂毙。从此蜀人不复为水所病"。李冰在数百名武士相助下，吼呼而搏，终于除掉了兴风作浪的江神。到了唐太和五年，发生了特大洪水，李冰又化为神龙，与江神斗于灌口，使成都平原得以免遭水灾。②之后，五代时期杜光庭《录异记》、北宋张唐英《蜀梼杌》、黄休复《茅亭客话》等著述中，皆以生动的文笔记述了李冰显灵再斗江神的故事。我们由此可知，以前的神话传说和民间附会，已经上升为文人的雅谈，李冰已成为庇佑蜀地人民免除水患的神化的象征。这些家喻户晓的传说，无疑神化了李冰的人格。在人们的心目中，像李冰这样全心全意造福于民的人物，如同一座高大的丰碑，无论怎样夸张他的神勇都不过分。李冰正是这样合情合理地被描绘成了一位智勇超群、斩除江神的千古不朽的世纪英雄。（图044）

与之相适应的是祭祀李冰的活动，也成了秦汉之后同蜀地水利建设密切相关的一项重要内容。在灌县、成都、什邡，乃至贵州遵义等许多

---

① 见［晋］常璩撰，刘琳校注《华阳国志校注》，巴蜀书社1984年7月第1版，第207页。
② 见《笔记小说大观》第4册，江苏广陵古籍刻印社1983年4月第1版，第264页。

地方，都建立了李冰祠庙。1974年春整修都江堰渠首工程时，从鱼嘴外江一侧江底出土了两个石人，其中之一为李冰像。这尊通高2.9米、肩宽0.96米、重达4.5吨的圆雕造像，胸前刻有"故蜀郡李府君讳冰"，左右两袖上刻有"建宁元年闰月戊申朔廿五日，都江椽尹龙、长陈壹造三神石人，珍（镇）水万世焉"。①建宁元年为公元168年，是东汉灵帝年号，说明东汉时期对李冰就已有了官祭活动。以后历代祭祀不断，宋朝开宝七年（974年），李冰被正式册封为"广济王"。②《元史》卷三十四记载，至顺元年（1330年）李冰被加封为圣德广裕英惠王。③据《皇朝文献通考》卷一百六《群祀考》记叙，到了清代雍正五年（1727年），李冰又被封为敷泽兴济通佑王。李冰祠庙在各处也呈快速发展之势，成为取代各地水神河伯的祭祀对象，据统计清代至民国新建的李冰祠庙竟多达180座。④这反映了官府与宗教势力对李冰神灵的利用，更表达了李冰千百年来在人们心目中的地位和广大群众对李冰的崇敬之情。

图044　都江堰出土的李冰石像

　　李冰一生都在兴修水利，晚年的导洛治绵大型水利活动是他为蜀地

---

① 见四川省灌县文教局《都江堰出土东汉李冰石像》，《文物》1974年第7期，第27—28页。
② 见《文献通考》第1册，海南国际新闻出版中心1996年出版，第1266页。又见《宋史》卷一百五，清代武英殿本《二十五史》第7册，上海古籍出版社、上海书店影印出版，1986年12月第1版，第353页。
③ 见[明]宋濂等《元史》第3册，中华书局1976年4月第1版，第750页。
④ 见罗开玉《中国科学、神话、宗教的协合——以李冰为中心》，巴蜀书社1990年3月第1版，第216—232页、图表8。

百姓做的最后一件造福子孙后代的大事，之后劳累过度而以身殉职，死后就葬在什邡境内可俯瞰洛水的章山之上。《蜀中名胜记》引用《开山记》和古《蜀记》等资料说，李冰是成仙飞升了，"藏衣冠于章山冢中"，当地有升仙台，即为李冰飞升之处。[①]成仙飞升，当然只是一种传说，反映的则是人们对李冰的崇敬和怀念。任何一个有血肉之躯的人，其生命都是有限的，李冰也不例外。但他所创建的造福于千秋万代的水利事业，却使他的精神和生命都获得了升华，千百年来一直活在人们心中，可以称为真正的不朽了。

## 四、比长城更早的伟大创举

李冰治水，化害为利，不仅创造了一个造福百代的水利工程，更彰显了一种伟大的治水精神。都江堰不仅是古代科技与聪明才智的结晶，更是意志与人格力量的体现。

都江堰是大型的综合水利设施，亦是现在世界上历史最长的无坝引水工程，其最关键的渠首枢纽主要由宝瓶口、鱼嘴分水堤、飞沙堰溢洪道三大主体工程组成。鱼嘴分水堤是都江堰顶端的分水工程，平面形状如同大鱼嘴，因以得名。其后为分水堤，又称内外金刚堤，将奔泻的岷江分为内外二江，外江为岷江干流，用以泄洪排沙，内江则以引水灌溉为主。古籍说李冰"壅江作堋"，即是指这一具有分流泄洪排沙功能的创举。飞沙堰是紧接鱼嘴分水堤尾部的泄洪道，因有显著的排沙作用而得名。历史上，鱼嘴分水堤与飞沙堰曾因水势、地形和其他客观因素而有过变动，体现了对渠首枢纽工程最佳位置的探求。宝瓶口是在玉垒山末端开凿的内江进水口，其原有缺口早在鳖灵治水的时候就已形成雏形，李冰于此对离堆做了进一步开凿。这里岩体坚固异常，是整个都

---

① 见［明］曹学佺《蜀中名胜记》，重庆出版社1984年10月第1版，第139页。

江堰建设中最艰巨的工程，根据古书记载李冰治理僰道江流时，"崖峻岨险，不可穿凿，李冰乃积薪烧之，故其处悬岩，犹有赤白玄黄五色焉"①，"灌口"终于凿成了。这个坚固而又奇妙的内江进水口，犹如瓶口一样，严格控制着进入成都平原的内江流量，长年累月保持稳定状态。岷江水由宝瓶口进入内江后，便顺应其居高临下的地势，不断分流，形成扇形自流灌溉系统。当宝瓶口的进水量饱和后，无论岷江发生多大的洪水，宝瓶口都拒之口外概不容纳，使成都平原不至于遭受水灾。干旱时，宝瓶口仍从岷江分流吞进相对充足的水量，以保障成都平原的灌溉、运输、生活等方面用水，这是多么神奇的天然佳构。都江堰也带动了支流水系的治理，正如常璩《华阳国志·蜀志》所说，都江堰建成之后，"溉灌三郡，开稻田。于是蜀沃野千里，号为'陆海'。旱则引水浸润，雨则杜塞水门，故记曰：水旱从人，不知饥馑，时无荒年，天下谓之'天府'也"②。曹学佺《蜀中名胜记》卷六引《古今集记》与《益州记》也说：李冰作大堰于此，"自禹治水之后，冰能因其旧迹而疏广之"，"是以蜀人旱则借以为溉，雨则不遏其流"。又引《堤堰志》说："灌溉蜀郡田畴以亿万计，蜀用富饶，号称陆海。"③正是有了这一布局合理、天人合一的系统水利工程，才为天府沃野提供了水旱从人的保证。

　　水利是农业的命脉，李冰创建都江堰，使成都平原的农业生产与经济发展获得了有力的保障。蜀地从此成为秦的米粮仓和最重要的战略后方基地，为秦统一全国提供了充裕的粮食与物资，可以说起到了决定性的保障作用。到了秦汉之际，在刘邦与项羽逐鹿中原的过程中，也是依靠蜀地源源不断地提供人力与粮食，获得了支撑与保障，从而取得了最

---

① 见〔北魏〕郦道元撰，王国维校《水经注校》，上海人民出版社1984年5月第1版，第1046页。
② 见〔晋〕常璩撰，刘琳校注《华阳国志校注》，巴蜀书社1984年7月第1版，第202页。
③ 见〔明〕曹学佺《蜀中名胜记》，重庆出版社1984年10月第1版，第79—80页。

终的胜利。司马迁《史记·萧相国世家》与班固《汉书·萧何传》中对此都有记载，《华阳国志·蜀志》也记述："汉祖自汉中出三秦伐楚，萧何发蜀、汉米万船而给助军粮，收其精锐以补伤疾。"[①]《汉书·高帝纪》还说楚汉战争过程中曾发生过大饥荒，"关中大饥，米斛万钱，人相食。令民就食蜀汉"。[②]因为有蜀汉提供的稻米作保障，所以才渡过了难关。概而言之，秦依靠巴蜀的富饶而统一了全国，刘邦利用巴蜀的人力物力战胜了项羽，都是仰仗蜀地盛产稻米而开创了丰功伟业。在以后的历史岁月里，每当中华民族遇到重大灾难，天府之国总是沉着地提供庇护和濡养。（图045）

图045　陕西汉中石门景区的刘邦雕像

古老的都江堰，迄今依然青春焕发充满活力，而世界上许多古代水利工程都已成为考古学家发掘研究的遗迹了。德国地理学家李希霍芬在游览了都江堰之后，发出由衷的赞叹说："都江堰灌溉方法之完善，世界

---

① 见〔晋〕常璩撰，刘琳校注《华阳国志校注》（修订版），成都时代出版社2007年6月第1版，第109页。
② 见〔汉〕班固《汉书》第1册，中华书局点校本，1962年6月第1版，第38页。

各地无与伦比。"①都江堰两千多年来始终如一发挥着巨大的作用，最重要的秘诀就是，这是一项天人合一的科学的综合水利工程，它顺应了自然规律并将人的聪明才智发挥到了极致。它乘势利导，因地制宜，使野性十足的岷江成了驯化的造福于民的江流。李冰创建都江堰后留下的水经六字诀"深淘滩、低作堰"和治河八字格言"遇弯截角，逢正抽心"，笼石作堤和设立石人测量水位，以及每到冬天枯水季节在渠首使用杩槎截流，清明举行放水仪式等，为后来的人们积累了一套成熟的管理经验。这些经验同样具有很高的文化科技含量。即使在科学技术高度发展的今天来看，这仍是一套行之有效的治河管河办法。都江堰千百年来一直水旱从人浇灌着沃野千里的天府之国，堪称我国古代科技文化创造的奇迹，更是天府之国灿烂的内陆农业文明的一个骄傲。（图046）

图046 都江堰治水石刻

李冰为蜀守时，不仅治理岷江根除水患，还充分尊重蜀人的文化习俗，赢得了蜀人的拥戴。我们知道，岷江上游是蚕丛故里，岷山也就是蜀山，古人认为这里是大江之源，是古蜀先民的发祥之地，古蜀先民将蜀山视为心目中的神山，并由此而形成了魂归天门的观念。古蜀时代祭祀活动非常兴盛，其中非常重要的一项就是祭祀神山，三星堆出土的一件玉璋上，就刻画有古代蜀人祭祀神山的情景。蒙文通先生认为："古时中原说人死后魂魄归泰山，巴蜀说魂魄归天彭门，东北方面又说魂魄归赤山，这都是原始宗教巫师的说法，显然各为系统。"②李学勤先生论

---

① 见《费迪南德·冯·李希霍芬男爵书简》，转引自王纯五《国际友人眼中的都江堰》，《都江堰市文史资料》第14辑，第99页。
② 见蒙文通《巴蜀古史论述》，四川人民出版社1981年8月第1版，第100页。

述，蜀是一个发端于上古时期的民族，这一民族有自己的悠久文化，并长期保持着区域文化的特色，"蜀文化是有自身的渊源、自身的演变的。在接受了长时期的中原和其他地区的文化影响之后，才逐渐融会到全国的文化进程中去"①。扬雄《蜀王本纪》记述说，李冰为蜀守时，"谓汶山为天彭阙，号曰天彭门，云亡者悉过其中，鬼神精灵数见"②。常璩《华阳国志》也记载说："（李）冰能知天文地理，谓汶山为天彭门，乃至湔氏县，见两山对如阙，因号天彭阙。仿佛若见神，遂从水上立祀三所，祭用三牲，珪璧沉渍。"③后来的《水经注·江水》中也有相同记述，说岷山是大江源头，"至白马岭而历天彭阙，亦谓之天谷也。秦昭王以李冰为蜀守，冰见氐道县有天彭山，两山相对，其形如阙，谓之天彭门，亦曰天彭阙。江水自此已上至微弱，所谓发源滥觞者也"④。这些记载，都说明了岷江上游的蜀山在古代蜀人心目中的重要性，而天彭阙作为天门观念的象征，也就成了崇尚与祭祀的对象。我们由此可知，李冰赞同并举行这种祭祀活动，就充分表达了对古蜀传统习俗的尊重。

古代蜀人还流行"尚五"的观念，这也是蜀地的一个传统，譬如常璩《华阳国志》记载"时蜀有五丁力士"；开明尚时建立宗庙，将开明王朝一世至五世分别谥为五色帝，"每王薨……未有谥列，但以五色为主，故其庙称青、赤、黑、黄、白帝也"⑤。矗立在蜀王墓前的大石亦有五块石，后来的地名则有五妇山、五丁冢之类，都是蜀人尚五的例

---

① 见李学勤《三星堆饕餮纹的分析》，《三星堆与巴蜀文化》，巴蜀书社1993年11月第1版，第79页。参见李学勤《〈帝系〉传说与蜀文化》，《四川文物》1992年"三星堆古蜀文化研究专辑"，第16—17页。
② 见《全汉文》卷五十三，[清]严可均校辑《全上古三代秦汉三国六朝文》第1册，中华书局1958年12月第1版，第415页。又参见《寰宇记》卷七十三；林贞爱校注《扬雄集校注》，四川大学出版社2001年6月第1版，第318页。
③ 见[晋]常璩撰，刘琳校注《华阳国志校注》，巴蜀书社1984年7月第1版，第201页。
④ 见[北魏]郦道元撰，王国维校《水经注校》，上海人民出版社1984年5月第1版，第1035—1036页。
⑤ 见[晋]常璩撰，刘琳校注《华阳国志校注》，巴蜀书社1984年7月第1版，第185—186页。

证。古代蜀人为什么对"五"情有独钟？究其原因，可能与古蜀先民独特的祥瑞观念有关。犹如华夏先民认为"九"是最尊贵的，中原王朝的皇帝要使用九鼎等礼器来象征地位与身份，古蜀王朝则认为"五"是吉祥与尊贵的象征，二者在文化内涵的本质上都是一样的。古人常说"九五之尊"，可能就是融合了二者才形成的一种说法。中华各民族自古以来就有崇尚祥瑞的传统，其由来可以追溯到远古时代，这是原始思维创生的一种生存模式，在一定意义上也可以说是一种生存智慧。如果从科学的物质的角度而言，这种常与数字之类联系在一起的崇尚，无疑毫无用处，但从精神与心理的层面来说，这又具有一定的作用，具有凝聚人心与激发热情的效力。秦人了解蜀人的这种传统习俗，秦惠王曾雕造了五头巨大的石牛送给蜀王，又将五位秦国美女嫁给蜀王，投蜀王所好，在秦并巴蜀过程中发挥了作用。李冰担任蜀郡太守，对蜀人的尚五习俗也非常熟悉，扬雄《蜀王本纪》说："江水为害，蜀守李冰作石犀五枚……以厌水精。"[1]常璩《华阳国志》也记载说，李冰在修建都江堰时特地雕"作石犀五头以厌水精"[2]，也说明了李冰对古蜀文化传统的尊重，从而调动了蜀民的积极性，赢得了蜀民由衷的拥戴，形成了一种前所未有的和谐局面，在治理水患、发展农业等各个方面都获得了极大的成功。

用历史的眼光看，水利在很大程度上也是一个时代的写照，并不单纯是一项工程，包括传统文化以及政治经济与科学技术等方面的诸多因素，都凝聚在里面。都江堰不仅是我国古代科技文化的结晶，更是天府文化的精神象征。都江堰两千多年来始终如一发挥着巨大的作用，最重要的秘诀就是，这是一项天人合一的科学的综合水利工程，它顺应了自然规律并将人的聪明才智发挥到了极致，从此旱涝无虞，开创天府，造

---

[1] 见《全汉文》卷五十三，[清]严可均校辑《全上古三代秦汉三国六朝文》第1册，中华书局1958年12月第1版，第415页。
[2] 见[晋]常璩撰，刘琳校注《华阳国志校注》，巴蜀书社1984年7月第1版，第202页。

福天下。

  概而言之，从大禹治理岷江水患，到李冰建造都江堰，都显示出一种伟大的治水精神。这种治水精神，应该包括三个内核：一是战胜自然灾害的不屈不挠的抗争精神，二是顺应自然天人合一的科学精神，三是不断发展与时俱进的创新精神。这三个精神内核是互为表里、相互交融、密切结合在一起的。正是由于这种伟大的治水精神，才使成都平原成为名副其实的天府之国。在一定意义上也可以说，这种治水精神也堪称是天府文化的精髓所在。都江堰作为治水精神的象征，流淌的不仅是奔腾的清洌江水，更是一种壮丽的驯顺、一种充满生命活力的传统、一种造福千年的奉献、一种至圣至善的智慧、一个光辉而又独特的精神世界。

| 第五章 |

# 帝俊神话与南方稻作文化

## 一、青铜神树与太阳神话

由于太阳和自然万物的密切关系,远古时代先民就有了太阳崇拜的观念,在世界各民族中都流传着绚丽多彩的太阳神话。

在古希腊神话中,阿波罗是众所周知的太阳神,是宙斯和女神勒托的儿子。他们都住在奥林波斯山上,宙斯是众神领袖最高神祇,掌管雷电、主宰天空并统治着天国和人间,太阳神阿波罗同时还是音乐之神、医神和祛灾之神,阿波罗的孪生姐姐阿耳忒弥斯(罗马称狄安娜)则是丰产女神、狩猎女神和月亮女神。他们的神话故事和英雄传说在荷马史诗中有生动的描述,并随着荷马史诗的传播而广为流传。据学者考证,对太阳神阿波罗的崇拜起源于远古时代的小亚细亚,在迈锡尼时期传入希腊,后来传入了罗马,奥古斯都皇帝曾宣布阿波罗为自己的保护神,在罗马修建了富丽堂皇的阿波罗神庙。[1]古希腊人和古罗马人曾塑造了许多

---

[1] 参见〔苏联〕M. H. 鲍特文尼克等编著,黄鸿森、温乃铮译《神话辞典》,商务印书馆1985年1月第1版,第2—3页。

阿波罗雕像，最古老的阿波罗形象是位端庄匀称、长发无须、风度翩翩的裸体少年。这是典型的拟人化手法，通过古代雕塑艺术家的想象和创作，将神话传说中的阿波罗塑造成了一位极富人格魅力的神灵。同样，古希腊神话传说中的其他神灵，也都是有血有肉有情感的化身。希腊神话的这些显著特点，不仅显示了古希腊和古罗马的精神观念和文化特色，而且对后世产生了广泛的影响，在整个欧洲的文学与美术中都有充分的反映。（图047）

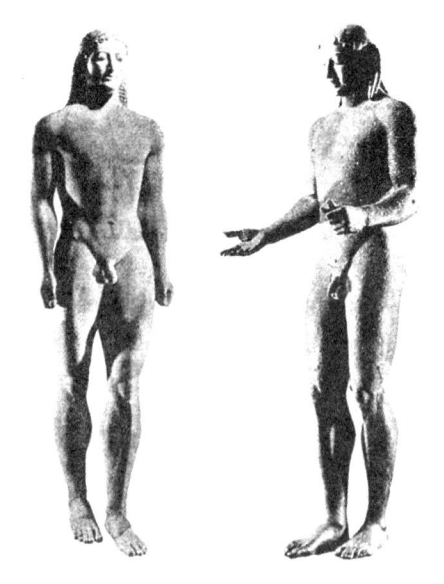

图047 雅典出土的阿波罗青铜雕像

中国很早就有了太阳神话，根据《山海经》中的记述，十日神话中的十个太阳是帝俊与羲和的儿子，说明他们同阿波罗一样具有人的特性，同时又具有神性。帝俊的身份如同宙斯，是东方的天帝，亦有多位妻子，与羲和生十日，和常羲生十二月，同娥皇生三身之国，此外还有许多后裔。例如《大荒东经》中就记述有"帝俊生中容""帝俊生帝鸿""帝俊生黑齿"，《大荒南经》记述有"帝俊生季釐"，《大荒西经》记述有"帝俊生后稷"，《海内经》记述有"帝俊生禺号""帝俊生晏龙""帝俊有八子，是始为歌舞"等。这已经构成了一个帝俊神话传说的体系。

值得注意的是帝俊神话中显示出了相当浓郁的南方地域特色。如果说中原传世文献中记述的黄帝是黄河流域远古先民心目中掌管天庭和人间的最高统治者，那么《山海经》中的帝俊就是中国南方文化系统中主宰宇宙和世界的天帝了。最有意思的便是《大荒西经》中"帝俊生后稷"的记述，有学者据《大戴礼·帝系篇》中说"帝喾上妃姜嫄氏产后稷"、《世本·王侯大夫谱》中说"帝喾次妃，娶訾氏之女曰常仪"与

《大荒西经》所述"帝俊妻常羲"相合,以及《初学记》卷九引《帝王世纪》云"帝喾自言其名曰夋",认为帝俊也就是帝喾,袁珂先生对这一看法亦深表赞同。①这显而易见也展现了两种神话体系的交错和吸纳附会。后稷在黄帝神话体系中是西方民族奉祭的农神,而在帝俊神话体系中同样有"帝俊生后稷,稷降以百谷"(《大荒西经》)、"后稷是播百谷,稷之孙曰叔均,是始作牛耕"(《海内经》)的记述。《海内经》还记载了"西南黑水之间,有都广之野,后稷葬焉",这无疑又透露了帝俊神话与古蜀先民的关系。

另一个非常值得注意的是帝俊神话中与神鸟的关系。《山海经》中帝俊之裔大都有"使四鸟"的记述,《大荒东经》中说:"有五采之鸟,相乡弃沙,惟帝俊下友。帝下两坛,采鸟是司。"这些五采鸟据《大荒西经》所说:"一曰皇鸟,一曰鸾鸟,一曰凤鸟。"也就是鸾凤之属,它们既是帝俊之友,又为帝俊守护神坛,与帝俊有着非同寻常的关系。实际上,帝俊也就是南方文化系统中玄鸟的化身。据袁珂先生考证,史书有"天命玄鸟,降而生商"之说,所以益为古代殷商民族之祖始神;而"帝俊即殷墟卜辞所称'高祖夋'者",夋在甲骨文中是一鸟头人身的象形字,"古既有'玄鸟生商'之说,其鸟头者亦当为玄鸟之头无疑矣",所以帝俊与益一样,"帝俊之神,本为玄鸟"。②这里同样显示了两个神话系统的相互交错与吸纳附会。其实,远古时代中国许多地方都有鸟的神话传说,以及将鸟作为部族图腾,殷商与古蜀便是最为典型和显著的例子。而远古时代的鸟图腾与鸟的神话传说,又通常与太阳崇拜和太阳神话有着极为密切的关系。在这方面,古蜀则尤为突出,《山海经》中的有关记述和三星堆考古发现提供的丰富资料,便是最好的说明。

因为帝俊作为南方神话系统中玄鸟的化身,所以帝俊的子裔都和神

---

① 见袁珂校注《山海经校注》(增补修订本),巴蜀书社1993年4月第1版,第427、450页。
② 见袁珂校注《山海经校注》(增补修订本),巴蜀书社1993年4月第1版,第396—397、410页。

奇的鸟儿结下了不解之缘。比起那些奉神鸟为部族图腾和有"使四鸟"传说的帝俊凡间子裔来说，帝俊与羲和生的儿子就更为神奇了，他们是天上的十个太阳，既有人与神的特征，又是金乌的化身，是长有三足的踆乌，会飞翔的太阳神鸟。《大荒东经》说："汤谷上有扶木，一日方至，一日方出，皆载于乌。"《淮南子·精神篇》说："日中有踆乌。"郭璞注解说："中有三足乌。"[①]便是对太阳作为金乌化身的说明和解释。也有解释为金乌乃日之精魂，或者如《洞冥记》中将三足乌说成是日驭，其基本意思则是一致的。我们在大量的汉代画像石画像砖上，在长沙马王堆汉墓出土的帛画上，都可以看到画有金乌的太阳，便是十日神话广为流传的形象写照。它们在汤谷中洗浴并栖息在扶桑树上，每天轮流着从东方的太阳神树扶桑飞向西方的太阳神树若木，这种形象而又神奇的景观，不仅显示出了先民附会融化于神话之中的对日出日落的观察和感

图048　三星堆二号坑出土的青铜通天神树

---

① 见《二十二子》，上海古籍出版社1986年3月第1版，第1234页。

受，更充分展现了先民关于树和鸟的丰富想象。值得一提的是，在《初学记》卷一引《淮南子·天文训》中，记述太阳由东向西运行，有"爰止羲和，爰息六螭，是谓悬车"之说，高诱注释：这是"日乘车驾以六龙，羲和御之"，在黄昏前羲和而回六螭的意思。袁珂先生指出："羲和在《山海经》为日母，在《淮南子》又一变而为日御。""至《洞冥记》乃又演变为三足乌驾日车。"这些都说明了神话的演变。[①]而这种不断演变、广为流传的十日神话，则又透露出了先民驭龙而行的想象，以及这种天马行空的想象与太阳神话的密切关系。（图048）

帝俊神话在古蜀时代是非常盛行的，对于太阳的崇拜和关于太阳神鸟的传说，在古代蜀人心目中占有崇高的位置，是祭祀活动中的主旋律。三星堆考古发现对此就给予了充分的揭示，三星堆二号坑出土的大型青铜神树就是十日神话的生动写照。这棵具有复合特征的古蜀国盛大祭祀活动中的通天神树，不仅在树枝上铸出了"九日居下枝，一日居上枝"的太阳神鸟的生动造型，而且在树干上铸造了一条姿态矫健的神龙。这条具有丰富内涵的神龙，显而易见与太阳神话也有着非同寻常的关系。在三星堆一号坑与二号坑出土的大量珍贵文物中，还有许多神奇的青铜鸟造型。其中有类似于青铜神树上太阳神鸟形态的立于花蕾之上的羽冠铜鸟，有立于铜座之上昂首扬羽其状如鸦的铜鸟，有长着方形冠羽和啄木鸟式尖喙的铜鸟，有鹰首状锐目钩状利喙的鸟头和鹰头状铜铃，有生动逼真的铜鸡，还有神奇无比的立于树枝花果之上的人面鸟身像。此外还有众多的造型丰富多样的铜鸟形饰，在铜尊与铜罍上也铸造了众多的铜鸟，在铜人身形牌饰上则有线刻方式的变形鸟形纹饰。在一号坑出土金杖面上的平雕纹饰图案中，也有两对被箭穿颈的鸟，它们的形态与青铜神树上的神鸟十分相似，这显然说明了它们既有鸟图腾的含义，又与太阳神话关系密切。（图049、050、051）

---

[①] 见袁珂校注《山海经校注》（增补修订本），巴蜀书社1993年4月第1版，第440—441页。

图049　三星堆二号坑出土的青铜神鸟 　　　图050　三星堆二号坑出土的凤冠铜鸟 　　　图051　三星堆二号坑出土的青铜鸟

　　三星堆出土的众多禽鸟中以凤鸟为最多，而凤鸟又是从玄鸟演化来的，这些鸟多为钩喙圆眼，形似鱼鹰。有学者认为：如果说青铜神"树上的飞鸟既是来往于人神之间的精灵，又可能代表着太阳和光明（金乌、踆乌），还可能是被崇拜的图腾标志"，那么"联系到金杖上的四组鱼鸟纹图案，我们认为这种鹰鸟可能是三星堆古人信奉的主要图腾之一，被作为氏族部落的标志和保佑神灵的代表"。[①] 也有学者认为，同"商人有崇拜鸟的信仰，并将玄鸟奉为始祖"一样，"在这个时期蜀的柏灌、鱼凫、杜宇三氏君王都是崇拜鸟的，并以鸟为图腾，因而鸟在蜀人心目中有至尊神的地位"。[②] 此外，不少学者还注意到，从考古文化分期上看，在这些铜鸟之前，三星堆文化已出现陶制的"鸟头形勺把"，其造型与青铜神树枝上所站之鸟极其相似，认为"其柄所刻之鸟实为

---

[①] 见赵殿增《人神交往的途径——三星堆文物研究》，《四川考古论文集》，文物出版社1996年12月第1版，第100页。
[②] 见陈德安、魏学峰、李伟纲《三星堆——长江上游文明中心探索》，四川人民出版社1998年10月第1版，第50页。

图052　三星堆出土的陶鸟头勺把

'鸟'，代表凤凰，亦代表太阳鸟"。①（图052）

上面引述的这些看法，说明很多学者都注意到了凤鸟与太阳鸟在古代蜀人精神观念中的特殊地位。如果我们将《山海经》中记述的帝俊神话体系，与三星堆古蜀遗址的考古发现结合起来进行探讨思索，问题就相当清楚了。古蜀时代的南方部族既然大都是帝俊的子裔，而帝俊又是南方神话系统中玄鸟的化身与十个太阳的父亲，所以便有了自成体系的十日神话，以及与之密切相关的鸟崇拜观念。三星堆古蜀遗址出土的青铜神树与众多的铜鸟造型，便是十日神话和鸟崇拜观念的形象展现。显而易见，这种自成体系的十日神话和浓郁的鸟崇拜观念，并非来自殷商或东夷，而是具有古蜀的显著特色。金杖上的鱼鸟图案，以及神奇诡异的人面鸟身像，对此便是极好的印证。

三星堆二号坑出土的人面鸟身像，造型极其神异。其面部如同青铜小神树底座上的几尊跪坐小铜人像以及其他一些青铜造像，风格一致，亦为戴面罩的形态，方面大眼，高鼻阔口，头上戴着奇异的冠，额间有饰件（已脱落）。但其眼球外凸和耳尖向外展出如同兽耳，又有点像青铜纵目人面像的特点。其身子则为鸟身凤尾造型，宽长的翅羽上下卷曲，尾羽好似孔雀开屏状，粗腿尖爪站立于枝头花果之上。据资料介绍，

---

① 见胡昌钰、蔡革《鱼凫考——也谈三星堆遗址》，《四川文物》1992年"三星堆古蜀文化研究专辑"，第29页。

"此像是二号祭祀坑出土的小神树残件部分"。①值得注意的是人面鸟身像胸前的双圆圈图案，活脱是一个圆日的形状。如此奇异的造型，在考古史上是从未有过的发现，堪称古代蜀人的绝妙创造。青铜小神树虽尚未修复，但参照青铜神树，两者除了有大小区别，其造型和功能应是基本一致的。既然青铜神树上的铜鸟为"九日居下枝"的写照，那么神奇的人面鸟身像亦应为太阳神鸟的象征，也许就是"一日居上枝"的那只太阳神鸟。它那奇异的鸟身和羽翅，说明它是禽鸟中的精灵，是凤鸟和金乌的化身，而戴面罩的人面造型则显示出它具有神与人的特征。它那外凸的眼球和弯长的兽耳，又具有作为古蜀各部族祖先神灵象征的青铜纵目人面像的特征。

图053　三星堆二号坑出土的人面鸟身像

表明它在古蜀国盛大的祭祀活动中占有突出的地位，也是古蜀各部族崇拜的重要对象。其实，它就是古代蜀人运用丰富的想象力和高超的青铜铸造技术，精心塑造的太阳神形象。它如同青铜神树一样，具有复合特征和丰富的内涵，显示了浓郁的古蜀特色。（图053）

正如叶舒宪先生在论述神话思维的空间观念时所指出的："人类自新石器时代进化到农牧定居阶段以后，原始宗教的重心便从狩猎巫术和图腾崇拜转向了自然崇拜。"而在各种自然现象中，对人类生活和思想影响最大的便是太阳。"因此，在大多数脱离了以狩猎和采集为主要生活方

---

① 参见《三星堆传奇——华夏古文明的探索》，台湾太平洋文化基金会1999年3月出版，第99页。

式的文化区域中，都不约而同地产生了对太阳的崇拜。伴随着新石器时代向铜器时代的过渡的文明史进程，先民们留下的早期精神遗产之中，与太阳崇拜相关的神话、传说、史诗、歌谣、仪式、礼俗、建筑、历法、象征文字、造型艺术、歌舞表演等等，几乎随处可见。"[1]苏联学者谢·亚·托卡列夫也指出"青铜时代确有太阳崇拜之风"，发现的太阳形象"或呈现为盘状，或呈现为轮形（带有光束或并无光束），或呈现为圆形，中有'十'字，如此等等"，并认为"青铜时代的太阳崇拜，其萌生显然为农业经济趋于繁盛所致；据民间观察，太阳为丰饶的主要赐予者。另一方面，太阳崇拜又是社会分化的反映，氏族、部落贵族此时已分离而出，而依据可供类比的民族志材料推知，氏族—部落贵族自命为太阳神的后裔"[2]。也就是说，产生太阳崇拜有两大原因，一是太阳充当了农业丰产的赐予者，二是氏族部落中分化出来的贵族阶层出于与太阳神攀亲的需要。叶舒宪先生认为：太阳崇拜的原始的"本质的原因在于人类通过太阳的运动规则确立了最初的空间意识和思维结构"。[3]

　　结合到三星堆的考古发现来看，古蜀国这个时期农业已相当发达，青铜文明高度繁荣，社会阶层也已有了明显的分化，精神世界更是绚丽多彩，太阳神话与太阳崇拜观念也顺理成章地展现出空前昌盛的情形。不仅青铜神树和铜鸟是十日神话的形象体现，而且三星堆还出土了许多与太阳神话和太阳崇拜观念有密切关系的器物，比如青铜太阳轮形器，圆日形状的青铜菱形眼形器，四面坡状神殿屋盖上的圆日图像，胸前有圆日图像的人面鸟身像等。非常有意思的是，神殿屋盖上的圆日图像，呈现为带有光束的轮形，每边三个，四边共十二个，与彩陶上的十二日图像十分相似，无疑有着重要的启示意义，说明古蜀时代的太阳神话与

---

[1] 见叶舒宪《中国神话哲学》，中国社会科学出版社1992年1月第1版，第201页。
[2] 见〔苏联〕谢·亚·托卡列夫著，魏庆征译《世界各民族历史上的宗教》，中国社会科学出版社1985年10月第1版，第39页。
[3] 见叶舒宪《中国神话哲学》，中国社会科学出版社1992年1月第1版，第202页。

太阳崇拜观念是极其绚丽多彩的。其中很可能也包含了古代蜀人通过对太阳天象的观察而产生的对季节的感受，展示了古代蜀人的空间意识和思维结构。（图054）

许多学者通过对出土文物上面太阳图案与太阳纹饰研究后指出，先民最初描绘的太阳神形象，大都是写实的圆日形状。而由于想象和观察的差异，先民摹画的圆日形状各地并不完全一样，甚至同一幅图案中的圆日形状也不一致。有的是画一个圆圈象征太阳神，有的圆圈内还画有一黑点，有的则画为双圆圈或多圆圈，有的在圆圈周边以短直线还画出了光芒，还有的画为半圆形，周有光束，如朝阳初升状。黄河流域上游与中游出土的辛店文化与仰韶文化彩陶，以及青海、广西、内蒙古、江苏等地远古时代遗留下来的岩画，在这方面为我们提供了丰富的图案资料。而"人面形太阳神形象是拟人化、抽象化的产物，是较高一级的太阳神形象"。[1]例如内蒙古贺兰山岩画中，便有许多人面形太阳神形象，"大多数的神像，头上光芒四射的灵光，颇似太阳光，有的简直像一个金光万道的太阳的形象，只是中心部分有人的五官，这种形象兼用了人和太阳的形象，即太阳的人格化和人的太阳化，将两者巧妙地糅合在一起了"。[2]联系到三星堆出土金杖图案中的人面形象，那圆日形的脸与光芒状的头冠，不也同样是人面形太阳神的形象吗？而那呈现微笑状的五官，与众多的青铜造像面部表情不

图054 三星堆出土神殿修复前顶部的圆日图案

---

[1] 见何星亮《中国自然神与自然崇拜》，三联书店1992年5月第1版，第163页。
[2] 见盖山林《内蒙古贺兰山北部的人面形岩画》，《中央民院学报》1982年第2期。

同，似乎带有外来文化的因素。在先民崇拜太阳的观念中，太阳不仅是农牧业丰产之日神，也是一些民族和王权的保护神，此外还是光明正大、明察秋毫之神。[①]具有丰富象征含义的三星堆金杖，图案中的人面形太阳神，似乎也正显示出了这多层意思。当然，更为清楚的则是青铜人面鸟身像胸前的圆日图像，与彩陶与岩画上的表现形式完全一样，应是对太阳的如实摹画。其用意显然是为了更加突出青铜人面鸟身像的神奇身份，明确无误地告诉人们青铜人面鸟身像是古蜀国太阳神的象征。（图055）

在太阳神话的起源和流传过程中，我们还应提到射日的神话传说。帝俊和羲和所生的十个太阳轮流运行，为世界带来了光明和温暖，如果十日并出，便会造成灾难。由于太阳是金乌的化身，在久旱不雨的远古时代，先民们便有了射日的想象。据东汉王充《论衡·感虚篇》中记述说："儒者传书言，尧之时，十日并出，万物焦枯，尧上射十日，九日去，一日常出。"[②]所谓儒者传书，可能是指《庄子·齐物论》中已有"昔者十日并出，万物皆照"（此四字郭璞引文作"草木焦枯"）的记述，说明这一传说由来已久。在西汉刘安《淮南子·本经训》中，

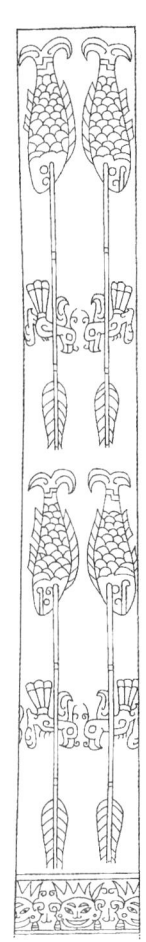

图055　三星堆一号坑出土的金杖与图案

---

① 见何星亮《中国自然神与自然崇拜》，三联书店1992年5月第1版，第150—155页。
② 见《百子全书》下册，浙江古籍出版社1998年8月第1版，第972页。

对此另有一段比较详细的记述，"尧之时十日并出，焦禾稼，杀草木，而民无所食"，尧乃使羿射十日，中其九日，日中乌尽死，于是天下又恢复了正常，"万民皆喜，置尧以为天子"。①由这些记述可知尧与羿都是古代传说中射日的英雄，而羿射日的神话传说在后来流传得更为广泛。（图056）

据袁珂先生考证，"关于射日除害神话，初本有两种民间传说，一属之尧，一属之羿。属之羿者更占优势，后人乃于古本《淮南子》'尧乃'下增'使羿'二字，以为今本状态，于是尧射日之神话遂泯，羿射日之神话独昌焉"②。我们在汉代画像石画像砖上，便能看到表现神话传说中羿射日的画面。这些画面中通常刻画有一棵高大葱郁的扶桑太阳神树，以栖息在上面的金乌象征九日，羿在树下弯弓射日，姿态极其神武。如果说起源于远古时代的太阳神话反映的是先民对宇宙的一种想象和认识，那么射日的传说透露的则是战胜自然灾害的强烈愿望了，而这正是华夏先民们精神世界中的一大鲜明特色。（图057、058）

图056　《山海经》中持彤弓素矰"彈乌解羽"的羿

射日神话与南方神话系统有着极其密切的关系，根据先秦典籍中的有关记述来看，很可能就是南方神话系统的产物。《山海经·海内经》说："帝俊赐羿彤弓素矰，以扶下国，羿是始去恤下地之百艰。"袁珂先

---

① 见《二十二子》，上海古籍出版社1986年3月第1版，第1239页。
② 见袁珂校注《山海经校注》（增补修订本），巴蜀书社1993年4月第1版，第310页。

生认为，这段记述非常重要，实乃"羿神话之大要"，文中一曰"下国"，再曰"下地"，表明了"羿初本天神"的身份，到《淮南子·本经训》中详述了羿除诸害上射九日的传说，可以说"羿之主要功业亦毕于此，然所记之羿已非天神而为尧臣，盖已由天神变为神性英雄"。① 值得一提的是，唐代西华法师成玄英注疏《庄子·秋水篇》曾引用古本"《山海经》云：羿射九日，落为沃焦"。② 今本《山海经》中没有这段文字，应是成玄英见过的古本，说明羿射日除害本是远古神话，早在《淮南子》之前已广为流传。这在《楚辞·天问》中也可得到有力的印证："羿焉彃日？乌焉解羽？"可知成书于战国时代的屈赋中已记述了羿射日的传说。萧兵先生认为《天问》与当时的壁画题铭有着密切关系，以"谜"和"题"的方式记录了那些古老的问题。③《楚辞·天问》中还有一句很重要的记述："帝降夷羿，革孽夏民。"这里说的帝，应该就是《山海经·海内经》中赐羿彤弓素矰的帝俊。而对夷羿却有不同的解释，或认为羿乃东夷民族的主神故称夷羿，或将羿与传说中的夏代有穷后羿混为一谈。实际上，羿是神话中的英雄之神，后羿是《左传》等记述的历史上的诸侯，并非一人。关

图057 汉代画像石上羿射九日图（河南南阳出土）

---

① 见袁珂编著《中国神话传说词典》，上海辞书出版社1985年6月第1版，第308页。
② 见郭庆藩辑《庄子集释》第3册，中华书局1961年7月第1版，第565页。
③ 见萧兵《楚辞文化破译》，湖北人民出版社1991年11月第1版，第841、843、870、981页。

图058 汉代画像石上的射日图（局部）

于"夷"，商周时代已形成"四夷"观念，如《尚书·大禹谟》曰："无怠无荒，四夷来王。"《尚书·毕命》说："四夷左衽。"是中原华夏族对四方氏族或部族的统称，并不一定专指东夷。

蒙文通先生在深入研究《山海经》后曾指出，"我认为《海内经》这部分可能是出于古蜀国的作品"，"《大荒经》部分可能就是巴国的作品。至于《五藏山经》《海外经》等九篇……就很可能是接受巴、蜀文化以后的楚国作品了"。[①]显而易见，《海内经》既然是古蜀国的作品，记述的帝俊与羿同古蜀国自然有着非同寻常的密切关系。袁珂先生在这方面则持不同看法，认为"《海内经》是楚人所作"[②]，帝俊"本是殷民族奉祭的始祖神，殷亡后有关他的神话可能还流传在殷后裔的宋人口中"，因宋楚接壤而流入楚国，而"楚人本是夏人的旁支，故黄帝、颛顼亦为所共祖。这就是《山海经》成书最早的《荒经》以下五篇兼记了大量有关帝俊和黄帝、颛顼等人神话的缘由"。[③]茅盾先生也曾作过探讨，"古史上是没有帝俊的"，"从帝俊有妻娥皇这一点而观，俊也许就是舜。总之，这是一个悬案"。但帝俊在《山海经》中享有"主神"的资格则是肯定的。至于羿，茅盾先生认为，《山海经》与《淮南子》记述的"神性的羿实是希腊神话中建立十二大功的赫拉克勒斯那样的半神的

---

[①] 见蒙文通《巴蜀古史论述》，四川人民出版社1981年8月第1版，第168—169页。
[②] 见袁珂《神话论文集》，上海古籍出版社1982年7月第1版，第2页。
[③] 见袁珂《中国神话通论》，巴蜀书社1993年7月第1版，第180—181页。

英雄。我们看羿诛凿齿，杀九婴，缴九风，射十日，杀猰貐、修蛇、封豨，无往而不胜利，正和希腊的赫拉克勒斯之无往而不胜利一样。在历史初期，这个羿一定是民间艳称的半神的英雄；'妻雒嫔'一定也是羿神话中的一件恋爱故事，正如赫拉克勒斯一样。后世史家将这神话的羿来历史化，就成为尧之臣的羿，再变而为有穷后羿了"。①

综合以上多种看法，我认为蒙文通先生的观点是相当精辟的，三星堆考古发现揭示了古蜀国昌盛的太阳神话和太阳崇拜观念，展现了与帝俊神话体系密切的关系，便是很好的印证。茅盾先生也强调了帝俊在《山海经》所记述的南方神话体系中的重要性，而对羿的分析也十分精彩。属于帝俊神话体系的羿的传说，很可能起源于《山海经》，而后在长江流域和许多地区都有了广泛的流传。古蜀国与周边区域自然也包含在射日神话广泛流传的范围之内。三星堆古蜀遗址出土的金杖上有羽箭穿过鸟颈的图案，会不会就是射日神话的一种反映呢？尽管这不过只是一种分析和猜测，但金杖图案已生动形象地透露了古蜀国制造使用羽箭的信息，思维活跃富于创造力的古蜀先民因之而产生射日的想象和传说，也是很自然的事情。

鲁迅先生在论述神话与传说时曾指出："昔者初民，见天地万物，变异不常，其诸现象，又出于人力所能以上，则自造众说以解释之；凡所解释，今谓之神话。神话大抵以一'神格'为中枢，又推演为叙说，而于所叙说之神，之事，又从而信仰敬畏之，于是歌颂其威灵，致美于坛庙，久而愈进，文物遂繁。故神话不特为宗教之萌芽，美术所由起，且实为文章之渊源。"②茅盾先生也指出："各民族的神话是各民族在上古时代（或原始时代）的生活和思想的产物。"《山海经》中所包含的神话材料便显示了"初民的知识的积累，其中有初民的宇宙观，宗教思想，

---

① 见茅盾著《神话研究》，百花文艺出版社1981年4月第1版，第215—220页。
② 见鲁迅《中国小说史略》，《鲁迅全集》第9卷，人民文学出版社1981年第1版，第17页。

道德标准，民族历史最初期的传说，并对于自然界的认识等等"①。三星堆考古发现所揭示的，古蜀时代绚丽多彩的太阳神话便正是如此，亦是古代蜀人生活和精神观念的精彩反映，而且通过造型艺术给予了充分的展示，成为古蜀国盛大祭祀活动中的重要内容。

曾有学者指出："日与鸟合而为一，或把鸟作为太阳的象征，正是图腾崇拜与自然崇拜相互整合的结果。"②如果说三星堆古蜀遗址出土的太阳神鸟和通天神树，显示了古代蜀人崇拜观念中丰富多彩的内涵，那么射日的神话传说则透露出这种崇拜观念的发展和演变，在昌盛的太阳崇拜和通天神树崇拜之外还盛行着英雄崇拜。正如有的学者所述："射日神话广泛流传于我国南方各少数民族中，表明它原是南方初民所始创。随着南方与北方的人们的交融，到战国时，射日神话流传到北方，羿除害神话流传到南方，人们才使羿有了射日之举。""但神话极其夸张早熟，

图059　广西花山岩画中的英雄崇拜

---

① 见茅盾《神话研究》，百花文艺出版社1981年4月第1版，第127页。
② 见何星亮《中国自然神与自然崇拜》，三联书店1992年5月第1版，第166页。

第五章　帝俊神话与南方稻作文化

图060　云南沧源岩画中的太阳崇拜与射日图

目的在于突出射日英雄即上古人民的大无畏精神。"[1]三星堆出土的金杖图案中那四支贯穿鱼鸟的利箭，便洋溢着强烈的大无畏精神，给人以英雄豪放之感。而这种英雄豪放的气概，更是三星堆青铜造像群的显著风格，是古蜀国的能工巧匠着意塑造表现的一种精神面貌。这些都显示了英雄崇拜观念的盛行，和射日神话所要表现的英雄精神可以说是完全一致的。联系到金杖图案中那表情豪放欢快的人面像，会不会就是无往而不胜的射日英雄的写照呢？这和我们前面推测其为人面形太阳神的形象并不矛盾，有不少学者认为，射日的羿即是中国的阿波罗太阳神。[2]（图059、060）

总而言之，古代蜀人的精神观念有着极其丰富的内涵，三星堆考古发现所揭示的太阳崇拜观念和太阳神话传说，以及通天神树崇拜和英雄崇拜观念等，都是其中的重要组成部分。除此之外，还有神仙崇拜、龙凤虎蚕等动物图腾泛灵崇拜、浓郁的原始巫术色彩等，形成了复杂而又庞大的系统，充分展示了古代蜀人的精神世界是多么绚丽多彩。

---

[1] 见刘城淮《羿与后羿》，《中国神话》第1集，中国民间文艺出版社1987年6月第1版，第214页。
[2] 见唐悫《我国上古的太阳神》，《中国神话》第1集，中国民间文艺出版社1987年6月第1版，第232—234页。

## 二、古蜀象牙之谜

根据《山海经》与《楚辞》等记述，古蜀先民对大象有特殊的崇奉之情，而巴人将虎与蛇作为族群的标识，因此流传有"巴蛇食象"或"吞象"的传说。在探讨这个颇为夸张的神话传说之前，我们需要先弄清古代的巴蜀地区，究竟有没有大象栖息活动？结合文献记载和考古资料来看，这确实是个很有意思的话题。

图061　三星堆二号坑发掘出土的象牙

先说成都平原考古发现的象牙，1986年夏秋之际，在成都平原的腹心地带广汉三星堆也曾出土有相当数量的象牙，其中一号坑出土象牙13根，二号坑出土象牙67根，一般长80—120厘米，经鉴定这些象牙均属于亚洲象种。二号坑同时出土的还有象牙珠120件和一些雕刻有纹饰的象牙器残片。[①]2001年金沙遗址又发现了大

图062　考古发掘揭示的金沙遗址象牙堆积坑

量的象牙，它们有的层层堆积，深埋于地下，迄今保存完好，仍呈现出细腻滑润的光泽。最为典型的是"梅苑"东北部发现的象牙堆积坑（在机械施工中遭到严重破坏），从断面观察象牙共分8层平行堆放，最大的象牙长达150厘米，经初步鉴定这些象牙属于亚洲象种。据参加清理和发掘

---

① 见四川省文物考古研究所编《三星堆祭祀坑》，文物出版社1999年4月第1版，第150页，第153页图版五四、第413、417页，第421页图版一六八。

的考古工作者初步统计，目前在金沙遗址范围内出土的象牙有1000多根，可以用"数以吨计"来形容，数量之多，确实令人惊叹。（图061、062）

从长江流域和黄河流域的考古发现看，之前在巫山大溪文化遗址墓葬中也出土有象牙（有的人骨架头部枕着一支大象牙），并发现有象牙手镯与象牙质的种类相当丰富的装饰品等。① 在其他地区类似的考古发现也很多，譬如在距今约7000年的河姆渡文化遗址就出土有十分精致的双鸟朝阳象牙雕刻

图063　浙江余姚河姆渡遗址出土的"双鸟朝阳"纹象牙雕刻蝶形器

图064　浙江余姚河姆渡文化遗址出土的凤鸟形象牙匕状器

（图063、064），以及鸟形象牙圆雕等。② 距今5500年左右的上海青浦福泉山遗址崧泽文化遗存中发现有戴在人骨手臂上的四件象牙镯。③ 山东大汶口文化遗址墓葬出土有雕镂精致的多件象牙雕筒、象牙琮、象牙梳等。④ 河南安阳殷墟也出土有较多的象牙制品（图065），特别是妇好墓

---

① 参见《四川巫山大溪新石器时代遗址发掘纪略》，《文物》1961年第11期。参见中国社会科学院考古研究所编《新中国的考古发现和研究》，文物出版社1984年5月第1版，第130页。
② 参见《河姆渡遗址第一期发掘报告》《河姆渡遗址动植物遗存的鉴定研究》，《考古学报》1978年第1期。
③ 参见上海市文物管理委员会《青浦福泉山遗址崧泽文化遗存》，《考古学报》1990年第3期。
④ 参见《大汶口》，文物出版社1974年出版。参见《新中国的考古发现和研究》，文物出版社1984年5月第1版，第91—94页。

图065　河南安阳殷墟妇好墓出土的象牙嵌绿松石兽面纹杯

出土的三件象牙杯，雕刻有瑰丽复杂的纹饰，是少见的精美之作。[①]这些出土资料说明，从新石器时代到殷商时期的遗址和墓葬中出土象牙或象牙制品是一种较为常见的现象，分布范围也很广，从黄河流域中原地区到四川盆地和长江中下游东南地区都有发现。总的来说，出土实物数量还是比较少的。像金沙遗址这样一下出土数量如此庞大的象牙，在中国考古史上可谓是从未有过的惊人发现，在世界考古史上也堪称罕见的奇观。商周时期栖居于金沙遗址的古蜀族为什么会拥有如此多的象牙？它们来自何方？古代蜀人是如何获得这些象牙的？当时这些象牙究竟有什么用途？古代蜀人为什么要将它们集中堆积埋藏于深坑之内？诸如此类的种种疑问，都是有待破译的未解之谜。

关于三星堆一号坑、二号坑出土的象牙，学者曾做过较多的研究，大都认为应是古蜀王国的祭祀用品。例如大型青铜立人像那握成环形高度夸张的双手，有些学者就认为执掌的很可能便是象牙，是古蜀王国大型祭祀活动中使用的祭献之物。澳大利亚学者巴纳德先生[②]、美国学者罗伯特先生[③]、四川学者段渝先生[④]都曾提出过这种看法。关于象牙的使

---

[①] 参见《安阳殷墟五号墓的发掘》，《考古学报》1977年第2期。
[②] 参见〔澳〕诺埃尔·巴纳德著，雷雨、罗亚平译《对广汉埋葬坑青铜器及其它器物之意义的初步认识》，《南方民族考古》第5辑，四川科学技术出版社1993年12月第1版，第30页。
[③] 参见〔美〕罗伯特·W.贝格勒著，雷雨、罗亚平译《四川商城》，《三星堆与巴蜀文化》，巴蜀书社1993年11月第1版，第72页。
[④] 参见黄剑华《三星堆青铜造像》，《寻根》1997年第4期，第14页、第18页注2。

用方式，三星堆出土的玉璋图案中也透露了非常重要的信息。[①]其画面中有悬置于左边神山内侧的粗大的弯尖状物，从形状看同出土象牙实物几乎完全一样，可知刻画的应是象牙，非常形象地说明了古代蜀人有将象牙用于盛大祭祀活动的习俗。依照古文献中的有关记载，古人有很多祭祀形式，《周礼》中有"璋邸射以祀山川"的记述，此外祭山林山泽还要采用埋沉的方式。以此参照三星堆玉璋图案中刻画的古代蜀人祭祀神山的情景，也是大致相符的。但古蜀时代祭祀神山不仅使用玉璋还悬置象牙，则显示出了礼仪习俗方面的一些差异，具有不同于中原的鲜明的古蜀特色。由此联系到金沙遗址发现的象牙堆积坑，仔细观察可以注意到它们很有规律地平行放置在一起，层层堆积约有8层，深埋于地下，显然是有意为之。同坑埋藏的还有大量礼仪性玉器和铜器，说明象牙同这些器物很可能都属于祭祀用品。这与三星堆在祭祀活动中使用象牙的性质也是一致的。由此可知，商周时期的古蜀王国有着昌盛的祭祀活动，古蜀族将获取的大量象牙用于祭祀活动应是不争的事实。

古代蜀人喜欢将象牙与玉璋之类一起用于大型祭祀活动，特别是作为祭祀神山的祭献之物，可能是一种特有的习俗。三星堆玉璋图案中刻画的便正是这种现象。值得提到的是，金沙遗址也出土有一件刻画有图像纹饰的玉璋残件，（图066、067）画面为上下两图，可以清楚地看到一人侧跪，肩扛弯曲的象牙。[②]该图像描绘的可能是古蜀族在祭祀活动中祭献象牙的真实情景。换个角度来看，这与古代蜀人喜欢大象、对获取的象牙怀有特殊的崇敬亲切之情可能也有较大的关系。象是自然界中体形庞大、猛悍聪明、很有灵性的陆生哺乳动物，它自古以来就与人类有比较亲和的关系，加之象牙具有类似于美玉一般的质感和洁白细腻的

---

① 参见四川省文物考古研究所编《三星堆祭祀坑》，文物出版社1999年4月第1版，第358页、第361页线描图、第672页图90。
② 参见成都文物考古研究所编著《金沙——再现辉煌的古蜀王都》，四川人民出版社2005年5月第1版，第66页图与介绍。

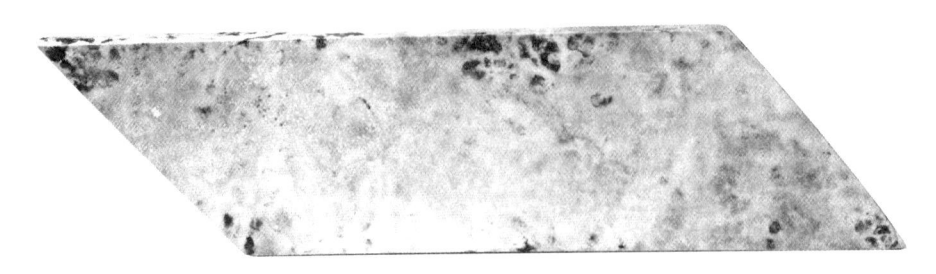

图066　金沙遗址出土的灰白色刻纹玉璋残件

色泽，因而便成了古人心目中的灵物。在各种祭祀活动大为盛行的古蜀时代，获得大量象牙的古代蜀人将之同玉璋之类的"礼神之玉"一起作为祭献之物，使用于祭祀山川神灵等仪式之中，应该是顺理成章的事情。

三星堆与金沙遗址出土象牙究竟是从哪里来的？确实是一个非常有意思的问题。过去不少学者认为三星堆出土的象牙与海贝很可能都来自异域，金沙遗址出土了数量更为庞大的象牙，因而这些象牙的来源问题不能不引起我们新的审视和思考。经过初步鉴定，金沙遗址出土的象牙与三星堆出土的象牙一样，都属于亚洲象种。我们知道，亚

图067　金沙遗址出土的灰白色刻纹玉璋上肩扛象牙的人物

洲象仅雄象有门齿（象牙），每头雄象两根门齿（象牙），1000多根象牙应取自500多头雄象。从象牙的长度来看很多是成年大象，那将是数量非常惊人的一个庞大象群。重达数吨的1000多根象牙，若来自遥远的异域，获取和运输似乎都是比较大的问题。那么，商周时期四川盆地是否有过象群的出没？那时林木茂盛、水草丰茂的成都平原会不会是大批象群的重要活动栖息之地呢？

其实中国自古就是产象之地，早在商周时期的黄河流域和长江流域

就有象群活动，文献对此就有较多记载，考古发现对此也有很好的揭示和印证。在《吕氏春秋·古乐篇》中有"商人服象，为虐于东夷，周公遂以师逐之，至于江南"的记述。学者通常认为"服象"是说驾驭大象用以作战之意，关于"商人"却有较多的争论，有的认为商人即为殷人，有的则认为商人应为南人，或为南蛮之人，所以才有周公派兵逐之远去的说法。①但殷人服象很可能是确实有过的一种历史状况。

徐中舒先生在主编的《甲骨文字典》中曾指出："据考古发掘知殷商时代河南地区气候尚暖，颇适于兕象之生存，其后气候转寒，兕象遂渐南迁矣。"②早在20世纪初，王国维先生也对此作过论述，认为："古者中国产象，殷墟所出象骨颇多，昔颇疑其来自南方。然卜辞中有获象之文，田狩所获，决非豢养物矣。《孟子》谓周公驱虎豹犀象而远之。《吕氏春秋》云，殷人服象，为虐于东夷。则象中国固有之，春秋以后乃不复见。"③罗振玉先生《殷墟书契考释》中也认为："象为南越大兽，此后世事。古代则黄河南北亦有之。为字从手牵象，则象为寻常服御之物。今殷墟遗物，有镂象牙礼器，又有象齿，甚多，卜用之骨，有绝大者，殆亦象骨，又卜辞卜田猎有'获象'之语，知古者中原象，至殷世尚盛矣。"④与象有关系的古地名、古文字其实不少，例如《禹贡》中的豫州，学者认为"豫"即为象、邑二字合文，反映了殷代河南曾是产象之区。

从考古发现看，殷墟出土的甲骨文中屡见象字，并有"获象""来象"之文。甲骨文中的"象"字，以长鼻巨齿为其特征，殷人只有经常与象接触，对象非常熟悉，才会有这种形态逼真的象形字。安阳殷墟曾发现有两

---

① 参见陈奇猷校释《吕氏春秋校释》第1册，学林出版社1984年4月初版，第286页、第308页注67。
② 见徐中舒主编《甲骨文字典》，四川辞书出版社1989年5月第1版，第1065页。
③ 见王国维《观堂集林·象·卣跋》，《观堂集林》第4册，中华书局1959年6月第1版，第1204页。
④ 见罗振玉《殷墟书契考释》，石印本一册，1914年12月。参见《徐中舒历史论文选辑》上册，中华书局1998年9月第1版，第53页。

座象坑，分别埋有大象与幼象，一座坑内埋有一头幼象和一个象奴①，另一座坑内埋有一头幼象和一头猪②。殷墟还出土有各种象牙制品，妇好墓还出土有惟妙惟肖的玉雕象。这些都应该是殷商时期黄河流域中原一带有过大象的见证。有些学者因而认为："可见，当时在中原地区已驯养象，并有较多的野象。"③正因为中原地区有象，从而为殷人获取象牙提供了便利。由此来看，殷墟出土有丰富多样的象牙制品也就不难理解了。

古代的长江流域也是有象的，从文献记载看，《诗经·鲁颂·泮水》有"憬彼淮夷，来献其琛，元龟象齿，大赂南金"之咏，淮夷将象牙作为进献之物，说明江淮流域也曾是产象之地。《左传·定公四年》记载说，楚昭王在长江中游与吴王阖庐的人马作战失利，逃避吴国军队追击时，曾将火炬系于象尾，使部下"执燧象以奔吴师"，才得脱险。④这说明楚国驯养有大象，危急时候才能驭象作战，利用象的猛悍，冲击吴军，取得奇效。在《国语·楚语》中有"巴浦之犀、牦、兕、象，其可尽乎"的记述，也透露了长江中游曾是多象之地。通常解释，巴浦是指巴水之浦。⑤徐中舒先生认为，巴浦当即汉益州地。联系到与之相关的一些记述，如《山海经·中山经》说："岷山，江水出焉……其兽多犀、象。"《山海经·海内南经》则有"巴蛇食象"之说，《楚辞·天问》曰："有蛇吞象，厥大何如？"《路史·后记》罗苹注云："所谓巴蛇，在江岳间。"⑥徐中舒

---

① 参见胡厚宣《殷墟发掘》，学习生活出版社1955年5月第1版，第89页。
② 参见王宇信、杨宝成《殷墟象坑和"殷人服象"的再探讨》，胡厚宣等《甲骨探史录》，三联书店1982年出版，第467页。参见杨宝成《安阳武官村北地商代祭祀坑的发掘》，《考古》1987年第12期。
③ 见中国社会科学院考古研究所编著《殷墟的发现与研究》，科学出版社1994年9月第1版，第398页。
④ 见王守谦等译注《左传全译》下册，贵州人民出版社1990年11月第1版，第1429—1431页。
⑤ 参见黄永堂译注《国语全译》，贵州人民出版社1995年2月第1版，第628—631页。
⑥ 参见《楚辞·天问》今本作"一蛇吞象"。郭璞注《山海经》引文作"有蛇吞象"，王逸注引作"灵蛇吞象"。参见袁珂校注《山海经校注》（增补修订本），巴蜀书社1993年4月第1版，第331页。

先生则认为:"此皆益州产象之证。"①尽管解释有所不同,但在大范围的地理环境则是一致的,可知古代的江淮流域和四川盆地都曾是产象之地。《华阳国志·蜀志》也提到"蜀之为国,肇于人皇……其宝则有璧玉……犀、象",反映的可能正是这种真实情况。②

此外,《论衡·书虚篇》有"舜葬于苍梧,象为之耕"的记述,并认为这是因为"苍梧"乃"多象之地"的缘故③,其他古籍中对此亦多有记述。由此可知,在古代中国,大象活动繁衍的地方是相当广阔的。从黄河流域、长江流域到珠江流域,都有大象的栖居。正如徐中舒先生所述:"凡地名之以象、鼻等为名者,疑皆象曾经栖息之地。""旧石器时代,中国北部,曾为犀、象长养之地。此种生长中国北部之犀、象,如环境无激烈之变迁,决不能骤然绝迹。如是,则由旧石器时代绵延至于殷商以前(或虞、夏时),仍生息于黄河流域,实为意中之事。"到了周代,象群才逐渐南迁。④这些确实是很有见地的看法。

根据文献记载和环境考古材料揭示,商周时期长江流域和四川盆地境内,气候比黄河流域和中原地区湿润温暖,土壤肥沃,林木茂盛,河流纵横,湖泊众多,而且有大量的湿地,更适宜鸟兽和大型动物生存,很可能曾是亚洲象群的重要栖息出没之地。那个时候,大象曾是这些地区的人们非常熟悉的一种动物,而且人与象之间有着非常亲和的关系。考古出土资料在这方面便有较多的揭示。如湖南醴陵出土有商代青铜

---

① 见徐中舒《殷人服象及象之南迁》,《徐中舒历史论文选辑》上册,中华书局1998年9月第1版,第63页。
② 参见[晋]常璩撰,任乃强校注《华阳国志校补图注》,上海古籍出版社1987年10月第1版,第113、116页。又参见[晋]常璩撰,刘琳校注《华阳国志校注》(修订版),成都时代出版社2007年6月第1版,第89、91页。任乃强先生和刘琳校注《华阳国志》这段记载时,对此有所忽略,其实蜀地产象应是一种真实的客观情形。
③ 参见[汉]王充《论衡》卷四《书虚篇》,《百子全书》下册,浙江古籍出版社1998年8月第1版,第969页。
④ 见徐中舒《殷人服象及象之南迁》,《徐中舒历史论文选辑》上册,中华书局1998年9月第1版,第61、60页。

图068　湖南醴陵出土的商代青铜象尊

图069　陕西宝鸡斗鸡台出土的商代后期青铜象尊

图070　陕西宝鸡強国墓地茹家庄一号墓出土的西周青铜象尊

象尊（图068），四肢粗壮，长鼻高卷，纹饰华丽，工艺精美，形态极为逼真，应是当地制作者对大象形态的真实摹写。在陕西宝鸡斗鸡台也出土有商代后期象尊（图069），生动逼真的形态与湖南醴陵所出象尊有异曲同工之妙，尊盖上还雕铸了一头栩栩如生的小象，这件珍贵文物现收藏于美国华盛顿弗利尔美术馆。① 在年代稍晚的陕西宝鸡強国墓地（图070），也出土有青铜象尊。② 1986年夏秋之际在成都平原腹心地带的三星堆考古发现，在这方面也同样有精彩的展示。譬如三星堆二号坑出土的兽首冠青铜人像，那夸张而奇异的冠

---

① 参见史岩编《中国雕塑史图录》（一），上海人民美术出版社1983年5月第1版，第29页图三二、第34页图三九。
② 参见卢连成、胡智生《宝鸡強国墓地》，文物出版社1988年10月第1版，第293页、第294页图二〇三、彩版一八、图版一六二。

第五章　帝俊神话与南方稻作文化

图071　三星堆二号坑出土的兽首冠青铜人像

图072　三星堆青铜纵目人面像鼻梁上方高竖的卷云纹装饰，使人油然想到卷曲的象鼻

顶装饰物，就活脱是卷曲象鼻的写照。（图071）二号坑出土的青铜纵目人面像，鼻梁上方高竖的卷云纹装饰也使人油然联想到卷曲的象鼻，是一种充满了想象力的象征表现手法。①（图072）还有彭州濛阳镇竹瓦街出土的商周窖藏青铜器中，双耳为长鼻形立体象头的铜罍（图073），其象头和长鼻以及突出的象牙，堪称是对真实大象栩栩如生的模拟。②这些都说明了古代蜀人对大象形态的熟悉，只有经常和大象接触才会达到如此熟悉的程度，应是蜀地产象的见证。尤其值得注意的是，在三星堆一号坑出土的大量烧骨碎渣中，经初步鉴定，有猪、羊、牛的肢骨和头骨，还有被火烧过的象的门齿、臼齿等。③这些烧骨渣中的象的门齿与臼齿，显

---

① 参见四川省文物考古研究所编《三星堆祭祀坑》，文物出版社1999年4月第1版，第164页、第167页图八四、第190页、第197页图一〇八。
② 参见四川省博物馆编《巴蜀青铜器》，成都出版社、澳门紫云斋出版有限公司出版，第1页。范桂杰、胡昌钰《彭县竹瓦街再次发现西周窖藏铜器》，《考古》1981年第6期。
③ 参见四川省文物考古研究所编《三星堆祭祀坑》，文物出版社1999年4月第1版，第22、150页。

图073　四川彭州濛阳镇竹瓦街出土的西周象头双耳铜罍

然也透露了蜀地产象的信息。还有三星堆曾出土有相当数量的象牙,在成都金沙遗址也出土了大量的象牙,数目比三星堆更为庞大。经学者们研究,三星堆与金沙遗址出土的大量象牙显然并非来自遥远的异域,很可能就是古蜀本地所产,也可能是从栖息于长江流域的象群中获取的。①

周代以后,可能由于气候环境变化的原因,加之大量的开发活动造成生态植被的恶化,以及对兕、象等猛兽采取驱逐做法的一些人为因素,象群才离开黄河流域和长江流域而逐渐南迁。在汉代南阳、山东、江苏、四川等地出土的画像石上,有不少刻画有大象或驯象情景的画面,说明汉代在中原地区、河南南部和长江流域仍有大象存在,甚至继续被人驯服驱用。《东观汉记》说,西汉末年,天下大乱,各地纷纷起义,王莽派遣大军前往镇压,"欲盛威武,以振山东,甲冲輣,干戈旌旗,攻战之具甚盛。至驱虎豹犀象,奇伟猛兽,以长人巨无霸为垒尉,自秦汉以来师出未曾有也。"②可知王莽也曾驱象作战,说明汉代中原仍有象群,或者是汉朝王室饲养有较多的大象,才能为王莽的军队所驱用。此后在很长时间内,两广和云南等地依然栖息着众多的象群,古人笔记史料中对此不乏记载。明末清初之际永历皇帝、吴三桂曾用象军,也是当时象群还较多的例证。后来除了西双版纳,境内其他

---

① 参见黄剑华《古蜀金沙——金沙遗址与古蜀文明探析》,巴蜀书社2003年11月第1版,第242—263页。参见黄剑华《金沙遗址出土象牙的由来》,《成都理工大学学报》2004年第3期。

② 参见[汉]刘珍等撰,吴树平校注《东观汉记校注》,中华书局2008年11月第1版,第3—4页。

地区已不再有象。

这便是3000多年以来，曾经栖息于华夏地区的大量象群由北而南辗转迁徙的情形。中原民族和古代蜀人由于象群的远去，产生了怀念，因而有了"想象"①，这个词的初意就是表达对象的思念。

我们还要特别提到在出土的汉代画像石中，常见有对大象的描绘，其表现形式主要有"驯象图"与"骑象图"。关于骑象图，有学者认为可能与早期佛像有关系，其实表现的大都是驭象与乘象的情景，笔者对此撰有专文讨论，这里就不赘述了。关于训象图，河南与山东等地出土的汉代画像石上，就有较多的刻画。例如河南登封少室东阙的北面，就刻画了一位头戴尖帽的象奴，左手牵马，右手持长钩驯象的情景。从形体看，所驯之象应是一头幼象，其时间为东汉时期所刻。②河南登封启母阙上也刻画有两幅驯象图，一幅左边刻一人面对大象，手持长钩钩象首（图074），另一幅上刻一人拿长钩去钩象首，画面中描绘的应是象奴驯象的情景。③河南南阳英庄出土的一件画像石上也刻画了驯象图，画面中间为一头大象，后面是一位头戴尖帽的象奴，手执铁钩，向前跨步做驭象状。（图075）左边有一虎，与大象相对。④山东微山县两城镇出土的一件画像石上，画面下层刻画了车马出行，画面上层刻画了骆驼、大象，一人手握象尾，随在大象后面行走，表示画中大象也属于驯象。

山东邹城出土的一件画像石上也刻画有执钩驯象图，画面右侧刻画了一人骑骆驼，一人执钩驯象，一人立马前，马上一人张弓射虎。画面上层还刻画了牛耕与劳作归来的农人，增添了画像中的真实意味。（图076）山东邹城市高庄乡出土的一件画像石上，刻画了狩猎与驯象的场

---

① 笔者曾与四川历史学会会长谭继和先生闲谈，他也认为"想象"一词与古人怀念远去的象群有关。
② 参见《中国画像石全集》第6册，山东美术出版社、河南美术出版社2000年6月第1版，图一〇七。
③ 参见吕品编著《中岳汉三阙》，文物出版社1990年8月第1版，图一七、图三八。
④ 参见王建中、闪修山《南阳两汉画像石》，文物出版社1990年6月第1版，图91。

图074　河南登封少室山东阙驯象图

图075　河南南阳英庄出土的驯象图

面，一人持钩驯象，大象的后面有一匹骆驼，画面很写实。山东平邑县功曹阙西面画像石上，刻画有一人手控缰绳骑骆驼、一人执钩骑象的情形，将骑乘大象和骑骆驼者的形态也都刻画得很逼真，很显然这些都是当时比较常见的情景。山东嘉祥县吕村画像石上，也刻画了类似情景，画面中一人骑骆驼，两人骑于大象上，手中各执长钩，分别钩向象首与象尾。①平邑县功曹阙刻有铭文，内有"章和元年"字样，东汉章帝章和元年为公元87年，是汉代画像石中比较早的驯象图。

山东济南市长清区孝堂山石祠东壁画像上，则刻画了前有骑马者为导从、中间有骑骆驼和骑大象者的车骑队伍，象背上乘坐三人，前面

---

① 参见《中国画像石全集》，山东美术出版社、河南美术出版社2000年6月第1版，第2册图五〇、图六六、图七九，第1册图一三。参见傅惜华、陈志农编《山东汉画像石汇编》，山东画报出版社2012年12月第1版，第193页图。

第五章　帝俊神话与南方稻作文化

图076　山东邹城出土的驯象图

一人手持驯象的长钩，与大象并列而行的骆驼上骑坐了两人。孝堂山石祠的时代，大约也是东汉章帝时期（76—88年）。这幅画像场面宏大，情景逼真，描绘的骑象图比较典型，可能与墓主生前经历或者与当时的历史故事有关。巫鸿先生认为，孝堂山祠堂壁画中骑着大象和骆驼的画面，表现的是蛮夷向汉朝纳贡的情景，"他们骑着大象和骆驼前来朝拜中国的皇帝。汉代的官方历史记录了相似的事件。例如在汉武帝时期，属于西南夷的一个小国将一头大象作为贡品献给中国皇帝。骆驼则代表来自北方的贡品"。[1]

汉代是一个开放的社会，随着汉武帝时期丝路的开通，与外界的交往逐渐增多。汉朝与周边邻国经常互相派遣使者，获得了很多来自异域的奇珍异宝，其中也包括一些产于异域的动物。据《汉书·西域传》记述，自西汉初文、景、武帝以来，"养民五世，天下殷富，财力有余，士马强盛……汗血之马充于黄门，巨象、师子、猛犬、大雀之群食于外囿。殊方异物，四面而至。于是广开上林……作巴俞都卢、海中砀极、

---

[1] 参见《中国画像石全集》第1册，山东美术出版社、河南美术出版社2000年6月第1版，图四二。参见〔美〕巫鸿《武梁祠——中国古代画像艺术的思想性》，北京三联书店2006年8月第1版，第215页，第216页图，第235页注释141、142。

153

漫衍鱼龙、角抵之戏以观视之"①。由这段记述可知，在汉朝皇宫的园囿中饲养着大象，以及西域诸国进献的各类珍禽异兽，而且经常进行驯兽表演，以供皇室贵族观赏娱乐。

象群在两汉时期已经南迁了，所以文献记载有外邦进献之象。值得注意的是，《汉书·西域传》中仅记载罽宾"出封牛、水牛、象"，可见汉朝皇宫园囿中饲养的大象，并非都来自西域，也有可能直接来自岭南与滇越等地。《汉书·张骞列传》说："有乘象国，名滇越，而蜀贾间出物者或至焉。"《后汉书·南蛮西南夷列传》就记载："永元六年，郡徼外敦忍乙王莫延慕义，遣使译献犀牛、大象。"又说："永初元年，徼外僬侥种夷陆类等三千余口举种内附，献象牙、水牛、封牛。"②史籍所记述南亚小邦邻国向汉朝献大象、象牙，应是当时的一种真实情形。所献大象，按常情推测，应该不是野象，而是可供驱使的驯象。

关于驯象，我们还应提到《汉书·武帝纪》的记述，元狩二年"南越献驯象"，应劭曰："驯者，教能拜起周章，从人意也。"③王充《论衡·物势篇》也说到了"长仞之象，为越僮所钩"④，这说明从汉武帝到东汉时期常有南越进献的驯象。这些驯象饲养在皇宫园囿中，不仅供观赏，还能由驯象者指挥进行娱乐表演。文献记载早在西周和春秋时期就有象舞表演，如孔颖达注疏《诗·周颂·维清》时就说："《维清》诗者，奏象舞之歌乐也。"《古本竹书纪年》中也有"作象舞"的记述。⑤

---

① 参见［汉］班固《汉书》第12册，中华书局点校本，1962年6月第1版，第3928、3885页。
② 参见［汉］班固《汉书》第9册，中华书局点校本，1962年6月第1版，第2690页。参见［南朝·宋］范晔《后汉书》第10册，中华书局点校本，1965年5月第1版，第2851页。
③ 参见［汉］班固《汉书》第1册，中华书局点校本，1962年6月第1版，第176页。
④ 参见［汉］王充《论衡》卷四《书虚篇》，《百子全书》下册，浙江古籍出版社1998年8月第1版，第967页。
⑤ 参见《毛诗正义》卷十九《周颂·维清》，［清］阮元校刻《十三经注疏》上册，中华书局影印出版，1980年9月第1版，第584页。参见《古本竹书纪年》，载《帝王世纪·世本·逸周书·古本竹书纪年》，齐鲁书社2010年1月第1版，第84页。参见《竹书纪年统笺》第七卷，《二十二子》，上海古籍出版社1986年3月第1版，第1075页。

通常认为象舞是指模仿武术的舞蹈，但也不排除有驯象的参与。《史记·孝武本纪》说汉武帝时在长安西面修筑建章宫，其东为凤阙，其西有"数十里虎圈"，《汉书·孝元冯昭仪传》有"上幸虎圈斗兽，后宫皆坐"的记载①，说明汉朝皇室不仅饲养百兽，还设置有专门观赏斗兽的场地。汉朝的斗兽内容丰富、形式多样，不仅有人与大型动物相搏，也有驯兽表演，譬如驯虎、驯象等表演。

从西汉时期的图像资料来看，河北定县第122号汉墓出土的车马器中，有一件金银错狩猎纹铜车饰，呈中空竹管状，似为车伞盖柄，表面有四段金银纹饰并用黑漆填补空隙，形成环绕的图案。在花纹摹本图像中，最上面的画面主体为一头行走的大象，穿有象服，备有鞍具，象背上乘坐三人，前面一人手持钩具正钩弄大象的右耳。（图077）在大象周围，环绕有飞龙、天马、羽人、奔鹿、翼兔、翔鹤、鸿雁、灵龟等众

图077　河北定县汉墓出土铜车马器上的骑象图

---

① 参见［汉］司马迁《史记》第2册，中华书局点校本，1959年9月第1版，第482页。参见［汉］班固《汉书》第12册，中华书局点校本，1962年6月第1版，第4005页。

图078　四川泸州汉代石棺上的象戏乐舞图

多珍禽异兽。①有学者认为，这幅图像的主纹表现的就是"象舞"的形象。②还有学者认为，汉武帝时期南越曾经进献驯象，此图中象背上乘坐的三人发髻束起并且上卷，嘴唇前突，上身赤裸，腰系短裙，其发型可以称为"椎结"，部分驯象可能来自西南夷。③这幅图像出土于西汉时期的汉墓中，对《汉书》等史籍中关于南越或南亚小邦邻国经过西南夷向汉朝进献驯象的记载，确实是一个较好的印证。在四川地区出土的汉代画像资料中，泸州出土的东汉时期石棺上也刻画有驯象（图078），画像中还刻画了手持便面的舞蹈者、抚琴者、吹笛者、楼房底层的舂米者，驯象位于画面中上方，长鼻大耳、四腿粗壮，大概是为了表示离得

---

① 参见中华人民共和国出土文物展览工作委员会编《中华人民共和国出土文物展览品选集》，文物出版社1973年1月第1版，图85（附花纹摹本）。参见史树青《我国古代的金错工艺》，《文物》1973年第6期，第70页及彩色图版（花纹摹本）。
② 参见贾峨《说汉唐间百戏中的"象舞"——兼谈"象舞"与佛教"行像"活动及海上丝路的关系》，《文物》1982年第9期，第53页。
③ 参见郑彤《再论汉画像石上的象纹》，《华夏考古》2010年第1期，第125—126页。参见〔美〕巫鸿《礼仪中的美术——巫鸿中国古代美术史文编》，生活·读书·新知三联书店2005年7月第1版，上册第148页，下册第302—303页。

稍远，大象的体形较小，画面右上方有一人伸手向大象做驱使状。①还有四川芦山樊敏阙檐下的一幅浮雕图，也刻画了驯象，大象的体形较大，穿有象衣，图中人物较多，有认为是表演象戏，也有认为该图与早期佛教故事传播有关。虽然对图像的看法有争议，但东汉时期四川地区也有驯象，应该是没有疑问的。

关于汉代的驯象者，其实不一定都是越童，更多的则是胡人担任象奴。从汉代画像中的多幅"驯象图"观察，画面上大多有一位高鼻深目之人，头戴尖帽，手持弯钩，或站于象首或立于象尾，或骑于象背，常做驯象或驱象而行状，就是很明显的例证。我们知道，汉代在关中和中原等地已有胡人居住，所以汉代画像中常见有胡人形象。胡人中不仅有胡商，也有表演杂技与歌舞者，还有从事各种杂役的胡奴，汉代画像中对此就有较为充分的揭示。由胡人来驯象，可能在汉代比较流行，所以担任象奴的胡人较多。关于驯象者使用长钩，也是汉代比较常见的一种驯象方式。这种情形早在汉初就流行了，使用长钩不仅用于驯象，还可以驯养牛、马等动物，江陵凤凰山出土汉初遗策就有"大奴园，牛仆、操钩""大奴获，马仆、操钩"的记录。汉代画像中也刻画有使用长钩驯服和驾驭其他大型动物的情景，如河南永城酂城墓出土的画像石上刻画了一位头戴尖顶帽、身穿长襦者，双手各持长钩做驯兽状，右边一兽身躯似牛口衔一环，被长钩钩住鼻子而向后退缩。又如山东平邑县皇圣卿西阙的一幅画像石上就描绘了二人骑兽、右者执钩、左者持矛的

---

① 参见龚廷万、龚玉、戴嘉陵编著《巴蜀汉代画像集》，文物出版社1998年12月第1版，第127页图126，称此图为"象戏·乐舞，206×68厘米，泸州十三号石棺"。参见高文主编《中国画像石棺全集》，山西传媒集团·三晋出版社2011年10月第1版，第337页，称此图为"四川合江二号石棺，象戏·舂米，纵84厘米，横224厘米，1987年合江县胜利乡砖室墓出土，泸州博物馆藏"。又参见高文编著《四川汉代石棺画像集》，人民美术出版社1998年4月第1版，第70页图一三四，称此图为"舞乐·象戏·舂米"。龚廷万与高文两书对此图的介绍有出入，但仔细比对，应是同一件画像。

画面。①这幅画像为东汉章帝元和三年（86年）所刻，与平邑县功曹阙画像相似，也属于东汉早期画作。据有的学者研究，使用长钩驱使大象，应是汉代中原的一种驯象方法，后来才流传到云南等地，汉代画像石描绘的长钩驯象就提供了较多的例证，目前在东南亚诸国以及国外其他地方尚无早于汉代以长钩驯象的图像或记载。②通过画像资料的描绘与史籍中的记载，以及学者的研究，可知汉代的驯象者中其实是胡人居多的，尤其是中原地区，可能专门有胡人来担任象奴。在南方地区的驯象者，才主要是越人。这些象奴，使用长钩来驯服大象，或驾驭驱使驯象，主要是为皇室或贵族阶层服务，进行的主要是象舞之类娱乐性的表演。佛经中后来有使用铁钩作为调大象之法的比喻，从时间来看已经是晋代之后了。可见铁钩驯象，并非是佛教的创新，而只是借用了汉代的传统驯象方法而已。

三国时期仍有驯象，据《太平御览》卷八百九十引《江表传》记载有"孙权遣使诣阙献驯象二头"，曹操想知道驯象的重量，众人都没办法，年幼的曹冲出了个主意："置象大舡，刻其所至，称物以载之，可知也。"通过这个"曹冲称象"的故事，可知曹魏与东吴仍是有驯象的。而驯象参与皇室的娱乐活动，到了晋朝仍很流行。据《晋书·乐志》记述，后汉正旦有鱼龙漫衍等大型百戏表演，"魏晋讫江左，犹有夏育扛鼎、巨象行乳、神龟抃舞、背负灵岳、桂树白雪、画地成川之乐"。又据《晋书·舆服志》记载："武帝太康中平吴后，南越献驯象，诏作大车驾之，以载黄门鼓吹数十人，使越人骑之。元正大会，驾象入庭。"③这种驯象由越人驾驭，也是汉代流传下来的传统。驯象在汉晋之后仍然延续，《新唐

---

① 参见《中国画像石全集》，山东美术出版社、河南美术出版社2000年6月第1版，第6册图七二，第1册图五。
② 参见李昆声《云南考古学论集》，云南人民出版社1998年5月第1版，第368—369页。
③ 参见［宋］李昉等《太平御览》第4册，中华书局影印出版，1960年2月第1版，第3955页。参见［唐］房玄龄等《晋书》第3册，中华书局点校本，1974年11月第1版，第718、756页。

书·南蛮传》就有"贞观时王头黎献驯象",以及大历时真腊"来朝献驯象""德宗初即位,珍禽异兽悉纵之,蛮夷所献驯象畜苑在"的记载。到了宋代仍有驯象表演,孟元老《东京梦华录》卷十就有"遇大礼年,预于两月前教车象"的记载,车队里面有象七头,"每一象则一人裹交脚幞头紫衫人跨其颈,手执短柄铜镬尖其刃,象有不驯击之。象至宣德楼前,团转行步数遭成列,使之面北而拜,亦能唱诺。诸戚里宗室贵族之家,勾呼就私第观看,赠之银彩无虚日。御街游人嬉集,观者如堵。卖扑土木粉捏小象儿,并纸画看人,携归以为献遗"。[①]但那时的驯象数量已经较少,平常很难见到了。《铁围山丛谈》卷六说,有一位官员的夫人路过宣德门,看见了这些驯象,"适见而大骇,归告其夫曰:异哉左丞,我侬今日过大内前,安有此大鼻驴耶?人传以为笑"[②]。

通过前面列举的考古资料可知,在河南、山东、江苏、陕西、四川出土的汉代画像中都出现有驯象和骑象的情景,说明大象在汉代仍是较为常见的一种大型动物,所以汉代画像中才有这些真实的描绘。

## 三、巴与蜀的蛇象探讨

《山海经》与《楚辞》有"巴蛇食象"或"吞象"的传说,通常认为巴蛇是指巴人或巴国的族群标识,而象则是指蜀地产象、古代蜀人对大象有特殊的崇奉之情。"巴蛇食象"或"吞象"之说,表达的究竟是什么意思呢?要深入探讨其含义,还要先从巴与蜀的族群特点说起。

中国自上古以来,便是一个多民族融合的国家,有着丰富多样的地域文化。巴与蜀是先秦时期西南地区两个强大的宗主国,从文献记载

---

① 参见[宋]欧阳修等《旧唐书·南蛮传》,清代武英殿本《二十五史》第6册,上海古籍出版社、上海书店影印出版,1986年12月第1版,第679—680页。参见[宋]孟元老撰,邓之诚注《东京梦华录》卷十,中华书局1982年1月第1版,第235页。
② 参见[宋]蔡絛《铁围山丛谈》卷六,中华书局1983年9月第1版,第115页。

看，巴、蜀的崛起与兴盛，具有天时、地利、人和的原因，其中很重要的便是部族与氏族之间的相互联姻或结成联盟。汉代司马迁对西南地区部族众多的情形曾做了真实的记述，"西南夷君长以什数"，其西其北又以什数。汉代班固在《汉书》中也对此做了同样的记载。①这是汉代的情况，上溯至夏商周时期，西南地区大大小小的部族数目可能更多。据学者研究，在秦灭巴蜀之前，巴、蜀境内至少有百数十个大小部落，这些部落首领也就是小诸侯，或称为"戎伯"。蒙文通先生曾精辟地指出："蜀就是这些戎伯之雄长。古时的巴蜀，应该只是一种联盟，巴、蜀不过是两个霸君，是这些诸侯中的雄长。""可见巴、蜀发展到强大的时候，也不过是两个联盟的盟主。"②这种多部族联盟的形式，正是巴蜀与中原和其他地区在社会结构方面的不同之处。

蜀国与巴国都是先秦时期西南地区的部族联盟，但缘起并不相同，部族关系也各有特点。蜀国的历史，见诸文献记载的，有蚕丛、柏灌、鱼凫、杜宇、开明等朝代。譬如扬雄《蜀王本纪》就说："蜀之先称王者，有蚕丛、柏濩、鱼凫、（蒲泽）、开明。"③常璩《华阳国志·蜀志》中对古蜀早期历史的记述，也极其简略："蜀之为国，肇于人皇，与巴同囿。"又说："有蜀侯蚕丛，其目纵，始称王。死，作石棺石椁，国人从之，故俗以石棺椁为纵目人冢也。次王曰柏灌。次王曰鱼凫。鱼凫王田于湔山，忽得仙道，蜀人思之，为立祠。后有王曰杜宇，教民务农，一号杜主。"④蜀国上古时期的史料确实太少了，所以扬雄和常璩只能概述。史籍中关于古蜀的记载虽然语焉不详，给人以太多的传说与推

---

① 参见［汉］司马迁《史记》第9册，中华书局点校本，1959年9月第1版，第2991页。参见［汉］班固《汉书》第11册，中华书局点校本，1962年6月第1版，第3837页。
② 参见蒙文通《巴蜀古史论述》，四川人民出版社1981年8月第1版，第30、31页。又见《蒙文通文集》第2卷《古族甄微》，巴蜀书社1993年4月第1版，第199—200页。
③ 参见《全汉文》卷五十三，［清］严可均校辑《全上古三代秦汉三国六朝文》第1册，中华书局影印出版，1958年12月第1版，第414页。
④ 参见［晋］常璩撰，刘琳校注《华阳国志校注》，巴蜀书社1984年7月第1版，第175、181—182页。

测之感，但也并非虚构，后来的考古发现便给予了充分的印证。譬如众所周知的四川广汉三星堆遗址、成都金沙遗址、成都宝墩古城遗址群、成都商业街开明王朝船棺葬、成都十二桥商周时期的建筑遗址等重大考古发现，就揭示了古蜀文明的悠久与灿烂辉煌。

关于巴国的缘起，古代文献记载也不多，同样具有较浓的传说色彩。根据《后汉书》卷八十六记述："巴郡南郡蛮，本有五姓：巴氏、樊氏、曋氏、相氏、郑氏。皆出于武落钟离山。"之后巴氏子务相被推立为首领，称廪君。接着，廪君射杀了盐水神女，"廪君于是君乎夷城，四姓皆臣之"。后来，"廪君死，魂魄世为白虎。巴氏以虎饮人血，遂以人祠焉"。在《世本》与《水经·夷水注》中，也有类似记述。[①]廪君崛起于什么时候，文献记载没有细说。巴氏与其他部族的关系倒是清楚的，应该属于联盟与臣属形式。至于巴氏的传承关系，史籍与地方志书中也是语焉不详。还有就是巴族的起源，也有些含混不清。例如常璩《华阳国志·巴志》说："巴国远世，则黄、炎之支。"《山海经·海内经》说：巴人乃太皞之后，"西南有巴国，大皞生咸鸟，咸鸟生乘釐，乘釐生后照，后照是始为巴人"[②]。这些记述，均有较浓的传说色彩，但也说明了廪君蛮可能是巴人的主体族群之一。此外还有其他一些氏族与部落，共同组成了巴国。有学者认为清江地区，或认为陕南汉江流域，还有认为嘉陵江流域、长江三峡地区等，都是巴人的早期发祥栖居之地。重庆涪陵小田溪巴人墓葬出土的虎钮錞于、铜钲、编钟等，就是巴国王室的遗存。考古出土的巴人青铜錞于多以虎为钮，就表达了使用者是以白虎为图腾的廪君后裔。崇虎是巴人习俗中的一大特点，巴人喜欢双

---

① 参见［南朝·宋］范晔《后汉书》第10册，中华书局点校本，1965年5月第1版，第2840页。参见［宋］李昉等《太平御览》卷七六九引《世本》记述，第4册，中华书局影印出版，1960年2月第1版，第3410页。参见［北魏］郦道元撰，王国维校《水经注校》，上海人民出版社1984年5月第1版，第1161页。
② 参见袁珂校注《山海经校注》（增补修订本），巴蜀书社1993年4月第1版，第514页。

结头饰，因而被称为"弩头虎子"。巴人使用的青铜剑、青铜矛上，常雕铸有双结的人像。①常璩《华阳国志·巴志》又说巴国"其属有濮、賨、苴、共、奴、獽、夷、蜑之蛮"。由此可知，除了廪君蛮，还有濮人与賨人等，都是巴国的重要部族。据文献记载，秦汉时期嘉陵江流域有善于射虎的板楯蛮，板楯蛮有罗、朴、昝、鄂、度、夕、龚七姓②，也是巴国的重要族群之一。巴国因为是由多个族群构成的国家，所以既有崇拜白虎的氏族，也有畏惧白虎和射杀白虎的部族。

特别值得注意的是，巴国的族群中还有以蛇为族徽或图腾的，文献中常见有"巴蛇"之称，就揭示了这种情形。譬如《山海经·海内南经》就有"巴蛇食象"之说，《楚辞·天问》曰："有蛇吞象，厥大何如？"《路史·后记》罗苹注云："所谓巴蛇，在江岳间。"③《山海经·海内经》也说："有巴遂山，……有黑蛇，青首，食象。"此外《山海经·北山经》《山海经·北次三经》等篇章中都有关于大蛇的记载。袁珂先生认为："《山海经》多称大蛇，均巴蛇之属也。"④这里面有几个关键问题需要思考和探讨，第一个问题是巴与蛇究竟是什么关系，第二个问题是蛇与象又是什么关系。

我们先说巴与蛇的关系，《山海经》中关于"巴蛇"的记载颇多，为什么将巴与蛇联系在一起？二者究竟是什么含义？确实是一个很有意思的问题。学者对此历来有不同的解释，有认为很可能是因为古代巴地蛇多，常见有蟒蛇出没的缘故，所以巴人对蛇就有了特殊的敬畏与崇

---

① 参见邓少琴《巴蜀史迹探索》，四川人民出版社1983年6月第1版，第48页。
② 参见［南朝·宋］范晔《后汉书》第10册，中华书局点校本，1965年5月第1版，第2842页。参见［晋］常璩撰，刘琳校注《华阳国志校注》，巴蜀书社1984年7月第1版，第37页。
③ 按《楚辞·天问》今本作"一蛇吞象"。郭璞注《山海经》引文作"有蛇吞象"，王逸注引作"灵蛇吞象"。参见袁珂校注《山海经校注》（增补修订本），巴蜀书社1993年4月第1版，第331—332页。
④ 参见袁珂校注《山海经校注》（增补修订本），巴蜀书社1993年4月第1版，第515—516、332页。

奉。上古时期，中国各个族群都流行对动物的崇尚，比如有的崇虎，有的崇鸟，有的崇鱼，有的崇熊，有的崇蛇，有的崇象，还有的部落或氏族则以其他动物作为族徽或标识。这些动物，有的与狩猎或捕鱼有关，有的与居住生存的环境（山林、平原或江湖沼泽）相关，还有的则与农业有着极为密切的关系。也有认为，巴国和蜀国都是栽种水稻的区域，崇蛇与稻作农业的关系非常密切，是长江流域和南方文化系统的特有现象。由此可见，巴人崇蛇不仅是生存环境使然，也与稻作农业有着密切关系。

其次是蛇与象的关系，大象是动物中的巨兽，在自然界中大象的体形比蛇类要庞大很多。《山海经》中说大蛇要吞食大象这样的巨兽，那是难以想象的，未免过度地夸张了，显然不合情理。《楚辞·天问》因此提出了疑问，所以世人对"食象"或"吞象"之说只能当作神话来看，或者视为纯属虚构的传说而已。但是，《山海经》中为什么要这样写呢？如果换一个方式思考，将蛇与象作为不同族群的标识，就比较容易理解了。可见《山海经》中说的"巴蛇食象"或"吞象"，不过是一种比喻或象征的说法。假如说蛇是古代巴人的标志，那么大象就是古代蜀人的象征了。

从巴与蜀的书写方式来看，也有如蛇似象的比较显著的特征。汉字讲究象形，"巴"字与蛇的形态就很相似，上面像是蛇首，下面像是弯曲的蛇身与蛇尾；而"蜀"与象的形态也非常逼近。《说文解字》说："巴，虫也，或曰食象它。象形，凡巴之属皆从巴。"所言"食象它"，也就是"食象蛇"。《说文解字》又说："蜀，葵中蚕也。从虫。上目象蜀头形。中象其身蜎蜎。"[①]过去通常认为，蜀与蚕的关系非常密切，古籍中就多有提及，例如《韩非子·说林下》就说："鳝似蛇，蚕似蠋，人见

---

① 参见［汉］许慎撰，［清］段玉裁注《说文解字注》，上海古籍出版社1988年2月第2版，第741、665页。

蛇则惊骇，见蠋则毛起。"陈奇猷解释曰："蠋，桑虫也。"①刘安《淮南子·说林训》也说："今鳝之与蛇，蚕之与蠋，状相类而爱憎异。"②有认为蠋是桑虫，与蚕相异，但都与蜀相关。也有将蠋写作蜀的，或认为蠋就是野蚕。任乃强先生就认为："蜀山氏居于何地，暂可不论。论蜀之为字，盖即原蚕之本称也。""故《淮南子》云：'蚕与蜀似而爱憎异。'其所云'蜀'，即原蚕，今云野蚕者是也。"又说："是故'蜀山氏'，即古人加于蚕丛氏之称也。其义皆谓最先创造养蚕法之氏族。"③任乃强先生的论述，当然是很有见地的一家之言。其实，古蜀先民不仅很早就养蚕了，与大象的关系也非常密切，三星堆与金沙遗址都出土有数量可观的象牙，就是很好的说明。三星堆青铜造像群中有象鼻的造型，大型青铜立人像双手献祭的可能是弯曲的象牙，就揭示了古代蜀人对大象的崇奉之情与特殊关系。故而《山海经》中说"巴蛇食象"，以此来形象地比喻巴蜀相争，对其含义就比较容易理解了。

巴与蜀地域相邻，民风习俗比较相近，在文化与经济上的往来一直比较密切。巴与蜀最大的共同之处是农业生产，都是以稻作农业为主。常璩《华阳国志·蜀志》说杜宇教民务农，使蜀国的经济变得非常繁荣，巴国也受到了很大的影响，"巴亦化其教而力务农，迄今巴、蜀民农时先祀杜主君"④，就是这种密切关系的一个最好例证。

我国的农业起源甚早，在原始社会长江流域就出现了稻作农业，黄河流域已出现了旱作农业。正是由于史前时期就形成了南北两种农业体系，从而促进和形成了南北文化体系发展的各自特色。对自然的认知，对祖先的传说，古蜀与中原都有各自的说法。譬如神话传说方面，中原

---

① 参见陈奇猷校注《韩非子集释》上册，上海人民出版社1974年7月第1版，第453页。
② 参见《二十二子》，上海古籍出版社1986年3月第1版，第1285页。
③ 参见［晋］常璩撰，任乃强校注《华阳国志校补图注》，附一《蚕丛考》，上海古籍出版社1987年10月第1版，第220页。
④ 参见［晋］常璩撰，刘琳校注《华阳国志校注》，巴蜀书社1984年7月第1版，第182页。

## 第五章 帝俊神话与南方稻作文化

黄河流域和北方地区崇尚的主神是黄帝，长江流域和南方地区崇尚的主神是帝俊。在中国的传世文献中，代表中原文化传统的一些古籍如《竹书纪年》《世本》，以及后来的《大戴礼记·五帝德》《史记·五帝本纪》《帝王世纪》等，都是以黄帝作为传说中心的。而代表南方文化传统的《山海经》中关于帝俊的记载，则构成了一个帝俊神话传说的体系。

根据传世文献中的有关记载，古代神话传说中的神农、后稷，都是推动农业发展的先驱。《周易·系辞下》中就有关于神农的记载，说"神农氏作，斫木为耜，揉木为耒，耒耨之利，以教天下。""神农氏没，黄帝、尧、舜氏作，通其变，使民不倦。"①古籍中又有神农"始作耒耜，教民耕种"的记述。②意思是说远古时代先民以渔猎为生，神农氏用木材制作农具，才开创了人类进入原始农业社会的新纪元。在汉代人的著述中，如刘安《淮南子·修务训》、班固《白虎通德论》等，也都记述有关于神农教民播种五谷的传说。而传说中的后稷，也因播种百谷、教民农耕，而被视为农事之创制发明者。如《山海经·大荒西经》就说："帝俊生后稷，稷降以百谷。"③这是古籍中关于农神与五谷起源最明确的记载了。后稷是各族心目中播种五谷的农神，而帝俊是后稷之父，可见帝俊与稻作文化的起源是有着密切关系的。

特别值得注意的是，农神后稷的活动区域主要是在长江上游，和古蜀有着非常密切的关系。从文献记载来看，古蜀国很早就已成为一个生产水稻的中心。成书于战国时期的《山海经·海内经》已有"西南黑水之间，有都广之野，后稷葬焉。爰有膏菽、膏稻、膏黍、膏稷，百谷自生，冬夏播琴"的记载。都广之野，通常是指长江上游的成都平原。文

---

① 参见《周易正义》卷八，[清]阮元校刻《十三经注疏》上册，中华书局影印出版，1980年9月第1版，第86页。
② 参见[汉]应劭撰，吴树平校释《风俗通义校释》，天津人民出版社1980年9月第1版，第11页。参见《风俗通义》卷一，《百子全书》下册，浙江古籍出版社1998年8月第1版，第1077页。
③ 参见袁珂校注《山海经校注》（增补修订本），巴蜀书社1993年4月第1版，第449页。

中的"都广",《艺文类聚》与《太平御览》等引用古本则作"广都",杨慎《山海经补注》解释为:"黑水广都,今之成都也。"袁珂先生认为:"衡以地望,庶几近之。"①后稷是公认的农神,而葬在都广之野,可见与古蜀的关系确实非同一般。《山海经·海内经》中还有"后稷是播百谷,稷之孙曰叔均,是始作牛耕"的记述,《山海经·大荒西经》也说:"帝俊生后稷,稷降以百谷。稷之弟曰台玺,生叔均。叔均是代其父及稷播百谷,始作耕。"②这些记述就透露了长江上游是最早栽种稻谷的地区,也是中国早期农业的发祥之地。据蒙文通先生考证,《山海经》中有很多篇章为蜀人所撰写,"我认为《海内经》这部分可能是出于古蜀国的作品"③,记述的古蜀国境内的事情应该是真实可信的。

秦汉以来的史书,对长江上游与西南夷地区的稻作农业也有较多记载。学术界通常认为,汉代所谓的西南夷,主要指巴、蜀之外的西南少数民族,在族属上包括夷、越、蛮三大系统。例如将氐羌系称为"夷",将百越系(包括濮或僚)称为"越",将南蛮系苗瑶语族称为"蛮"。古代巴蜀与西南夷,属于典型的多民族区域,生活习俗虽然各有特色,却又有较多的共性,最为显著的就是稻作文化了。《汉书·地理志》对此就有较多记述,说巴蜀"土地肥美……民食稻鱼",说"楚有江汉川泽山林之饶,江南地广,或刀耕水耨,民食稻鱼,以渔猎山伐为业",又说粤地近海"男子耕农,种禾稻苎麻,女子桑蚕织绩"。④由此可知在长江以南,包括百越与西南夷的广阔区域内,诸多民族都种植稻谷,衣食住行都与稻作文化有着千丝万缕的联系。

---

① 参见袁珂校注《山海经校注》(增补修订本),巴蜀书社1993年4月第1版,第505—506页。
② 参见袁珂校注《山海经校注》(增补修订本),巴蜀书社1993年4月第1版,第449—532页。
③ 参见蒙文通《巴蜀古史论述》,四川人民出版社1981年8月第1版,第168页。又见《蒙文通文集》第2卷《古族甄微》,巴蜀书社1993年4月第1版,第53页。
④ 参见[汉]班固《汉书》第6册,中华书局点校本,1962年6月第1版,第1645、1666、1670页。

## 第五章　帝俊神话与南方稻作文化

通过文献记载可知，古蜀国种植稻谷的历史非常悠久，考古发现对此也给予了充分印证。四川广汉三星堆遗址、成都金沙遗址、成都商业街船棺葬，以及新津宝墩古城等约十座新石器时代的古城遗址，充分揭示了古蜀文明的源远流长和灿烂辉煌，也说明了当时社会生活的繁荣，而这些一定是要以发达的经济状况为基础的。古蜀国能够成为夏商周时期长江上游的文明中心，与大量种植栽培稻很显然有着密切的关系，古蜀国的稻作农业很可能在当时已居于领先地位，从而为社会的发展与文化的繁荣提供了充裕的保障。《山海经·海内经》说都广之野生产的是"膏稻"，膏是肥沃与味美之意，可知这里很早就生产优良稻谷了。《山海经·西山经》还记述了当时的"神祠礼"，要"糈以稻米，白菅为席"，[1]说明了稻米不仅用来满足人们的日常之需，还用来敬献神灵，是举行祭祀等重大活动中的珍贵祭品。这也是古蜀国稻作文化很重要的一个特点，对长江流域和南方地区曾产生过广泛的影响。

古蜀国稻作文化还有一个很重要的特点，就是对龙、蛇的崇拜。（图079、080、081、082、083、084）《山海经》中就记载了奇异的烛龙、鸟身龙首神、人面龙身神等，还有许多关于乘两龙的记述，例如《山海经·海外南经》说："南方祝融，兽身人面，乘两龙。"《山海经·海外西经》说："大乐之野，夏后启于此儛九代，乘两龙。"又说："西方蓐收，左耳有蛇，乘两龙。"《山海经·海外东经》说："东方句芒，鸟身人面，乘两龙。"《山海经·海内北经》说："冰夷人面，乘两龙。"《山海经·大荒西经》说："西南海之外，赤水之南，流沙之西，有人珥两青蛇，乘两龙，名曰夏后开。"[2]在先民的心目中，龙是由多种动物拼凑起来的一个神奇角色，各种水族为主体是主要特征，如扬子鳄、蛇、龟、鱼等，都是长江流域和南方地区的动物。在一定意义上，也可以说龙的

---

[1] 参见袁珂校注《山海经校注》（增补修订本），巴蜀书社1993年4月第1版，第79页。
[2] 参见袁珂校注《山海经校注》（增补修订本），巴蜀书社1993年4月第1版，第249、353、273、314、369、473页。

图079 《山海经》中的人身龙首神 　　图080 《山海经》中人身而龙首的神计蒙 　　图081 《山海经》中龙身而人头的雷神

图082 《山海经》中乘两龙的东方句芒 　　图083 《山海经》中乘两龙的南方祝融 　　图084 《山海经》中乘两龙的西方蓐收

崇拜是随着稻作文化由南而北的传播而形成的，并在传播中被赋予了更为丰富的内涵。后来随着南北文化的交流融合，龙的影响不断扩大，也就成了长江流域和黄河流域炎黄各族的共同崇拜象征。

值得注意的是，《山海经》中还有很多关于蛇的记载。《山海经·海外东经》就有"食稻啖蛇""食稻使蛇"等记述，《山海经·北山经》还有"其神皆人面蛇身"等说法，这些记述中既有常见之蛇，也有神化了

图085 《山海经》中的弇兹践蛇　　图086 《山海经》中左右手操蛇的怪神　　图087 《山海经》中的禺强践蛇

的或作为图腾象征的蛇。如《山海经·北山经》说:"其神皆人面蛇身。"《山海经·中山经》说有"怪神,状如人而载蛇,左右手操蛇"。《山海经·海外西经》说:"巫咸国在女丑北,右手操青蛇,左手操赤蛇,在登葆山,群巫所从上下也。"又说:"轩辕之国……人面蛇身。"《山海经·海外北经》则说:"钟山之神……人面,蛇身。"又说:"北方禺强,人面鸟身,珥两青蛇,践两青蛇。"《山海经·海外东经》又有"两手各操一蛇,左耳有青蛇,右耳有赤蛇"的记载。在《大荒南经》《大荒西经》《大荒北经》等篇章中也有"有神人面鸟身,珥两青蛇,践两赤蛇"的记录。[1]凡此等等,都是极为重要的研究资料。(图085、086、087)

有学者认为,长江流域稻作地带的先民自古就存在蛇崇拜,这一古老的现象可能远早于龙在南方地区的出现。譬如何星亮先生就认为:"龙是蛇图腾的神化,是在蛇的基形上形成的。"[2]对蛇的敬畏崇拜在世界上其他古老文明区域也是一种常见的现象,中国古代对蛇的崇拜的最

---

[1] 参见袁珂校注《山海经校注》(增补修订本),巴蜀书社1993年4月第1版,第95、94、119、148、216、263、266、277、295、306、311、426、459、485页。
[2] 参见何星亮《中国图腾文化》,中国社会科学出版社1992年11月第1版,第383页。

大的特点就是对蛇的神化，崇尚的极致便是将蛇演变成了龙。"随着时间的推移，尽管龙的地位大有'后来居上'之势，但是蛇仍然不失为一种令人敬畏的神物。"[1]例如《山海经》中既有许多"乘龙"之说，又有大量"践蛇"的记述，反映的便是龙蛇信仰并存的现象。在四川广汉三星堆出土的众多珍贵文物之中，就有青铜柱形器上长有羊的弯角和胡须作昂首啸吼状的神龙，有铜龙头形饰件以及青铜龙虎尊上以高浮雕铸成的游龙，还有青铜神树上姿态矫健的神龙，大型青铜立人像身着龙纹左衽长襟衣等，就反映了古代蜀人对龙的崇拜。三星堆二号坑还出土有多件残断的铜蛇，蛇头宽大上昂，背上有镂空的刀形羽翅，同时出土的还有盘曲状的蛇形器，上有黑彩绘成的纹饰。[2]成都金沙遗址亦出土有多件石盘蛇。这些出土资料，则揭示了古代蜀人对蛇的崇奉观念。（图088、089、090）

图088　三星堆一号坑出土青铜爬龙柱形器

图089　金沙遗址出土的石盘蛇

将考古发现与文献记载结合起来看，《山海经·海内经》说黑水、青水之间的若木附近"有灵山，有赤蛇在木上"，《山海经·海内南经》也说："有木，其状如牛，引之有皮，若缨，黄蛇。

---

[1] 参见芮传明、余太山《中西纹饰比较》，上海古籍出版社1995年11月第1版，第198页。
[2] 参见四川省文物考古研究所编《三星堆祭祀坑》，文物出版社1999年4月第1版，第325页、第326—331页图一七八、图一七九、图版一二三、图版一二四、图版一二五。

图090　三星堆二号坑出土的铜蛇

其叶如罗，其实如栾，其木若蓲，其名曰建木。"① 《淮南子·墬形训》说："建木在都广，众帝所自上下，日中无景，呼而无响，盖天地之中也。"② 都广就是成都平原，是古蜀蚕丛、鱼凫、柏灌、杜宇、开明王朝的建都立国之地。《山海经》中所说的赤蛇与黄蛇皆是神奇之物，或者就是神龙的化身。我们由此可知，古蜀先民对龙与蛇的崇拜往往是联系在一起的。

图091　三星堆一号坑出土的金虎

图092　三星堆遗址出土的青铜虎，遍体嵌饰有绿松石

古代巴人和古蜀先民的关系非常密切，在农业生产方面都是以栽种水稻为主，在崇尚与观念方面也是相互渗透、相互影响。古代巴人崇虎、崇蛇，将虎与蛇作为族群的标识；古蜀先民崇鸟，崇拜龙、蛇，对虎也有敬崇之心。三星堆出土有金虎，金沙遗址出土有石虎，就说明了巴人崇敬白虎的习俗已渗透到了蜀地。（图091、092、093、094）这种对虎的崇尚，在巴、蜀地区出土的青铜兵器上也有充分的

图093　金沙遗址出土的石虎之一

图094　金沙遗址出土的石虎之二

---

① 参见袁珂校注《山海经校注》（增补修订本），巴蜀书社1993年4月第1版，第508、329页。
② 参见《二十二子》，上海古籍出版社1986年3月第1版，第1221页。

图095　成都百花潭中学出土的虎纹铜戈

图096　郫都区独柏树出土的铜戈，上有虎纹与巴蜀图语及铭文

反映。（图095、096）这些都说明了巴、蜀在文化上的密切关系，可谓你中有我、我中有你，相互的渗透与影响由来已久，在很多方面已浑然交融，在一定意义上也可以说已经很难分开了。特别是崇蛇的观念，巴与蜀也是相似的，区别在于蜀人崇拜龙、蛇，而巴人崇蛇更为强烈，把蛇作为了巴人族群中的一种象征。这也说明了巴与蜀在区域文化特色方面，既有很多的相同之处，又有一些不同的个性特点。

　　关于大象，从文献记载与考古发现来看，早在商周时期的黄河流域和长江流域曾有象群活动。商周时期长江流域和四川盆地境内，气候比黄河流域和中原地区湿润温暖，土壤肥沃，林木茂盛，河流纵横，湖泊众多，而且有大量的湿地，更适宜鸟兽和大型动物生存，很可能曾是亚洲象群的重要栖息出没之地。那个时候，大象曾是这些地区的人非常熟悉的一种动物，而且人与象之间有着非常亲和的关系。三星堆二号坑出土的兽首冠青铜人像，那夸张而奇异的冠顶装饰物，就活脱儿是卷曲象鼻的写照。二号坑出土的青铜纵目人面像，鼻梁上方高竖的卷云纹装饰也使人油然联想到卷曲的象鼻，是一种充满了想象力的象征表现手法。还有彭州濛阳镇竹瓦街出土的商周窖藏青铜器中，双耳为长鼻形立体象头的铜罍，其象头和长鼻以及突出的象牙，堪称是对真实大象栩栩如生的模拟。这些都说明了古代蜀人对大象形态的熟悉，只有经常和大象接触才会达到如此熟悉的程度，应是蜀地产象的见证。尤其值得注意的是，在三星堆一号坑出土的大量烧骨碎渣中，经初步鉴定，有猪、羊、牛的肢骨和头骨，还有被火烧过的象的门齿、臼齿等。[①]这些烧骨碎渣中的象的门齿与臼齿，显然也透露了蜀地产象的信息。还有三星堆曾出土有相当数量的象牙，其中一号坑出土象牙13根；二号坑出土象牙67根，一般长80—100米；经鉴定这些象牙均属于亚洲象种。在成都金沙遗址也出土了大量的象牙，数目比三星堆更为庞大。经学者研究，三星堆与金沙遗址出土的大量象牙显然并非来自遥远的异域，很可能就是古蜀本地所产，也可能是从栖息于长江流域的象群中获取的。这些出土资料也告诉我们，古代蜀人与大象应该是和谐相处，关系比较密切，也可能有驯象或饲养象群之类的情况。古人将大象视为蜀的象征，也就合乎情理了。将"巴蛇食象"比喻为巴蜀相争，也说明蜀国比巴国强大，但巴国不甘示弱，有"吞象"之心，或者以此来表达巴人的强悍与自信。可知《山海经》中的记述，确实很生动也很有趣，有着丰富的含义。

巴与蜀是友好邻邦，古人常将巴蜀连称，可见二者关系非同一般。常璩《华阳国志·巴志》就记述，在大禹治水、划分九州的时候，就"命州巴、蜀，以属梁州"，后来大禹"会诸侯于会稽，执玉帛者万国，巴、蜀往焉"。又说："周武王伐纣，实得巴、蜀之师。"[②]这些记载说明，巴蜀在先秦时期关系是比较密切的，属于同一战线的同盟国关系，所以常常一起参加很多重要的政治军事行动。郑樵《通志·氏族略》引盛弘之《荆州记》说："昔蜀王栾君王巴蜀，王见廪君兵强，结好饮宴，以税氏五十人遗廪君。"[③]这也说明巴与蜀的同盟友好关系，可谓由来已久。联盟带来的好处，是使双方都获得了壮大。

---

① 参见四川省文物考古研究所编《三星堆祭祀坑》，文物出版社1999年4月第1版，第22、150页。
② 参见[晋]常璩撰，刘琳校注《华阳国志校注》，巴蜀书社1984年7月第1版，第20、21页。
③ 参见[宋]郑樵《通志二十略》上册，中华书局点校本，1995年11月第1版，第197页。又参见蒙文通《巴蜀古史论述》，四川人民出版社1981年8月第1版，第29页。

在经济方面，巴、蜀也相互依赖，互相促进，同样具有十分密切的关系。例如早期的盐业开发，在蜀地与巴地都很兴旺。在水陆交通与贸易上，水陆两途都是巴、蜀双方所充分利用的。长江上游与中下游的舟船往来，秦陇与巴蜀之间的栈道通商，南丝路上的远程贸易，都是古代巴、蜀共享和互利的行为方式。还有巴、蜀地区的工商业，也是关系密切，互利互惠，传统悠久。这对促进巴、蜀文化与经济的兴旺，对加强巴、蜀之间的密切关系，也起到了不可忽视的重要作用。

巴与蜀关系密切，但也常闹矛盾，有时候还要发生战争。《山海经·海内南经》中所言"巴蛇食象"，就透露了巴、蜀之间复杂的关系，曾发生过战争。从文献记载看，在开明王朝向东拓展疆域的时候，曾越过嘉陵江，征服了巴人的许多地方。蜀王鳖灵曾率军征服了嘉陵江以东的大片地区，并占领了阆中。例如《太平寰宇记》卷八十六记载阆中有仙穴山，《周地图记》说："昔蜀王鳖灵帝登此，因名灵山。"[①]《舆地纪胜》卷一百八十五也说："鳖令庙，灵山一名仙穴，在阆中之东十余里宋江上，有古蚕丛帝开明氏鳖令庙存焉。"[②]在巴、蜀相争的过程中，双方发生了多次战争，常璩《华阳国志·巴志》就有"巴、蜀世战争"的记载。[③]《太平寰宇记》卷七十二又有"蜀王据有巴、蜀之地"的记述[④]，指的就是开明王朝东扩的结果。可见蜀国比较强势，巴国处于弱势地位，难以抵挡蜀国的进攻，被蜀国攻取了不少地方。蜀王占领的应该是巴国的部分地区，而并非巴国全部领土。据《史记·楚世家》与《六国年表·楚表》记载，开明王朝还曾出兵伐楚，攻取了楚的兹方（今湖北松滋），势力到达了鄂西的清江流域。《方舆胜览》与《太平

---

① 参见［宋］乐史撰，王文楚等点校《太平寰宇记》，中华书局2007年11月第1版，第1714页。
② 参见［宋］王象之《舆地纪胜》，中华书局影印出版，1992年10月第1版，第4769页。
③ 参见［晋］常璩撰，刘琳校注《华阳国志校注》，巴蜀书社1984年7月第1版，第32页。
④ 参见［宋］乐史撰，王文楚等点校《太平寰宇记》卷七二引《蜀本纪》，中华书局2007年11月第1版，第1463页。

寰宇记》中也有相关记述，徐中舒先生认为，有些史料"虽出自传说，但清江原为蜀地，则为不可否认的事实"[①]。蜀国通过征战占领的有些地方，后来又被巴国夺了回去。譬如巴国夺回曾被蜀国占领的阆中，重新占据嘉陵江以东地区，并在阆中建立了都城，就是例证。史籍中还有"昔巴、蜀争界，久而不决""巴、蜀常相战争"的记述[②]。说明巴、蜀之间在疆域方面的相互争夺由来已久，成为两国矛盾的主要根源。到开明王朝十二世的时候，巴、蜀的关系依然紧张，矛盾已有扩大与加剧的趋势，双方已处于敌对状态。常璩《华阳国志》就记述了开明王朝后期巴与蜀开战的情形，《华阳国志·巴志》说："蜀王弟苴侯私亲于巴，巴、蜀世战争。周慎王五年，蜀王伐苴侯，苴侯奔巴，巴为求救于秦。"《华阳国志·蜀志》说："蜀王别封弟葭萌于汉中，号苴侯，命其邑曰葭萌焉。苴侯与巴王为好，巴与蜀仇，故蜀王怒，伐苴侯。苴侯奔巴，求救于秦。"[③]开明王朝末代蜀王因为弟弟苴侯私下与巴王为好，对此大为恼怒而出兵攻巴，发动了一场极不明智的战争，很显然是个错误；苴侯和巴王向秦国求援，也是严重失策。秦惠王利用了这个机会，派司马错率领秦军伐蜀，很快就攻取了蜀国与巴国。

秦并巴蜀之后，打破了巴蜀之间的疆域隔阂，将蜀国和巴国都纳入了秦朝统一的版图和行政管理。巴、蜀地区由于物产丰富，从而为秦朝统一天下提供了充裕的人力资源与物质基础。秦朝曾采取了很多重要措施，以加强对巴蜀的统治，譬如修建城市，划分郡县，鼓励商贸，并通过大量移民，将北方和中原的很多东西输入了巴蜀地区，促使并加快了巴蜀区域文明与华夏文明的融合。巴蜀文化由此进入了新的历史时期，

---

[①] 参见徐中舒《论巴蜀文化》，四川人民出版社1982年4月第1版，第99页。
[②] 参见［宋］乐史撰，王文楚等点校《太平寰宇记》卷一三六引李膺《益州记》，中华书局2007年11月第1版，第2657、2659页。参见蒙文通《巴蜀古史论述》，四川人民出版社1981年8月第1版，第24页。
[③] 参见［晋］常璩撰，刘琳校注《华阳国志校注》，巴蜀书社1984年7月第1版，第32、191页。

既保留了原先巴蜀民俗民风传统中的精粹，也吸纳和融入了许多新的因素，在文化教育与商贸科技发展等诸多方面都增添了新的内涵，因此而活力更加充沛，更为兴旺而富有魅力。自秦朝以来这种统一格局下的行政管理，以及文化、经济方面的创新融合，有利于巴蜀地区的经济繁荣与社会发展，也更加密切了成渝两地的关系。

总而言之，巴蜀文化刚柔相济，文武兼备，融合发展，自古以来在巴蜀地区的发展历程中谱写了绚丽多彩的篇章。

## 四、石跪人像与祭祀活动

《山海经》中有"女丑之尸"或"黄姬之尸"的记述，讲的究竟是什么传说故事？古代蜀人为什么要雕造石跪人像，难道有什么神秘的含义？两者之间有何关联？这也是很有意思的问题，值得我们去深入了解和探讨。

在金沙遗址出土的大量珍贵文物中，石雕人像可谓是古代蜀人在人物造型艺术方面的又一杰作，也是成都平原商周时期石质遗物中最重要的考古发现。清理出土的石质人物雕像共有8件，加上后来发掘出土的已达十余件，其娴熟简朴的雕刻技艺和独特神秘的造型风格，大有令人耳目一新之感。

金沙遗址这些石人独具特色的姿势，以及与众不同的形态神情，出土后便引起了学者的种种猜测。比如有的考古工作者认为它们表现的是当时社会的下层，或认为它们应属于四川盆地内地位低下的族群，还有认为它们可能是来自异族的人物，是战争的俘虏或奴隶的形象，等等。[1]关于它们的造型所代表的真实身份，可能并非如此简单。它们所蕴含的

---

[1] 参见成都市文物考古研究所、北京大学考古文博院《金沙淘珍》，文物出版社2002年4月第1版，第166、176、181页。参见孙华、苏荣誉《神秘的王国》，巴蜀书社2003年1月第1版，第201、222页。

神秘内涵，更是令人费解，可能与一般想象的解释并不完全一样。那么，古代蜀人花费大量的时间精力和心血去雕造的这些石人，究竟是出于什么动机？在这些石质人物造型身上赋予了什么象征含义？在金沙遗址古蜀族举行的祭祀活动中，它们又扮演的是什么角色呢？这些都是引人思索的有趣问题，需要我们做一些深入的探讨来弄清它们。

金沙遗址古蜀族采用石头雕琢而成的这些圆雕人物造像，均为跪坐姿势。它们的形态无一例外皆为裸体，跪姿一律都是双膝着地，臀部端坐于脚跟之上，赤足不穿鞋袜。这种一丝不挂的形体，显得大胆而又坦荡，在造型上展示出一种神秘的寓意和独特的风格，可以说是古蜀族能工巧匠富于创意和想象力的圆雕石质人像杰作。值得注意的是，它们的双手都交叉背于身后，腕部被绳索反缚，有的被绳索缠绕了两道或数道，手掌皆向下摊开手指并拢贴于臀后。这种姿势非常耐人寻味，很可能具有非同寻常的含义。这些石跪人像的发型也颇为奇特，它们头顶上好似顶着一片特制的瓦，由低凹的中间向两边翘起的形状又很像是一本打开的书。有学者认为这是一种中分的发式，准确地说它们的头发是从头顶向两侧分开并微微上翘，至前额和脑后又微微内束，总之发式非常奇异。它们的前额及双鬓皆不留头发，脑后则采用线刻的方式表现出拖垂的长辫，长辫为四索双股并列下垂，直至后腰，长辫的下端被反缚的双手遮住。长辫表现在人物雕像脑后是典型的古蜀传统，三星堆出土的众多青铜人头像与立人像都是如此，金沙遗址铜立人像也是这样，石跪人像也同样展示了这一鲜明的古蜀特色。不过也有例外，其中有两件石跪人像脑后就没有线刻的长辫，仔细观察可能并非有意如此，也许是因为将石人雕琢成形后尚未作进一步加工和刻画，或者是由于年代久远而刻画较浅已漫漶不清。这两件石跪人像有些部位雕琢较为粗糙，仅具轮廓，据此推测前一种可能性较大。

从美术考古的角度来看，这些石跪人像在造型艺术上展现出一种简洁朴实、粗犷豪放的风格，与三星堆青铜雕像群相比，无论是形态或姿势以及华丽精美的装饰特色都有很多不同。在材料的选用和审美情趣方面，也各有差异，别具匠心。古蜀族在雕造这些石人时，采用了圆雕与线刻相结合的手法，在造型上达到了简练逼真的效果，在艺术风格方面既有写实又有夸张，给人以生动传神之感。在脸部形态上，它们大都颧骨高凸，鼻高额宽，眉弓突出，杏状大眼圆睁，眼珠与瞳仁刻画成向前方瞪视状，双耳较大，耳垂凿有穿孔，脸部下边则较为瘦削，脸颊略呈内凹，嘴巴或抿或张，有的嘴唇和耳朵上尚残留有涂抹的朱砂痕迹。特别值得注意的是这些石跪人像的表情神态，无一例外都是一副承受痛苦的样子，充满了悲壮的意味，同时又交织着静默、企盼、祈祷、等待，或苦闷与惊讶等一些微妙的神情变化。这反映了雕造者对当时人物表情的细致观察与巧妙把握，而且具有娴熟的雕琢创作技巧，在造型艺术上达到了较高的水平。这些石雕人物的表情神态，同金沙遗址铜立人像的肃穆神秘状，可能都表达着某种寓意，有着很丰富的含义。石人嘴唇与耳朵等处涂抹的朱砂痕迹，可能是古蜀族举行祭祀活动时所为，涂抹朱砂是否有增强灵异或厌胜的作用？或许是古蜀族的一种特定的礼仪习俗？三星堆二号坑出土的青铜面具和青铜人头像也有口唇涂朱的现象[①]，说明这种做法可能都是为了同样的目的，应与古蜀族和古蜀王国的祭祀与巫术有关。

在金沙遗址发现之前，成都平原其他古遗址内也曾发掘出土有商周时期的石质人物造型像，但数量很少。根据公布的考古资料，首先是在三星堆遗址范围内，曾出土有两件石跪人像，可惜头部皆已损坏，形态表情不详，身躯的刻纹也已漫漶不清，但双手反缚的跪姿仍依稀可辨，有学者称之为石雕奴隶像，认为"遗址中发现的两个双手反缚的石雕奴

---

[①] 参见四川省文物考古研究所编《三星堆祭祀坑》，文物出版社1999年4月第1版，第188、190、174、178页。

隶像说明了在这个时期奴隶制的存在"。①还有学者称为"砍头的人牲石像"。②

其次是1983年在成都方池街遗址出土了一件石跪人像（图097），据介绍是"在遗址早期地层的上面，发现一个青石雕刻的人像，高约0.5米，双脚下跪，双手被缚"。③后来又介绍说："这个石人高50公分，头发向左右两披，双手反缚，头部较大，脸部雕刻粗犷有力，只刻出眼、鼻的大体轮廓。"④有学者分析认为，方池街出土的"这件石雕像，面部粗犷，颧高额突，双耳直立，尖下巴，高鼻梁，瘦长的脸上横着一张大嘴，头发由中间分开向左右披下，由于身上无衣纹饰样，从其特征上看，可能

图097 成都方池街遗址出土的石跪人像

为一青年男性"。"方池街石人，神态严肃悲恸，赤身裸体（没有衣纹饰样），双手于背后作捆缚状，双腿弯曲下跪于地，从它所表现的形象来看，不像是作为祭祀对象……是作为祭品——'人祭'的代用品，其表现的当是受人宰割的羌人奴隶形象。"并认为，"蜀与羌在当时都是较强大的部落，而且相互为邻，双方之间很难不发生关系，战争也是不可避免的。因此，古代蜀人将羌人形象的'石俑'代替人牲作为祭品是很可能的"⑤。或认为古老的氐羌是蜀族的祖先，"这件石雕人像正是表现了

---

① 参见陈显丹《广汉三星堆遗址发掘概况、初步分期——兼论"早蜀文化"的特征及其发展》，《南方民族考古》第2辑，四川科学技术出版社1990年2月第1版，第223页。
② 参见林向《巴蜀文化新论》，成都出版社1995年10月第1版，第14页。
③ 参见徐鹏章《我市方池街发现古文化遗址》，《成都文物》1984年第2期，第91页。
④ 参见王毅、徐鹏章《方池街古文化遗址的出土文物》，《成都文物》1999年第2期，第46页。
⑤ 参见吴怡《成都方池街出土石雕人像及相关问题》，《四川文物》1988年第6期，第19—21页。

蜀族先民的形象"①。也有学者不同意这种推测看法,认为:"根据文献记载,羌人是披发覆面而不是辫发,将这类石人像的族属判定为羌人,其证据还不足。"②

现在来看,当时三星堆遗址和成都方池街遗址出土的石人雕像,由于残损严重数量甚少,使学者们的研究分析受到了很大的局限,因而推测看法还停留在相对比较浅显的层面上。金沙遗址8件石跪人像的出土,对这方面的研究无疑提供了极其重要而丰富的实物资料,使我们可以对此做更深入的探讨。

这些商周时期的古蜀石质人物造像的出土,已引起学术界浓厚的兴趣和广泛的关注。将它们与先前出土的几件石人像联系起来看,可知都是同一文化类型遗存。在雕造使用年代上,它们都属于商周时期。在形态特征与造型风格上,它们都非常相似。特别是方池街遗址出土的一件,无论是赤裸的形体、反缚的双手、双腿弯曲跪坐于地的姿势,还是由中间向两边分开的发式、颧高额突与大耳阔嘴以及瘦长的脸形,或是做严肃悲恸状的表情神态,都与金沙遗址石跪人像一脉相承高度一致。在四川之外其他地区多年来进行的大量考古发掘中,迄今尚未见有类似的发现。这说明这些石跪人像显然是具有典型的时代性和浓郁的地域文化特征的古蜀遗物。它们主要分布在成都平原上规模较大的一些商周时期的古遗址中,应是古蜀王国中一些较大的氏族或部族为了某种祭祀目的而特意雕制的。这些出土实物还透露出,采用石材雕造这类有着特殊寓意的石跪人像,可能是商周时期的古蜀族和古蜀王国的一种特殊祭祀方式,也可能反映了当时盛行的影响较大的一种社会习俗。可以肯定的是,古代蜀人雕造这些石质人物,绝非像现代人生产工艺品那样出于赏玩的目的。这些石人像特征风格已充分说明雕造者虔诚的态度与耗费的

---

① 参见吴怡《成都方池街出土的石人初探》,《成都文物》1985年第1期,第49页。
② 参见唐飞、孙华《石跪人像三》,《金沙淘珍》,文物出版社2002年4月第1版,第176页。

心力，他们并不追求视觉上的愉悦，却刻意表现一种浓烈的悲剧性的力量。总之，给人以深刻印象的这些石质人物造像，提供给我们的并不是一些简单的信息，而有着极其丰富的含义。

考古工作者对金沙遗址石跪人像进行出土清理时，根据它们的造型特点，认为大致可分为A、B、C三种类型。其中A型的形体较为瘦小，上身微向前倾，五官雕刻得比较粗略，高约17厘米。B型的体形适中，上身亦微向前倾，高约21厘米。C型的体形较高，上身较直略显得有点扁平，肩部较宽，人体有的部位较为夸张，高21~27厘米。[1]如果从雕刻技艺和造型风格来看，属于B型与C型的石跪人像雕刻较为细致精美，采用线刻表现的眼睛与发辫等处显得清晰流畅，做过耳垂钻孔和整体磨光加工，体表圆润，涂抹于嘴唇、眼眶、耳朵等处的朱砂痕迹仍明显可见，可谓是金沙遗址出土古蜀族石质人物造像中的精心之作。比较而言，属于A型的石跪人像则雕刻得较为粗糙，身体造型已大致成形，但脸部五官仅显出轮廓，神态朦胧表情模糊，因未雕出眼睛，眼眶与瞳孔采用朱、白两色颜料描绘而成，脑后的发辫也未刻出，体表也未打磨，给人的感觉好像姗姗而来只雕刻出了粗略形态，尚未做细致加工。根据这些明显的差异来推测分析，其中的A型石跪人像很可能是金沙遗址古蜀族早期的粗犷之作，B型与C型石跪人像则可能是古蜀族积累了丰富的雕刻经验之后的石雕人物作品。从雕琢工艺的角度看，除了技巧方面的原因，花费的时间功夫也明显不同，A型石跪人像雕刻时可能比较急迫和草率，B型和C型石跪人像雕刻时比较从容细致，从而形成了两种不同的艺术效果。这与古蜀族必须雕造这类石跪人像来举行某种祭祀活动的急需程度是否有关呢？这些尽管都是分析推测，但可以活跃思路，对我们的深入探讨应该是有好处的。

---

[1] 参见王方、朱章义、张擎《金沙遗址出土石器》，《金沙淘珍》，文物出版社2002年4月第1版，第164页。

图098　金沙遗址出土石雕人像之一

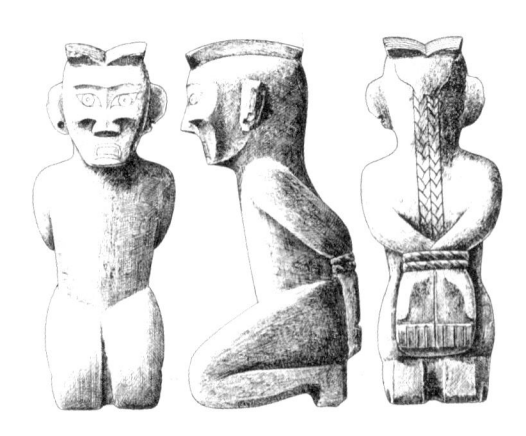

图099　金沙遗址出土石雕人像之一线描图

现在让我们来看看已经公布的其中一些精美之作。

先看第一件（图098、099），按照考古工作人员的编号为2001CQJC:716，在金沙遗址清理出土的十余件石雕人物造像中是雕刻细致和保存最为完整的一件。这件石跪人像通高21.72厘米、重2117克。古蜀族的雕造者充分采用了雕琢、磨光、钻孔、线刻等手法，对石跪人像的形态造型从整体上到细微处都做了生动逼真的表现，并在脸部的某些部位施加了彩绘，涂抹了朱砂。[①]有些部位较为夸张和简略，展示出一种别具匠心的粗犷风格。特别是其线刻的双眼、睁大的瞳仁、嘴角下垂唇部涂朱的方形大口、耸出的颧骨、内凹的脸颊、高挺的鼻梁、竖起的大圆耳朵和钻孔的耳垂、奇异的梳理整齐的双分发式、脑后下垂的大辫和反缚的双手，以及腰板挺直、平胸圆肩、微向前倾、双膝着地的跪坐姿势，都给人以栩栩如生之感。这件石雕人像选用的石材为蛇纹石化橄榄岩，由于该岩内含有大量分散的粉粒磁铁矿石及方解石的缘故，因而石像的表面有一些被侵蚀后形成的黄褐色斑痕。脸部人为的彩绘和涂抹的朱砂，和

---

① 参见唐飞、孙华《石跪人像三》，《金沙淘珍》，文物出版社2002年4月第1版，第176—178页文与图。

这些自然形成的斑痕互为衬托，更增添了这件石跪人像的古朴和神秘，在我们观察的时候能够油然体会到一种年代久远的情趣与韵味。从形态造型的风格特征来看，这件石跪人像应为男性裸体双手反缚跪坐姿势。其神态表情做严肃苦涩与惊讶状，双眼圆睁目视前方与嘴角下垂方口大张的样子，似乎又含有一种悲壮、愤慨、期盼和祈祷的复杂意味。身后被两道绳索捆绑住的双手显得分外夸张，可能是有意为之，以突出其双手反缚所表达的某种寓意。其双膝下面与跪坐于地的脚趾都做了磨平处理，可以平稳放置，说明古蜀族雕造这件石跪人像是供摆放使用的。很可能是用于专门的祭祀活动，或者是作为古蜀族宗庙与神庙中的供奉物，从视觉效果推测或许有木质的祭台或神坛供作摆放。

第二件金沙遗址出土的石跪人像（图100、101），考古人员编号为2001CQJC:717，高21.5厘米，重1951克，也是一件雕刻细致传神的精美之作。古蜀族精心雕造的这件石人像，同样采用了圆雕与线刻相结合的方法，展现了简练而娴熟的雕刻技艺，形象体态显得丰满稳重而又均衡对称，给人以生动逼真之感。无论是特征风格，或是表现技巧，都洋溢着鲜明的古蜀特色。这件石雕人像选用的石材也是蛇纹石化橄榄岩，因为石内含有大量分散的粉粒状磁铁矿石与方解石，故而使外表被侵蚀后呈现

图100　精美传神的金沙遗址石雕人像之二　　图101　金沙遗址出土石雕人像之二线描图

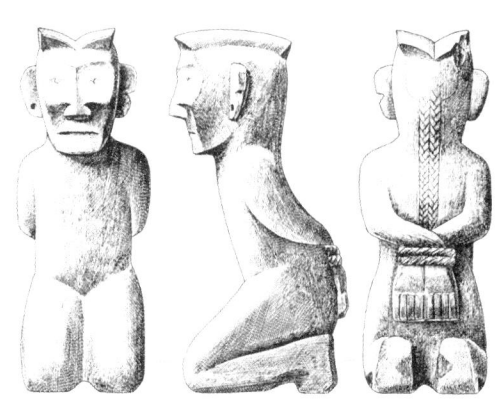

出有褐色状斑纹与黑色条纹和白色划纹，为石像增添了一种天然的韵味。此外，由于年代久远石质风化，石像身上出现了细小裂缝。在形态造型方面，这件石像亦着重表现了奇异的发式和双手反缚跪坐于地的姿势，双眼圆睁直视前方，脸部棱角分明，颧骨凸起面颊深凹，鼻梁高直阔嘴紧抿，神态肃穆表情凝重，并同样意味深长地交织着悲壮、苦涩、期盼等微妙变化。特别值得注意的是，古蜀族的能工巧匠在雕造这件石跪人像时巧妙地运用了彩绘，来宣泄和增强对人物形态的表现，并突出其神态表情方面的效果。最显眼的便是紧抿的阔嘴上涂抹的朱砂，在经历了数千年的湮没之后，清理出土时仍鲜艳如新。在竖起的招风式的双耳上，也残存有朱砂。石人像的眼睛则采用彩绘形式描画而成，其外眼眶为黑色线条，充分利用了石材本身的肌理效果，而眼睑则涂以朱彩，眼仁描成白色，瞳仁也非常巧妙地利用了石质纹理，起到了层次分明生动传神的作用。在考古发现提供的出土实物资料中，这是非常值得重视的现象，充分说明了商周时期的古代蜀人对彩绘形式的熟练掌握和巧妙运用，可谓情有独钟造诣非凡，同时也反映了古代蜀人独特的审美意识，透露了当时祭祀活动与社会习俗中的一些真实情形。彩绘其实并不仅仅是一种美术手法，或是一种简单的艺术情趣，从一定意义上说也是原始神秘宗教观念的体现，其中寓含着相当丰富的内涵。另一个值得注意的是这件石跪人像反缚于身后的双手，其并列的双手夸张地各琢出了四个粗壮的手指，不见大拇指，掌心向内紧贴臀部。而前面介绍的第一件（编号为2001CQJC:716）石跪人像反缚的双手则掌心向外，并列贴于臀部，各刻出了拇指和蜷曲的四指。这种形态上的差别，也颇耐人寻味，说明雕造者并不固守一种模式，而有灵活的创意和丰富多样的表现形式。

　　第三件编号为2001CQJC:166的石跪人像（图102、103），高17.4厘米，重1148克，由浅灰黑色的大理岩雕刻而成，石质中有较多的白色条状斑纹，出土时一些部分有残损，头部与身体已断开，经拼接复原。这件石跪人像在形态造型上，同样具有颧骨高耸、脸部瘦削、发式两分、

图102 未作细致雕琢的金沙遗址石雕人像之三

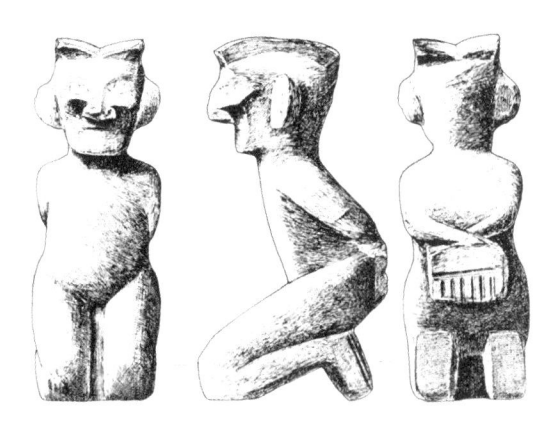

图103 金沙遗址出土石雕人像之三线描图

身子前倾、目视前方、表情严肃、神态悲壮的特点。雕造者同样采用了圆雕、线刻、打磨、涂描等手法，但在这件石跪人像的细部表现方面特别是面部五官和反缚于身后的双手则较为粗糙。体态与其他石跪人像相比略小一些，手与脚也较细。这件石跪人像鼻梁以上部位未作细致雕琢，背后交叉的双手和捆绑在手上的绳索仅具轮廓，雕刻出的手指为七个，身后不见刻画的发辫。这种制作粗糙、雕凿不细状况，与前面介绍的两件精美之作显示出较大的差异。可能是已经雕凿成形，但尚未作细致加工。推测其原因，也许是当时需用甚急，来不及精雕细刻；或者是早期的一种雕造风格，制作者在雕琢面部五官等细部经验不足，手法较为粗疏；其次也不排除制作者有意为之的可能，因为石跪人像身部已经过打磨，而五官与双手则较为模糊。值得注意的是这件石跪人像用阴线刻出的嘴上被填涂了朱砂，并用朱砂涂目，表明这件石跪人像已被用于古蜀族的某种祭祀活动之中，或已作为宗庙或神庙中的供奉。

第四件编号为2001CQJC:159的石跪人像（图104、105），高17.8厘米，重1366克，采用蛇纹岩青石雕刻而成。这类质地的青石在成都平原西部的彭州境内较多，采集也较为方便，古代蜀人使用的石材有可能就采于此地。这件石跪人像的胸部和双腿处有大量的酱黄色沁斑，出土时

图104　风格粗犷的金沙遗址石雕人像之四

图105　金沙遗址出土石雕人像之四线描图

已残断，经过拼接复原。在造型风格上同样具有脸部瘦削、颧骨突出、发式中分、目视前方、神情肃穆悲壮的特点。其形态与第三件相似，雕刻也较为粗糙，特别是鼻子部位未作细致雕刻，眼部稍凹，没有雕出眼睛，眼部上面有一道凸棱来表现粗眉毛，嘴部至下巴呈现扁平状，亦未作细刻。身后反缚的双手雕刻得也很粗略，仅雕刻了五个手指。人像跪坐双腿的底部也不平整，左脚趾部略短，放置时稍向左侧倾斜。这件石跪人像同样使人觉得只雕出了粗略形态，尚未作进一步加工。耐人寻味的是，眉棱下虽未刻出双眼，却残留有少量的朱砂和白色颜料，推测曾描绘过眼眶和瞳仁。嘴部位置也残留有朱砂，应是描绘和涂抹口部用的。在半椭圆形耳朵正面一侧，也涂有朱色。这些痕迹说明，这件石跪人像显然已在古蜀族的某种祭祀活动中被正式使用过。

以上是考古人员经过清理后已经公布的四件石跪人像。在造型上，它们与中原地区、长江中下游以及其他区域出土的同时期玉石类人物雕像有较大的不同，具有一种浓郁的地域文化特点，也可以说显示了古蜀族特有的石质人物雕像风格。从形态特征方面分析，可知古代蜀人为了某种特殊的目的与用途而选用石材制作这些石跪人像时，有的比较从容，精雕细刻，达到了生动逼真的效果；有的可能比较急迫，雕刻比较粗糙，未作细致加工。这是否与当时古蜀族制作使用这些石跪人像时的急需程度有关？也有可能是由于制作者的原因，比如创意构思上的成熟与粗浅、雕刻手艺的高低区别，以及石质人物雕像的经验积累等。尽管有这些形态方面的差异，但并不影响古蜀族赋予它们的象征含义。这些石跪人像上残留的涂抹朱砂与彩绘痕迹，说明它们一经雕成，有的比较精美有的仅具粗形，便都派上了用场。换个角度来看，这也透露了古代蜀人在审美意识上的丰富和宽容，在造型艺术上既能做到精雕细刻也能保留粗犷，充分展示了表现手法方面的不拘一格和风格上的多样性。而在这些石质人物雕像面部等处施以彩绘涂抹朱砂，可能是为了增强这些石跪人像的神奇性，以达到和突出其栩栩如生的效果。这种具有古蜀特色的彩绘与涂朱，也很可能是古蜀族表现原始宗教观念的一种方法，或是当时流行的一种崇尚习俗，或者是将它们供奉于宗庙或使用于某种祭祀活动之中时进行的一种特殊仪式。客观上，这种表现手法确实起到了"画龙点睛"的作用，联系到三星堆青铜雕像群中的描彩涂朱现象，同样展示了古代蜀人非凡的创意，迄今仍使我们印象深刻，大为惊叹。

金沙遗址出土的这些石跪人像，表现的是哪类人物？代表的是什么身份？究竟具有什么象征含义？是非常值得探讨和弄清的一个问题，也是古蜀先民留给我们的一个非常有趣的谜。这个有待破解的问题和令人费解的谜，已引起众多学者的关注。我们在前面已提到，有的学者认为金沙遗址出土的这些石像两腿下跪反缚双手，表现的应是当时社会的下层，可能是奴隶或俘虏与犯人的形象。有的甚至认为，这些象征着奴隶与犯人形象的石跪人像在金沙遗址大量出土，可能反映了当时古蜀族或古蜀王国中的等级与刑罚情形，透露出当时的古蜀王国"有可能它与商王朝一样有了较为完备的刑罚制度，执掌刑罚的就是掌握该遗址大量礼器和象征着王权金带等器物的统治阶层"。[①]还有的认为，从"从方池街

---

① 参见张擎、周志清《石跪人像一》，《金沙淘珍》，文物出版社2002年4月第1版，第168页。

出土的人像旁凿和烧痕的人头盖骨，金沙村遗址出土人像上有涂朱的情况看，这种人像应是人祭的替代品，其目的是专用以祭祀活动。以石人替代过去的活人祭祀，无疑是一种社会进步的表现"[1]。毋庸讳言，这些推测，大都是针对这些石跪人像两腿跪坐双手反缚的形态姿势得出的一种分析看法。若做深入探讨，可知这些看法并不确切。

我们知道，根据古代文献中有关记载透露的信息，早在远古时期中原地区的原始部落中已形成了某些强制性的行为准则，例如《尚书》中的《舜典》和《皋陶谟》就有"五礼""五典"的记载，如果部落中某些人违反了这些强制性的行为准则，就会处以象征性的"象刑"，或者受到"鞭""扑""流"等刑的惩罚。[2]到夏朝由原始的氏族联盟建立了早期奴隶制国家之后，才有了较为正式的《禹刑》，《左传》中就有"夏有乱政，而作《禹刑》"的记载。[3]按照后世学者研究的说法，夏代的刑罚首先是注重天罚神判，其次是包括死刑共使用五种肉刑。据东汉学者郑玄在《周礼·秋官·司刑》中作注说，夏代五刑是"大辟二百，膑辟三百，宫辟五百，劓、墨各千"。大辟就是死刑，膑辟是凿去膝盖骨，宫辟是毁坏生殖器官，劓是割掉鼻子，墨是在脸上刺字涂以墨记。这些刑罚有着相当野蛮残酷的色彩，与当时对付征服的各部落臣民以及战争俘虏和奴隶实行强权统治有着密切的关系。到了殷商王朝，随着对外战争的频繁和势力范围的扩张，统治者进一步加强了对奴隶的镇压，不遗余力地维护奴隶主贵族集团的利益，制定了骇人听闻的更加残酷和更细的刑罚。《史记·殷本纪》记述商汤时已有"汤法"，《竹书记年》说于"祖甲二十四

---

[1] 参见王方、刘骏《石跪人像四》，《金沙淘珍》，文物出版社2002年4月第1版，第181页。
[2] 参见《尚书·舜典》中有"象以典刑。流宥王刑，鞭作官刑，扑作教刑，金作续刑，眚灾肆赦，怙终贼刑"的记述。见［清］阮元校刻《十三经注疏》上册，中华书局1980年9月第1版，第128页。
[3] 参见《左传·昭公六年》，见王守谦等译注《左传全译》，贵州人民出版社1990年11月第1版，第1162页。

年重作《汤刑》"①，其详细内容早已佚失不存。从史籍中的零星记载来看，商朝仍沿用了五种肉刑，而把膑刑改成了刖刑（砍掉下肢），增加了砍手等刑罚，《韩非子·内储说上》就有"殷之法，弃灰于公道者断其手"的记述②，特别在死刑方面扩大了范围，增加了多种残虐的执行方法，此外还有了镣、铐、枷等械具。安阳殷墟出土的商朝陶俑，就有双手戴有械具的男囚俑与女囚俑造型。③甲骨卜辞里也已有"项枷""连手枷"等文字。到了西周时期中原王朝已经有了一整套完备的礼乐和法律，周穆王时大司寇吕侯制作了《吕刑》，刑罚方面仍沿用夏商时代的五种肉刑，对定罪量刑施罚都做了明确规定，其中亦有新的改变，比如有疑问的刑罚可以用罚款代替肉刑等，还规定了罚金数额。

以上所述，都是黄河流域中原地区夏商周统治者施用的刑罚情形。作为长江上游地处内陆盆地的古蜀王国，并不属于中原王朝的统辖，这里有着众多的氏族和部落，大大小小的酋长甚多，可谓诸侯林立，在政治上施行的是共主制，在礼乐上也与中原有别而自成体系，三星堆出土的青铜雕像群便对此做了很好的揭示。古蜀时代的刑罚情形如何，古文献中对此几乎没有什么记载，考古材料也缺少例证，目前我们还不得而知。因为古蜀王国与中原殷商王朝在政治体制与统治方式上都有很大的不同，古蜀王国是否也有自成特色的刑罚制度，现在还是一个谜。

关于人牲与殉葬，曾是中原殷商王朝统治者广为采用的做法，特别是商王朝后期殉葬之风尤为盛行。根据甲骨卜辞和古文献中的记载，商代奴隶主贵族经常频繁举行祭祀上天、鬼神、祖先等仪式以求保佑，每

---

① 参见《竹书纪年》卷六，《二十二子》，上海古籍出版社1986年3月第1版，第1067页。
② 参见陈奇猷校注《韩非子集释》上册，上海人民出版社1974年7月第1版，第541、519页。
③ 据参加安阳殷墟发掘的李济先生介绍说，这两件出土的陶人俑"穿着几乎完全遮住下肢的长袍"，认为"这两个陶人俑显然是囚犯，双手都戴着手铐，一人双手在前，另一人双手在背后。两人颈戴着枷锁，剃光了头"。见李济《安阳》，河北教育出版社2000年12月第1版，第219—221页、第222页图。可知表现刑罚者无须裸体。该陶人俑图可参见史岩编《中国雕塑史图录》第1卷，上海人民美术出版社1983年5月第1版，第19页。

祭祀一次除宰杀牛羊，还往往要杀人作为祭品。商王朝在营建宫殿和宗庙建筑时，也要埋葬狗、牛、羊三牲和车马奴隶人牲等。在殷墟的考古发掘中对此有大量的揭示，如安阳武官村北地殷王陵区发掘了191个商代祭祀坑共埋奴隶1178人，每次祭祀杀戮的人数少则几人多则几十人至几百人。商代人殉数量也很惊人，据统计，已发现的商代墓葬中的殉人数量在1000人上下。[①]西周时期人牲祭祀之风仍很流行，但数量甚少，人殉制度也开始衰落，至西周中晚期上层社会统治集团中的周人贵族已不再将奴隶殉葬作为一种礼制。商周时期古蜀王国在祭祀活动与丧葬习俗方面，也与中原王朝有很大的不同，三星堆遗址等许多重大考古发掘均未发现古蜀统治者有人牲或人殉的习俗，盛行的是具有浓郁古蜀特色的祭祀方式。

由此可知，金沙遗址出土的石跪人像，所代表的并非人祭的替代品，透露的也不可能是古蜀王国中的刑罚情形。它们赤身裸体双手反缚的姿势形态，并不是为了简单地表现一种刑罚制度，而是赋予了特殊的象征含义，很显然与古蜀族一些特殊的祭祀活动仪式有着密切的关系，应是古代蜀人某种崇尚观念的形象体现。在三星堆出土的千姿百态的人物雕像群中，只有二号坑出土的一件青铜喇叭座顶尊跪献人像裸胸露乳，腰以下仍穿有短裙；还有一号坑出土的一件青铜跪坐人像，身体下部裸露，但腰间系带穿有遮裆的"犊鼻裤"，上身穿右衽交领长袖短衣。像金沙遗址石跪人像全身赤裸，确实是比较特殊的一种造型。特别是采用夸张手法雕刻的被绳索捆绑于身后的双手，加上额际两侧被修剪过的奇异发式，以及面部的彩绘和涂抹的朱砂，显而易见表现的是古代蜀人某种特殊的行为和特殊的场景，并具有浓郁的巫术色彩。

前面提到关于这类石跪人像的身份象征，已有学者提出了一些推测

---

[①] 参见徐吉军《中国丧葬史》，江西高校出版社1998年1月第1版，第81—87页。又参见张之恒、周裕兴《夏商周考古》，南京大学出版社1995年10月第1版，第108—133页。

看法。比如有的认为它们的身份地位应当很低，可能属于四川盆地内地位低下的族群，等等。但这类石跪人像无一例外都采用了商周时期中原地区表现上层贵族人物的跪坐姿态，这使得上述的推测就显出了很大的疑问。首先说跪坐姿势，根据古代文献记载，古人两膝着地伸直腰股为跪，两膝着地臀部贴于脚跟上为坐，本是中国很古老的一种礼仪习俗。①在殷商时期，跪坐成为崇尚鬼神的商朝统治阶层的起居法，并演习成一种供奉祖先、祭祀神天，以及招待宾客的礼貌。当时只有一些滨海而居的土著采用蹲居，被称为"蹲居的蛮族"或"东夷"。②

从考古资料看，殷墟妇好墓出土的一些圆雕玉人与石人，便是这种典型的跪坐姿势。其中有一件雕刻精美纹饰细腻，是商代玉雕人像中的代表之作，有人根据其神态与佩带武器推测认为很可能是妇好本人的形象。在三星堆出土青铜雕像群中，也有不少跪坐姿势的雕像，如一号坑出土的青铜跪坐人像，二号坑出土的青铜喇叭座顶尊跪坐人像，以及青铜神树底座上的跪坐小人像等。可知跪坐姿势无论是在殷墟或是在三星堆的圆雕人物造型中，表现的绝非地位低下的族群，而是社会上层人物形象，它们可能是统治阶层世俗贵族，也可能是巫师集团执掌神权的象征。以此作为参照，来看金沙遗址出土的石跪人像，也是这种跪坐姿势，说明表现的也是象征社会上层人物的礼仪习俗。所以我们可以说，它们并不是社会地位很低的人物，而是统治阶层人物的象征。很有可能是古蜀部族首领兼巫师在某种特殊祭祀仪式中的造型。

如果做进一步比较分析探讨，金沙遗址出土的这些石跪人像，无论是奇异的发式与脸部涂抹的朱砂和彩绘，或是不着衣饰的裸体跪坐造型和肃穆悲壮的神态，表现的都是具有巫术色彩的祭祀行为，而在古蜀族的祭祀活动中也通常只有巫师之类特殊身份的人才具备这种资格。作为参

---

① 参见杨泓《说坐、跽和跂坐》，《寻常的精致》，辽宁教育出版社1996年9月第1版，第4—5页。
② 参见李济《中国文明的开始》，《安阳》，河北教育出版社2000年12月第1版，第491页。

照，我们可以仔细观赏一下三星堆二号坑出土的青铜顶尊跪坐人像，其上身裸露双乳突出的造型不仅展示了祭献的含义，而且表现了一种坦荡的风格。金沙遗址石跪人像双手反缚全身皆裸，在造型风格上也同样具有坦荡的特色，在人物象征内涵方面也与祭祀行为密切相关。可以说，它们都洋溢着浓郁的古蜀特色，反映了古代蜀人独特的审美意识和崇尚观念。

其次我们特别需要注意的是这些石跪人像被绳索反缚的双手，雕刻手法极其夸张，显然是有意为之。还有它们被修剪形成的奇异发式，显然也有明确的特殊含义。这使我们很容易联想到古代的有关文献记载。《吕氏春秋·顺民篇》记述说："昔者汤克夏而正天下，天大旱，五年不收，汤乃以身祷于桑林，说：余一人有罪，无及万夫，万夫有罪，在余一人，无以一人之不敏，使上帝鬼神伤民之命。于是剪其发，䩯其手，以身为牺牲，用祈福于上帝，民乃甚悦，雨乃大至。"在《墨子·兼爱下》《国语·周语上》《尸子·绰子》等对此亦有类似记述。文中说的"剪其发"就是将头发剪成奇异的发式。"䩯其手"，据毕沅、俞樾、陈奇猷等人的解释，是以木枑十指而缚之的意思。①《淮南子》佚文对此也有记述说："汤时大旱七年，卜用人祀天。汤曰，我本卜祭为民，岂乎自当之。乃使人积薪，剪发及爪，自洁，居柴上，将自焚以祭天。火将然，即降大雨。"②内容略有出入，但所述的事情则是一致的，这是商王朝统治者在大旱之年举行的一种祭祀仪式，其目的是祭祀太阳和上帝鬼神，祈求风调雨顺国泰民安。

由于干旱不雨或霖雨成灾而举行祭祀活动，曾是商周时期的重要祭典。特别是大旱之年的祈雨活动，大都要举行大型的隆重的祭祀仪式。因为这与当时的农业生产、田猎渔牧，以及整个社会经济生活都有直接影响，关系重大，所以《周礼》将祈雨纳入国家级祀典，也就不难理解

---

① 参见陈奇猷校释《吕氏春秋校释》第2册，学林出版社1984年4月初版，第479、482页。
② 参见《文选》卷十五，张平子《思玄赋》注引，见《文选》（影印本）上册，中华书局1977年11月第1版，第218页。

了。值得注意的是，商代的祈雨活动往往与巫术有关，出土的卜辞中对此有大量的记述。商朝求雨的方式主要有两种，一种是以舞求雨，另一种是焚巫尪求雨。求雨祭祀的对象大致有四方神、山川土地神、帝臣、气候神、先王先妣等，具有泛神的特点，反映了旱情的严重常引起社会广泛的焦虑，求雨之祭常成为大范围的社会动作。商朝的以舞求雨，实际上是一种奏乐舞蹈的求雨祭礼，有时要连续多天举行，有时甚至商王自任巫祝跳舞求雨，祈雨时不仅要奏乐跳舞，还要大声呼叫下雨。《诗经·小雅·甫田》说"琴瑟击鼓，以御田祖，以祈甘雨"，记述的就是奏乐祭祀地神的祈雨情形。[①]卜辞中对此也记述甚多，如"唯万舞盂田，有雨"（合集28180），"王舞，唯雨"（续编4.24.12），"唯万呼舞，有大雨"（合集30028），"其舞，有雨"（乙编5112），"王其乎（呼）舞……大吉"（合集31031）等。

商朝的焚巫尪求雨，则是旱情特别严重时举行的祭祀祈雨仪式。史籍中对此不乏记述，如《左传·僖公二十一年》说："夏大旱，公欲焚巫尪。"《春秋繁露·求雨》说："春旱求雨，令县邑以水日祷社稷山川……暴巫聚蛇八日……秋暴巫尪至九日。"文中所说巫尪，是指女巫；尪，意为仰面朝天的畸形人。[②]卜辞中大量记录了所焚巫尪之名与具体地点，由此可知当时经常发生旱灾并有焚巫尪祈雨习俗的盛行。有的一片甲骨上同时记有好几个焚巫尪的祭地，说明受灾范围很广。有的一片甲骨上记述前后五天在四个地方举行这种祭礼，至少焚了两个巫尪（例如《安明》2475），其隆重和酷烈的程度充分反映了当时旱情的严重和人们祈雨的焦切状况。在这种严峻的情况下，"由于宗教上或习俗上的需要，地位较高者也可以成为牺牲品。则甲骨文的焚巫尪，所焚者

---

① 参见袁愈荌译诗，唐莫尧注释《诗经全译》，贵州人民出版社1991年7月第1版，第311—312页。
② 参见王守谦等译注《左传全译》上册，贵州人民出版社1990年11月第1版，第277—278页。参见《二十二子》，上海古籍出版社1986年3月第1版，第803—804页。

身份未必很低"。①《吕氏春秋·顺民篇》与《淮南子》佚文记述的，其实就是古代焚巫尪求雨的习俗，汤自"剪其发，𨟞其手，以身为牺牲"，欲自焚以祭天求雨，正是一种亲自使用巫术的行为。这种"大旱而以人祷"的举动，应是殷商确实发生过的故事，也是上古社会里常见的现象。②这种情况在后世仍然存在，并由焚巫尪求雨逐渐演变为暴巫尪求雨。《山海经》中记述的"女丑之尸"或"黄姬之尸"，有学者认为可能都是古代久旱不雨时用作祈雨的牺牲品。③女丑即女巫，乃天旱求雨时的暴巫之象，或者是女丑饰为旱魃而暴也。④此外，赤身裸体也是古人采用模拟交感巫术求雨的行为，这种行为不仅盛行于我国古代，在世界上其他许多地方也同样流行，弗雷泽《金枝》中对此便有真实的记述。⑤

　　以上所述，对我们探讨金沙遗址石跪人像的真实身份和象征含义，无疑有着重要的启示作用。根据文献记载和环境考古材料，商周时期不仅中原地区气候多变，成都平原四川盆地也灾害频繁，经常发生大旱和洪水泛滥。在这种时代背景下，古蜀族或古蜀王国的统治者很可能会像中原王朝一样经常举行求雨的祭祀仪式。金沙遗址出土的这些石跪人像，在形态造型上"剪其发""𨟞其手"，便具有"以身为牺牲，用祈福于上帝"的寓意，显然就是"暴巫尪求雨"的形象写照。殷人"焚巫尪求雨"烧的是活人，周人"暴巫尪求雨"在烈日下曝晒的也是活人，古蜀族用石质雕刻的跪坐人像来象征和取代巫尪应是具有浓郁古蜀特色的做法，其性质与三星堆青铜雕像群是一脉相承的，反映了古蜀社会共主

---

① 参见宋镇豪《夏商社会生活史》，中国社会科学出版社1994年9月第1版，第495页。
② 参见郑振铎《汤祷篇》，《中国神话学论文选萃》上册，中国广播电视出版社1994年2月第1版，第198—204页。
③ 参见王晖《夏商文化比较研究》，人民出版社2000年5月第1版，第121页。
④ 参见袁珂校注《山海经校注》（增补修订本），巴蜀书社1993年4月第1版，第262—263页。
⑤ 参见〔英〕詹·乔·弗雷泽，徐育新等译《金枝》上册，中国民间文艺出版社1987年6月第1版，第101—108页。

政治秩序下祭祀活动不同于中原地区而独具特色的真实情形。当然古蜀与中原在祭祀的内容和形式方面，也有许多相同或相通之处，两地源远流长的文化交流与经济往来所产生的影响，理所当然要在社会生活中反映出来。金沙遗址石跪人像所象征的古蜀社会巫师形象，与商周时期中原地区"暴巫尪求雨"便有着相同的含义。值得注意的是金沙遗址石跪人像面部的彩绘和涂抹的朱砂，显示出了很强的巫术色彩，它们的赤身裸体也与古代模拟交感巫术有关。这些都表明它们是古蜀族或古蜀王国举行祈雨之类祭祀活动后的遗存。

金沙遗址出土的石跪人像，不仅有丰富的象征含义，而且透露了大量的信息，对我们了解商周时期古代蜀人的社会生活、祭祀活动、风俗习惯，以及审美意识和崇尚观念等方面，都提供了宝贵的资料。

| 第六章 |

# 汉代画像中的绚丽景观

## 一、古代蜀人的天门观念

  世界上每个民族在创造和经营世俗生活的漫长历史过程中,也在不断地寻觅着他们的精神家园。丰富多彩的神话传说,以及神秘瑰奇的原始崇拜和宗教等,便是先民寄托和栖息灵魂的一方绿洲。透过这方绿洲,不仅可以了解古代人们对于大千世界的认识和理解,而且可以看到他们对于生与死的思考。在一定意义上说,每个民族都有他们心中的天门,那是连接着世俗生活而又超越了现实世界通向美妙境界的一条幽径。正是有了这条幽径,古人的精神世界才显得如此绚丽多彩,才展示出海市蜃楼般的万千景观。信奉灵魂不死便是古代广为流行的一种观念,这个观念曾对秦汉时期的丧葬习俗产生过重要影响。
  从巴蜀地区出土的汉代画像资料看,"魂归天门"画像不同于"事死如事生"观念,也与"死后升仙"意识有别,所描绘的主要是对生命归宿的一种思考,表达的是对灵魂的一种终极关怀。如果说"事死如事生"画像是以墓主生前的荣华富贵作为参照,来想象死后在冥间仍然享有世俗生活中的种种快乐,而"死后升仙"表达的是一种成仙(进入仙

图106 简阳市鬼头山东汉崖墓3号石棺"天门"画像

界长生不死逍遥快活)的幻想和愿望,那么"魂归天门"画像思考的则是死后灵魂如何进入极乐世界的问题了。关于此类画像,我们可以举四川崖墓出土的"天门"画像为例,来看看它们在体裁表现方面的主要特点。(图106)

在成都平原东部丘陵地区的简阳市鬼头山东汉崖墓中,1988年1月出土了6具石棺,其中3号石棺最为典型,不仅画像内容极为丰富,而且画面中镌刻了15处耐人寻味的榜题文字。[①]最引人注目的是3号石棺右面画像[②],整个画面由建筑、人物、祥鸟瑞兽组成,右侧是一只仙鹤和一干栏式高大建筑,左侧是一只腾跃的白虎,中间是一座单檐式双阙,一对凤凰在左右阙顶上昂首对立,阙内一人头戴高冠身穿长袍做拱手迎送状,阙的上面极其醒目地镌刻了"天门"二字。我们知道,阙是我国古代一种特殊的建筑,各地保存至今的汉代祠庙阙与墓阙实物尚有三十座之多,四川境内最多,达二十余座。在各地出土的汉代画像中,对阙也有较多的描写,而在四川出土的汉代画像石和画像砖上,以阙为主的

---

① 参见内江市文管所、简阳县文化馆《四川简阳鬼头山东汉崖墓》,《文物》1991年第3期,第20—25页。
② 参见《中国画像石全集》第7册,山东美术出版社、河南美术出版社2000年6月第1版,图九六。又参见高文编著《四川汉代石棺画像集》,人民美术出版社1998年4月第1版,第52页图九八。

画面数量更是远远超过了其他地区。这是一个非常值得注意的现象，蜀人对阙似乎特别喜爱，表现出一种异乎寻常的感情，究竟是什么原因？其中寓意何在？汉画研究者过去通常认为画像中的阙是对现实生活的一种艺术反映，是汉代建筑形式的真实写照，常以地面建筑之阙比附其含义，而对其深层内涵和真正的象征寓意却缺少更深入的分析和更合理的解释。简阳鬼头山东汉崖墓3号石棺画像使我们终于有了一把打开奥秘的钥匙，用简洁的榜题文字告诉我们，埋入地下的阙画像并不是简单的人间世俗生活中的建筑，而是通向天堂世界的一座天门，是亡灵升入天国或进入仙界的入口。正是"天门"二字，使得画像上的阙有了观念上的超越，汉阙在画像上已不仅仅是两千石以上官吏才能使用的汉家制度了，已形象生动地成为天门观念的一种象征。

四川合江县张家沟出土的4号石棺左侧刻画有一幅"车临天门"图[①]，画面左侧为高坐于龙虎座上的西王母，画面中间是一座象征天门的庑殿式重檐双阙，右侧为一辆马驾棚车，内坐一位头绾高髻的女主人，马侧有男仆侍奉。（图107）这幅画像描绘的便是墓主死后乘车驾临天门，准备由此而升入天国或进入仙界的想象，也可以说是当时蜀地盛行天门观念的一个生动写照。而这种象征意识，并不是汉代才有的，先

图107　四川合江出土4号石棺"车临天门"画像

---

[①] 参见《中国画像石全集》第7册，山东美术出版社、河南美术出版社2000年6月第1版，图一七八。又参见高文编著《四川汉代石棺画像集》，人民美术出版社1998年4月第1版，第70页图一三六。

秦时期就已经出现了天梯与天门观念，并在蜀地广泛流行，可谓由来已久。

在古代蜀人的精神观念里，曾希望有一座天梯，能和众神往来，而众神居住的天堂是一个长生不老的美妙世界。譬如《山海经》中建木的观念，就是一个显著的例证。据蒙文通先生考证，成书于战国时代的《山海经》中很多篇章都是由蜀人撰写而后才广为流传的。① 西汉淮南王刘安主持宾客学者编撰的《淮南子·墬形训》便承继了其中的观点，"建木在都广，众帝所自上下，日中无景，呼而无响，盖天地之中也"。② 四川广汉三星堆遗址出土的青铜神树就是古代蜀人的通天神树，可谓是天梯观念的形象体现。还有《山海经》中的昆仑与灵山，也是神人之间可以往来于天上人间的天梯。此外，作为昆仑与灵山象征的岷山之域，又是

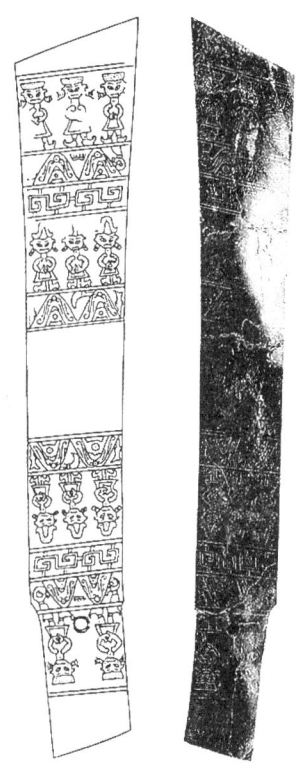

图108　三星堆出土的玉璋与图案

古蜀的起源之地，古代蜀人特别重视昆仑神话，经常举行盛大的神山祭祀活动，其中深因便正在于此。四川历年出土的考古资料对此就有较多的揭示，譬如三星堆遗址二号坑出土的一件玉璋图案（图108），刻画的内容以人物和山川为主，人物分为立式和跪式，从穿戴和神态手势来看应是巫祝和神灵的象征，山川做重叠之状并有云气缭绕，描绘的正是祭

---

① 参见蒙文通《略论〈山海经〉的写作时代及其产生地域》，《巴蜀古史论述》，四川人民出版社1981年8月第1版，第146—184页。又参见蒙文通《古学甄微》，《蒙文通文集》第1卷，巴蜀书社1987年7月第1版，第35—66页。
② 参见［汉］刘安《淮南子》卷四《墬形训》，《二十二子》，上海古籍出版社1986年3月第1版，第1221页。参见许匡一译注《淮南子全译》，贵州人民出版社1993年3月第1版，第234页。

图109　金沙遗址玉兽面纹斧形器图案

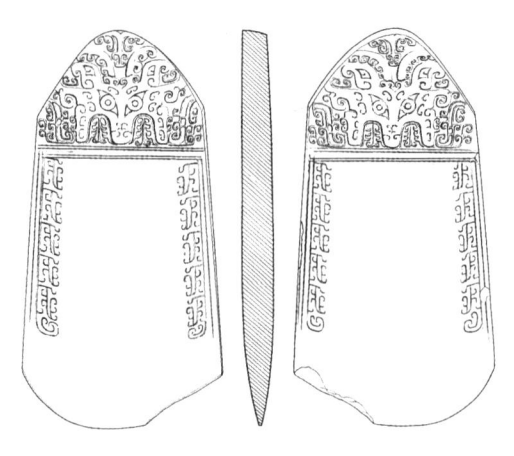

图110　金沙遗址玉兽面纹斧形器图案线描图

祀神山的情景，在玉璋图案上边画面两座神山之间，还刻画了悬空的天门符号。① 又譬如成都金沙遗址出土的一件玉兽面纹斧形器，（图109、110）也刻画了天门图案。② 关于天门的说法，起源颇早，《山海经·大荒西经》中即有"天门，日月所入"之说③，《楚辞·九歌·大司命》则有"广开兮天门"的奇异想象④，《淮南子·原道训》亦有"经纪山川，蹈腾昆仑，排阊阖，沦天门"⑤的说法。古籍中的这些记载说明，在古人的观念和想象中，认为在众神居住的天上也是有门户的，天门即为群

---

① 参见黄剑华《古蜀的辉煌——三星堆文化与古蜀文明的遐想》，巴蜀书社2002年4月第1版，第172—185页。图片见四川省文物考古研究所编《三星堆祭祀坑》，文物出版社1999年4月第1版，第361页线描图、第572页彩版图。
② 参见黄剑华《古蜀金沙——金沙遗址与古蜀文明探析》，巴蜀书社2003年11月第1版，第213—219页。图片见成都市文物考古研究所、北京大学考古文博院《金沙淘珍——成都金沙村遗址出土文物》，文物出版社2002年4月第1版，第121—125页彩图与线描图。
③ 参见袁珂校注《山海经校注》（增补修订本），巴蜀书社1993年4月第1版，第459—460页。
④ 参见［宋］朱熹《楚辞集注》第1册，人民文学出版社1953年影印宋端平刻本，第8页。参见黄寿祺、梅桐生译注《楚辞全译》，贵州人民出版社1984年2月第1版，第41页。
⑤ 参见［汉］刘安《淮南子》卷四《原道训》，《二十二子》，上海古籍出版社1986年3月第1版，第1206页。参见许匡一译注《淮南子全译》，贵州人民出版社1993年3月第1版，第8页。

神之阙，是进入天国的入口。仙话中的仙界也是有入口的，譬如西王母居住的昆仑之丘称为帝之下都，要经过一定的途径才能登临升仙，而古代蜀人对天门之说又有一些更为独特的理解。

从文献记载和出土资料看，天门之说主要流行于岷山之域和长江中上游地区，具有明显的地域特色。而将灵魂与天门观念联系在一起，更是蜀地的一大习俗。扬雄《蜀王本纪》记述，秦朝李冰为蜀守的时候，"谓汶山为天彭阙，号曰天彭门，云亡者悉过其中，鬼神精灵数见"[1]。常璩《华阳国志·蜀志》对此也有记载，并记述了专门的祭祀："李冰为蜀守，冰能知天文地理，谓汶山为天彭门，乃至湔氐县，见两山对如阙，因号天彭阙。仿佛若见神，遂从水上立祀三所，祭用三牲，珪璧沈濆。汉兴，数使使者祭之。"[2]古蜀族是兴起于岷江上游的一个古老部族，在蜀山氏之后才走出岷山栖息于成都平原。在古代蜀人的心目中，蜀山（即岷山）是祖先起源的圣地，也就成了崇拜和祭祀的神山，同时也是蜀人死后灵魂的归宿，是通往天界的灵山。所谓的天彭阙和天彭门，也就是天阙或天门的意思。三星堆玉璋图案中的天门符号，以及金沙遗址玉兽面纹斧形器上的天门图案，反映的正是一种比较原始和质朴的古蜀早期魂归天门观念。

从世界东方的广阔范围来看，古代蜀人崇尚人死后魂归天门，而在黄河流域和北方地区信奉的则是另一种说法。《三国志·乌丸鲜卑东夷传》注引《魏书》说，东胡乌丸人死后，葬则歌舞相送，取亡者所乘马与衣物及生时服饰，皆烧以送之，"使护死者神灵归乎赤山，赤山在辽东西北数千里，如中国人以死之魂神归泰山也"[3]。由这段记述可知，泰

---

[1] 参见《全汉文》卷五十三，[清]严可均校辑《全上古三代秦汉三国六朝文》第1册，中华书局影印出版，1958年12月第1版，第415页。又参见《寰宇记》卷七十三；林贞爱校注《扬雄集校注》，四川大学出版社2001年6月第1版，第318页。
[2] 参见[晋]常璩撰，刘琳校注《华阳国志校注》，巴蜀书社1984年7月第1版，第201页。
[3] 参见[晋]陈寿《三国志》第3册，中华书局点校本，1959年12月第1版，第832页。

山是中原地区的神山，赤山是乌丸的神山，都被视为灵魂的归宿。而古代蜀人魂归天门观念显然与之不同，除了让灵魂回归祖先起源之地，还有使灵魂升天进入天国的含义。二者很明显地展示出了地域和观念上的差异，有着不同的特点。正如蒙文通先生所指出的："古时中原说人死后魂魄归泰山，巴蜀说魂魄归天彭门，东北方面又说魂魄归赤山，这都是原始宗教巫师的说法，显然各为系统。从这一点来看，巴蜀神仙宗教说不妨是独立的，别自为系。"蒙文通先生还提到了古老的巴蜀文化对楚文化产生的广泛影响，认为"巴蜀和楚，从文化上说是同一类型"，提出了"始于巴蜀而流行于楚地"的精辟见解。[①]我们由此可知，《楚辞》中"广开兮天门"的想象，显然是受到了肇始于岷山之域古代蜀人天门观念的影响。

考古资料对此也有很好的印证。从三星堆玉璋图案中刻画的两座神山之间的天门符号，到四川简阳鬼头山崖墓出土3号石棺上的"天门"画像，说明随着历史的发展，古蜀早期天门观念的象征在汉代已演化为双阙的造型。其象征含义因为有了榜题文字的说明，已变得更加清晰和直观。关于"天门"榜题文字的考古发现，还应提到巫山东汉墓葬中出土的7件鎏金铜牌饰。[②]在临近巫山县城沿长江北岸及大宁河口两岸的山坡地带，散布着十余个东汉墓群数百座墓葬，铜牌就是20世纪80年代在清理这些墓葬中发现的。（图111、图112）它们大都是装在木棺前端正中的饰件，具有特殊的意义。这些直径在23—28厘米的圆形铜牌饰，系用薄铜片制成，中心有小圆孔，四周有约1厘米宽的边框，上面有流畅的细线刻出的人物、鸟兽、高大的双阙和缭绕的云气图案，并用双钩笔法刻出了隶书"天门"二字。这种天门榜题的铜牌饰，与简阳鬼头山崖墓天门画像的含义如出一辙，说明了古代蜀人天门观念在巴蜀地区的

---

① 参见蒙文通《巴蜀古史论述》，四川人民出版社1981年8月第1版，第100页。又参见《蒙文通文集》第2卷《古族甄微》，巴蜀书社1993年4月第1版，第258页。
② 参见《四川文物》1990年第6期，封二"天门图"。

广泛流传，并揭示了由成都平原向川东和长江中游地区的流行范围。当然二者也有一些区别，如果说画像石上表现的是用石阙来象征"天门"，那么鎏金铜牌饰上刻画的则是用"金阙"来比喻天门了。据《神异经·西北荒经》中的说法："西北荒中有二金阙，高百丈。金阙银盘，圆五十丈。二阙相去百丈，上有明月珠，径三丈，光照千里。中有金阶，西北入两阙中，名曰天门。"[1]这些铜牌饰上的画面内容，每一个刻画得都不太一样，但主要的画语因素则是一致的，描绘的大都是天国仙界情景，表达的都是对于人死后灵魂升天进入天国的关怀。铜牌饰由于鎏金泛光，更加烘托了天国富丽堂皇的气派。

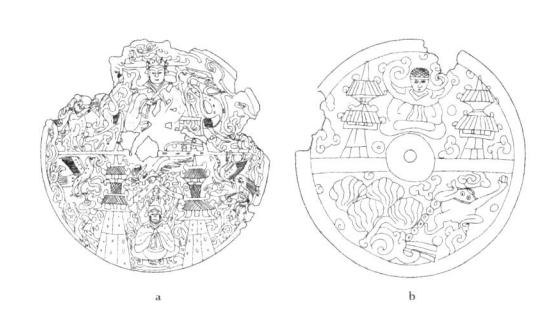

图111　巫山东汉墓葬鎏金铜牌饰天门图案A

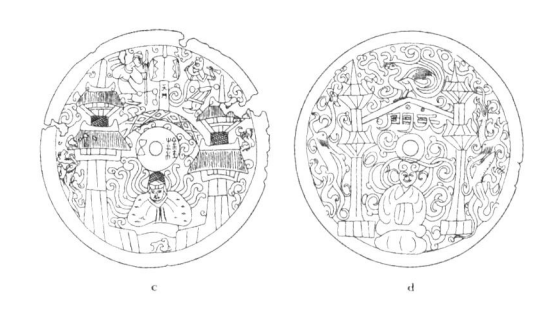

图112　巫山东汉墓葬鎏金铜牌饰天门图案B

简阳鬼头山崖墓天门画像的含义简洁明了，非常直观地表达了魂归天门的观念；巫山东汉墓葬中出土的7件鎏金铜牌饰上，则将魂归天门观念中又融入了一些仙话内容。汉代人喜欢将多种画语因素组合在一起，这也是汉画表现手法上的惯例。有的学者对巫山东汉墓葬出土的铜牌饰已经做了一些研究，认为"这些鎏金铜牌画像，构成了'天门'双

---

[1]　参见［汉］东方朔撰，［晋］张华注《神异经》，《百子全书》下册，浙江古籍出版社1998年8月第1版，第1225页。

图113　长沙马王堆1号汉墓彩绘帛画

图114　长沙马王堆1号汉墓彩绘帛画线描图

阙、西王母居中、'四灵'力士守护、鸟狗双龙相伴、玉璧高悬、灵草繁茂、祥云缭绕的一组完整的天国胜景";认为简阳崖墓出土的画像石棺根据画面及榜题分析,也是"一组对'天门'之内天国景象的具体描绘";而"经'天门'升天成仙是四川汉画像石砖(石)画面组合的主题思想"。[①]这些分析和见解是有一定道理的。用历史发展和民俗延续的眼光来看,古代蜀人从商周时期到汉代的天门观念可谓一脉相承,远古时代关于人神往来沟通的想象已演化为灵魂与天国的联系。

---

① 参见赵殿增、袁曙光《"天门"考——兼论四川汉画像砖(石)的组合与主题》,《四川文物》1990年第6期,第5—6页。

第六章　汉代画像中的绚丽景观

　　我们在对古蜀天门观念作深入探讨的时候，还应提到湖南长沙马王堆西汉墓葬1号墓出土的彩绘帛画[①]，也生动地描绘了天上、人间、地下的景象，同样表达了迎送墓主人升入天门的主题观念。（图113、114）这幅彩绘帛画和四川出土的天门石棺画像与巫山铜牌饰画面有异曲同工之妙，但在画面内容和艺术表现手法上又显示出一些不同的特点。比如整幅帛画将世界明确分成了天上、人间、地下三界，人间部分采用写实手法描绘了墓主人日常生活中的起居、出行、乐舞、礼宾、宴飨、祭祀等情景；地下部分描绘了许多怪兽大鱼和龙蛇以象征"水府"或"黄泉"阴间，并有一裸体巨人脚踩大鱼，以头和双手托举着人间和天界；天上部分描绘了天门和两位帝阍、腾飞的一对神龙、有金乌的太阳和有蟾蜍玉兔的月亮，以人首蛇身的女娲居于天界中央取代了西王母（图115），还有奔月的嫦娥以及星辰祥云等绚丽多彩的景象。[②]透过这些神奇诡异的画面，我们可以看出古蜀文化对楚文化产生的影响，虽然画面内容和艺术表现手法有着地域文化方面的一些不同特色，但蜀人的"魂归天门"与楚人的"引魂升天"在主题观念上的一致性仍是显而易见的。巴蜀和楚，地域相邻，自古以来相互间的交流和影响更是源远流长。《文选》刊载的宋玉《对楚王问》说："客有歌于郢中者，其始曰下里巴人，国中属而和者数千人。"[③]下里巴人是巴蜀地区的通俗歌曲，在楚地得到了广泛流传，其他文化形式和观念习俗上的传播影响也一样。

　　随着天门观念由岷江流域往长江中游地区的传播，到了汉代这一观念已成为巴蜀和楚地等南方地区的共同信仰，而且有向中原地区传播的趋

---

[①] 参见《中国大百科全书·考古学》，中国大百科全书出版社1986年8月第1版，第164页文字与线描图、彩色插页第45页帛画图。又参见《中国大百科全书·美术》第Ⅰ册，中国大百科全书出版社1990年12月第1版，第505页辞条、彩色插页第25页帛画图。参见何介钧、张维明编写《马王堆汉墓》，文物出版社1982年1月第1版。
[②] 对长沙马王堆彩绘帛画中女娲、帝阍的定名，参见郭沫若《出土文物二三事》，人民出版社1972年8月第1版，第54页以及图版十四—图版二十一。
[③] 参见［南朝·梁］萧统编，［唐］李善注《文选》中册，中华书局影印本，1977年11月第1版，第628页。

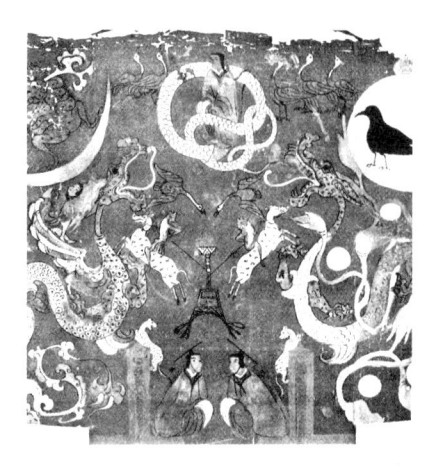

图115　长沙马王堆1号汉墓彩绘帛画（局部临摹图）

图116　河南新郑出土的"天门"画像砖

势。譬如在河南新郑出土的一件东汉时期的画像砖上（图116），也发现有"天门"二字，其画面为一幢与阙颇为相似的双重楼阁，门前有站立的二门吏，门内正中是一匹体形健硕之马（公布的资料称为犬，但从头部形态与高大的体量看应是马），"天门"二字就刻印于马首下方。当地的文物工作者解释画面内容说："天门即天宫之门，是帝王宫殿的门。"[1]显然是误解了"天门"二字的象征含义。仔细观赏这件画像砖，整幅画面写实意味较浓，但构图不严谨，没有对仙界情景的描绘，刻画的门吏、马，以及文字的位置，都有很大的随意性，与四川境内出土的"天门"画像有着明显的区别，但同样的榜题文字，说明东汉时期新郑地区画像制作者接受了来自巴蜀地区"天门"观念的影响，也是显而易见的。河南出土的汉代画像砖与画像石数量很多，但发现有"天门"榜题文字的，好像仅此一件，这说明巴蜀地区的天门观念对中原地区的影响不大。可见长江流域与中原北方地区，从上古到汉代在民俗民风方面都有各自的特点。

---

[1]　参见薛文灿、刘松根编《河南新郑汉代画像砖》，上海书画出版社1993年10月第1版，第19页图。

第六章　汉代画像中的绚丽景观

　　在山东、江苏等地出土的汉代画像上，对阙也有描绘，但同巴蜀地区出土的画像阙相比数量要少得多，而且没有榜题文字，也没有将阙与天国仙界的情景组合在一起。譬如山东济宁师范专科学校出土的十号石椁墓，在南壁和北壁画像石上都刻画了重檐双阙①，双阙外侧各植一株常青树，南壁画像双阙间有一骑者执戟而行，北壁画像双阙间有二人执戟相对而立。还有山东沂水县芑山出土的重檐双阙画像，阙顶上有二鸟相对而立；山东平阴县新屯出土的单檐双阙画像，两侧各有一墙一树，有鸟于树顶相对而立②；画面都比较简单，似乎很难使人联想到复杂和深刻的寓意。江苏徐州地区铜山县汉王乡东沿村发现的两件画像石，分别刻画了一幅单阙图，其造型为重檐双层门阙，阙身为柱式，上有栌斗，阙身内有一戴冠执戟的门吏，阙顶有共衔一鱼的两只鹭鸟。其中一件画面左侧还有阴刻铭文一行："元和三年三月七日三十示大人侯世子豪行三年如礼治冢石室直口万五千。"③这些画面有较强的写实意味，铭文也真实地记述了建造这些画像的缘由、时间和花费，显示了与四川"天门"画像完全不同的两种风格。江苏徐州地区铜山县利国乡出土的一件画像石，刻画了一座房屋，两侧各有一对单檐石阙④，屋内有两人坐在高榻上交谈，屋外和阙前有马拉的棚车和两位侍者，也是对当时真实生活情形的一种写照。在陕西等地出土的汉代画像中，相对很少见到有阙的画面。

　　值得一提的是陕西米脂县党家沟出土的墓门左右立柱画像石上⑤，

---

① 参见《中国画像石全集》第1册，山东美术出版社、河南美术出版社2000年6月第1版，图一〇六、图一〇七。
② 参见《中国画像石全集》第3册，山东美术出版社、河南美术出版社2000年6月第1版，图七四、图一八九。
③ 参见《中国画像石全集》第4册，山东美术出版社、河南美术出版社2000年6月第1版，图二〇、图二一、图版文字说明第7页。
④ 参见《中国画像石全集》第4册，山东美术出版社、河南美术出版社2000年6月第1版，图二三。
⑤ 参见《中国画像石全集》第5册，山东美术出版社、河南美术出版社2000年6月第1版，图四九、图五〇、图版文字说明第12页。

207

画面中刻画了东王公与西王母为鸡首及牛首双翅人身形象，住在仙山神树之上，四周丛生着灵芝仙草，显示出浓郁的仙境气氛，东王公和西王母的仙山下边各刻画了一座与阙相似的四层望楼，左右各站立着一位执梃、持彗的门吏。图中的四层望楼与阙颇为相似，但又并非是阙，将望楼与仙境组合在一起，也算是一种新的创意了。画面中似乎隐约透露出了一些来自巴蜀地区天门画像的影响，但没有榜题文字加以说明，似阙非阙的望楼后面通向仙境，也显示出升仙的含义，而与魂归天门的寓意仍有一定的区别。（图117）

图117 陕西米脂县党家沟出土的望楼与仙境画像

总而言之，这些出土画像资料告诉我们，天门观念在巴蜀地区由来已久流传甚广，在长江中游和南方地区也有相似的信仰习俗，但在中原和北方地区则尚未造成广泛的影响。所以，将这一观念定位为汉代丧葬习俗中典型的巴蜀地域文化特色，应该是比较恰当的。

## 二、西王母与昆仑神话

四川出土的画像石与画像砖，很多画面上都描绘了西王母的形象，在表现天国仙境的场面中，西王母更是占据了显著而又重要的位置。比如彭山、郫都区等地出土的石棺上，西王母都居于画像中心，显得高大端庄神态雍容。在新繁、昭觉寺等地发现的画像砖墓中，西王母则高居于墓室后壁中央。在巫山出土的鎏金铜牌饰上，西王母则端坐于天门正中，给人以深刻的印象。这不仅说明了西王母传说在四川的盛行,也显示了西王母作为天国仙境中主神的象征,在蜀人心目中占据着特殊的地位。

西王母的神话传说,起源很早,《山海经》中已经有了详细的记录。《山海经·西山经》说:"玉山,是西王母所居也。西王母其状如人,豹尾虎齿而善啸,蓬发戴胜,是司天之厉及五残。"《山海经·海内北经》说:"西王母梯几而戴胜,其南有三青鸟,为西王母取食,在昆仑虚北。"《山海经·大荒西经》说:"西海之南,流沙之滨,赤水之后,黑水之前,有大山,名曰昆仑之丘……有人,戴胜,虎齿,有豹尾,穴处,名曰西王母。此山万物尽有。"通过这些绘声绘色的记述,我们可以知道西王母的住处有时是在玉山、有时是在昆仑之丘,是一位神奇的传说人物,其半人半兽的形象带有明显的图腾装饰意味,很可能是母系社会作为女性首领打扮的夸张写照。《西次三经》说:"昆仑之丘,是实惟帝之下都。"[1] 帝也就是天帝,是传说中的众神之界。西王母在《山海经》中虽然是人而不是神,但住在昆仑而且有三青鸟为其取食,已经具有明显的神化倾向。西王母居住的昆仑之丘称为帝之下都,已成为登临升仙的重要途径。

我们知道,《山海经》是广为流传的古代蜀人之书,记录的大都是巴蜀地区的神话传说。西王母居住的玉山属于岷山之域,往西便是昆仑之丘,这种密切的地缘关系说明,西王母传说显然也是起源于蜀地然后传播到全国各地的。随着广泛的流传,西王母的神化倾向更加浓郁,特别是经过战国先秦神仙家们的加工润色,在《穆天子传》里西王母已由穴居野处的传说人物演变成了雍容神秘的女王。到了秦汉时期,西王母已经成了昆仑山上掌管长生灵药的女神。在后来广为流传的昆仑仙话中,进一步提升了西王母的地位,已成为仙界的主神。

---

[1] 见袁珂校注《山海经校注》(增补修订本),巴蜀书社1993年4月第1版,第59、358、466、55页。

《穆天子传》是一部记叙周穆王巡行天下的奇书，据《晋书·武帝纪》卷三记载，晋武帝咸宁五年的时候，在汲郡（今河南汲县）战国魏襄王（或言安釐王）墓内出土了大批竹简文书，其年十月"汲郡人不准掘魏襄王冢，得竹简小篆古书十余万言，藏于秘府。"[①]经过整理考校，共计得书十六种、七十五卷。[②]遗憾的是，这批古书在后世又大都失传，唯有其中的《穆天子传》流传了下来。《穆天子传》前四卷以旅行日记体裁记录了周穆王西行数百天的活动和见闻，同《山海经》一样充满了瑰奇的色彩。尽管学者对这部杂糅历史和想象的奇书有不同的理解，对其西行路线、地点也有不同解释，见仁见智，疑信不一，但结合其他史籍记载来看，历史上周穆王曾有过西行的壮举则是不争的事实。如《左传·昭公十二年》、屈原《天问》都有穆王周行天下之说，《史记·赵世家》也有"缪王（周穆王）使造父御，西巡狩，见西王母，乐之忘归"的记述[③]，说明2100多年前的太史公司马迁对周穆王的西行壮举是持相信态度的。值得注意的是，早期传说西王母最初居住的玉山与昆仑和蜀地关系密切，而在汉代人记述的传说中已经越说越远，附会成西域的某个地方了。为什么会发生这种变化呢？可能是因为西王母难以寻觅，长生不老的仙药难以获得，所以昆仑也就变得更加遥远和渺茫了。

　　大概正是由于《山海经》《穆天子传》两部奇书中对西王母的记述，使得西王母故事在古代广为流传，并被后人加以神话传说的种种附会。如西汉淮南王刘安组织宾客们编撰的《淮南子·览冥训》说："羿请不死之药于西王母，姮娥窃以奔月。"[④]便是对流传演变后的西王母神话的生动记述。（图118）此后仙话又增添了许多新的内容，为主神西王母衍生了对偶神东王公，虚构了西王母和东王公相会的仙话故事。如《神

---

① 见［唐］房玄龄等《晋书》第1册，中华书局点校本，1974年11月第1版，第70页。
② 见《山海经·穆天子传》，岳麓书社1992年12月第1版，第6、197页。
③ 见［汉］司马迁《史记》第6册，中华书局点校本，1959年9月第1版，第1779页。
④ 见《二十二子》，上海古籍出版社1986年3月第1版，第1233页。

第六章　汉代画像中的绚丽景观

图118　汉代画像石上的"嫦娥奔月"图，月亮内刻画有蟾蜍（河南南阳出土）

异经》就记述了西王母岁登大鸟希有翼上与东王公相会的传说："东荒山中有大石室，东王公居焉，长一丈，头发皓白，人形鸟面而虎尾。""昆仑之山有铜柱焉，其高入天，所谓天柱也。围三千里，周圆如削。下有四屋，方百丈，仙人九府治之。上有大鸟，名曰希有，南向，张左翼覆东王公，右翼覆西王母。背上小处无羽，一万九千里。西王母岁登翼上，会东王公也。"[1]《神异经》假托为西汉东方朔撰写，而据学者考证，实际上是"由六朝文士影撰而成"。[2]《汉武故事》与《汉武帝内传》则附会了汉武帝见西王母的故事，进一步抬高了西王母在神话与仙话中的地位，扩大了西王母传说的影响。晋代王嘉《拾遗记》卷三说周穆王与西王母相会时，"西王母乘翠凤之辇而来"[3]，完全是一副端庄雍容神仙中人的形象。到《太平广记》卷五十六引《集仙录》则将西王母描写成了"位配西方"的主神，其所居宫阙在"昆仑之圃，阆风之苑，有城千里，玉楼十二，琼华之阙，光碧之堂，九层玄室，紫翠丹房，左

---

[1]　见《百子全书》下册，浙江古籍出版社1998年8月第1版，第1223、1225页。
[2]　见张心澂编著《伪书通考》，上海书店出版社1998年1月第1版，第868页。
[3]　见《百子全书》下册，浙江古籍出版社1998年8月第1版，第1241页。

带瑶池，右环翠水，其山之下，弱水九重，洪涛万丈，非飙车羽轮，不可到也"。① 这已经将西王母彻底地神化了。

经过了这些发展演变之后，西王母便成了天国仙界中地位显赫的主神。由于西王母掌管着不死之药，是万物生命的主宰，连天子皇帝都要到西方去见西王母，于是很自然地成了当时人们企求升天成仙的崇拜对象。在汉代随墓葬埋入地下的画像石画像砖上，就刻画了大量的西王母形象，或坐在象征昆仑的山上，或坐在奇异的龙虎座上，充分显示了西王母神话传说在民间的广泛影响。特别是四川出土的画像石画像砖上（图119、120、121），对地位显赫的西王母作了形象生动的描绘，着意刻画了西王母端坐于龙虎座上神奇的装束和雍容的神态，并描绘了取食的三足青鸟、捣药的玉兔和蟾蜍、奇异的羽人、茂盛的灵芝，以及仙鹿、九尾狐等珍禽异兽，渲染出浓郁的天国仙境气氛。这些画像中的许多重要特征都与《山海经》记述相符，同其他地区西王母画像相比，更接近西王母

图119　汉代画像石棺上的西王母图（四川彭山出土）

图120　汉代画像砖西王母图（四川新繁出土）

图121　四川省博物院收藏的西王母画像砖

---

① 见［宋］李昉等编《太平广记》第2册，中华书局1961年9月新1版，第344页。

神话传说的原型，这也是西王母神话传说起源于蜀地并广为传播的一个证明。

尤其突出的是四川西王母画像中的龙虎座，将古蜀时代的图腾崇拜和秦汉时期的西王母信仰有机地结合在了一起，显示出了浓郁的地域特色。比如彭山、郫都区、合江、南溪等地出土的石棺，新津等地出土的以及四川省博物院和重庆市博物馆收藏的一些画像砖，都刻画了端坐于龙虎座上的西王母。张口吐舌的龙与龇牙咧嘴的虎，大都做奔腾之状，显得极其矫健传神。龙是夏族的图腾标志，亦是古代蜀人的崇拜象征，三星堆出土的青铜神树上便塑铸了一条神龙，而虎是巴族和彝族等西南少数民族共同信奉的图腾。将两者巧妙地演化为西王母的龙虎座，可谓是蜀人在信仰崇拜意识方面富有创意的发挥。在山东、江苏、河南等地出土的画像石画像砖上，西王母大都坐在平台、方座或豆形悬圃之上，在艺术表现手法与信仰习俗方面均显示出了一定的差异。关于龙虎座，《焦氏易林·临之履》有一句话："驾龙骑虎，周遍天下，为人所使，见西王母不忧不殆。"有人认为是很好的说明。其实这只是想象式的解释，并非龙虎座最本质的含义。龙虎座通常以龙在左虎在右，这种方位安排也很有意思，会使人联想到流行的四灵观念。《礼记·礼运》说："何谓四灵？麟、凤、龟、龙谓之四灵。"[①]四川出土的画像上则大都表现为青龙白虎玄武朱雀，显示了浓郁的地域特色。这里值得一提的是，在郫都区新胜乡出土的石棺画像上，西王母龙虎座后面还刻画了一棵挺拔葱郁的通天神树，很显然是古蜀时代神树崇拜流传下来的遗风。（图122）

西王母端坐于龙虎座上，显示了她在蜀地信仰习俗中的独尊地位。这是蜀地西王母信仰的一大特色，与古代蜀人的天门观念有着非常密切

---

① 见［清］阮元校刻《十三经注疏》下册，中华书局影印出版，1980年9月第1版，第1425页。

图122　汉代画像石棺西王母图（四川郫都区出土）

的关系。文献记载和大量的出土画像资料告诉我们，春秋战国时期兴起于岷山之域的西王母神话传说，到了汉代已演变成为一种民间信仰，西王母成了天国仙境中的崇拜偶像。这种民间信仰由于其强烈的世俗化色彩，而在蜀地广为流传，并传播到了全国各地。西王母的画像不仅出现在画像石画像砖上，还被描绘在墓葬中的壁画上，被铸在日常使用的铜镜上，此外还出现在摇钱树干与树座、漆器、玉枕、玉座屏等各种器物上。这些都说明了西王母信仰在当时传播和盛行的情况，对社会各阶层都产生了广泛的影响。

我们已经知道，天门观念是古代蜀人的一种主题观念，其核心便是升天成仙思想，并因此而有了对天国仙境的一系列想象描绘。端坐于龙虎座上的西王母，便是这种想象描绘中最富有创意也是最典型的象征。我们能否说，正是古代蜀人魂归天门、升天成仙的思想观念，开启了西王母信仰的滥觞？加之当时社会背景的客观作用，以及秦汉神仙思想的盛行，终于形成了西王母信仰广为流传的神奇景观。从而铺垫了一种民间信仰基础，为发端于岷山之域的我国本土宗教——道教的产生，创造了有利的条件。

## 三、蚕桑与丝绸的故乡

古蜀有青衣神与蚕女马头娘的神话传说，也是很重要的话题。

传说饲养桑蚕、纺织丝绸，从嫘祖的时候就开始了。嫘祖是黄帝的正妃，被称为蚕桑丝绸之祖，这在先秦时代就已为人们所公认。古本《淮南子》所引《蚕经》对此有一段明确的记载："《蚕经》云：黄帝元妃西陵氏始蚕。"[①]根据古籍资料考证，此条《蚕经》应为先秦旧史所传。"始蚕"，就是蚕桑的起源开始。《荀子·赋篇》中已有关于"蚕理"的详细记述，称蚕桑"屡化如神，功被天下，为万世文"；进而描述说："冬伏而夏游，食桑而吐丝，前乱而后治，夏生而恶暑，喜湿而恶雨；蛹以为母，蛾以为父；三俯三起，事乃大已；夫是之谓蚕理。"[②]说明战国时代已有了一套完善的养蚕理论，而"蚕理"的肇始和形式则可追溯到五帝时代。让我们看《周易·系辞》的记载："黄帝、尧、舜垂衣裳而天下治。"孔颖达在注疏中说："垂衣裳者，以前衣皮，其制短小，今衣丝麻布帛，所作衣裳，其制长大，故云垂衣裳也。"[③]由此可知，在黄帝之前，人们穿的还是动物的皮革，自从有了蚕桑丝绸的发明创造，才改善了人们的穿着习惯，黄帝尧舜垂衣裳而天下治，便正是这一情形的生动写照。我们还可以举出《礼记·礼运》的记述："昔者先王未有宫室……未有丝麻，衣其羽皮；后圣有作……治其丝麻，以为布帛，以养生送死，以事鬼神上帝，皆从其朔。"[④]朔，也就是起初和开始的意思。后圣有作，治其丝麻，显然指的就是蚕桑丝绸起源时代的情形。从文献上看，自从嫘祖嫁给黄帝东迁中原之后，黄河流域地区才渐渐有了蚕桑丝绸的记载。"后圣"就是发明蚕桑的人。被称为"后圣"，除了嫘祖，

---

① 见［清］鄂尔泰、张廷玉等《授时通考》卷七十二引，乾隆七年武英殿刻本。
② 见《二十二子》，上海古籍出版社1986年3月第1版，第351页。
③ 见［清］阮元校刻《十三经注疏》上册，中华书局影印出版，1980年9月第1版，第87页。
④ 见［清］阮元校刻《十三经注疏》下册，中华书局影印出版，1980年9月第1版，第1416页。

又能是谁呢？

关于黄帝和嫘祖的婚姻关系，古籍《世本》和《大戴礼记·帝系》是这样记载的："黄帝居轩辕之丘，娶于西陵氏之子，谓之嫘祖氏，产青阳及昌意。青阳降居泜水，昌意降居若水。昌意娶于蜀山氏，蜀山氏之子谓之昌濮氏，产颛顼。"[1]到司马迁写《史记》的时候，综合了先秦以来的"谱牒旧闻"和各种资料，在《史记·五帝本纪》中对黄帝和嫘祖的身世与婚姻关系作了更为准确的记述："黄帝居轩辕之丘，而娶于西陵之女，是为嫘祖。嫘祖为黄帝正妃，生二子，其后皆有天下：其一曰玄嚣，是为青阳，青阳降居江水；其二曰昌意，降居若水。昌意娶蜀山氏女，曰昌仆，生高阳，高阳有圣德焉。黄帝崩，葬桥山。其孙昌意之子高阳立，是为帝颛顼也。"[2]通过司马迁精练而又概括性极强的记述，我们可以知道，黄帝是新石器时代黄河流域一位杰出的部落联盟首领，西陵氏是当时西南地区岷江流域一个很重要的氏族，黄帝娶西陵氏之女嫘祖为正妃，显然具有深远的联姻意义。其后，黄帝和嫘祖的两个儿子青阳和昌意作为诸侯分封在江水、若水流域，并为昌意娶了蜀山氏之女，和古代蜀族建立了更为密切的亲缘关系。常璩《华阳国志》卷三说"蜀之为国，肇于人皇"，以后高阳"封其支庶于蜀，世为侯伯，历夏、商、周"[3]，也阐述了黄帝和古代蜀族源远流长的关系。

西陵氏是黄帝时代一个很重要的氏族和部落，其地理位置究竟在何处，这是一个为众多学者所关注的话题。根据学者的研究，以往大都认为西陵就在古蜀的岷江河谷，如邓少琴先生认为西陵就是蚕陵，黄帝所娶西陵氏女当为蚕陵氏女，蚕陵就是今天的四川旧茂州之叠溪。[4]叠溪西面有蚕陵山，根据当地口碑流传，叠溪城北山上有蚕丛墓，蚕陵山之

---

[1] 见王聘珍《大戴礼记解诂》，中华书局1983年3月第1版，第127页。
[2] 见［汉］司马迁《史记》第1册，中华书局点校本，1959年9月第1版，第10页。
[3] 见［晋］常璩撰，刘琳校注《华阳国志校注》，巴蜀书社1984年7月第1版，第175页。
[4] 见邓少琴《巴蜀史迹探索》，四川人民出版社1983年6月第1版，第136页。

名便与此有关。由于年代久远，蚕丛墓究竟在蚕陵山的何处，已难以寻觅。但民间传说由来已久，绝非凭空杜撰。后来的文献史料，对此也有一些明确的记述。例如《蜀水考》卷一就记述说，岷江"南过蚕陵山，古蚕丛氏之国也"①。《蜀中名胜记》卷六对蚕丛的遗迹也做了记述。学者对叠溪与"蚕陵"都非常关注，认为这里很可能就是蚕丛的发迹与建国之地，大都深信不疑。特别是研究古蜀历史的几位著名学者，对此就做过深入的探讨和明确的推论。例如蒙文通先生对巴蜀古史做过深入研究，认为"可能古代蚕丛建国即在蚕陵"②。任乃强先生也认为，叠溪发现古碑有"蚕陵"字，"可以肯定蚕丛氏是自此处发迹的"③。蒙文通先生、任乃强先生、邓少琴先生，都是近现代研究古蜀历史的权威学者，他们认为以茂县为核心区域的岷江上游河谷是蚕丛故里，应该是古蜀历史上一个真实可信的重要史实。现代的考古发现，如营盘山遗址，以及在岷江上游河谷的一些考古调查和发掘，对此也给予了充分的印证。由此可见，蚕陵与古蜀的密切关系，应该是没有什么疑问的。但蚕陵是否就是西陵，似乎并不那么简单。关于西陵，后来又有人提出了不同的看法，认为西陵应是丘陵地区，而非深山大川或平原江河湖泽之区。有人认为位于四川盆地北部低丘地区的盐亭，很可能便是嫘祖的诞生地西陵。盐亭为此曾举办过研讨会，学者见仁见智，各有推测，看法不一，颇有争论。中国历史上很多著名人物的出生地都有附会与争论，很多地方都以名人故里为荣，而且喜欢在这方面大做文章，这也是一种较为常见的文化现象。

关于西陵氏与蜀山氏的关系，也是一个备受关注的话题。邓少琴先生等学者认为西陵就是蚕陵，黄帝所娶西陵氏女当为蚕陵氏女，虽然后来的一些学者并不赞同这一观点，认为有失允当，西陵氏与蚕陵氏并不

---

① 见［清］陈登龙《蜀水考》卷一，巴蜀书社1985年4月第1版，第6页。
② 见蒙文通《巴蜀古史论述》，四川人民出版社1981年8月第1版，第76页。
③ 见任乃强《四川上古史新探》，四川人民出版社1986年6月第1版，第59页。

能简单地画等号。但有一点却是肯定的，就是西陵氏与蜀山氏确实有着特殊而密切的关系。在古代，巴与蜀分别是以蛇和蚕作为图腾的两个部族。《说文》解释蜀字，就是"葵中蚕也"的意思，注释说："葵，尔雅释文引作桑。"①以蚕作为族名，说明古代蜀人很早就发明和驯养桑蚕了。正由于这个原因，所以蜀山氏又被称为蚕丛氏。任乃强《四川上古史新探》中认为，蜀山氏是最早"拾野蚕茧制绵与抽丝"的部族，到了"西陵氏女嫘祖为黄帝妃，始传蚕丝业于华夏。"②尽管这仍是一家之言，却也说明了嫘祖蚕桑文化和古蜀文化千丝万缕的关系。

用今天的眼光去探寻遥远的新石器时代，由于古代文献和考古资料的局限，加上神话传说和史实的混淆，特别是扑朔迷离的古蜀历史，学者难免仁者见仁，智者见智，而这也许更有利于揭示真相。如果说蜀山氏尚是栖居于岷江河谷地区以牧业为主兼营狩猎和养殖并开始驯养桑蚕的部族，那么到了蚕丛氏的时候，古代蜀人已由岷江河谷逐渐迁入成都平原。对蚕丛氏来说，这并不仅仅意味着栖居环境的改变，而是生产方式和生活习俗都发生了相应的变化。随着农业和养殖业的发展，蚕桑丝绸这一新兴事物也在成都平原传布开来，使古代蜀国成了中国和世界上最早的蚕桑丝绸中心。换一种说法，从蜀山氏到蚕丛氏的迁徙，促成了古蜀蚕桑丝绸文化的重要转变进程，由早期的起源阶段，进入了发展传播的新阶段。在这个转变进程中，有学者认为，嫘祖可能发挥了很重要的作用。

蜀山氏是文献记载中古代蜀族最早的名称，是黄帝时代的一个重要部族。其后才是蚕丛、柏灌、鱼凫、杜宇、开明。《华阳国志》卷三说："有蜀侯蚕丛，其目纵、始称王。"说明古代蜀人从蚕丛开始才由部族建立了王国，之后的柏灌、鱼凫、杜宇、开明都是古蜀时代各个王朝的

---

① 见［汉］许慎撰，［清］段玉裁注《说文解字注》，上海古籍出版社1988年2月第2版，第665页。
② 见任乃强《四川上古史新探》，四川人民出版社1986年6月第1版，第44—48页。

名称。根据各种古籍记载考证，蜀山氏这一名称转变为蚕丛氏，其年代大概在颛顼时代，而颛顼原名高阳，是黄帝的孙子。正因为蚕丛氏上承蜀山氏，所以建国称王之后仍以蜀作为氏族名称和国号，以后的历代蜀王也都继承了这一传统，袭蜀名而不改，保持了蜀的称号。当黄帝和嫘祖为儿子昌意迎娶蜀山氏之女的时候，嫘祖很可能曾亲临蜀山之地，这对促使蜀山氏从驯养桑蚕向饲养家蚕转变，无疑起了重要作用。

在岷江穿越丛山进入成都平原的地方，自古以来曾有"蚕崖关""蚕崖石""蚕崖市"等古地名，便与蚕丛氏南迁的史迹有关。《宋本方舆胜览》卷五十一记述："成都古蚕丛之国，其民重蚕事，故一岁之中，二月望日，鬻花木、蚕器于其所者号蚕市。"[①]古代成都曾修建有蚕丛祠，以祭祀教人养蚕的蚕丛氏，据《蜀中名胜记》卷二引《方舆胜览》记载曰："蜀王蚕丛氏祠也，今呼为青衣神，在圣寿寺；蚕丛氏教人养蚕，作金蚕数十，家给一蚕，后聚而弗给，瘗之江上为蚕墓。"[②]关于"金蚕"，有两种解释：一种认为金蚕就是金头蚕，是驯养的家蚕优良品种；另一种称为金蚕为黄金所制之蚕，是推动蚕桑事业发展的一种奖励手段。《蜀中名胜记》卷十五又记述说青神县的得名也与蚕丛有关："青神者，以蚕丛衣青，而教民农事，人皆神之，是也。"[③]由此可知，蚕丛不仅教人养蚕，还教民农事，对古蜀时代内陆农业文明的发展影响深远，因而得到了广大蜀人的尊敬和爱戴，立祠祭祀便是这种缅怀之情的体现。（图123、124）起源于古蜀时代的蚕市，亦是蚕丛的遗风，延续到中世纪，成了蜀中的一大景观。《说郛》卷十引《传仙拾遗》说，蚕丛氏教民养蚕，"所止之处，民则成市，蜀人因其遗事，年年春置蚕市也"。北

---

① 见［宋］祝穆《宋本方舆胜览》第11册，上海古籍出版社影印线装本，1986年1月第1版，第7页。又见［明］曹学佺《蜀中名胜记》，重庆出版社1984年10月第1版，第26页。又见［清］常明、杨芳灿等纂修，嘉庆《四川通志》第3册，巴蜀书社1984年12月第1版，第1886页。
② 见［明］曹学佺《蜀中名胜记》，重庆出版社1984年10月第1版，第24页。
③ 见［明］曹学佺《蜀中名胜记》，重庆出版社1984年10月第1版，第219页。

宋时期，曾在导江县蚕崖关外恢复蚕崖市，"以为夏夷互易之地"。①当然，蜀中最繁华热闹的则是成都与都江堰等处的蚕市，宋代诗人范石湖对此印象深刻，在《离堆行》诗中描述说："我昔官称劝农使，年年来濑西江水。成都火米不论钱，丝管相随看蚕市。"通过以上引用的各种记述，很有力地说明了自蚕丛以来蚕桑丝绸业在蜀地的发展和兴旺情形。

古代有祭享先蚕的习俗和礼仪制度，也与嫘祖有关。先蚕就是蚕神，是最先发明创造养蚕的人，随着蚕桑

图123　民间传说的青衣神

丝绸业的发展，而成为后人崇拜祭祀的偶像。在传世文献中，成书于西周战国时代的《礼记·月令》大概是最早记述这一礼仪制度的，说每年季春之月都要举行活动："命有司无伐桑柘，乃修蚕器，后妃斋戒，享先蚕，而躬桑以劝蚕事。"②又说："后妃齐戒，亲东乡躬桑，禁妇女观，省妇使，以劝蚕事。蚕事既登，分茧称丝效功，以共郊庙之服，无有敢惰。"③《周礼·内宰》也有"中春，诏后帅外内命妇始蚕于北郊"的记载。④这些记述说明，西周时期享祀先蚕已成为一项重要的礼仪制度，进而说明了蚕桑丝绸业在西周农业经济中的重要地位。嫘祖是黄帝时代养蚕的创始者，并将蚕桑丝绸这一伟大发明从发源地传播到了黄河流域中

---

① 见［明］曹学佺《蜀中名胜记》，重庆出版社1984年10月第1版，第85页。
② 见［宋］李昉等《太平御览》第4册，中华书局影印出版，1960年2月第1版，第3675页。
③ 见《礼记正义》卷十五，［清］阮元校刻《十三经注疏》上册，中华书局影印出版，1980年9月第1版，第1363页。
④ 见《周礼注疏》卷七，［清］阮元校刻《十三经注疏》上册，中华书局影印出版，1980年9月第1版，第685页。

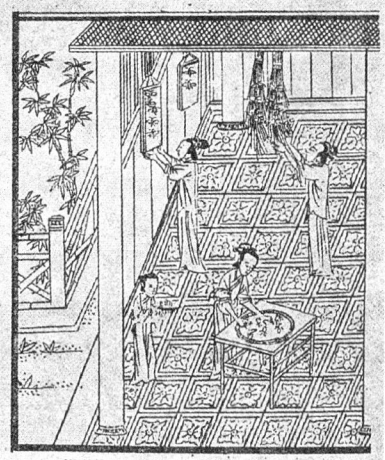

图124 古代蜀地有青衣神的传说与祭祀习俗

原地区，进而推广到了全国。由于嫘祖的地位和贡献，因而导致和形成了后人的纪念活动，并由习俗演变为礼仪制度，这便是"享先蚕"的由来。这一重要的礼仪制度，经秦汉两晋到唐宋，历代统治者都沿袭遵循。《后汉书·礼仪志》记载说，仲春之月"皇后帅公卿诸侯夫人蚕。祠先蚕，礼以少牢"。[1]汉代祭祀的"今蚕神"与周代"故蚕神"不同，可能是古代西楚风俗对汉王室的影响和作用。唐代杜佑的《通典》和宋代郑樵的《通志》这两部重要的经典性著述中，都对祭享先蚕这一礼仪制度作了详细记述，其中包括西周以来历朝所筑先蚕坛之类的方位规模和祭祀方式，通常由皇后主持，后妃和公卿列侯夫人都要参加，隆重"祭奠先蚕西陵氏神"。[2]西陵氏神就是嫘祖。正如《路史·后记》所说："黄帝之妃西陵氏女曰嫘祖，以其始蚕，故又为先蚕。"《纲鉴易知录》对此也说

---

[1] 见［南朝·宋］范晔《后汉书》第11册，中华书局点校本，1965年5月第1版，第3110页。
[2] 见［唐］杜佑《通典》第2册，中华书局点校本，1988年12月第1版，第1290页。见［宋］郑樵《通志二十略》上册，中华书局点校本，1995年11月第1版，第631页。

得比较清楚："西陵氏之女嫘祖……始教民育蚕，治丝蚕以供衣服……故后世祀为先蚕。"这一由皇后等众多女性举行的纪念性活动，显然与嫘祖为黄帝正妃的身份地位有关。北齐是个例外，做法颇有些不同，先"使公卿以一太牢祠先蚕黄帝轩辕氏于坛上"，然后才是皇后和贵妇们的祭祀活动。嫘祖和黄帝本是一家人，把嫘祖发明和传播蚕桑丝绸文化的功劳归于黄帝，可视作是北齐皇帝的一种创意，但并没有得到后代的响应。祭祀礼仪只是形式，如果探寻祭享先蚕这一纪念性活动的意义，则带有浓厚的古代蚕桑丝绸文化遗风，具有引导官吏和百姓重视蚕桑的鞭策激励作用。（图125、126）

图125　古代祭享先蚕的传统

中国蚕桑丝绸文化源远流长，绚丽多彩，除了嫘祖是华夏民族共同尊崇的蚕神，蚕丛氏是古蜀时代教民养蚕的青衣神，在古代蜀地还长期流传着蚕女马头娘的传说。这一传说与蚕桑起源于古蜀地区有很大的关系，解构了蚕桑丝绸文化发展传播的历史，虚拟了神奇的蚕桑起源历程，具有浓郁的荒诞传奇色彩。猎奇是古今人们共同的心理特点，所以这一传说被众多的稗官野史所转载，流传甚广，并在文字叙述上出现了几种大同小异的版本。这个以原始时代为故事背景而具有仙话痕迹的蚕女传说，很可能形成于战国时代，在蜀地广为流传，以后才北传到中原的。但中原士大夫对这个传说却有些不以为然。《荀子·赋篇》在记述蚕理时，就写了"此夫身女好而头马首者与？"①用疑问的口气对这一传说的可信性提出了质疑。蚕女马头娘传说变成文字记载的最早版本已不可深考，转载这一传说的则有《搜神记》《齐民要术》《玉烛宝典》《法苑珠林》《艺文类聚》《太平御览》《太平广记》《中华古今注》《原化传拾遗》《墉城集仙录》《仙传拾遗》《乘异记》《蜀中广记》《四川通志》等。举出这些书名，也可以看出这一传说千百年来的影响了。（图127）

图127 蚕女马头娘的传说

根据《太平广记》卷四百七十九引《原化传拾遗》记述的蚕女故事版本，"蚕女旧迹，今在广汉"，故事的大意是，古代高辛氏时蜀人聚族而居，蚕女的父亲被其他部落劫走，失踪了一年多毫无音讯，其母许诺有能寻回其父者以女嫁之；家中一匹神奇的马绝尘而去，数日后将其父驮了回来，要求兑现诺言，其父认为人马不同类岂能婚嫁，因而将马射杀，把马皮晾晒在院中；当蚕女经过旁边时，马皮突然卷女飞去，"栖于桑树之上，女化为蚕，食桑叶，吐丝成茧以衣被于人间"。这就是蚕女马头娘的由来。故事结尾以神话笔调描述说："蚕女乘流云，驾此马，侍卫数十人，自天而下。"对父母说，因为她的孝义已被上天"授以九宫仙嫔之任，长生于天矣"。这一传说对后世影响甚广，"今家在什邡、绵竹、德阳三县界，每岁祈蚕者，

---

① 见《二十二子》，上海古籍出版社1986年3月第1版，第351页。

四方云集，皆获灵应。宫观诸化，塑女子之像，披马皮，谓之马头娘，以祈蚕桑焉"①。任乃强先生认为，马头娘故事也与祭祀先蚕嫘祖和尊崇蚕丛氏为蚕神有关，故事中"仍称蜀人，远托于高辛氏时，其意犹指蜀山氏也"②。

马头娘故事中提到的广汉，据《汉书·地理志》记载，汉代广汉郡属县十三，什邡、绵竹、德阳以及盐亭均在其内。从地域看，其地之西便是岷山南段，也就是古代的蜀山；东西丘陵地带的盐亭，便是古代的西陵，是嫘祖的故里；而在其地之南，则是惊动世界的广汉三星堆遗址，是蚕丛氏进入成都平原之后古蜀时代一处灿烂辉煌的文化遗存。这与蚕女传说诞生在广汉，也许是一种很有意思的巧合。故事中提到的高辛氏，相传为黄帝的曾孙、尧的父亲，说明这是黄帝嫘祖时代之后诞产的传说。我们从故事中透露的信息看，蚕女被封为九宫仙嫔，在众多侍卫簇拥下乘流云驾马自天而降，显然是以嫘祖作为原型的一种古代民间传说，后来才被文字记载下来，并广为传抄。如果探讨得更深入一点，这或许是嫘祖为儿子昌意迎娶蜀山氏女时亲临蜀地的生动写照。而从故事诞生流行的地域看，这一传说的形成显然也有蚕丛氏"教民养蚕"的缩影在里面。

神话传说是古代人们解释和描述宇宙万物的一种方式，同时，神话传说的诞生形成和传播流行也和古代人们的社会生活有着千丝万缕的联系。由于古今思维模式的差异，古代的神话传说往往给后人留下无限猜测想象的空间。用人类文化学的眼光看，世界上每个古老民族的神话传说，都是一笔丰富的文化遗产。正如希腊神话传说是古希腊文明生动多彩的反映，蚕女马头娘的传说则是中国古代神话中的一朵奇葩，是对中国蚕桑丝绸文化起源的一种美丽奇异的诠释和虚构。古代蜀地作为中国

---

① 见[宋]李昉等编《太平广记》第10册，中华书局1961年9月新1版，第3944页。
② 见任乃强《蚕丛考》，[晋]常璩撰，任乃强校注《华阳国志校补图注》，上海古籍出版社1987年10月第1版，第223页。

蚕桑丝绸文化的故乡，蚕女马头娘的传说也体现了古蜀文化瑰丽神奇的特点。这一特点，我们在观赏三星堆出土的青铜器时，对那些充满想象力的"人兽同体"的精美雕像，已经有了充分的领略。如果说璀璨神奇的三星堆青铜群像给我们留下了鲜明而又深刻的印象，那么蚕女马头娘的神话传说则使我们的这种印象获得了进一步深化，为我们穿越时空的探索考察和猜测想象增添了一份美丽奇异的色彩。

蚕女马头娘神话传说体现的"人兽同体"观念，同样可以看作古代蜀人图腾崇拜的一种演变，表达了蜀人与蚕和马这两种动物之间浓厚纯真的情感。我们知道，蚕是古代蜀人的族名，马也是古代蜀人生活中最密切的伙伴。当古代蜀人翻山越岭离乡远行与周边区域进行商贸和文化交流的时候，最重要的内容就是带上蜀地生产的丝绸，驯养的马匹则在远行中发挥着驮运的作用。在我们描述古蜀时代形成的灿烂辉煌的内陆农业文明时，蚕桑织出的丝绸和马匹的运输能力显然是不可忽视地发挥了重要作用的两个因素。想象力极其丰富的古代蜀人，巧妙地将这两种因素融合在了蚕女马头娘的神话传说之中，为我们研究探讨蚕桑丝绸文化的起源留下了珍贵的资料。如今我们在嫘祖故里的一些寺庙中，仍能看到嫘祖和蚕女马头娘的塑像，成为供后人瞻仰缅怀的源远流长的美丽景观。

从考古出土的蚕桑丝绸资料看，1977年在浙江余姚河姆渡遗址第二期发掘中，出土了一件牙雕小盅，其外壁雕刻了一圈编织和蚕纹图案，考古学者对蚕纹图像做了研究，认为其呈弓形的活泼激烈的动态形象，属于野蚕的特征，而不是家蚕。发掘中还出土了一些纺织用具，说明河姆渡文化已经开始利用野生蚕茧了。这很可能是目前考古发现中一件与蚕桑起源相关的最早的实物资料。而在此之前，曾有一次更重要的发现，1958年在浙江吴兴县钱山漾遗址的第二次发掘中，出土了装在竹筐中的一些丝织品，有绢片、丝带、丝线等。经过科学鉴定，这些丝织品是由家蚕丝编织而成的，而且采用了先缫后织的方法。出土这些丝织品的钱山漾遗址，属于长江下游的良渚文化，其年代与黄河流域的龙山文化大致相当，中国考古学称之为龙山时代。沈从文《中国古代服饰研究》说，上古时代的"纺织品实物，多为天然有机材料制成，本身易于朽腐毁灭，在漫长的历史岁月中极难保存下来。所以原始社会的皮、毛、麻、葛、丝绸遗物极为罕见"。钱山漾遗址出土的丝织品，"距今约四千七百年左右，其保存程度之好是难以置信的……因此也使人蓄疑，却又难于做出解释。考古发掘偶尔也会出现万一奇迹的"[①]。如果抛开疑问，那么这些丝织品表明，龙山时代大概就是中国丝绸的起源时代了。古代史籍中记述的黄帝时代，据学者研究大约相当于龙山时代的较早时期，所以这些考古出土的实物资料，也是对中国丝绸起源于黄帝嫘祖时代的一种印证。这些实物资料还说明了长江下游的良渚，也和古蜀一样是最早驯养桑蚕为家蚕的地区。古蜀和良渚，一个在长江上游，一个在长江下游，作为两个最早养蚕的地区，与龙山时代长江流域温暖的气候和自然生态条件有很大的关系，同时也与这两个地区发达的农业文明密不可分。中国古代文明的起源，本来就呈现为满天星斗的布局，中国蚕桑丝绸文化兴起于古蜀和良渚两个地区，也是一个很好的说明。

　　古蜀地区的岷江流域和成都平原，有宝墩等处古城遗址的发掘，充分揭示了古蜀早期文明的繁荣兴旺情形。在三星堆与金沙遗址等处，曾发掘出土了良渚文化类型的玉石器，数量亦颇为可观。这些考古发掘，告诉我们古蜀时代并不是一个封闭的内陆农业文明，古代蜀人很早就与周边区域远至南亚西亚有着商贸往来，古蜀与良渚显然也早就有了文化交流。宽阔奔流的长江为上游和下游两个区域的交流往来，无疑提供了极大的便利。也许是开放、喜欢远行、富有探索精神的古代蜀人，沿江顺流而下，先到了良渚。这种交流，对两个地区蚕桑丝绸文化的发展，所起的传播促进作用，我们目前还只能猜测。联想到夏禹文化西兴东渐

---

[①] 见沈从文编著《中国古代服饰研究》（增订本），上海书店出版社1997年6月第1版，第21、24页。

的发展历程，对我们的思索无疑提供了启迪和参考。

这里值得一提的是，由考古揭示的良渚丝绸，在古代史籍文献中却缺少相应的记载；古蜀是蚕桑丝绸的故乡，这在众多的史料文献中有着清楚明确的记述，而且有神话传说和古老的民俗传统加以印证，这是一个很有意思的对比，对我们的探索思考可能会有积极的作用。由于三星堆古蜀遗址的惊人发现，激励了考古工作者在成都平原上对史前文明遗迹的寻找，终于有了宝墩等古城址的可喜发现。那么，对于古蜀蚕桑丝绸文化起源时代的探寻，我们相信也会有所发现，也许只是迟早的问题。

果不其然，经过了多年的期盼，最近三星堆考古又有了新的重大发现，在一号坑与二号坑附近，又发现了六个埋藏有文物的坑，出土了青铜面具、青铜方尊、大量的象牙等珍贵文物。特别值得关注的是，在细致的考古发掘过程中，发现了丝绸的遗迹，这是特别珍贵而又非常重要的古蜀丝绸实物资料，充分印证了史籍的记载，说明古蜀是中国丝绸的故乡。2021年3月20日央视直播报道了三星堆新的考古发现，举世瞩目，使得三星堆与古蜀文明再次成了非常热门的话题。

古蜀时代的蚕桑丝绸文化，在成都平原的考古发现中，还有很多非常重要的印证。譬如三星堆遗址出土的青铜立人像，身上穿的那件龙纹左衽大襟衣，无论是其华贵雍容的质地，或是美丽精致的图案纹饰，都给人以丝绸的感觉。青铜立人像象征着群巫之长或至高无上的蜀王，穿上丝绸做的龙纹左衽大襟衣，越发显示出了非凡的王者之气。也只有丝绸，才会产生这种精美无比的效果。（图128）史籍中的记载告诉我们，殷商时期高级丝绸的生产和丝织技术已达到很高的成熟水平。考古资料揭示，在殷墟发掘出的一些铜器上，发现有丝织品印痕，其丰富多样的纹饰正反映了这个时期丝织品生产的进步。对中国古代服饰进行了深入研究的沈从文先生说："商代人民已经能织极薄的精细绸子和几种提花

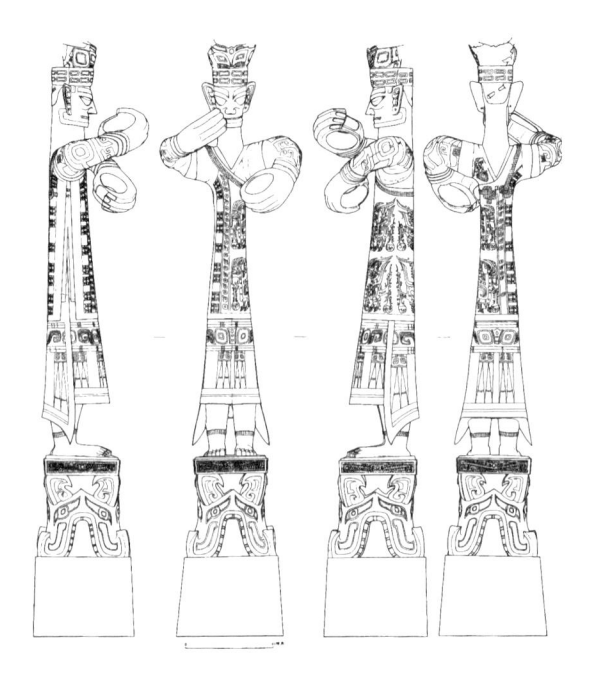

图128　三星堆青铜立人像所穿王服外衣线描图

织物，在铜玉器上留下显明痕迹。"①青铜立人像华贵精美的丝绸服饰，便是最好的佐证。古蜀是丝绸起源的故乡，三星堆考古新发现的丝绸遗迹，以及青铜立人像身上穿着的丝绸服饰，不仅形象地显示了三星堆时期蚕桑丝绸的繁荣发达，而且说明了在三星堆之前古蜀地区的蚕桑丝绸必然会有一个较长的发展过程，这显然是一个绚丽灿烂的发展过程，其起源时间至少应上溯到新石器时代。

三星堆古蜀遗址出土的另一件与蚕桑文化有关的重要器物是青铜爬龙柱。（图129）它出土于三星堆一号坑，器身通高40.5厘米。其造型极为神奇，首先是昂起的头，为虬劲而生动的威风凛凛的龙头形象，却长

---

① 见沈从文编著《中国古代服饰研究》（增订本），上海书店出版社1997年6月第1版，第27页。

着两只弯长硕大的兽耳和一对弯曲的羊角，还长着羊的胡须，怒目张牙，突出的眼睛同青铜纵目人面像一样，显示出纵目的风格；其次是身躯，短而圆，略呈弯曲，似乎是对蚕身的惟妙惟肖的模仿，身躯下面是虎爪形的足，孔武有力地爬在铸有卷云纹装饰的空圆柱上。这件奇异的器物使许多学者感到惊讶，这是一条综合了多种动物特征的与众不同的神龙，与迄今我们知道的中原等地区出土的龙的形象完全不同。其显著的羊弯角羊胡须特征，透露出这是羊种民族的神龙形象。羌、姜从羊，古蜀与兴起于西羌的夏禹有着密切关系，羊头神龙形象便是这种密切关系的形象体现。特别值得注意的是神龙的蚕身。《管子·水地》中有这样一段话："龙生于水，被五色而游，故神；欲小则化如蚕蠋，欲大则藏于天下。"[1]东汉学者郑玄注《荀子·蚕赋》时说："故蚕书曰蚕为龙精。"[2]由此可知在古人的意识中，蚕与龙是可以互相转化的。这种意识，很可能肇始于古蜀，然后才北传到中原的，如同蚕桑丝绸文化的起源传播一样。

图129 三星堆一号坑出土的青铜爬龙柱形器

在古代蜀人的观念中，蚕是崇拜的图腾，所以是无所不在的神灵，可以神化为龙或蛇，亦可幻化为虎。我们在巴蜀铜器纹饰和巴蜀符号中，可以看到很多虎纹都呈现为蚕样的形状，便是例证。在三星堆遗址同时出土的金虎形饰，头为虎形，身体则为弯曲的蚕体，兼具蚕与虎的特征，显然也是古蜀蚕图腾神化观念的一种体现。（图130）还有一件三

---

[1] 见《二十二子》，上海古籍出版社1986年3月第1版，第147页。
[2] 见《二十二子》，上海古籍出版社1986年3月第1版，第351页。

星堆遗址出土的青铜龙虎尊，其用浮雕方法塑造的虎头蚕身，更是活灵活现栩栩如生，其蚕身同真实的蚕是如此相像，而虎头双蚕身的构图又充满了神奇的想象。（图131、132）显而易见，神奇的青铜爬龙柱形器、蚕身金虎形饰、青铜龙虎尊上的虎头双蚕身浮雕，都是古蜀蚕图腾崇拜意识的生动体现。如果我们从美术考古的角度来看，它们又是古蜀时代能工巧匠铸造的杰出的艺术品。用穿越时空的艺术魅力，向我们展示着古蜀蚕桑丝绸文化的源远流长。

图130　三星堆一号坑出土的金虎

蜀地蚕桑业不仅起源早，而且一直比较兴旺。四川的考古工作者1965年在成都百花潭中学十号墓曾发掘出土了一件非常重要的战国时代器物，这是一件铸造精美的铜壶，在壶身上嵌铸有多幅图像，生动地展现了古代蜀人竞射、采桑、弋射、宴乐、攻战等社会生活内容。[①]此壶

图131　三星堆一号坑出土的青铜龙虎尊

图132　三星堆一号坑出土的龙虎尊拓片

① 参见《文物》1976年第3期。

图133 成都百花潭中学出土的战国宴乐攻战纹铜壶

图134 成都百花潭中学出土的战国宴乐攻战纹铜壶纹饰图案

现藏于四川博物院。(图133、134)特别值得注意的是图像第一层右面的采桑图,共有十五人,显然是当时大规模种植桑田饲养家蚕的写照,我们由此可以想象当时蜀国蚕桑丝绸业的繁荣景象。从图像中人物的身材穿着发饰看,其中很多应是女性,这使我们很容易联想到《诗经》中有关妇女养蚕采桑情景的描写。在故宫博物院收藏的战国青铜壶上,亦有一幅生动逼真的采桑图(图135),画面上有的女子正在桑树上采摘桑叶,有的正提筐而行,她们都穿着飘逸的长裙,显得异常秀美。[1]这幅图显然就是《诗经》中描述的采桑情景的艺术写照。

蜀地在这个时期已经开始生产精美的蜀锦和刺绣,正如扬雄《蜀都赋》中所描述的:"若挥锦布绣,望芒芒兮无幅,尔乃其人,自造奇锦。"[2]其精美绝伦的质地和绚丽多彩的图案,获得了周边区域热烈的欢迎。蜀人通过频繁的商贸活动,将精美的蜀锦和刺绣源源不断地销往

---

[1] 参见沈从文编著《中国古代服饰研究》(增补本),上海书店出版社1997年6月第1版,第70页图三一。

[2] 见《全汉文》卷五十一,[清]严可均校辑《全上古三代秦汉三国六朝文》第1册,中华书局影印出版,1958年12月第1版,第402页。

图135　故宫博物院收藏的战国青铜壶上的采桑图（摹本）

外地。近至长江中游楚国的王公贵族，远至中亚西亚以及希腊的有钱阶层，都竞相购进这种奢侈的消费品，以穿着和使用蜀锦刺绣作为华贵的象征。这既是蜀地蚕桑丝绸业的骄傲，也是足可流芳青史的一种荣耀。

## 四、海贝与西南丝路

丝绸之路是连接沟通东西方文明的桥梁，早在古蜀时代就已开通了西南商道，富有开拓精神的古代蜀人走出盆地，将蜀布与丝绸销售到了遥远的南亚、中亚和西亚。文献记载和考古出土资料，对此都给予了充分的揭示。西南丝路不仅在商贸与文化交流方面发挥了重要作用，而且促使了早期佛像的输入、道教的广泛传播，为巴蜀地区的鬼神信仰增添了新的内涵，也有着非常密切的关系。

据现代学者考察研究，中国丝路形成于不同的时代，途径很多，既有西南丝路、沙漠丝路，还有吐蕃丝路、草原丝路、海上丝路。在这种丰富多彩的格局中，西南丝路是历史最为悠久的第一条丝路，也是中国最早向世界打开的窗口。同样为世界古老文明起源地的印度和希腊，当他们第一次见到绚丽精美的丝绸时，便一下子被深深地吸引住了。今天我们从文献记载中仍能体会到他们对丝绸的着迷,那种溢于言表的惊喜和赞叹之情。在他们的心目中,东方生产丝绸的国度是个神秘而又令人向往的地方。正是通过古代蜀人由西南丝路带来的丝绸,使他们感受到了华夏文明的巨大魅力。从那以后,丝绸之国这一美丽的称号,便成了中国的代称。

古代印度在公元前5世纪至公元前4世纪这个时期内,已经大量使用中国丝绸。我们从《摩诃婆罗多》《罗摩衍那》《摩奴法典》等各种古印度作品中,都可以看到关于丝和中国人的记载。迦梨陀娑的著名史诗《鸠摩罗出世》中,提到了中国丝绸做的皇家旗帜,飘扬在金色的大门上,并在其他诗篇中用迎风飘举的中国丝绸旗来形容国王的心进退不定。"在这两个事例中,皇家的旗帜皆是中国丝绸,这说明中国丝绸非常普及。以上证据清楚地表明,中国和中国布(Cinapatta)早在公元前第4世纪已为印度所知","早在公元前第5世纪,丝绸一定已从中国传到阿萨姆"。[1]这些记载和描述,说明中国丝织品在古印度贵族中已经普遍使用,丝绸的名声已广为传播。而这些中国丝绸,毫无疑问都来自蚕桑的故乡古代蜀地,通过西南丝路这条陆上商道,源源不断地输送到了印度。公元前4世纪印度旃陀罗笈多王朝的考第利亚(Kautilya)在他的著作《政事论》中说:"支那(Cina)产丝与纽带,贾人常贩至印度。"[2]并特地提到了"出产在支那的成捆的丝"。说明"至迟在公元前4世纪中国丝必已输入印度"。

西南丝路究竟始于何时?我们通过《史记》和《汉书》中的叙述,可以知道早在通往西域的沙漠丝路开通之前,西南丝路就已经存在了。显而易见,这条由蜀地通往滇缅的古老商道,在秦汉乃至春秋战国之前,就已经形成了。日本学者滕田丰八在《中国南海古代交通丛考》一书中,通过对《诗经》等先秦文献和楚文化若干问题的研究,认为中印

---

[1] 参见江玉祥主编《古代西南丝绸之路研究》第2辑,四川大学出版社1995年12月第1版,第270—271页译文。
[2] 见方国瑜《中国西南历史地理考释》上册,中华书局1987年10月第1版,第6页。

交通的开辟应始于公元前11世纪的周初。方国瑜《中国西南历史地理考释》中指出："中、印两国文化发达甚早，已在远古声闻相通为意中事。最早中、印往还经过西南夷的交通线，各家所说是一致的，至于取道南海及西域，则为汉武帝以后之事。"①随着考古发现不断为我们提供新的资料，学者穿越迷茫的时空，对此有了越来越清晰的认识。曾经对西南丝路做过深入考察的邓廷良在《丝路文化·西南卷》中认为："三星堆祭祀坑中大量齿贝的出现，为滕田的推断提供了有力的实证。"②除了三星堆遗址出土的大量海贝，在横断山脉东部边缘地区和滇西的青铜文化墓葬中，也发现了数量众多的海贝。这些产于印度洋沿岸地区或中国南海热带海域中的海贝，曾长久被视为贵重物品并作为货币使用，显然都是通过贸易交换而进入古蜀和西南丝路沿线地区的。这些出土的海贝，不仅说明了西南丝路的历史悠久，而且揭示了丝路贸易的兴旺。

除了我国境内发现的这些由丝路贸易带来的舶来品，在域外也有许多非常重要的考古发现。1936年考古学家在阿富汗喀布尔以北60公里处对建于公元前4世纪的亚历山大城址进行发掘时，在一处城堡中发现了许多中国的丝绸。③童恩正先生认为："考虑到西汉前期强大的匈奴骑兵及剽悍的月氏曾经多次遮断了沿河西走廊西行的'丝绸之路'，那么这些丝绸（至少其中的一部分）有可能是从成都经滇缅道运到印巴次大陆，再到达中亚的。"④德国考古学家乔格·彼尔在斯图加特西北20公里处一座公元前5世纪凯尔特时期的古墓中，发现墓主人衣服碎片上嵌满了厚实鲜艳的中国丝绸。⑤据苏联C.M.鲁金科博士介绍，在西伯利亚乌拉干河流域公元前5世纪的巴泽雷克畜牧部落首领石室墓中，也发现了

---

① 见方国瑜《中国西南历史地理考释》上册，中华书局1987年10月第1版，第7页。
② 见邓廷良《丝绸文化·西南卷》，浙江人民出版社1995年12月第1版，第28页。
③ 参见王治来著《中亚史》第1卷，中国社会科学出版社1980年4月第1版，第69页。
④ 见童恩正《略谈秦汉时代成都地区的对外贸易》，伍加伦、江玉祥主编《古代西南丝绸之路研究》，四川大学出版社1990年10月第1版，第5页。
⑤ 参见《北京晚报》1981年4月22日第2版。

精美的中国丝绸刺绣。①其刺绣图案与长沙楚墓出土的刺绣图案极为相似，而长沙楚墓出土的织锦和刺绣，学者认为均系蜀地所产，可知巴泽雷克墓内出土的织锦与刺绣显然也是蜀锦和蜀绣。与此相印证的还有新疆吐鲁番阿斯塔那—哈拉和卓古墓群中先后出土的大批织锦，武敏《吐鲁番出土蜀锦的研究》中认为，这些织锦均为蜀锦。②在四川炉霍卡莎石棺葬中也发现过相似的织品③，毫无疑问是古蜀的产品，对域外出土的蜀锦刺绣提供了一个很好的参照。

蜀地所产的丝绸，很早就传到了西亚。中国古代史籍称古罗马帝国为大秦，对辗转输入的丝绸倍感兴趣。在中国通往西域的大路开通以前，中国丝绸在罗马与黄金等价，只有极少数贵族穿得起。公元前1世纪罗马共和国的恺撒大帝曾穿着中国丝绸做的袍子看戏，从此以后锦衣绣服的风尚便在罗马流行起来。"罗马仕女用制衣料，穿后光耀夺目。运输贯穿世界，实极艰巨。"④《三国志》卷三十裴松之注引《魏略·西戎传》记述："大秦国一号犁靬，在安息、条支西大海之西。"大秦国"常利得中国丝，解以为胡绫，故数与安息诸国交市于海中"⑤。《后汉书·西域传》记述："大秦国一号犁鞬，以在海西，亦云海西国。地方数千里，有四百余城。小国役属者数十。以石为城郭。……与安息、天竺交市于海中，利有十倍……其王常欲通使于汉，而安息欲以汉缯彩与之交市，故遮阂不得自达。至桓帝延熹九年，大秦王安敦遣使自日南徼外献象牙、犀角、瑇瑁，始乃一通焉。"⑥安息是古代波斯帝国被马其顿大军攻灭后，于公元前247年建立了阿尔息斯王朝（又名帕提亚王朝），我国史书称之为安息，其地

---

① 参见《考古学报》1957年第2期第37页。
② 参见《文物》1984年第6期。
③ 参见《考古学报》1991年第2期。
④ 参见玉尔《中国道程志》第2卷，1915年，第196—197页；转引自沈福伟著《中西文化交流史》，上海人民出版社1985年12月第1版，第58页。
⑤ 见［晋］陈寿《三国志》第3册，中华书局点校本，1959年12月第1版，第860、861页。
⑥ 见［南朝·宋］范晔《后汉书》第10册，中华书局点校本，1965年5月第1版，第2919—2920页。

域正位于中国通往西亚的丝绸之路要冲。由西南丝路辗转运往罗马的中国丝绸，波斯在当时是必经之路，因此波斯便操纵着中国与罗马之间的丝绸贸易，从中牟取暴利。罗马当然不甘心受制于波斯的贸易控制，到了东罗马拜占庭帝国时期，双方经常因此而发生战争。拜占庭为了得到珍贵的中国丝绸，其后又不得不和波斯言和。这种情形延续了很长时期。在此期间，罗马也不断派出自己的商人，由海道前往印缅，沿着西南丝路去寻找丝绸的产地，以便建立直接的商贸关系。罗马与南印度的海上贸易因之而日益繁荣。由罗马到达日南、扶南、交趾、缅甸等地的商人不断增多，其中有的进入了中国境内，至迟在东汉后期已多次往来于永昌、益州。同时，罗马人也努力寻求生产蚕丝的办法。据载罗马于公元552年曾派遣了几个僧侣前往中国，他们将蚕仔藏于竹杖中，不辞辛劳历尽曲折，终于带回了拜占庭，进行育养。这些都说明了中国丝绸的影响和魅力，说明了古罗马人对中国丝绸的喜爱和着迷。

其实，在罗马人之前，古希腊人就已经和中国丝绸结下了不解之缘。比如在古希腊的一些雕刻和陶器彩绘人像中，由于"发现所穿衣服细薄透明，因而有人推测在公元前五世纪中国丝绸已经成为希腊上层人物喜爱的服装"。[①]这些由古代蜀人通过西南丝路运到南亚印巴次大陆，又辗转运往中亚、西亚的精美丝绸，被希腊文称为"赛尔"（ser），称产丝绸的地方为"赛里斯"（Seres或Serice），意为丝国，后成为中国的称号。这个称号，有学者认为是古代蜀国的音译。据载，公元前5世纪的希腊历史学家希罗德说，希腊商人曾在公元前六七世纪到过"绢国之都"；公元前5世纪的另一位希腊史学家克泰西亚斯在他的《史地书》中，则对赛里斯人和赛里斯国中的情形作了美好的描述。[②]公元前4世纪脱烈美《地志》书中，也对产丝之地Seres作了记述，说其地东面多沼泽

---

[①] 见沈福伟《中西文化交流史》，上海人民出版社1985年12月第1版，第22页。
[②] 参见黄能馥、陈娟娟编著《中国服装史》，中国旅游出版社1995年5月第1版，第87页。

林木，其西有大山与游牧民族，其南有北印度及Sinae，四围有山，就其方位来看，Seres显然是指古代之蜀国，而Sinae则为滇国。[①]亨利·玉尔《古代中国闻见录》中，则记载了古希腊历史学者包撒尼雅斯关于赛里斯人养蚕和用蚕丝织造绸缎的叙述。还有希腊人科斯玛土关于产丝国方位和路线的描述。

上面引用的这些记述只是众多记载中的一部分，但已足以说明，古代希腊和罗马的商人显然是到过成都平原的，所以才会有如此真实生动的记述。从中国文献资料看，《三国志·魏书》等记载大秦"有水道通益州永昌郡"，也是一个有力的印证。

汉朝是一个开放时代，丝路贸易显得异常活跃和繁荣。公元前2世纪，汉武帝出于抗击匈奴的战略考虑，派遣张骞出使西域。张骞在历经艰难曲折回到长安后，向汉武帝详细报告了西域的情况，说他在大夏（今阿富汗北部一带）时，见到了邛竹杖与蜀布，这些货物是从蜀地运到身毒（印度），然后再贩运到中亚的，由此猜测必定有一条通畅的古道。不言而喻，这条古道就是开辟已久的西南丝路。张骞建议说："大夏去汉万二千里，居汉西南。今身毒国又居大夏东南数千里，有蜀物，此其去蜀不远矣。今使大夏，从羌中，险，羌人恶之；少北，则为匈奴所得；从蜀宜径，又无寇。"汉武帝听了大喜，深以为然。但汉王朝对这条商贸古道的具体路线并不清楚。雄才大略的汉武帝当即令张骞从蜀郡和犍为郡秘密派遣使者，"四道并出，出駹，出冄，出徙，出邛、僰，皆各行一二千里"[②]，探索通往印度的商道。结果并不理想，四路密使都遭到了沿途氐族、笮族、巂族、昆明族等部落的阻挠。汉武帝遭此挫折，反而更加坚定了决心，采取了积极的政治军事手段，开始了经营西南的活动。汉武帝的武力经营持续了很长时间，尽管取得了一系列成

---

[①] 参见杨益宪《译余偶拾·释支那》，山东画报出版社2006年5月第1版。
[②] 见[汉]司马迁《史记·大宛列传》第10册，中华书局点校本，1959年9月第1版，第3166页。

功，但官方使者却未能越过大理至保山一带，川滇道是打通了，滇缅道却一直控制在商人和西南少数部族的手中。到了东汉明帝永平年间，哀牢人内附，东汉政府设置了永昌郡，西南丝绸之路这条国际商道才终于全线畅通了。用历史的眼光看，汉武帝派张骞通西域，力求打通西南国际通道，虽然其目的主要是出于军事战略上的考虑，客观上却促进了中国同世界的经济文化交流，开启了一个丝路商贸日益繁荣的时代。

西南丝路从跨越的区域看，可分为川滇段与滇缅段。川滇段是比较复杂的，在不同的地段和不同的历史时期曾有许多称号，将其归纳起来，则主要有两条干道：一是南道，二是西道。南道可能是最先辟筑的一条西南丝路干道了，其走向由成都沿岷江而南至宜宾，汉代宜宾为僰道县所在，因而称为岷江道或僰道。渡江后溯关河至云南盐津县，途中要经过险要的石门关（今盐津县豆沙关），故又名石门道。再至昭通和曲靖，经滇中平原至昆明，西行过普洱驿至下关。因这条路线比较险隘，沿途驿道仅宽五尺，通常称为五尺道。西道的走向是由成都出发，经新津南下临邛至雅安、荥经，越大相岭（今泥巴山）至汉源，出清溪峡至甘洛、越西、喜德、西昌，沿安宁河南下，由拉酢渡金沙江至云南大姚，西行至普洱驿与东道汇合，然后到达大理地区。西道据传是古代牦牛羌部南下之路，故又称古牦牛道，因途中要经过灵关天险，所以又称灵关道。学者认为，这是西南丝路由蜀至滇最重要的通道，特别是中世纪以后，"自唐迄清，千余年来，俱遵此路"。[1]由大理西行就是滇缅道了，途中要渡过澜沧江至保山，然后越高黎贡山至腾冲，再循大盈江南下入缅。缅甸境内的八莫，是伊洛瓦底江上游的一个重要口岸，西南丝路到达这里后有水陆两途可通印度，再通向中亚、西亚和欧洲。

西南丝路在漫长的历史岁月中，不仅是重要的商贸通道，对活跃和繁荣沿途地区的经济生活，也发挥了极其重要的作用。除了成都生产的

---

[1] 见向达《〈蛮书〉校注》，中华书局1962年5月第1版，第14页注。

丝绸和蜀锦刺绣，巴蜀各地生产的蜀布和邛竹杖等手工业品，也是运销到南亚和中亚、西亚地区的备受欢迎的货物。成都地区的漆器，也畅销海内外，长沙马王堆一号汉墓出土的大部分漆器就是成都所制，1916年朝鲜平壤附近的古墓中也出土了一批蜀郡和广汉郡的漆器，其中一些有西汉纪年。①还有临邛等地铸造的铁器，也运销到了滇、黔、岭南、南越和周围少数民族地区。战国至秦汉时期，出现于越南红河三角洲和泰国东北部的铁器，以及在越南北部清化省的东山遗址和广平省的某些汉墓中发现的铁器，可能都是从蜀地临邛输入的。②

　　西南丝路在中外文化交流方面，也发挥了突出作用。从四川出土的早期佛教造像看，印度佛教很可能是由西南丝路传入中国的。过去通常认为，佛教大约于西汉末经西域传入中国内地，到了东汉后期，由于汉王室的倡导，佛教信仰在中国才逐渐传布开来。这种说法的根据，主要来源于一些记述，比如《三国志·魏书》裴松之注引《魏略·西戎传》说："昔汉哀帝元寿元年，博士弟子景卢受大月氏王使伊存口受浮屠经……"③此外还有一些引据，专家认为"所有引据大都是虚构和臆测的"④，不足凭信。又比如牟融《理惑论》第二十章说："昔孝明皇帝梦见神人，身有日光，飞在殿前，欣然悦之，明日博问群臣，此为何神？有通人傅毅曰，臣闻天竺有得道者，号之曰佛，飞行虚空，身有日光，殆将其神也。"于是汉明帝派遣了十八人去西域访求佛道，于永平十年（67年）用白马驮佛经回到洛阳。这种说法亦有不同记载，很不一致，使人置疑。⑤如果说佛经传入是在汉明帝永平年间，那么信奉佛教则是

---

① 参见俞伟超《先秦两汉考古学论集》，文物出版社1985年6月第1版，第146—152页。
② 参见伍加伦、江玉祥主编《古代西南丝绸之路研究》，四川大学出版社1990年10月第1版，第6页。参见江玉祥主编《古代西南丝绸之路研究》第2辑，四川大学出版社1995年12月第1版，第49页。
③ 见［晋］陈寿《三国志》第3册，中华书局点校本，1959年12月第1版，第859页。
④ 参见《中国佛教》第1辑，东方出版中心1980年4月第1版，第4页。
⑤ 参见任继愈《汉唐佛教思想论集》，人民出版社1973年4月第1版，第2页。

汉桓帝时期（147—167）的事情了，《后汉书》卷三十记述汉桓帝在宫中设华盖以祠浮图、老子，因为铺张浪费而遭到了谏臣的反对。①《后汉书》卷八十八说："世传明帝梦见金人，长大，顶有光明，以问群臣。或曰：'西方有神，名曰佛，其形长丈六尺而黄金色。'帝于是遣使天竺问佛道法，遂于中国图画形象焉。楚王英始信其术，中国因此颇有奉其道者。后桓帝好神，数祀浮图、老子，百姓稍有奉者，后遂转盛。"②至于修筑寺庙塑造佛像的出现，据《后汉书·陶谦传》和《三国志·吴书·刘繇传》记载：负责广陵、下邳、彭城三郡运漕的笮融，曾"大起浮屠寺，上累金盘，下为重楼，又堂阁周回，可容三千许人，作黄金涂像，衣以锦彩。每浴佛，辄多设饮饭，布席于路，其有就食及观者且万余人"③。其时间为公元190年前后。而在这个时期，四川早期佛教造像已经比较广泛地出现在民间了。

西南丝路沿途有关佛教造像，有许多考古发现，譬如1941年彭山东汉崖墓出土了一件陶质摇钱树座，底部为双龙衔璧图像，身部采用浮雕手法，塑造了"一佛二胁侍"人物造型，陶座现藏于南京博物院。（图136）学者一致认为这是真正的佛像，俞伟超先生认为，"中为释迦像，两侧为迦叶、阿难或大势至菩萨和观世音菩萨像"；更强调指出："这件东西非常重要，因为它不仅把一佛二弟子或二菩萨像在我国出现的时间上推到东汉后期，而且可表明那时的佛教礼拜曾和古老的社祀活动结合在一起。"④在乐山麻浩和柿子湾两座东汉崖墓中后室的门额位置上，也发现了三尊坐佛像，皆采用浮雕技法刻成，形象逼真。（图137）在彭山一座东汉崖墓的门柱内侧，也发现了雕刻的带项光佛像两尊，以及凿雕

---

① 见［南朝·宋］范晔《后汉书》第4册，中华书局点校本，1965年5月第1版，第1083页。
② 见［南朝·宋］范晔《后汉书》第10册，中华书局点校本，1965年5月第1版，第2922页。
③ 见［南朝·宋］范晔《后汉书》第8册，中华书局点校本，1965年5月第1版，第2368页。参见［晋］陈寿《三国志》第5册，中华书局点校本，1959年12月第1版，第1185页。
④ 见俞伟超《先秦两汉考古学论集》，文物出版社1985年6月第1版，第166页。

在墓壁上的小佛像甚多。①1986年6月四川省博物馆派人在什邡皂角乡白果村征集文物时,在一座东汉墓的废墟上采集到了中间为佛塔两边为菩提树图案的画像砖(图138),这是迄今发现佛教传入我国后以画像形式保存下来的最早的佛塔实物。②1989年11月在绵阳市郊何家山一号东汉崖墓出土了一株摇钱树,在高达70多厘米的青铜树干上,等距离地铸造了五尊坐佛像,结跏趺坐,右手做施无畏状,背后有明显的项光。③这些出土实物资料,无可争议地说明了佛教在东汉中后期已传入四川并在民间广泛流传。(图139)这个时期,在北方中原地区迄今则很少有佛像实物发现。佛像的传入,使得中国传统的鬼神信仰增添了新的内容,对中国的传统文化与民俗民风都产生了重要影响。

通过西南丝路传入中国的,还有各种域外特产和丰富多彩的外来文化。东汉在云南西部设置永昌郡之后,西南丝路这条国际商道全线

图136　彭山东汉崖墓出土陶质摇钱树座上的佛像

图137　乐山麻浩东汉崖墓坐佛图

---

① 参见江玉祥主编《古代西南丝绸之路研究》第2辑,四川大学出版社1995年12月第1版,第55页。
② 参见《四川文物》1987年第4期,第62页。
③ 参见《文物》1991年第3期。

畅通无阻，有许多外国使者便是通过这条路线进入中国内地前往京城洛阳朝贡的，使者有来自缅甸也有来自罗马的，史籍中这方面的记载很多。英国历史学家霍尔说："公元97年，从罗马帝国东部前来永昌的使节曾沿着这条路线旅行。"[①]罗马等国的杂技艺人也随着庞大的使团来到了中国，作杂技艺术和幻术表演。《后汉书》卷八十六记述："永宁元年（120），掸国王雍由调复遣使者诣阙朝贺，献乐及幻人，能变化吐火，自支解，易牛马头，又善跳丸，数乃至千。自言我海西人。海西即大秦也，掸国西南通大秦。"[②]大秦就是罗马。掸国大概在缅甸东北部一带。据《魏略·西戎传》记述，"大秦国俗多奇幻，口中出火，自缚自解，跳十二丸，巧妙非常"[③]，可知罗马的杂技幻术是很有特色的。大秦"又有水道通益州、永昌，故永昌出异物"[④]，

图138  什邡佛塔图

图139  四川绵阳何家山一号汉墓出土摇钱树干上的佛像之一

---

① 参见〔英〕霍尔著，中山大学东南亚历史研究所译《东南亚史》，商务印书馆1982年版，上册第45页。
② 见〔南朝·宋〕范晔《后汉书》第10册，中华书局点校本，1965年5月第1版，第2851页。
③ 见〔南朝·宋〕范晔《后汉书》第10册，中华书局点校本，1965年5月第1版，第2920页注2。
④ 见〔晋〕陈寿《三国志》第3册，中华书局点校本，1959年12月第1版，第860、861页。

第六章　汉代画像中的绚丽景观

说明了罗马与蜀滇在经济文化交流方面的密切关系。在交往路线上，罗马人先由海道至缅甸，然后由西南丝路进入云南和四川，再前往中原。罗马、缅甸的杂技艺人和魔术师，在西南丝路沿途肯定做过多次表演，在繁华的成都可能有过较长时间的停留。四川地区出土的一些东汉杂技画像砖上，便留下了他们的精彩表演画面。成都市郊出土的一方"杂技饮宴图"画像砖，中间的一位"幻人"，便是外国魔术师表演吐火的造型。（图140）新都收集到的"驼舞"画像砖，也是外来表演的生动写照。（图141）此外四川出土汉代画像中的跳丸、在叠案上做倒立表演，也带有外来艺术表演的特色。（图142）《邺中记》有"安息五案"的记述，说明这种表演可能来自伊朗等处。

图140　汉代画像砖上的吐火幻人图（成都市郊出土）

图141　汉代画像砖上的驼舞图（四川新都出土）

图142　四川德阳出土的杂技画像砖

中国的杂技艺术起源甚早，比如角抵、驯兽、耍弄兵器、乐舞百戏、扛鼎、缘绳、爬竿、冲狭、柔术、车技马戏、累丸弄丸、盘舞跳剑等，在春秋战国就出现了，到两汉时期已蔚然成风。外来杂技和魔术在各地的表演，起到了交流作用，对促进中国的百戏发展，无疑发挥了积极的作用。这些都堪称是中外文化交流史上的佳话。

| 第七章 |

# 盘古神话与汉代画像

## 一、传说中的盘古创世神话

　　传说汉代成都就有了盘古画像，是讹传还是确有其事？对此需要深入探讨。

　　中国古代有盘古创世的神话传说，大约源于汉代，在魏晋南北朝时期才广为流传。其由来是否更早？已不可详考。梁朝任昉撰写的《述异记》开篇就记述了这一传说："昔盘古氏之死，头为四岳，目为日月，脂膏为江海，毛发为草木。秦汉间俗说：盘古氏头为东岳，腹为中岳，左臂为南岳，右臂为北岳，足为西岳。先儒说：盘古氏泣为江河，气为风，声为雷，目瞳为电。古说盘古氏，喜为晴，怒为阴。吴楚间说：盘古氏夫妻，阴阳之始也。今南海有盘古氏墓，亘三百余里，俗云后人追葬盘古之魂也。桂林有盘古氏庙，今人祝祀。"又说："南海中盘古国，今人皆以盘古为姓。昉按，盘古氏天地万物之祖也。然则生物始于盘古。"①任昉是南北朝时期的梁朝人，在《述异记》中记述了很多先秦以来的神话传说，关于盘古神话，就汇集了多种传说，也可以说是从民俗学和人类学的角度对盘古神话做了立体式的记述。正因为有这些流传已久的传说，所以任昉认为，盘古是开天辟地的创世神，为天地万物之祖。任昉的看法，可能代表了南北朝时候的一种观念，具有一定的代表性，对盘古创世的神话传说表示了赞同与推崇。

其实在任昉之前，已出现了关于盘古的记载。例如《艺文类聚》卷一引徐整《三五历纪》曰："天地浑沌如鸡子，盘古生其中。万八千岁，天地开辟，阳清为天，阴浊为地。盘古在其中，一日九变，神于天，圣于地。天日高一丈，地日厚一丈，盘古日长一丈，如此万八千岁。天数极高，地数极深，盘古极长。后乃有三皇。数起于一，立于三，成于五，盛于七，处于九，故天去地九万里。"②

《艺文类聚》是唐代欧阳询领衔编修撰写的一部类书，其中分门别类收录了很多古籍精要，为后来文史研究者搜寻和征引唐代之前的各种文献资料提供了便利。关于徐整，《全三国文·卷七十三·吴十一·徐整》记载说："整，字文操，豫章人，为太常卿，有《毛诗谱》三卷。"③又据《隋书·卷三十二·经籍志》记载，有"《毛诗谱》三卷，吴太常卿徐整撰"，又有"《孝经默注》一卷，徐整注"④。《隋书·经籍志》中收录的书籍颇多，但未见有《三五历纪》。查《三国志·吴书》中也未见有徐整的传记。推测可能是由于徐整的官职小了，故无传，相关史料中透露他所撰写的著述也不多。但因为《艺文类聚》中引用了徐

---

① 参见［南朝·梁］任昉《述异记》卷上，《百子全书》下册，浙江古籍出版社1998年8月第1版，第1320页。
② 参见［唐］欧阳询撰，汪绍楹校《艺文类聚》第1册，上海古籍出版社1982年1月新1版，第2—3页。
③ 参见［清］严可均校辑《全上古三代秦汉三国六朝文》第2册，中华书局影印出版1958年12月第1版，第1445页。
④ 参见［唐］魏徵等《隋书》第4册，中华书局点校本，1973年8月第1版，第916、933页。

整《三五历纪》，后人又根据《隋书·经籍志》中说徐整是三国时期吴国的太常卿，便将两条资料整合在了一起，推断《三五历纪》就是三国时期吴国徐整所撰。这个推断虽有疑问，但也有一定的依据和道理。所以由此可知，早在南北朝之前的三国时期，就已出现了关于盘古神话的记述。

在一些文章中，还见到有人引用所谓《六韬·大明》的记载说："召公对文王曰：天道净清，地德生成，人事安宁。戒之勿忘，忘者不祥。盘古之宗不可动也，动者必凶。"这段文字，据称其出自宋代罗泌《路史》卷一中的罗苹注文。因为《六韬》据传是周朝吕望撰写的，显而易见引用者是希望以此来说明盘古的神话传说早在先秦就有了。关于《六韬》，在《隋书·经籍志》中已被列入兵家类图书，题"《太公六韬》五卷。梁六卷。周文王师姜望撰"[1]，大约自宋代以来学者多视之为伪书。[2]然而出土资料揭示，1972年山东临沂县银雀山西汉墓出土的竹简中有《六韬》中《文韬》《武韬》《龙韬》等篇，1973年河北定州西汉中山怀王刘修墓出土竹简中也有《六韬》的文字，可见其成书于秦汉之前。但核查出土竹简与今本《六韬》中并无"大明"与这段文字，罗苹注文显然是弄错了，并有附会捏造之嫌。近来有人引用这段文字，特别是网络上一些介绍盘古和以此宣传地方文化旅游的文章，对此不加考辨，以讹传讹。实际上，关于盘古神话的记载，目前所见，仍是以梁朝任昉撰写的《述异记》和唐代欧阳询编修的《艺文类聚》引徐整《三五历纪》比较准确。此后一些关于盘古神话的记载，可能都是以此为蓝本而来的。譬如，《绎史》《广博物志》等也都沿袭了类似记载。宋代罗泌《路史》中也有关于盘古氏的一些简略记述。明代周游《开辟衍绎》中也沿用了《艺文类聚》中的说法，并加入了五行的观念与新的民间传说

---

[1] 参见［唐］魏徵等《隋书》第4册，中华书局点校本，1973年8月第1版，第1013、933页。
[2] 参见张心澂编著《伪书通考》，上海书店出版社1998年1月第1版，第791—797页。

色彩，叙述盘古是用巨斧开天辟地的。

值得注意的是，后世的道家《历代神仙通鉴》《真众仙记》等书籍中也都收入了此说，将盘古尊为开天辟地之神，并且按照道家的神仙谱系将盘古称为盘古真人、元始天尊或元始天王。有称东晋葛洪《枕中记》，以及南北朝所出的《元始上真众仙记》载，昔二仪未分、天地日月未具时，混沌玄黄，已有盘古真人，自号元始天王，游乎其中。后与太元圣母通气结精，生扶桑大帝、西王母、地皇。地皇复生人皇。庖羲、神农、祝融、五龙氏等皆其后裔。[①]这些记述，已经和最初的盘古神话有别，羼入了道家对盘古神话的加工利用和虚构演化。但也说明，盘古神话在东晋和六朝时期已经广泛流传，才引起了道家的重视，从而被吸纳利用，将盘古进一步神化，对盘古的创世故事也做了进一步改编，渲染了浓郁的本土宗教色彩，使盘古成了道教中位居三清之首的元始天王。道家的做法，一方面推进了盘古神话的传播与影响，另一方面也使盘古神话在故事内容方面发生了变化，开启了神仙故事新编之门，这对盘古的神话传说在后世出现多种故事版本显然有着较大的关系。

需要指出的是，宋朝编纂的大型类书《太平御览》卷一也引用了《三五历纪》，说："《三五历纪》曰，未有天地之时，混沌状如鸡子，溟涬始牙，濛鸿滋明，岁在摄提，元气肇始。又曰清轻者上为天，浊重者下为地，冲和气者为人。故天地含精，万物化生。"[②]卷一的这段文字中没有提盘古，也没有标明《三五历纪》的作者。文中强调的是创世神话中的混沌说。这是一个很值得重视的现象，反映了中国古代创世神话中，盘古的神话传说主要流行于民间，并未被统治者所重视，而占据主流地位的混沌说，其影响显然超过了盘古的神话传说。所以在官修大

---

① 参见《中国各民族宗教与神话大词典》，"盘古真人"，学苑出版社1990年10月第1版，第232页。参见卿希泰主编《中国道教》第3卷，知识出版社1994年1月第1版，第5、14页。
② 参见［宋］李昉等《太平御览》第1册，中华书局影印出版，1960年2月第1版，第1、8页。

型类书《太平御览》卷一中突出了混沌说，而略去了盘古的神话传说，也就不难理解了。在《太平御览》卷二中，又重新引用了徐整《三五历纪》，其文字显然是从《艺文类聚》卷一中转录过来的，几乎一字不差。既然卷一已经做出了选择，卷二为何又要重引呢？岂不自相矛盾吗？推测可能是编纂类书者为了保留资料的完备吧，故而才有前后不同方式的引用，出现了这种耐人寻味比较微妙的现象。

从民间传说的角度来看，在河南桐柏县与泌阳县之间交界处有盘古山，周围就流传有许多关于盘古的神话传说。在河南泌阳县有盘古兄妹的民间传说，其情节有玉帝、太白金星、寺院、石狮子等，概念上有些杂乱，编造的痕迹甚重，显然是后来才出现的。在河南桐柏县也流传有多种版本的盘古传说，据说在开展民间文学普查工作时，曾在桐柏县搜集出上百种关于盘古的神话传说，当地民间传说正月初一是盘古的生日，据有的方志记载这里很早就有盘古庙。查阅相关文献，郦道元《水经注》卷二十九《比水注》曰："余以延昌四年蒙除东荆州刺史，州治比阳县故城，城南有蔡水，出南磐石山，故亦曰磐石川。"王国维《水经注校》本中将"比阳"作"沘阳"。[①]比阳县，其实也就是泌阳县的旧名。到了清代陈梦雷编纂的《古今图书集成·方舆汇编·山川典·泌水部汇考》中，把《水经注》的"磐石山""磐石川"改为了"盘古山""盘古川"。仔细核查《水经注》的几种版本，都准确无误地记述为"磐石山"与"磐石川"，郦道元曾在泌阳任刺史，当然不可能写错。其实明代的地方志书《南阳府志》中仍是沿用了《水经注》中"磐石山"说法的。但自从改了两个字，"磐石"成了"盘古"，各种附会的盘古传说也就随之盛传起来。当地县志说"本名磐石山，后讹为盘古，因立盘古庙于其上"。盘古的神话传说也就堂而皇之成了当地的一种文化

---

① 参见［北魏］郦道元《水经注》卷二十九，商务印书馆1933年初版，1958年5月上海重印第1版，第61页。又参见［北魏］郦道元撰，王国维校《水经注校》，上海人民出版社1984年5月第1版，第947页。

资源。中国很多地方都有类似的文化现象，譬如湖北随州与陕西宝鸡都说是神农炎帝的诞生地，四川北川与汶川都说是大禹的故里，就是比较典型的例子。又比如大禹娶涂山氏的地方也有好几处说法，有说是江州（重庆）涂山，也有说是安徽当涂（安徽怀远），或说是九江当涂，或在寿春（安徽寿县），还有说是会稽山等；因为大禹是中华民族的治水英雄和开创夏朝的伟大人物，而涂山是大禹娶妻生子的地方，所以很多地方都愿意和大禹攀亲，也就不足为奇了。盘古的神话传说在河南桐柏县与泌阳县之间流传，也属于类似文化现象，虽是后世附会，却迎合了当地民俗与大众的心理需求，也就随之盛传起来。有关方面以此认为河南省桐柏县是盘古文化的根源地，当然也无可厚非。2005年3月桐柏被中国民间文艺家协会命名为"中国盘古文化之乡"。2006年10月30日桐柏举办了"全球华人首次祭祀盘古大典"，并将每年农历九月初九定为祭祀盘古日。2008年桐柏县启动了"盘古创世神话传说群"国家非物质文化遗产的申报工作，当地的"盘古庙会"已被确定为国家第二批非物质文化遗产之一。桐柏县对盘古文化的重视，显然抢先走在了其他地区也有盘古神话传说的前面，已经和地方文化旅游发展结合在了一起。

在中原太行山和豫西山区也流传有盘古的神话传说，在太行山南麓济源市境内建有盘古寺，这里的太行山也被叫作盘古山。[①]这里的盘古寺建于何时，因缺少记载，而不可详考。据载，唐代韩愈在《送李愿归盘谷序》中曾对此处的地理环境与民俗状况有所描述："太行之阳有盘谷，盘谷之间，泉甘而土肥，草木丛茂，居民鲜少。或曰：'谓其环两山之间，故曰盘。'或曰：'是谷也，宅幽而势阻，隐者之所盘旋。'友

---

① 参见《中国各民族宗教与神话大词典》，"盘古开天辟地""盘古寺"，学苑出版社1990年10月第1版，第265页。

第七章　盘古神话与汉代画像

人李愿居之。"①韩愈是南阳人，唐代著名学者与文豪，考取进士后曾在朝廷与地方任职，因"才高又好直言累被黜"，见多识广，对地理名称是不会写错的，对豫西的盘谷地貌和民俗也是相当了解的。韩愈《送李愿归盘谷序》此文作于贞元十七年（801），被誉为是中国古代散文史上的名篇，文中歌颂了隐居山林之乐，而只字未提盘古。由此可见唐代的时候，太行之阳有盘谷，但与盘古并无关联。至于这里被附会了盘古传说，并修建了盘古庙，显而易见应该是唐代之后的事了。

台湾也有盘古故事，说到了盘古和曾祖盘扁下棋，捏面人放到蒸笼里生了柴火蒸煮，因下棋入迷忘了时间，第一次水蒸干烧焦了，第二次掀笼盖早了未蒸熟，第三次落雨浇熄了柴火焖黄了，"从此以后，世界上就有了人类。那些烧焦了的面人、没蒸熟的面人和焖黄了的面人，就成为人类里的黑人、白人和黄种人"。②这个传说显然也是后世的附会与编造，属于典型的民间文学。

在浙江绍兴也有盘古的神话传说："老早老早时光，天地混沌，只有一条缝。不知啥时候，天外飞来一只火红火红的大鸟，在天和地的合缝处，下了老大老大的一个蛋。过了许多许多年，这个大蛋成了精灵，孕育成了一个盘古。为啥叫他盘古？因为他在蛋里双手抱着、双腿屈着，像是盘住整个身架，所以叫盘古。盘古在蛋里渐渐大起来，受不了啦，用嘴把蛋壳慢慢啄破，脱出来了。盘古长得很怪：驼峰似的头顶，大鸟样的嘴鼻，肩背上还有一对翅膀，双手双腿都老长老长。他把啄碎的蛋壳全吃进肚里，于是见风就大，脚踏着地，头顶着天，还是伸不直腰。他嫌天地之间的合缝太窄了，就用头向上顶，用脚向下蹬，用双手向左右推。他顶一顶，天高一丈；蹬一蹬，地陷一丈；推一推，左右各宽一

---

① 参见［清］董诰等编《全唐文》卷五百五十五《韩愈·送李愿归盘谷序》第3册，上海古籍出版社1990年12月第1版，第2487页。又参见《韩昌黎全集》第十九卷《书序·送李愿归盘谷序》线装本第6册，上海文瑞楼印，第9页。
② 参见网络上的相关报道与资料。

丈。盘古呢，还在见风大。他仍然脚踏地，头顶天，没法子伸直腰。他不甘心，继续顶呀，蹬呀，推呀，如此一万八千年，天就极高，地就极深，盘古把天和地真正分开了。但是，盘古的气力已经用尽，不久就死了，所以讲盘古活了一万八千岁。盘古死后，他的灵魂飞到天上，变成了雷公。他的身体的各部分，分别变成了日月、星辰、风云、山川、田地、草木。"据《浙江省民间文学集成·绍兴故事卷》介绍，这是一位生活于乡村的文盲老妇人口述的盘古神话，因为其中显示出了浓厚的鸟崇拜成分，所以认为最初很可能是由具有悠久鸟崇拜传统的古越部族所创作出来的。这则口述传说，可能是迄今民间流传的盘古传说中最为古朴的，因循了混沌与盘古开天辟地的说法，与任昉《述异记》中的记述比较相似。

盘古神话不仅流传于中原地区与长江中下游，在我国南方的其他一些省区，如湖北、湖南、云南、广西、广东等地也都流传有盘古的传说，并有祭祀盘古的传统。南方的苗、瑶、壮、侗、仫佬、傈僳等少数民族也都崇奉盘古，将盘古视为创世之神。以瑶族为例，据学者研究，瑶族的神话按内容可分为六类，即创世神话、洪水神话、射日神话、图腾神话、族源神话和迁徙神话。在瑶族的创世神话中，布努瑶的《密洛陀》将"洛陀洛西"叙说为创世神，而蓝靛瑶的《盘古造天地》则叙说盘古王如何为养育后代而勇于肢解自身，变化为天地、日月星辰，变化为云烟、棉麻、花果和山禽、野兽。蓝靛瑶的盘古创世神话，与汉族的盘古传说非常相似，也可以说基本上是一致的。

应该指出的是，在瑶族的图腾神话与族源神话中，有《盘瓠神话》，把瑶族十二姓看作是"盘瓠"之后代。瑶族有祭祀盘王（盘瓠）的古代宗教仪式，称为"还盘王愿"。[①]祭祀的便是盘瓠，而并非盘古。

---

[①] 参见《中国各民族宗教与神话大词典》，"瑶族的宗教与神话"，学苑出版社1990年10月第1版，第632—633页。

盘古是创世神话，盘瓠是族源神话，两者有很大的不同，其实是不能混为一谈的。

## 二、盘瓠传说与盘古神话的关系

关于盘瓠，《后汉书·南蛮西南夷列传》已有记载："昔高辛氏有犬戎之寇，帝患其侵暴，而征伐不剋。乃访募天下，有能得犬戎之将吴将军头者，购黄金千镒，邑万家，又妻以少女。时帝有畜狗，其毛五采，名曰槃瓠。下令之后，槃瓠遂衔人头造阙下，群臣怪而诊之，乃吴将军首也。帝大喜，而计槃瓠不可妻之以女，又无封爵之道，议欲有报而未知所宜。女闻之，以为帝皇下令，不可违信，因请行。帝不得已，乃以女配槃瓠。槃瓠得女，负而走入南山，止石室中。所处险绝，人迹不至。于是女解去衣裳，为仆鉴之结，著独力之衣。帝悲思之，遣使寻求，辄遇风雨震晦，使者不得进。经三年，生子一十二人，六男六女。槃瓠死后，因自相夫妻。织绩木皮，染以草实，好五色衣服，制裁皆有尾形。其母后归，以状白帝，于是使迎致诸子。衣裳班斓，语言侏离，好入山壑，不乐平旷。帝顺其意，赐以名山广泽。其后滋蔓，号曰蛮夷。外痴内黠，安土重旧。以先父有功，母帝之女，田作贾贩，无关梁符传，租税之赋。有邑君长，皆赐印绶，冠用獭皮。名渠帅曰精夫，相呼为姎徒。今长沙武陵蛮是也。"[1]据注释可知，高辛也就是帝喾，为黄帝的曾孙，可见盘瓠的年代是相当久远的了。

关于槃瓠的由来与传说，东汉应劭《风俗通义》也做了相同的记载。[2]晋代干宝《搜神记》卷十四对槃瓠的传说故事也做了类似的详细

---

[1] 参见［南朝·宋］范晔《后汉书》第10册，中华书局点校本，1965年5月第1版，第2829—2830页。
[2] 参见［汉］应劭撰，吴树平校释《风俗通义校释》，天津人民出版社1980年9月第1版，第438—439页。

记述，说槃瓠的后代："今即梁、汉、巴、蜀、武陵、长沙、庐江郡夷是也。用糁杂鱼肉，叩槽而号，以祭盘瓠，其俗至今。故世称'赤髀横裙，盘瓠子孙'。"①

《魏略》对此也有记载。后来的《武陵记》《荆州记》等，也有关于槃瓠行迹与槃瓠子孙的记述。唐代李贤注释《后汉书·南蛮西南夷列传》时就引用了《魏略》及《搜神记》卷十四的记载，并进一步说此犬是高辛氏老妇耳中之物变的。李贤等注还说，唐朝辰州卢溪县西有武山，武山有盘瓠石窟，"望石窟大如三间屋，遥见一石仍似狗形，蛮俗相传，云是盘瓠像也"②。可见盘瓠的传说影响很大，自汉代以来的一些记述中多认为实有其事，古人也大都信以为真。

《艺文类聚》卷九十四也收录了盘瓠的传说，但情节与称谓略有不同："《玄中记》曰，狗封氏者。高辛氏有美女，未嫁。犬戎为乱，帝曰，有讨之者，妻以美女，封三百户。帝之狗名槃护，三月而杀犬戎之首来。帝以为不可训民，乃妻以女，流之会稽东南二万一千里。得海中土，方三千里而封之，生男为狗，生女为美女。"又引《搜神记》曰："高辛氏有老妇人，居王宫，得耳疾，医为挑治，得一物，大如茧，妇人盛之以瓠，覆之以盘。俄顷而化为犬，其文五色，名盘瓠。"③《太平御览》卷九百五也收入了盘瓠传说，但文字又有所区别："《玄中记》曰，昔高辛氏，犬戎为乱，帝言曰，有讨之者，妻以美女，封三百户。帝之狗名槃瓠，亡三月而杀犬戎，以其首来。帝以女妻之于会稽东南，

---

① 参见［晋］干宝撰，汪绍楹校注《搜神记》，中华书局1979年9月第1版，第168—169页。又参见《百子全书》下册，浙江古籍出版社1998年8月第1版，第1275页。
② 参见［南朝·宋］范晔《后汉书》第10册，中华书局点校本，1965年5月第1版，第2830页。
③ 参见［唐］欧阳询撰，汪绍楹校《艺文类聚》第4册，上海古籍出版社1982年1月新1版，第1637—1638页。又参见鲁迅《古小说钩沉·玄中记》，《鲁迅全集》（1973年重排竖版简体20卷本）第8卷，人民文学出版社1973年12月第1版，第485页。

得海中土三百里而封，生男为狗，生女为美女，封为狗氏国。"①还有其他一些类书或古籍中，也有相似的转录。

我们援引以上文献史料，从中可以看出盘瓠的传说是获得了历代统治者认可的，所以在正史与官修类书中都有明确的记载。通过这些记载可知，盘瓠的传说充满传奇色彩，今人多视为神话，而古人却深信不疑，认为蛮夷皆为狗种。但其中的荒诞与矛盾之处，也是不言而喻的。其中最为关键的问题，就在于：盘瓠是否真的为犬？有学者认为，其实"犬"只是盘瓠职官之名，并非说盘瓠是一只狗。譬如《三国志·魏书·乌丸鲜卑东夷传》就有夫余国"国有君王，皆以六畜名官，有马加、牛加、猪加、狗加"的记载。②徐中舒先生据此认为盘瓠神话并非"瑶族凭空臆造出来的"，指出"瑶族出于夫余的狗加，所以瑶族以狗头人身的盘瓠作为他们的始祖"。③王晖先生也赞同徐中舒先生的看法，但又认为，与其说瑶族始祖盘瓠为狗之说来自三国时夫余"以六畜名官"的"狗加"，不如说出自殷墟卜辞所见商代的武官"犬"职，殷墟卜辞中职官称"犬"或"多犬"，主管狩猎，也从事征战。进而推论《后汉书·南蛮西南夷列传》及《搜神记》等书中所说盘瓠为高辛氏"畜犬"，实际上是说盘瓠是高辛帝的犬职官吏，因征战有功，杀掉了作乱的犬戎部之将吴将军，因而受封南方，为长沙、武陵等地苗、瑶、畲的始祖，后世因其始祖为犬职而误传其身为犬。说明到南方去立社建国的盘瓠部族，本是来自北方，应是从高辛氏商族分化出来的。④

徐中舒先生和王晖先生的看法都很有道理，是很有见地的一家之言。但中国古籍中关于族源的传说，与鸟兽有关的例证很多，如《帝王

---

① 参见〔宋〕李昉等《太平御览》第4册，中华书局影印出版，1960年2月第1版，第4013页。
② 参见〔晋〕陈寿《三国志》第3册，中华书局点校本，1959年12月第1版，第841页。
③ 参见徐中舒《先秦史论稿》，巴蜀书社1992年8月第1版，第140—144页。
④ 参见王晖《盘古考源》，《历史研究》2002年第2期。

世纪》云，神农氏的母亲任姒"为少典妃，游华阳，有神龙首，感生炎帝。人身牛首，长于姜水，有圣德，以火德王，故号炎帝"。《帝王世纪》又说大禹的父亲"鲧妻脩己，见流星贯昂，梦接意感，又吞神珠薏苡，胸坼而生禹"。《史记》说殷商王朝的祖先契，"母曰简狄，有娀氏之女，为帝喾次妃。三人行浴，见玄鸟坠其卵，简狄取吞之，因孕生契"。周王朝的先祖周后稷，则是母亲姜原践踏了巨人迹而感孕所生。秦王朝的祖先，也是颛顼之苗裔女脩吞了玄鸟卵后怀孕所生。①这些记述在正史中，可谓屡见不鲜。还有云南高黎贡山区的古哀牢人，传说其先有妇人名曰沙壹，因触摸了龙变化的沈木而娠，生下十个儿子，后来龙现身，九子惊走，唯小子与龙陪坐，因名为九隆，长大后有才武，共推为王。《后汉书·南蛮西南夷列传》与《华阳国志·南中志》等对此都做了记载。②我们由此可知，人与动物是否真的能够繁衍后代？古人对此似乎从未深究过。但在古人的心目中，以动物为祖先，却是很正常的现象，甚至是被视以为荣的事情。盘瓠是高辛氏的神犬，后成为南方蛮夷的祖先，也属于类似情形。所以，盘瓠是否为高辛氏的官职，并不要紧。重要的是，历代对盘瓠的传说均未置疑，因而成了信史。

盘瓠的传说由来已久，在南方少数民族地区传播很广，很多少数民族皆认为是槃瓠的后代，都有尊崇与祭祀槃瓠的传统。正如杨宽先生所说："由犬戎而生犬封（国）之说，以犬为犬戎之族，再传而为槃瓠之说，三变而为南蛮之祖。南方苗瑶畬族皆信以为真，于是自认为犬之后

---

① 参见［汉］司马迁《史记》第1册，中华书局点校本，1959年9月第1版，第4、49、91、111、173页。参见［晋］皇甫谧撰，陆吉点校《帝王世纪》，载《帝王世纪·世本·逸周书·古本竹书纪年》，齐鲁书社2010年1月第1版，第4、21页。
② 参见［南朝·宋］范晔《后汉书》第10册，中华书局点校本，1965年5月第1版，第2848页。又参见［晋］常璩撰，刘琳校注《华阳国志校注》（修订版），成都时代出版社2007年6月第1版，第222页。《后汉书·南蛮西南夷列传》称九隆，《华阳国志·南中志》称为元隆。又参见［汉］应劭撰，吴树平校释《风俗通义校释》，天津人民出版社1980年9月第1版，第439页。

裔，竞相传述，且从而礼拜之。"[1]叶舒宪先生认为，中国古代各部族大都有以动物作为图腾的习俗，"南方少数民族聚居地乃是犬图腾的天下。直到后世的苗、瑶、侗、黎等族神话中还保留着关于槃瓠的图腾故事。"[2]岑家梧先生也认为："狗女婚配而生其族，确是蛮人的图腾神话，瑶畲二族又因为是南蛮的后代，所以他们把盘瓠的传说一直保留下来。"[3]而在尊崇盘瓠的少数民族中，瑶族是最典型的代表，不仅有以盘瓠故事为原型的族源神话与图腾神话，还有"还盘王愿"的祭祀仪式。这种代代相传的民俗传统与民族宗教，迄今仍流行不衰。

值得强调和指出的是，因为道教在南方少数民族地区的传播，道教中的神仙故事也逐渐为瑶族所信奉。道教关于盘古为元始天尊的说法，也为瑶族所接受了。故而盘古的神话传说，在南方瑶族地区也开始广为流传，并且出现了和盘瓠神话常常混淆传播的情形。因为盘瓠与盘古的称谓相近，都属于神话传说，在南方少数民族地区又混淆流传，两者之间究竟是什么关系，引起了学者的关注，对此提出了许多不同的看法。

有学者认为，"盘古"很可能是由"盘瓠"音转而来。袁珂先生就认为，盘瓠"这个故事大同小异地流传在中国南方瑶、苗、黎等民族中。'盘瓠'这两个字，音转而为'盘古'。据说瑶族人民祭祀盘古，非常虔诚……三国时徐整作《三五历记》，吸收了南方少数民族中'盘瓠'或'盘古'的传说，加以古代经典中的哲理成分和自己的想象，创造了一个开天辟地的盘古，填补了鸿蒙时代的这一段空白，盘古遂成为我们中华民族共同的祖先。这样一来，天地是怎样开辟的，宇宙是怎样构成

---

[1] 参见杨宽《中国上古史导论》，《古史辨》第7册上编，上海古籍出版社1982年3月第1版，第169页。
[2] 参见叶舒宪《人日之谜：中国上古创世神话发掘》，马昌仪编《中国神话学文论选萃》下册，中国广播电视出版社1994年2月第1版，第661页。
[3] 参见岑家梧《盘瓠传说与瑶畲的图腾制度》，马昌仪编《中国神话学文论选萃》上册，中国广播电视出版社1994年2月第1版，第543页。

的等问题，在神话中才得到了合理的解答"。①袁珂先生是潜心研究中国神话的著名学者，他关于盘瓠"音转而为"盘古的看法，是很有代表性的一家之言。

但也有学者认为，盘古的原型可能来自《山海经》中的烛龙、烛阴之类传说。譬如《山海经·海外北经》云："钟山之神，名曰烛阴，视为昼，瞑为夜，吹为冬，呼为夏，不饮，不食，不息，息为风，身长千里。在无䏿之东。其为物，人面，蛇身，赤色，居钟山下。"《山海经·大荒北经》云："西北海之外，赤水之北，有章尾山。有神，人面蛇身而赤，直目而乘，其瞑乃晦，其视乃明，不食不寝不息，风雨是谒。是烛九阴，是谓烛龙。"②吕思勉先生认为《山海经》中关于烛阴与烛龙的记载，"此二者即一事，皆谓其身生存，不谓已死，《述异记》所谓先儒说及古说者盖如此。《路史》谓'荆湖南北，今以十月十六日为盘古氏生日，以候月之阴晴'（《初三皇记》）。可见《述异记》所谓古说者流传之久矣"③。顾颉刚先生也认为，徐整与任昉记述的"这位盘古的形态和《山海经》中的烛阴（或烛龙）竟会这等相似，大概是把盘古作为开天辟地的人物之后，乃将烛阴的故事涂附上去的"；加之南方蛮夷始祖盘瓠传说的影响，因此"竟在无意中变成了开天辟地的人物——盘古"。④

此外，学界还有一些不同的看法，有认为可能是吸取了外来的创世传说。何新先生《诸神的起源》第十二章就提出，盘古故事的原型可能来自西亚巴比伦关于天地开辟的一部创世史诗中，认为"盘"是"梵"

---

① 参见袁珂《中国神话传说：从盘古到秦始皇》，世界图书出版公司北京公司2012年2月第1版，第52页。参见袁珂著《中国古代神话》（修订本），中华书局1960年1月新1版，第86—87页。
② 参见袁珂校注《山海经校注》（增补修订本），巴蜀书社1993年4月第1版，第277、499页。
③ 参见吕思勉《盘古考》，马昌仪编《中国神话学文论选萃》上册，中国广播电视出版社1994年2月第1版，第481页。
④ 参见顾颉刚《三皇考》，《顾颉刚古史论文集》第3册，中华书局1996年4月第1版，第127、126页。

## 第七章 盘古神话与汉代画像

和Bau的对译音,并由此断定东汉末三国以来的盘古神话,是佛教和印度文化与中国文化相结合的产物。还有考证盘古之名与古代一些地名字音转变有关,或与古代取土分封诸侯以及祭祀社神的演化有关。王晖先生就认为:"盘古大神也是从亳土(社)、薄姑五色土转变而来,盘古神实际上就是土地神。盘古这种创世主的性质,是由古人在神化亳土(社)、薄姑五色土社神性质基础上进一步发展为创世大神的。"[1]关于盘古神话外来说与封土社神的考证,虽然都有各自的依据,但我觉得仍属于推测之见,未免有过度考证与强说之嫌。盘古神话的传播之初,主要流行于民间,属于庶民百姓口头创作的俗说(民间文学),被收录在《三五历纪》与《述异记》中时仍属于稗官野史之说,并未获得统治者的认同,和官方的关系并不密切,其缘起也没有那么久远。至于佛像与佛经在东汉后期传入中国,汉朝皇室与地方官府起初都以仙佛视之,到三国两晋南北朝时逐渐形成盛传之势,但佛教宣扬的是因果轮回、积德行善、慈悲关怀、普度众生为宗旨的宗教信仰,随之进入中土的印度文化也都是以佛教为主,而佛和菩萨与中国的神仙系统迥然不同,与创世神话显然是没有什么关系的。至于西亚神话与史诗之类,也是后世翻译才为我们所知。可见上述推测能否成立,显然是大有疑问的。而作为学术研究来说,倡导百家争鸣是非常必要的,所以将这些具有代表性的观点都列举于此,以便于我们进一步厘清盘古神话传说的来龙去脉。

这里还需要特别强调和指出的另一个问题是,我们从文献记载揭示的时间来看,盘瓠传说在汉代已有记载,而盘古神话在魏晋南北朝时期才流传于世。得到统治者官方承认的盘瓠传说显而易见传播在前,而盘古神话在民间的流传则显然要稍晚一些。从神话传说的内容上来看,盘瓠是黄帝之后南方蛮夷的祖先,而盘古却是开天辟地之神。为什么后来出现的盘古

---

[1] 参见何新《诸神的起源》,生活·读书·新知三联书店1986年5月第1版,第177—182页。参见王晖《盘古考源》,《历史研究》2002年第2期。

传说，却反而居于传播在前的盘瓠神话之先了，这种情形又是如何形成的呢？这确实是颇为奇妙的，也是比较典型的一个神话传说现象。

顾颉刚先生曾指出，他"很想做一篇《层累地造成的中国古史》，把传说中的古史的经历详细一说。这有三个意思。第一，可以说明'时代愈后，传说的古史愈长'。如这封信里说的，周代人心目中最古的人是禹，到孔子时有尧、舜，到战国时有黄帝、神农，到秦有三皇，到汉以后有盘古等。第二，可以说明'时代愈后，传说中的中心人物愈放愈大'。"[①]顾颉刚先生的看法很精辟，可谓一针见血地揭示了中国古史上一个比较典型的状况。很多古代传说，就是这样层累地造成的。这应该是中国古代造神运动的一种真实状况。

因为盘古的传说出现较晚，却成了开天辟地之神，反而位于三皇五帝之前，所以这一传说曾遭到有些学者的质疑与批评。例如清代马骕《绎史》卷一引用了《三五历纪》《述异记》《五运历年纪》等书籍中记载的盘古神话之后，就认为："盘古氏名起自杂书，恍惚之论、荒唐之说耳！作史者目为三才首君，何异说梦？"[②]近现代著名学者蒙文通先生也认为："自是历魏、晋以下，徐整、任昉又采俗说作为盘古之名，语益荒唐。赵宋而后，述史者莫不首盘古而次以天地人皇，最为戏论，何其迷妄不谕，乃至如此。"[③]蒙文通先生的批评很有道理，也非常深刻。可见盘古传说的出现，确实有很明显的荒诞成分。但人类历史上的神话与传说，本来就是先民与古人通过想象而虚构出来的。先民想象出了诸神，古人编造了三皇五帝，自然也可以虚构盘古的传说。而当这些神话传说一旦在民间广为传播，就逐渐地融入了民俗，迎合了庶民百姓乃至士大夫阶层的心理需求，也迎合了本土宗教传播的需要，进而由民间的街谈

---

① 参见顾颉刚《与钱玄同先生论古史书》，《顾颉刚古史论文集》第1册，中华书局1988年11月第1版，第102页。
② 参见［清］马骕撰，王利器整理《绎史》，中华书局2002年1月第1版。
③ 参见蒙文通《古史甄微》，《蒙文通文集》第5卷，巴蜀书社1999年8月第1版，第22页。

巷语而被好事者载入了稗官野史或杂书典籍，或被道教所改编利用，并在社会生活中的很多方面都产生了影响。

鲁迅先生对这种情形就叙述得很经典："昔者初民，见天地万物，变异不常，其诸现象，又出于人力所能以上，则自造众说以解释之：凡所解释，今谓之神话。神话大抵以一'神格'为中枢，又推演为叙说，而于叙说之神，之事，又从而信仰敬畏之，于是歌颂其威灵，致美于坛庙，久而愈进，文物遂繁。""如天地开辟之说，在中国所留遗者，已设想较高，而初民之本色不可见，即其例矣。"又说："迨神话演进，则为中枢者渐近于人性，凡所叙述，今谓之传说。传说之所道，或为神性之人，或为古英雄，其奇才异能神勇为凡人所不及，而由于天授，或有天相者，简狄吞燕卵而生商，刘媪得交龙而孕季，皆其例也。此外尚众。"[①]

传播于前的盘瓠传说，与流传于后的盘古神话，两者的关系便正是如此。

## 三、创世神话中的浑沌、阴阳与盘古

世界上各个民族大都有自己的创世传说，并由此而形成了各自的神话体系。诚如茅盾先生所说，"开辟神话就是解释天地何自而成，人类及万物何自而生的神话。不论是已经进于文明的民族或尚在野蛮时代的民族，都一样有他们的开辟神话。他们的根本出发点是同的——同为原始信仰，但是他们所创造的故事却不能尽同"。又说"可见中国的开辟神话也极有系统，并且面目与希腊、北欧相仿。据这个说法，我们的祖宗是以为最初天地混沌如鸡子，鸡子既破裂，乃成天地，盘古在其中；盘古死，其身躯化为山川草木；其后不知为何，天忽有缺陷，于是女娲氏

---

[①] 参见鲁迅《中国小说史略》第2篇《神话与传说》，《鲁迅全集》（81年重排横版简体16卷本）第9卷，人民文学出版社1981年第1版，第17、18页。

炼五色石以补天,女娲又创造人类。"①

创世神话的出现与作用,主要是表达了先民对世界由来的想象与猜测,也可以说是古人对天地人类与自然万物的最初的理解和看法。按照西方有些学者的解释,认为"创世神话指某一种文化传统或某一个社群根据自己的理解用象征手法叙述世界的起源。对于各种世界观、关于人类在宇宙所占地位的学说以及基本生活方式和文化形态说来,创世神话都具有重要意义。创世神话纷纭不一,但可分出几个基本类型。世界各地大多数创世神话都信仰至高无上的创世神",后来的"许多宗教社会内神学的和哲学的种种推测都来自上述这类神话及其主要的主题"。②世界东方的创世神话,与西方既有相似之处,同时也有自身的特点。

中国是一个多民族国家,中国的创世神话自古以来就有多种说法,譬如浑沌说、卵生说、阴阳说、葫芦说、伏羲女娲创始说等,呈现出绚丽多彩的特色。其中最典型的就是浑沌说与阴阳说,以及伏羲女娲的神话传说了。

认为创世前是一种浑沌状态,这是我国古代先哲的一种观念,其中既有神话的成分,也不乏理性思考的色彩。譬如《庄子·应帝王》中就说到了浑沌开七窍的故事:"南海之帝为儵,北海之帝为忽,中央之帝为浑沌。儵与忽时相与遇于浑沌之地,浑沌待之甚善。儵与忽谋报浑沌之德,曰:'人皆有七窍以视听食息,此独无有,尝试凿之。'日凿一窍,七日而浑沌死。"③庄子的浑沌之说,对后世影响很大,秦汉以来的很多典籍中都引用了此说。徐整《三五历纪》中说:"天地浑沌如鸡子,盘古生其中;万八千岁,天地开辟。"很明显就是以庄子的浑沌之说为蓝

---

① 参见茅盾《神话研究》,百花文艺出版社1981年4月第1版,第32、41页。
② 参见《简明大不列颠百科全书》第2册,"创世神话和创世学说",中国大百科全书出版社1985年7月第1版,第310页。
③ 参见〔周〕庄周撰、〔晋〕郭象注《庄子》第三卷《应帝王》,《二十二子》,上海古籍出版社1986年3月第1版,第33页。参见郭庆藩辑,王孝鱼整理《庄子集释》第1册,中华书局1961年7月第1版,第309页。

本，从而虚构出了盘古神话。

在《山海经》中，也有对浑沌的描述，如《山海经·西次三经》说，西方的天山上"有神焉，其状如黄囊，赤如丹火，六足四翼，浑敦无面目，是识歌舞，实为帝江也"。《庄子》称浑沌为位居中央的天神，而在《山海经》中，浑敦却成了没有面目的六足四翼之怪兽。据清代学者毕沅的注释，《春秋传》云："帝鸿氏有不才子，天下谓之浑沌。"[①]《山海经》成书于战国至秦汉时期，其时间显然在《庄子》之后。在后来的《神异经·西荒经》中，进一步将浑沌描述成了凶兽，说："昆仑西有兽焉，其状如犬，长毛四足，似罴而无爪。有目而不见，行不开，有两耳而不闻，有人知往。有腹无五脏，有肠直而不旋，食物经过。人有德而往抵触之，有凶德则往依凭之。天使其然，名为浑沌。空居无为，常咋其尾，回转仰天而笑。"[②]《神异经》据传是汉代东方朔所撰，经过考证其实是后人伪托，其文"诡诞不经"，可能是"由六朝文士影撰而成"。[③]《神异经》中还记述了饕餮、梼杌、穷奇等凶恶怪兽，后人因之而将浑沌、饕餮、梼杌、穷奇称为四大凶兽。

《山海经》与《神异经》中对浑沌的想象与描述，已经偏离了创世神话，掺入了后人的虚构与发挥。相比较而言，仍是庄子的浑沌之说最为经典，也最接近我国先秦创世神话的本源。袁珂先生认为《庄子》讲述了一个类乎神话的寓言，"这个有点滑稽意味的寓言，包含着开天辟地的神话概念。混沌被儵忽——代表迅疾的时间——凿了七窍，混沌本身虽然是死了，但是继混沌之后的整个宇宙、世界却也因之而诞生了"。袁珂先生又说："不管混沌是天帝还是天帝的儿子，除了追求'返乎自然''不识不知''无为而治'的道家以外，是没有人喜欢这个黑乎乎粘

---

[①] 参见袁珂校注《山海经校注》（增补修订本），巴蜀书社1993年4月第1版，第65—66页。
[②] 参见［汉］东方朔《神异经》，《百子全书》下册，浙江古籍出版社1998年8月第1版，第1224页。
[③] 参见张心澂编著《伪书通考》，上海书店出版社1998年1月第1版，第868页。

连成一片的混沌的。所以后世传说中，混沌是被丑恶化了。"①《庄子》中的混沌之说，正是由于这个原因，在后世而被曲解和异化了。正如战国是诸子百家自由争鸣的一个重要时期，秦汉与魏晋六朝时期也是各种杂说异常活跃的阶段。所以源于浑沌之说，不仅出现了盘古神话，也展现了其他异说。

我们知道，庄子是我国先秦时期一位博学潇洒而又风趣深刻的思想家和哲学家。司马迁说："庄子者，蒙人也，名周。周尝为蒙漆园吏，与梁惠王、齐宣王同时。其学无所不窥，然其要本归于《老子》之言。故其著书十余万言，大抵率寓言也。"又记载说，庄子虽然很有学问，却因为"其言洸洋自恣以适己，故自王公大人不能器之"。庄子还谢拒了楚威王的厚币礼聘，不愿为其所羁，宁愿逍遥隐居，终身不仕。②《庄子》大约成书于战国中晚期，文情跌宕而精妙，常通过妙趣横生的寓言叙述深刻的哲理，营构出独特的散文意境，在先秦诸子中独树一帜。庄子的核心观念主要是对"道"的思辨与论述，其中包括了对宇宙万物如何形成以及物质变化规律的认识。浑沌之说就是庄子解释宇宙起源的一个重要观念，庄子的另一个重要观念便是对阴阳的解释，认为阴阳是生命的起源。

关于混沌与阴阳的观念，在《老子》中已有涉及，《老子》说："有物混成，先天地生。"说的就是一种混沌状态。《老子》又说："道生一，一生二，二生三，三生万物。万物负阴而抱阳，冲气以为和。"③说的就是万物与阴阳的关系。《庄子》的论述则更为深入和透彻，很多篇章中都叙述了这个观念，譬如《庄子·则阳》中说："是故天地者，

---

① 参见袁珂《中国神话传说：从盘古到秦始皇》，世界图书出版公司北京公司2012年2月第1版，第46页。参见袁珂《中国古代神话》（修订本），中华书局1960年1月新1版，第31页。
② 参见［汉］司马迁《史记》第7册，中华书局点校本，1959年9月第1版，第2143—2145页。
③ 参见［周］李耳撰、［魏］王弼注《老子道德经》第25、42章，《二十二子》，上海古籍出版社1986年3月第1版，第3、5页。

形之大者也；阴阳者，气之大者也；道者为之公。"《庄子·知北游》说："万物自古以固存，六合为巨……阴阳四时运行，各得其序。"《庄子·天运》说："四时迭起，万物循生；一盛一衰，文武伦经；一清一浊，阴阳调和，流光其声。"《庄子·在宥》说："天地有官，阴阳有藏。"《庄子·田子方》说："至阴肃肃，至阳赫赫，肃肃出乎天，赫赫发乎地，两者交通成和，而物生焉。"《庄子·缮性》说："古之人，在混芒之中，与一世而得淡漠焉。当是时也，阴阳和静，鬼神不扰，四时得节，万物不伤……及燧人、伏羲始为天下。"等等。

庄子的观念与说法，博大精深，深邃玄妙。学界通常认为，西汉因独尊儒术而罢黜百家，故而对《庄子》很少有人称引；到了魏晋之际，玄学盛行，《庄子》这才受到了世人的重视，出现了很多注本。但老子和庄子的阴阳之说，其实在汉代已经产生了深远影响。譬如西汉淮南王刘安与门客们所撰著的《淮南子》中，对阴阳之说就极为推崇，不仅详细阐述了阴阳与万物的关系，还想象与虚构了阴、阳两位大神。《淮南子·俶真训》说："天地未剖，阴阳未判，四时未分，万物未生。"是宇宙的初始阶段。《淮南子·天文训》说："道者，规始于一，一而不生，故分而为阴阳，阴阳合和而万物生。故曰：'一生二，二生三，三生万物'。"《淮南子·精神训》说："古未有天地之时，惟像无形，窈窈冥冥，芒芠漠闵，澒濛鸿洞，莫知其门。有二神混生，经天营地，孔乎莫知其所终极，滔乎莫知其所止息。于是乃别为阴阳，离为八极，刚柔相成万物乃形。"[1]《淮南子》中的这些论述，就是源于老子和庄子的阴阳之说，而进一步理论化了，认为宇宙演化与天地开辟的过程是由几个阶段组成的，其中包括了从混沌未分的道，分化出天地阴阳，而后产生万

---

[1] 参见［汉］刘安撰，［汉］高诱注《淮南子》，《二十二子》，上海古籍出版社1986年3月第1版，第1211、1228、1233页。

物这三个最主要的发展环节。①

《淮南子》中关于阴神与阳神的说法，并不单纯是刘安和宾客对宇宙演化的想象与解释，也可视之为是一种关于天地开辟的创世神话。这与后来出现的盘古神话有别，表现出了不同的想象与虚构。但其中的关键因素则是一致的，这就是浑沌与阴阳的观念，只不过在观念的理解与解释上有所不同，而以此为基础虚构出来的创世大神也就有了不同的说法。

其实战国以来对于创世这个宏大的话题，就有很多不同的思考与想法，《楚辞·天问》中就记述："遂古之初，谁传道之？上下未形，何由考之？冥昭瞢暗，谁能极之？冯翼惟象，何以识之？明明暗暗，惟时何为？阴阳三合，何本何化？圜则九重，孰营度之？惟兹何功，孰初作之？"②屈原在《楚辞·天问》中一口气提出了很多问题，透露出那时已有阴阳的观念，并产生了相应的猜测与假想。同时也由此可知，古人对宇宙演化、天地开辟、万物如何形成，从未停止过思考，一直在询问和探讨其中真正的奥秘。

从战国秦汉到魏晋南北朝时期，出现的创世神话显然绝不止一种，很可能有多种神话传说，在民间流传的俗说很可能也有多种故事版本。从传世的文献记载来看，其中最有代表性的创世神话至少有两种，一种就是西汉初《淮南子》中叙述的阴神与阳神两位创世大神，是开天辟地创造万物的造物主；另一种就是三国徐整《三五历纪》中记述的盘古神话了。盘古神话中显然也吸纳了阴阳的观念，徐整《三五历纪》说"天地开辟，阳清为天，阴浊为地。盘古在其中"，便是很显著的例证。但显而易见，两种创世神话中对阴阳的理解却有着微妙的差异，对创世大神也就有了不同的虚构和想象。还有就是时间上的先后关系，阴神与阳

---

① 参见［汉］刘安等著，许匡一译注《淮南子全译》，"前言"，贵州人民出版社1993年3月第1版，第4页。
② 参见黄寿祺、梅桐生译注《楚辞全译》，贵州人民出版社1984年2月第1版，第55—56页。

神之说显然在前，盘古神话出现在后，而在后来的神话传播过程中，却"层累地造成"了后来居上的情形。

总而言之，我们在一定意义上可以说，先秦以来的浑沌说与阴阳说，应该是滋生盘古神话的重要原因，也是支撑盘古神话的关键基础。至于盘古神话与族源传说以及地域民俗的关系，都是后来传播过程中逐渐附会添加上去的。我们也由此可知，盘古神话的由来，从其最初的出现，到后来的传播定型，其实是有轨迹可循的。通过以上对文献记载的梳理和考辨，就给予了较为清晰的揭示。

## 四、汉代画像中的伏羲、女娲与盘古

《淮南子》中关于阴神与阳神两位创世大神的叙述，虽然是西汉初期的一种很重要的创世神话，却因为理论色彩与哲学意味过于浓厚，阴阳大神的创世故事也有些抽象，故而引不起人们的兴趣。不过，《淮南子》中还有关于伏羲、女娲的记述，因为有着生动而丰富的故事情节，所以很自然替代了阴神与阳神的地位。

关于伏羲与女娲，在先秦已有了一些记述。譬如《周易·系辞下》曰："古者包牺氏之王天下也，仰则观象于天，俯则观法于地，观鸟兽之文与地之宜，近取诸身，远取诸物，于是始作八卦，以通神明之德，以类万物之情。作结绳而为罔罟，以佃以渔。"①《管子·轻重戊》曰："虙戏作造六峜以迎阴阳，作九九之数以合天道，而天下化之。"②《荀子·成相篇》说："文武之道同伏戏。"③《庄子》中也多次说到伏羲，《庄子·大

---

① 参见《周易正义》卷第八《系辞下》，[清]阮元校刻《十三经注疏》上册，中华书局影印出版，1980年9月第1版，第86页。
② 参见[周]管仲撰，[唐]房玄龄注《管子》，《二十二子》，上海古籍出版社1986年3月第1版，第190页。
③ 参见[周]荀况撰，[唐]杨倞注《荀子》，《二十二子》，上海古籍出版社1986年3月第1版，第349页。

宗师》中说，天地生成，"伏戏氏得之，以袭气母"；《庄子·缮性》说："及燧人、伏戏始为天下。"①在《庄子·胠箧》与《庄子·田子方》等篇中也提到伏戏、神农、黄帝等。文中说的包牺氏、虑戏、伏戏氏，也就是伏羲氏。而在《礼记·明堂》中已说到"女娲之笙簧"，郑元注曰："女娲，三皇，承宓羲者。"②《楚辞·天问》中则有"女娲有体，孰制匠之"的提问。③《山海经·大荒西经》中也说到了女娲："有神十人，名曰女娲之肠，化为神，处栗广之野，横道而处。"郭璞注曰："女娲，古神女而帝者，人面蛇身，一日中七十变，其腹化为此神。"王逸注释《楚辞·天问》中关于女娲的提问，也云："传言女娲人头蛇身，一日七十化，其体如此，谁所制匠而图之乎。"④在战国以来的这些记载中，伏羲、女娲都是传说中的先圣，后来与神农一起被尊崇为三皇。

我们知道，早在远古时代先民就有了神灵崇拜，并逐渐形成了一套鬼神解释系统。《周礼·春官·外史》中已有"（外史）掌三皇五帝之书"的记述⑤，《庄子·天运》中也有"三皇五帝之治天下"之说⑥，《吕氏春秋·用众》也提到了"三皇五帝"，高诱注解为："三皇，伏羲、神农、女娲也。五帝，黄帝、帝喾、颛顼、帝尧、帝舜也。"⑦秦汉时期的中国神话，发生了很明显的变化，其中最重要的就是对三皇五帝之说给

---

① 参见［周］庄周撰，［晋］郭象注《庄子》，《二十二子》，上海古籍出版社1986年3月第1版，第29、49页。
② 参见《礼记正义》，［清］阮元校刻《十三经注疏》下册，中华书局影印出版，1980年9月第1版，第1491页。
③ 参见黄寿祺、梅桐生译注《楚辞全译》，贵州人民出版社1984年2月第1版，第68页。
④ 参见袁珂校注《山海经校注》（增补修订本），巴蜀书社1993年4月第1版，第445页。
⑤ 参见《周礼注疏》，［清］阮元校刻《十三经注疏》上册，中华书局影印出版，1980年9月第1版，第820页。
⑥ 参见［周］庄周撰，［晋］郭象注《庄子》卷五，《二十二子》，上海古籍出版社1986年3月第1版，第47—48页。参见郭庆藩辑《庄子集释》第2册，中华书局1961年7月第1版，第527页。
⑦ 参见［秦］吕不韦撰，［汉］高诱注《吕氏春秋》卷四，《二十二子》，上海古籍出版社1986年3月第1版，第641页。参见陈奇猷校释《吕氏春秋校释》第1册，学林出版社1984年4月初版，第232页、第238页注18。

予了新的解释。秦始皇统一天下之后，完全抛开了以前的传统说法，将三皇解释为："古有天皇，有地皇，有泰皇，泰皇最贵。"[①]到汉高祖刘邦夺取天下建立政权后，将秦时的上帝祠由白、青、黄、赤四帝，增加了黑帝祠而确立为五帝祠，并恢复了各地民间的杂祀诸神习俗，使天神与多神崇拜融合并行。汉武帝时，"尤敬鬼神之祀"[②]，除了尊崇五帝之神，对众多的杂神也很重视；后来听信亳人谬忌上奏，增祭太一天神，并建立了太一祠坛；其后又增添了对后土的祭祀，设立了后土祠。在五帝中，汉武帝又特别重视对黄帝与赤帝的祭祀。汉武帝大力倡导鬼神之祭祀，并大致确立了以太一为上帝，以五帝、后土为辅神的汉代鬼神信仰体系，这也可以说是汉王朝的主流神话。在主流之外，还流行有一些地方神话，对鬼神信仰体系有着许多不同的解释。譬如淮南王刘安在《淮南子》中崇尚伏羲、女娲"阴阳"二神，与汉武帝时倡导五帝系统并独尊炎黄二帝的正统解释截然不同，就是一个显著的例证。

关于伏羲、女娲的神话传说，在先秦文献史料中，伏羲、女娲都是各自相继出现的。而将伏羲、女娲联袂出现在记载中，应该是西汉时候的事了。在秦汉之前，伏羲、女娲、神农是古人心目中的三皇。将伏羲、女娲并称为阴阳二神而且推崇到创世神的地位，则是《淮南子》的功劳。《淮南子》中曾多处提到伏羲、女娲，并记述了相关的神话故事。譬如《列子·汤问》中已有"天地亦物也，物有不足，故昔者女娲氏炼五色石以补其阙"之说。[③]在《淮南子·览冥训》中不仅详细记述了"女娲炼五色石以补苍天"的传说，还叙述了女娲"断鳌足以立四极，杀黑龙以济冀州，积芦灰以止淫水。苍天补，四极正。淫水涸，冀州平。狡虫死，颛民生。背方州，抱圆天"等创世伟绩，又进而论述说："天下混而为一，子孙相代，此五帝之所以迎天德也。夫圣人者……使

---

① 参见［汉］司马迁《史记》第1册，中华书局点校本，1959年9月第1版，第236页。
② 参见［汉］司马迁《史记》第4册，中华书局点校本，1959年9月第1版，第1384页。
③ 参见《列子》卷五，《二十二子》，上海古籍出版社1986年3月第1版，第209页。

万物各复归其根，则是所修伏牺氏之迹，而反五帝之道也。"并特别强调了"伏戏、女娲不设法度而以至德遗于后世"的理念。①对于汉王朝正统神话中的主神"太一"，《淮南子》也含蓄地表示了不同的看法，如《淮南子·本经训》说："帝者体太一，王者法阴阳。"据高诱注曰："体，法也，太一，天之刑神。"②也就是说，"太一"不过是天之刑神，而伏羲、女娲"阴阳"二神才是真正的创世神。《淮南子》中反复论述了"阴阳"化生万物的重要性，其深意便正在于此。在汉代的其他著述中，也相继出现了伏羲、女娲创世的记述。譬如《风俗通义》就同时记载了汉代的主流神话与民间神话，先说："伏羲、女娲、神农是三皇也。"又曰："俗说天地开辟，未有人民，女娲抟黄土为人，剧务，力不暇供，乃引绳絚泥中，举以为人。故富贵者黄土人也，贫贱凡庸者絚人也。"又说："女娲，伏羲之妹，祷神祇，置婚姻，合夫妇也。"③在王充《论衡·顺鼓篇》中，也有对伏羲、女娲的记述。因为相传伏羲氏曾发明捕鱼狩猎，创始八卦；女娲曾炼石补天，抟泥土为人；所以伏羲、女娲便成为汉代的民间创世神话中的人类始祖。

刘安在《淮南子》中大力宣扬的地方神话，由于与汉武帝主张的正统神话相矛盾，甚至表现出一定的对抗性，而被汉王朝的卫道者斥责为"安废法度，行邪辟，有诈伪心，以乱天下，荧惑百姓，背畔宗庙，妄作妖言"。汉武帝原来是比较欣赏淮南王刘安的才华的，一旦觉察到了刘安著书立说大唱反调，对此当然不会掉以轻心。后来又有人告淮南王谋反，于是"上使宗正以符节治王，未至，安自刑杀"。或说："淮南王

---

① 参见［汉］刘安《淮南子》卷六《览冥训》，《二十二子》，上海古籍出版社1986年3月第1版，第1232—1233页。
② 参见［汉］刘安《淮南子》卷八《本经训》，《二十二子》，上海古籍出版社1986年3月第1版，第1239页。
③ 参见［汉］应劭撰，吴树平校释《风俗通义校释》，天津人民出版社1980年9月第1版，第10、449页。

安、衡山王赐谋反，诛。党与死者数万人。"①总之，因为皇帝和卫道者认为《淮南子》宣扬的是"邪说""妖言"，所以淮南王刘安和追随他的人都为之付出了生命的代价。刘安虽然死了，《淮南子》却流传甚广，在民间造成了广泛而深刻的影响。客观地说，汉王朝在文字方面和思想领域还是比较宽松的，没有像秦始皇那样搞焚书坑儒，也没有像后世明清时期那样搞文字狱。汉武帝虽然治了淮南王刘安唱反调的罪，但并没有下令禁止《淮南子》的流行。汉武帝之后，汉朝的其他皇帝对《淮南子》也大都持宽容态度。这也正是汉代主流神话与地方神话，同时得以广泛流传的一个重要原因吧。

值得注意的是，随着汉代地方神话的流行，这时出现了伏羲、女娲的画像。王充《论衡·顺鼓篇》就记述说："俗图画女娲之象为妇女之形。"汉代因为下雨不止，董仲舒曾建议"雨不霁，祭女娲"，王充对此提出了责问："伏羲、女娲，俱圣者也，舍伏羲而祭女娲，《春秋》不言。董仲舒之议，其故何哉？"又说："仲舒之意，殆谓女娲古妇人帝王者也。男阳而女阴，阴气为害，故祭女娲求福祐也。"②由此可知，女娲在西汉就已有了图像，并有了祭祀女娲的做法。唐代张彦远《历代名画记》说："图画之妙，爰自秦汉。""汉武创置秘阁以聚图书，汉明雅好丹青，别开画室，又创立鸿都学，以集奇艺，天下之艺云集。"③可见两汉时期的绘画之风，是相当昌盛的。《汉书·郊祀志》等史籍记载，汉朝甘泉宫中有台室，绘画有天地太一诸鬼神。《文选》载东汉王延寿（字文考）《鲁灵光殿赋》中有"图画天地，品类群生，杂物奇怪，山神海灵，写载其状，讬之丹青。千变万化，事各缪形，随色象类，曲得

---

① 参见［汉］班固《汉书》，中华书局点校本，1962年6月第1版，第7册第2152、2153页，第1册第174页。
② 参见［汉］王充《论衡》卷十五《顺鼓篇》，《百子全书》下册，浙江古籍出版社1998年8月第1版，第1009页。
③ 参见［唐］张彦远《历代名画记》，人民美术出版社1963年5月第1版，第4、5页。

其情。上纪开辟，遂古之初"，"伏羲鳞身，女娲蛇躯"的描述。①晋代郭璞《玄中记》中则说："伏牺龙身，女娲蛇躯。"其实意思都是一样的。说明伏羲、女娲的画像在汉代已经出现在了殿堂壁画中，而且已形成了鳞身蛇躯的形态模式。东汉时期，厚葬之风盛行，各地出现了大量的画像石墓和画像砖墓，考古发现揭示，汉代墓葬出土的画像石和画像砖上就有大量关于伏羲女娲的描绘，便正是蛇躯鳞身的形态。山东武梁祠描绘的伏羲、女娲像，就是人首蛇身的形象，其他地方出土的汉代画像上也大都如此。可见采用图像的方式来描绘伏羲、女娲，在汉代已成为一种流行的时尚。（图143、144、145）

图143 河南南阳出土的伏羲女娲画像

图144 山东微山县两城镇出土的西王母与伏羲女娲图

图145 四川成都郫都区出土的石棺上的伏羲女娲图

在三皇五帝之说中，伏羲、女娲是先后的关系，是各自独立的先皇或圣君。而在创世神话中，伏羲、女娲则变成了同时出现的兄妹、夫妇关系，成了创世的对偶神。因为民间流传的伏羲、女娲故事，将很多重

---

① 参见［南朝·梁］萧统编，［唐］李善注《文选》卷一一王文考《鲁鳞光殿赋》，中华书局影印出版，上册，1977年11月第1版，第171页。

要因素整合在了一起，有很多曲折生动精彩的情节，所以受到了各地百姓的欢迎。古代民间信仰的流行，通常都要故事情节的支撑，来激发人们的兴趣与记忆，才能得以盛传，而不能仅仅靠抽象的观念与空泛的论述。统治阶层认可的正统的三皇五帝之说，就比较空泛和抽象。汉代民间流传的伏羲、女娲故事就奇异而又生动，如伏羲发明捕鱼狩猎、创世八卦，女娲炼石补天、抟土为人，都引人入胜。故而汉代画像中描绘的伏羲、女娲，并非正统的三皇五帝之说，而是依据了民间神话中的故事情节。伏羲、女娲人首蛇身，连体交尾，手持日、月的画像，就反映了《淮南子》中大力宣扬的阴阳二神创世的说法。正是由于汉代画像的泛滥，而促使了伏羲、女娲创世神话的广泛流传，成了两汉时期影响最大的两位创世神。诚如闻一多先生所述："大概从西汉末到东汉末是伏羲、女娲在史乘上最煊赫的时期。到三国时徐整的《三五历纪》，盘古传说开始出现，伏羲的地位便开始低落了。"[1]顾颉刚先生也说："盘古，自三国至今日一千七百年，已公认为首出御世的圣王了。但我们不要忘记，在盘古未出的时候，女娲实为开辟天地的大人物。"[2]

　　伏羲、女娲与盘古的关系，这正是我们需要特别关注的一个话题。按照闻一多先生和顾颉刚先生的见解，两汉时期最煊赫的创世神话是伏羲、女娲，到了魏晋南北朝时期出现了盘古神话，伏羲、女娲的地位才发生了微妙的变化，逐渐被盘古后来居上了。这确实是很有见地的看法。这里值得一提的是，有的文献记载称，在东汉时已经出现了盘古的画像。譬如宋代黄休复《益州名画录》下"无画有名"条记述："《益州学馆记》云：'献帝兴平元年，陈留高朕为益州太守，更茸成都玉堂石室，东别创一石室，自为周公礼殿。其壁上图画上古盘古、李老等神，及历代帝王之像；梁上又画仲尼七十二弟子、三皇以来名臣。耆旧云：

---

[1] 参见闻一多《伏羲考》，《神话与诗》，华东师范大学出版社1997年1月第1版，第15页。
[2] 参见顾颉刚《三皇考》，《顾颉刚古史论文集》第3册，中华书局1996年4月第1版，第128页。

西晋太康中，益州刺史张收笔。古有《益州学堂图》。'今已别重妆，无旧迹矣。"①这条记载亦见于南宋王应麟编撰的类书《玉海》，后来曾被不少美术著述所采用，例如陈师曾《中国绘画史》就说："（汉）献帝时，成都学画盘古三皇五帝三代之名臣及孔子72弟子像。"饶宗颐先生《盘古图考》一文中，也使用了这条史料，并提到了唐高宗永徽元年《益州学馆庙记》残碑上的类似记述。②后人记述的这条史料，如果是确有其事的话，那么东汉后期已经出现了盘古画像。但这条记载很明显是有疑问的，其真实情形究竟怎样？是否真的如此呢？这就需要我们从文献记载和考古资料两个方面进行探讨了。

首先从史籍中看，《后汉书》列传中有较多关于绘画图像的记载，说明了当时绘画之风的盛行。《后汉书·南蛮西南夷列传》说："时郡尉府舍皆有雕饰，画山神海灵奇禽异兽，以炫耀之，夷人畏惮焉。"③也透露了东汉时期蜀地和西南地区流行的绘画题材，内容是以神怪为主的，但这些题材中是否有盘古画像呢？却没见有任何明确记载。宋代黄休复《益州名画录》中所引《益州学馆记》是唐人的碑刻，所谓耆旧云，是民间传闻，并非旧迹，而是重新画过的了。张收是张载的父亲，据《晋书·张载传》记叙，张收做过蜀郡太守，那是晋武帝时候的事。据《太平御览》卷五百三十四引任预《益州记》记载："文翁学堂在大城南，昔经灾火，蜀郡太守高眹修复缮立，其栾栌椽节，制犹古朴。即今堂基六尺，夏屋三间，通皆图书圣贤古人之象，及礼器瑞物。"④《蜀中名胜记》卷一引用的文献记载，也大致相同。又据王羲之十七帖之一说"知画三皇五帝以来备有"，说的也是三皇五帝以来圣贤画像，并没有提到

---

① 参见［宋］黄休复《益州名画录》，四川人民出版社1982年12月第1版，第115—116页。
② 参见陈师曾《中国绘画史》，《诸家中国美术史著选汇》，吉林美术出版社1992年12月第1版，第12页。参见饶宗颐《盘古图考》，《中国社会科学院研究生院学报》1986年第1期，第75—76页。
③ 参见［南朝·宋］范晔《后汉书》第10册，中华书局点校本，1965年5月第1版，第2857页。
④ 参见［宋］李昉等《太平御览》第3册，中华书局影印出版，1960年2月第1版，第2424页。

盘古，可见当时益州讲堂中画的只是圣贤画像。

其次从考古发现看，在河南、山东等地出土的汉代画像石上，有神人将伏羲、女娲搂抱在一起的画面。有的将搂抱者称为"神人""神物"，或称为"抱持神"，更多的则称为"高禖神"。也有人认为将伏羲女娲抱在一起的便是盘古，如段宝林《盘古新考》用了一幅题图，文尾说明即称之为"汉代盘古画像砖"。[①]但为什么称其为盘古画像，却没有考证和论述。核对查找原图出处，是南阳市出土的一件画像石（并非画像砖），考古工作者将这件画像名为"高禖"，并对所画内容做了说明："画面刻三人，左刻伏羲，右刻女娲，皆人首蛇身。中刻一神人，赤身裸体，将伏羲女娲抱在一起。神人，即高禖神，是古代传说中的生殖神。"[②]（图146、147）

通过对此类汉代画像的梳理和探究，我认为，将搂抱伏羲女娲的神人，称为高禖神是比较准确的定名，而称为盘古画像显然依据不足。对此我们将在下一个章节继续做深入分析。由此推论，宋代黄休复记述东汉成都石室壁上图画已有盘古之像，很可能当时画工所描绘的也是高禖神，而所谓盘古画像不过是宋代人的说法。将高禖称为盘古会不会是宋人的一种误解呢？这确实是一个很大的疑问。

---

① 参见段宝林《盘古新考》，《寻根》2012年第3期，第4页题图与第11页文尾说明文字。此外，《寻根》2015年第4期刊载了黄鹏、黄达《盘古民俗文化中的家国情怀》一文，第14页刊登了一幅图"汉代盘古画像砖"，其命名显然也是完全错了；核查其出处应是河南南阳出土的"高禖"画像石，而并非汉代画像砖，更绝非是"盘古"画像。

② 参见王建中、闪修山《南阳两汉画像石》，文物出版社1990年6月第1版，第166图。参见《中国画像石全集》第6册，山东美术出版社、河南美术出版社2000年6月第1版，图二〇七。

图146 河南南阳出土的"高禖"画像

图147 河南唐河针织厂出土的"高禖"画像

## 五、汉代的高禖神与民间神禖习俗

关于高禖,这是西周甚至更早就已出现的一种祭祀活动与祭祀仪式。古人认为高禖神,既是主婚之神,也是求子之神。高禖作为管理婚姻与生育之神,地位甚高,深受重视,成为每年春天必须祭祀之神,早在先秦对此就已有了记载。譬如《礼记·月令》记载,孟春之月,"其帝大皞,其神句芒"。根据郑玄与孔颖达的注疏,大皞即宓戏氏,句芒为少皞氏之子,其意是说圣人奉天时及万物节候也,就要开始举行祭祀活动了。因为伏羲居三皇之首,句芒是治春之神,所以古人开春首先要祭祀大皞与句芒。然后到了仲春之月,就要祭祀高禖神了,"是月也,玄鸟至。至之日,以太牢祠于高禖,天子亲往。后妃帅九嫔御,乃礼天子所御,带以弓韣,授以弓矢,于高禖之前"。郑玄注曰:"高辛氏之出,玄鸟遗卵,娀简吞之而生契,后王以为媒官嘉祥而立其祠焉。"又说"带以弓韣，授以弓矢，求男之祥也。"①文中所说的玄鸟，也就是春燕。仲春之月，正是春燕归来的时节。在这个季节，周天子和后妃嫔御一起祭祀高禖，主要是为皇帝求子，同时也包含有祈求丰产和希望子孙昌盛之目的。在祭礼中，嫔妃以弓箭插入弓套之中并授于高禖神之前，这是一种具有显著性巫术意味的祭式，认为以此为帝王求子必得。由此可知，周代已有了高禖神，祭祀高禖已成为一种很重要的国家祭礼。此后春秋战国秦汉时期，都要祭祀高禖。《吕氏春秋·仲春纪》对此就有与《礼记·月令》相同的记载。②这种祭祀高禖神的活动，通常都是在城郊举行的，因而高禖也叫郊禖，或称之为皋禖。古声高与郊同，故借高为郊。《诗·大雅·生民》曰："厥初生民，时维姜嫄。生民如何，克禋克祀，以弗无子。"毛苌传曰："弗，去也；去无子求有子，古者必立郊禖焉；玄鸟至之日，以太牢祠于郊禖，天子亲往。"③这里说的郊禖，也就是高禖。也有（如《玉烛宝典》）解释，高犹尊也，禖犹媒也，因而古时高禖之祠，主要是皇族求子的祭祀礼仪。

《礼记·月令》是上古时代具有经典地位的时历书，同时也是政书，对天子岁时祭祀的种类、举行仪式的季节、祭祀的功能与作用，做出了具有规定性的记述，所以也为后世历代帝王们所恪守。汉代祭祀高禖的活动就比较盛行，《汉书·外戚传》说："武帝即位，数年无子。平阳主求良家女十余人，饰置家。帝祓霸上，还过平阳主。"④汉武帝"祓霸上"，就是在长安南郊祭祀高禖之后，上巳时节又去霸上祓除，并顺便游春，回宫途中顺道拜访了平阳公主。平阳公主就借这个机会将卫子夫献给了汉武帝，卫子夫后来为汉武帝生了三女和皇子，遂被立为皇

---

① 参见《礼记正义》，[清]阮元校刻《十三经注疏》上册，中华书局影印出版，1980年9月第1版，第1353、1361页。
② 参见陈奇猷校释《吕氏春秋校释》第1册，学林出版社1984年4月初版，第63页。
③ 参见《毛诗正义》，[清]阮元校刻《十三经注疏》上册，中华书局影印出版，1980年9月第1版，第528页。
④ 参见[汉]班固《汉书》第12册，中华书局点校本，1962年6月第1版，第3949页。

后。东汉时期也是要祭祀高禖的,《后汉书·礼仪志》就记载:"仲春之月,立高禖祠于城南,祀以特牲。"卢植注云:"玄鸟至时,阴阳中,万物生,故于是以三牲请子于高禖之神。居明显之处,故谓之高。因其求子,故谓之禖。以为古者有媒氏之官,因以为神。"①

自先秦以来,由于皇室高度重视高禖祭祀,地方官府与民间百姓也深受影响,因而每年春天各地祭祀高禖也就成了一种非常盛行的活动。民间的高禖祭祀活动,也为男女相会提供了机会。《周礼·媒氏》记载:"中春之月,令会男女,于是时也,奔者不禁。"②古人认为,简狄生契与姜嫄生稷,都是春季于郊外升烟野祭、祷于高禖的灵验。所以每年这个时候,就成了一个全民求子的宗教节日,也可以称为是全国性的求偶节与求育节。祭祀高禖的地方,都在郊外,或在桑林,或在水畔,都是风景优美之处。盛会期间,还要配以祀神的美妙音乐、舞蹈,让男女尽情地欢乐。如果情投意合,就可以自由婚配,如同"天作之合"。每逢这个时候,就是发生私奔与野合也是很正常的,不必过问,也不必追究。这因此而成了一种民俗,自上古以来在很多地方都流行不衰。在这个全民求子的节庆盛会中,最主要的活动仍是祭祀高禖,以宗教形式祈求多子丰育人丁兴旺;其次便是"会男女",为男女性爱活动提供机会。四川汉墓出土的画像砖中有"高禖"与"野合"画面(图148、149),四川博物院就收藏有两件此类画像砖③,两幅画面中都用写实的方式,描绘了男女在桑下野合的情景,便是两汉时期祭祀高禖盛会期间民俗风情的真实写照。山东平阴县孟庄发现的几件汉代画像石,画面人

---

① 参见[晋]司马彪《后汉书志》第四《礼仪上》,[南朝·宋]范晔《后汉书》第11册,中华书局点校本,1965年5月第1版,第3107—3108页。
② 参见《周礼注疏》,[清]阮元校刻《十三经注疏》上册,中华书局影印出版,1980年9月第1版,第733页。
③ 参见高文、王锦生编著《中国巴蜀汉代画像砖大全》,国际港澳出版社2002年9月第1版,第67页图六五、第68页图六六。参见《中国画像砖全集·四川汉画像砖》,四川出版集团·四川美术出版社2006年1月第1版,第149页图二一一、第150—151页图二一二。

兽杂陈，做舞蹈状，还有男女搂抱做交媾状，以及男子手握生殖器的画面①，描绘的也是地方神禖之俗，通过交感巫术，以祈求丰育，企盼子孙繁昌，并含有古老生殖崇拜的寓意。从高禖神到野合图，说明了汉代崇巫之风犹存，应该是当时社会生活中的一种真实存在的情形。在一定意义上，也可以说祭祀高禖的盛会节庆，就是中国古代民间的情人节与狂欢节。

图148　汉代画像砖上的野合图

这里顺便需要说一下，仲春之后，紧接着还有古代的上巳节，其时间为每年暮春的农历

图149　汉代画像砖上高禖野合图

三月三日。《后汉书·礼仪志》中就说："是月上巳，官民皆絜于东流水上，曰洗濯祓除去宿垢疢为大絜。"②可知上巳节主要是进行河畔江边的水上活动之类，或乘舟浮川，或沐浴香熏，以祓除宿垢，求得吉祥。两汉时期，祭祀高禖求子的传统，与上巳节祓禊之俗，原是分别进行的。这种情形一直延续到唐代都没有什么改变，唐代杜佑撰著的《通典》卷五十五对这两个活动举行的时间就记述得很清楚。因为仲春二月燕归之日，与暮春三月三在时间上非常相近，祭祀高禖与上巳节又都是在郊外进行的大众活动，现在学界有些人撰文将二者混为一谈，很显然是一种

---

① 参见《中国画像石全集》第3册，山东美术出版社、河南美术出版社2000年6月第1版，图一九一—图一九六。参见序言第5页。
② 参见［晋］司马彪《后汉书志》第四《礼仪上》，［南朝·宋］范晔《后汉书》第11册，中华书局点校本，1965年5月第1版，第3110页。

误解。如果认真阅读一下史料，深入了解一下古代的典章制度，就知道祭祀高禖与上巳节是不同时节的两种活动，在内容与形式上都有明显的不同。上巳节也有"会男女"的色彩，但主要是水畔赏春交游，而不是求偶求子，性质上是不一样的。东汉之后，到了魏晋时期，上巳节除了洗濯祓禊和郊外相会，又增加了曲水流觞与踏青游乐等内容，逐渐变成了贵族炫耀财富和游春娱乐的盛会。这个节日，在中世纪仍盛行不衰，直至近代才逐渐淡化了。在我国很多少数民族地区，也都流行这一节日。例如云南等省区一些少数民族的三月三，就是由此而来，迄今仍很盛行，每年仍是少数民族地区郊外游春、男女交游、娱乐聚会的节日。

我们在这里需要特别探讨的一个问题是：高禖神究竟是谁？根据文献史料中的记载来看，从古至今曾有很多不同的解释，有认为高禖就是高辛氏的，有认为句芒是高禖神的，有认为高禖就是天神的，有认为伏羲就是高禖神的，又有认为高禖是女性，传说中造人的女娲、殷商的祖先简狄、周人的祖先姜嫄都是高禖神的。学界对此也有不同的理解。譬如闻一多先生认为，"古代各民族所记的高禖全是该民族的先妣"，"夏、殷、周三民族都以其先妣为高禖，想来楚民族不会是例外"。[1]丁山先生认为："高禖，犹言'高祖母'，甲骨文所谓'高妣'是也。"[2]袁珂先生认为："女娲因为替人类建立了婚姻制度，使男女们互相配合，做了人类最早的媒人，所以后世的人把女娲奉为高禖，高禖就是神禖，也就是婚姻之神的意思。"[3]王孝廉先生也认为："女娲造人主婚，见于后人所引东汉应劭的《风俗通义》，是源于以女娲为原始母神的'皋禖信仰'（高

---

[1] 参见闻一多《高唐神女传说之分析》，《伏羲考》，上海世纪出版集团·上海古籍出版社2009年7月第1版，第95—96页。又参见《闻一多全集》第1卷，北京三联书店1982年重印，第98页。
[2] 参见丁山《中国古代宗教与神话考》，马昌仪编《中国神话学文论选萃》上册，中国广播电视出版社1994年2月第1版，第77页。
[3] 参见袁珂《中国神话传说：从盘古到秦始皇》，世界图书出版公司北京公司2012年2月第1版，第73页。参见袁珂《中国古代神话》（修订本），中华书局1960年1月新1版，第55—56页。

禖、郊禖），古时建立媒神的祠庙于郊野而祭祀之叫做高禖或郊禖，所祭祀的神通常是作为自己部族原始母神的女神，夏人祀女娲，殷人祀简狄，周人祀姜嫄，也就是说女娲、简狄、姜嫄都是主婚的高禖之神。"①或认为："女娲充当的是好合男女的媒妁之神，因而她又被后人祀奉为'皋禖之神'"；"在中国古代史上，被祀奉为媒神的还有殷人的始母简狄、周人的始母姜嫄……从起源上来讲，女娲形象的产生可能是更古老的，她最初可能主要是某一氏族或某一部落崇奉的始祖神，主司繁衍、生殖，因为她别男女、立婚姻，使人类自行繁衍，因而稍后又被祀为媒神和送子娘娘"。②总之，"高禖神是个极复杂的历史现象"。③类似的论述颇多，此不赘述。这些看法，都颇有见地，并为学界所沿用，却都属于推测之见，与古代的真实情形其实是有出入的，并不完全相符。

闻一多先生、袁珂先生等学者，依据的主要是古代文献中关于高禖的记载，而未看到后来出土的汉代画像资料，所以才有以上的推论。若从出土汉代画像中描绘的高禖神来看，将伏羲女娲搂抱在一起的高禖神显然不是夏商周三代的先妣，而是另有其人的。汉代画像虽然到了近代随着考古事业的发展才大量出土，其实早在宋代甚至更早就已经陆续被人发现了。如北魏郦道元《水经注》卷八《济水》中就有关于汉代画像的记载，北宋赵明诚在《金石录》中就记录了山东嘉祥武氏祠画像及其榜题，南宋洪适所著的《隶释》《隶续》中对各地汉代画像石刻也有较多的记述，并对有些图像作了摹录。可见宋代人看到汉代画像的记录是比较多的，其中可能就有高禖神的画像。因为汉代画像中的高禖神并非伏羲，也不是女娲，故而宋代人很自然会联想到魏晋南北朝时期出现的

---

① 参见王孝廉《西南民族创世神研究》，马昌仪编《中国神话学文论选萃》下册，中国广播电视出版社1994年2月第1版，第425页。
② 参见杨利慧《女娲的神话与信仰》，中国社会科学出版社1997年12月第1版，第63、65页。
③ 参见申华清《神鬼世界与人类思维》，黄河文艺出版社1990年3月第1版，第201页。

盘古神话，将高禖神称为了盘古。这种将之后出现的神话用来解释先前的习俗，虽然情有可原，却很显然是一种误解。宋代黄休复所追述汉代成都石室已有盘古画像，很可能就属于这种情况。

其实，高禖神应该是一位虚构的神灵，古人对高禖神的形象并没有形成固定的模式。而祭祀高禖神，表达的主要是一种信仰，或者说是一种传统习俗。叶舒宪先生也认为："由于中国神话的过早散佚和历史化，高禖神在现有记载中早已失去了人格化形态，近乎一个抽象的祭祀概念，遗留在礼书的条文规定之中。关于高禖祭典，我们只知道有祈求生育和丰产的性质。伴随着该祭典的还有象征性的性爱活动。"① 汉代祭祀的高禖神，沿袭了上古以来的传承，显而易见绝非盘古，因为那时盘古神话尚未出现。西汉的刘安及宾客，东汉的王充和应劭等人，都很博学，见多识广，在各自的著述中都旁征博引，如果那时已有盘古神话或出现了盘古画像，他们是绝不会忽略的，但在他们流传后世的著述中却未见这方面的记载。汉武帝祭祀的高禖神就没有具体的人格化形态，而是一块石头。晋朝皇帝祭祀高禖，沿袭的也是高禖石。据《后汉书·礼仪志》中刘昭注释说："晋元康中，高禖坛上石破，诏问出何经典，朝士莫知。博士束晳答曰：汉武帝晚得太子，始为立高禖之祠。高禖者，人之先也。故立石为主，祀以太牢。"②《通典》卷五十五说："汉武帝年二十九乃得太子，甚喜，始立为高禖之祠于城南，祭以特牲。"文后也引用了晋朝博士束晳所述。文中还说："契母简狄，盖以玄鸟至日有事高禖而生契焉。"③ 可见殷初已有祭祀高禖之俗，却不知高禖神是谁。到了汉武帝时，才用大石"立为高禖之祠"。所谓"立石为主"，就是以石头

---

① 参见叶舒宪《高唐神女与维纳斯》，中国社会科学出版社1997年12月第1版，第387页。
② 参见［晋］司马彪《后汉书志》第四《礼仪上》，［南朝·宋］范晔《后汉书》第11册，中华书局点校本，1965年5月第1版，第3108页。
③ 参见［唐］杜佑《通典》第2册，中华书局点校本，1988年12月第1版，第1551—1552页。

作为高禖神之象征的意思。干宝《搜神记》卷七也记述说："元康七年，霹雳破城南高禖石。高禖，宫中求子祠也。"[①]在《晋书·五行志》等史籍中，对此也有记载。这里说的高禖石，或称郊禖石，均是高禖神的象征。有人认为，高禖石象征生殖器官，标志着母系社会向父系社会的转变，但这也只是后人的一种推测说法。其实高禖石就是因为当时人不知道高禖神究竟是谁，所以才"立石为主"，将一块大石作为高禖神的象征。立石作为高禖象征，这是汉代皇室的做法，而在汉代民间流行的画像中，则出现了将高禖神形象化的描绘。

既然高禖神是一个祭祀概念，为什么汉代画像中描绘的高禖神又具有多种形态呢？概而言之，这与汉代民间画风的昌盛可能有着较大的关系，显然是汉代画像制作者虚构想象的产物。用画像来装饰墓室，以表达对逝者的孝敬，是东汉时期崇尚厚葬而大为流行的一种时尚。在那些埋入地下的画作中，既有对历史人物故事的描绘，也有对当时社会生活情景的记录，还有对各种神话故事的虚构。将上古以来传统风俗中的高禖神，与伏羲女娲绘画在一起，很可能是民间汉画制作者的一种即兴创作，因此带有一定的随意性，而无固定的模式，所以有的将高禖神画成了神人，有的将高禖神画成了力士，还有的甚至将高禖神画成了神怪。譬如前面所述南阳出土的一件"高禖"画像，高禖神是一位赤身裸体的神人，将伏羲女娲搂抱在了一起。在河南唐河针织厂出土的一件画像石上，也刻画了类似的画面，图版说明称："右下一巨人，疑为高禖神，头梳高髻，正面而立，将人首蛇躯、手持仙草的左之女娲、右之伏羲联袂在一起。"[②]山东出土的几件画像石上也刻画有类似画面，例如嘉祥县纸坊镇敬老院出土的一件画像石上，画面上层"中间刻高禖，头戴'山'

---

① 参见［晋］干宝撰，汪绍楹校注《搜神记》卷七，中华书局1979年9月第1版，第99页。
② 参见《中国画像石全集》第6册，山东美术出版社、河南美术出版社2000年6月第1版，图一六。

字形冠，三角眼，阔嘴，露齿，一手抱伏羲，一手抱女娲"。[1]山东平邑县平邑镇皇圣卿东阙南面画像上，画面第一层刻画了"中一神人，双手拥抱人身蛇尾、手执规矩的伏羲、女娲，左有玄武，右有朱雀"[2]。在山东沂南县北寨村出土的一件画像石上，"画面上部刻一力士，以强壮的双臂拥抱人身蛇躯的伏羲和女娲，力士肩后有一规一矩。左右上角各缀一飞鸟"。[3]有学者认为，画面中的力士，应是高禖神的写照。还有河南新野出土的一件画像砖上，刻画了伏羲、女娲，两尾缠绕玄武。[4]有学者认为图中的玄武，寓意与高禖有相近处。山东画像石上的高禖神是膀阔腰圆的男性神，用强壮有力的双臂把伏羲、女娲抱合在一起，表示阴阳的结合与生命的繁衍。南阳出土画像砖上的玄武，与伏羲、女娲两尾缠绕，也体现了同样的含义。因为古人的心目中，天上的星斗与人之生死有关，玄武是四灵之一象征北方神灵，而司命星属于玄武宫中虚宿之一星，画像中用玄武充当高禖使人类的始祖神伏羲、女娲匹合，也同样表达了让生命繁衍不息的愿望。[5]总之，这是别开生面很有创意的一种描绘。（图150、151、152、153）

河南南阳麒麟岗汉画像石墓也出土有多幅高禖神图，有的为单幅画像，"高禖裸体，圆耳，圆眼，长喙，大口，大腹。两手上举作漫舞之状。其周围饰云气"。有的由6块石板组合刻成，"画中刻神高禖，全身赤裸，圆眼，大嘴，长喙下颚有齿。右手执条状物，右肘窝揽住女娲蛇

---

[1] 参见《中国画像石全集》第2册，山东美术出版社、河南美术出版社2000年6月第1版，图一一五。
[2] 参见《中国画像石全集》第1册，山东美术出版社、河南美术出版社2000年6月第1版，图八。
[3] 参见《中国画像石全集》第1册，山东美术出版社、河南美术出版社2000年6月第1版，图一八二。
[4] 参见《中国画像砖全集·河南画像砖》，四川出版集团·四川美术出版社2006年1月第1版，图一〇〇。
[5] 参见南阳文物研究所编《南阳汉代画像砖》，文物出版社1990年5月第1版，第33—34页文字介绍、图版58、拓本166、拓本167。

图150 山东嘉祥县纸坊镇敬老院出土的"高禖"画像

图151 山东平邑县皇圣卿东阙南面的"高禖"画像

图152 山东沂南县北寨村出土的"高禖"画像

图153 河南新野出土的伏羲女娲尾缠玄武图

尾。伏羲蛇尾卷曲于高禖神左腿后侧。高禖神左手伸出，弓步作揽拽之状"。黄雅峰先生认为："伏羲女娲与高禖在同一画面，则暗示高禖促使伏羲女娲交合，表达了墓主人希望生命得以延续和再生的愿望。"[①]与河

---

① 参见黄雅峰主编《南阳麒麟岗汉画像石墓》，三秦出版社2008年12月第1版，第16、19、20、65页，第205页图版98，第232页图版122。

南唐河针织厂、山东沂南等地出土的高禖神图像相比，南阳麒麟岗出土的高禖神图像，展示了更加丰富的想象，在充满动感的画面中对高禖神与伏羲女娲做了更为浪漫奔放的描绘。这些画像，所依据的都是上古以来祭祀高禖之俗，表现的都是高禖神的题材，而将高禖神刻画成多种形态，则显示了构思上的不同特点。这与各地汉画制作者的艺术造诣、创作习惯、思维与审美方面的差异，以及地域文化习俗的不同，也有一定的关系。（图154、155）

通过以上对文献记载和考古资料的梳理考证，可知祭祀高禖原是上古以来流行于宫廷与民间的一种重要习俗。高禖这一古俗，在举行的过程中，常展现出较为浓郁的巫术色彩。譬如在皇室祭礼中，嫔妃以弓箭插入弓套并授于高禖神之前，又譬如民间的男女欢聚桑林野合，有认为其性质都属于高禖祭祀活动中的巫术行为的，是颇有道理的。也可以

图154 河南南阳麒麟岗出土的伏羲女娲高禖图（之一）

图155 河南南阳麒麟岗出土的伏羲女娲高禖图（之二）

说，中国古代的感生神话就来源于高禖这一古俗。有学者认为："因此，从感生神话可以了解高禖仪式的古远——它产生在姜嫄、简狄等感生神话之前；可以了解'高禖'的涵义——'高禖'指的是导致生命产生和孕育的神奇媒介，即履迹所感、吞物所感、遇异所感的那个神灵，亦即胚胎之神。"[1]这也是颇有见地的一个看法。

总之，古俗中的高禖神本是一种祭祀概念，汉代画像中出现了高禖神的形象，通常与伏羲女娲搂抱在一起，以表达交合求子、生命繁衍之意，同时也进一步渲染和强调了阴阳创世的观念。汉画中的伏羲女娲，主要是作为阴阳二神的象征，构图造型大都作人首蛇躯交尾状，画面中增添了搂抱阴阳二神的高禖神，其创世与繁衍的含义也就随之更加鲜明和浓郁了。而这些，都与汉代崇尚子孙繁衍的民俗有着很大的关系。也正是由于民俗崇尚的关系，所以高禖与伏羲女娲的画像也就在汉代格外流行起来。

显而易见，高禖并非盘古。汉代画像中高禖神搂抱伏羲女娲的画面，那是汉代画工对高禖古俗的一种形象化的虚构和想象，而并非是盘古画像。这一点在各地出土的汉代画像中，所描绘的画面都是比较清楚的。但魏晋时期盘古神话的诞生，则很明显接受了高禖与伏羲女娲故事的影响。任昉《述异记》中说，"吴楚间说：盘古氏夫妻，阴阳之始也"，就加入了伏羲女娲由兄妹结合成夫妻繁衍人类的故事内核，盘古神话因之由开天辟地之神而增加了人文始祖的成分。张光直先生认为："盘古的名字诚然不见于三国以前的记载，但类似盘古的人物与类似盘古开天辟地的观念，在先秦就已经有了。"又说："中国创世神话所反映的宇宙观，显然是战国到汉，华北汉人支配思想的代表。世界的原始为混沌的一团，混沌中产生阴阳的对立，造成天地的分割，与阴阳二始祖

---

[1] 参见王小盾《中国早期思想与符号研究——关于四神的起源及其体系形成》下册，世纪出版集团、上海人民出版社2008年7月第1版，第728页。

的出现，继而有始祖化生万物的信仰。"①由此可见，盘古神话也有一个发展形成的过程，由最初的虚构创作而流行于民间，到之后流传渐广，成为后来居上的创世神话，其间显然汲取了很多因素，才得以传播定型的。先秦时期的混沌说、阴阳说，以及汉代特别流行的高禖之俗与伏羲女娲故事，都对盘古神话的滋生与定型发挥了非常重要的作用。

通过上面的论述，我们对盘古神话进行了梳理和探讨。并着重对古代创世神话的由来，对汉代画像中的高禖搂抱伏羲女娲图像，以及盘瓠传说与盘古神话的关系等几个方面，做了较为深入的研究。概而言之，结合文献记载中的盘古神话与其他传说、出土资料中的相关画像，以及民间流传的盘古等故事来看，大致可以归纳为以下几点看法：

一、盘古神话的出现，可能源于汉代，魏晋南北朝时期才流传渐广。其传播地域主要在我国的长江流域和南方地区，不仅在汉族地区有盘古神话的传说故事和古迹，而且在南方少数民族地区也曾广泛流传。任昉《述异记》中就记载了盘古传说的地域主要在吴楚间与广西、南海等地。后来，河南等地的盘古传说也兴盛起来，但其时间显然较晚，可能是中世纪之后，甚至晚至明清才形成了盛传之势。

二、盘古神话的滋生，与先秦以来的混沌说、阴阳说、高禖古俗、伏羲女娲故事有着密切的关系。秦汉时期，三皇五帝是正统神话，一直占据着主流地位，所以史籍中记述最多。而盘古神话主要是民间传说，属于非主流神话，民俗的特色比较浓郁，因而在传世文献中记载不多。在盘古神话出现之前，我国已有多种创世神话，呈现出丰富多样的特色，这与我国幅员辽阔、民族众多有着很大的关系。创世神话中的混沌说、阴阳二神说、伏羲女娲的造人说，在理论上和故事情节上都引人入胜，在两汉时期影响最大。魏晋南北朝时期出现的盘古神话则讲述了新

---

① 参见张光直《中国创世神话之分析与古史研究》，马昌仪编《中国神话学文论选萃》下册，中国广播电视出版社1994年2月第1版，第20、48页。

的创世故事，说盘古死后肢体化为万物，显得比较虚幻，继而汲取了伏羲女娲兄妹结合为夫妻繁衍人类的故事，也增添了"盘古氏夫妻、阴阳之始"的内容。盘古神话主要流传于我国长江中下游和南方民间，随着传播逐渐广泛，其影响也不断扩大，才成为后来居上的创世神话。由于盘古神话在民间长期口碑传播，难免会羼入后世的附会与改编，因而在民间出现了多种故事版本，形成了多种不同说法。浙江、河南等地流传的盘古故事，内容都不一样，就是比较显著的例子。

三、盘古的神话传说虽未得到历代统治者的重视，却获得了道家的青睐。大约自东晋之后，道教的书籍中收入了盘古的神话传说，将盘古尊为开天辟地之神，并且按照道家的神仙谱系将盘古称为是盘古真人、元始天尊或元始天王。道家改编和利用盘古神话的做法，一方面推进了盘古神话的传播与影响，另一方面也使盘古神话在故事内容方面发生了变化，开启了神仙故事新编之门，这对盘古的神话传说在后世出现多种故事版本显然有着较大的关系。由于道教在南方少数民族地区传播较广，盘古神话也随之在少数民族地区盛传开来，为一些少数民族所信奉。

四、我国正史和传世古籍中有关于盘瓠的记载，说盘瓠是南方蛮夷的祖先。南方很多少数民族都崇奉盘瓠，譬如瑶族迄今仍有祭祀盘瓠的习俗和"还盘王愿"的仪式。由于瑶族信奉道教，道教中的神仙也逐渐为瑶族所信奉。道教关于盘古为元始天尊的说法，也为瑶族所接受了，故而盘古的传说，也开始广为流传，并且出现了和盘瓠神话常常混淆传播的情形。但盘古是创世传说，盘瓠是族源神话，两者有很大的不同，其实是不能混为一谈的。有学者认为盘古可能是由盘瓠音转而来，或认为盘古的原型可能来自《山海经》中的烛龙、烛阴之类传说，还有学者认为盘古与古代取土分封诸侯以及祭祀社神的演化有关，都属于推测之见，其实是有疑问的。盘古神话在瑶族中的传播，深究其因，应该主要是信奉道教的缘故。中国古代的造神运动，常有"层累地造成"后来居上的情形，传播于前的盘瓠传说，与流传于后的盘古神话，两者的关系便正是如此。

五、汉代墓葬中常见有高禖神搂抱伏羲女娲的画像，有人将画面中的高禖认为是盘古画像，很显然是一种误解。显而易见，高禖绝非盘古。祭祀高禖本是源于先秦的一种古俗，皇室祭祀高禖主要是为了求子，皇帝和王后嫔妃都要参加，因而规格甚高影响很大；在民间祭祀高禖活动则成了全民参与的求育节和求子节，也成了男女相会桑下野合的情人节和狂欢节。古俗中的高禖只是一个祭祀概念，汉画中则通过虚构想象将高禖神描绘成了一位搂抱伏羲女娲的神人、力士或神怪，所表达的主要是交合求子、崇尚子孙繁衍的寓意。中国古代的感生神话，就来源于高禖这一古俗。魏晋南北朝时期盘古神话的诞生，也明显接受了高禖与伏羲女娲故事的影响，从盘古死后化为天地万物，而增加了盘古氏夫妻之说。也可以说，我国先秦以来广为流行的神禖文化习俗，汉代民间神话传说系统的传播，为盘古神话的滋生提供了土壤。加上先秦以来的混沌说、阴阳说等观念，从而为魏晋南北朝时期盘古神话的出现发挥了重要作用。

总而言之，盘古是我国魏晋南北朝以来一个非常重要的神话传说，出现之后，流传很广，而且融入了道教和民俗，特别在长江中下游和南方少数民族地区备受崇奉，影响深远。崇奉盘古不仅是一种典型的地方民俗，也是一个很重要的文化现象。其中具有极其丰富的文化与民俗内涵，值得我们给予认真关注。

现在很多地方都重视盘古的民间传说，将其作为非遗加以保护和利用，虽然功利性较强，但也具有很大的积极意义。首先是有利于我们寻根问祖，有利于增强民族团结，也有利于增强我们的民族自信心和凝聚力。其次是有利于推进学术研究和文化建设，有利于弘扬优秀传统文化，也有利于加强地域民俗和非遗传承的保护。再者是对当前的文化建设和旅游发展，可以发挥一定的推进作用，这也是一件好事情。所以我觉得，对重视和保护非遗的举措，确实是值得赞扬和支持的。但赞扬的主要是其积极意义，而对其中一些过度开发利用的做法，仍需要强调理性与冷静的思考，对其中一些低俗的附会和以讹传讹的情形，也需要加以澄清。

在这里需要特别指出的是，我们重视盘古的民间传说，所以更要实事求是地研究盘古神话的由来与内涵，不应忽略其影响，也无须夸大其久远。学术的价值与生命力，就在于实事求是。今天我们从学术的角度，就是为了深入研讨盘古神话的缘起、流传、影响、传承，从而更加准确透彻地认识与评述盘古神话的意义和作用。而这也正是我们学术界和学者们需要认真去做的一件事情。

| 第八章 |

# 秦汉以来的鬼神信仰与仙话

## 一、鬼神信仰的由来

古代蜀人不仅有绚丽多彩的神话传说,在鬼神信仰方面也是由来已久,秦汉以来又增添了许多新的内容。这与仙话的盛行、道教的流传,以及佛教的传播,都有着较为密切的关系。如果说神话传说揭示的主要是一些古蜀故事,那么鬼神信仰则涉及古代蜀人的精神崇尚。所以在这方面做一些深入探讨,也是很重要的话题。

我们知道,鬼神是人们对世俗生活世界之外的一种臆测,这种意识远古时代就已有之。在先民的观念中,鬼神既是自然界和人类社会异己力量的代表,又是人们崇拜的对象。面对各种难以预测和驾驭的自然现象,为了满足一定的社会需要和心理需求,人们因之而创造了众多的鬼神来司理和佑护社会生活的各个方面。特别是面对自然灾害和生老病死,以及一些异常事件和某些重要时刻,人们只有乞求鬼神的宽宥和救助,并因此而形成了丰富多样的鬼神信仰和民间崇尚习俗,这在古代社会已成为一种最为常见的现象。

早在远古时代先民就有了神灵崇拜,正如鲁迅先生所说:"昔者初民，见天地万物，变异不常，其诸现象，又出于人力所能之上，则自造众说以解释之，凡所解释，今谓之神话。神话大抵以一'神格'为中枢，又推演为叙说，而于所叙说之神，之事，又从而信仰敬畏之，于是歌颂其威灵，致美于坛庙，久而愈进，文物遂繁。故神话不特为宗教之萌芽，美术所由起，且实为文章之渊源。"① 在先民的原始思维方式中，人类的起源和神灵有关，自然万物也都由神灵主宰。开天辟地有"盘古"，创造人类有"女娲"，天上有日神、月神，刮风下雨有雷公、电母、风伯、雨师，海中有海神，水中有水神，山中有山神精灵。先民认为这些神灵在不同的领域里都具有巨大的威力和作用，尊崇这些神灵不仅能使人们的世俗生活逢凶化吉，而且能为子孙后代带来吉祥安康，因而神灵崇拜也就成了古代人们一种最重要的心理慰藉。

伴随着人类从遥远的洪荒时代逐渐向文明社会的迈进，中国神话也经历了一个漫长的发展过程，这个过程包括了对众多神灵的想象和创造，也包括了对众神威力与作用的虚构和解释。从文献记载看，中国古代对神的定义是多种多样的，按照荀子的说法："列星随转旋，日月递炤，四时代御，阴阳大化，风雨博施，万物各得其和以生，各得其养以成，不见其事而见其功，夫是之谓神。"② 许慎的解释是："神，引出万物者也。"③《左传》中说："神，聪明正直而壹者也，依人而行。"④《礼记·祭法》说："山林川谷丘陵，能出云，为风雨，见怪物，皆曰

---

① 参见鲁迅《中国小说史略》第2篇《神话与传说》，《鲁迅全集》第9卷，人民文学出版社1981年第1版，第17页。
② 参见［周］荀况《荀子》第十一卷《天论》，《二十二子》，上海古籍出版社1986年3月第1版，第327页。
③ 参见［汉］许慎撰，［清］段玉裁注《说文解字注》，上海古籍出版社1988年2月第2版，第3页。
④ 参见［周］左丘明撰，［晋］杜宇注《春秋左传正义》卷第十《庄公三十二年》，［清］阮元校刻《十三经注疏》下册，中华书局影印本1980年9月第1版，第1783页。

神。"①《论衡·祭意篇》说:"群神谓风伯、雨师、雷公之属。风以摇之,雨以润之,雷以动之,四时生成,寒暑变化。日月星辰,人所瞻仰。水旱,人所忌恶。四方,气所由来。山林川谷,民所取材用。此鬼神之功也。"②总之神灵具有巨大的威力,操纵着自然界的一切,天上人间地下神灵无处不在,人们相信敬仰神灵会有很多好处,而违背了神的意志则会不顺或受到惩罚。但后来人们又认为神灵中亦有善神和恶神,善神佑助人类,恶神降灾难于人间(同样的道理鬼怪也是如此),所以对善神要崇拜和敬仰,对凶神恶鬼要巧妙回避或设法反抗。

在崇拜神灵的过程中,古代人们又产生了与神灵沟通的理念,于是巫觋与"巫术"便应运而生了。"当时人们的世界观,就是鬼神充斥世界,鬼神支配一切,人与鬼神共处于大地之上。人类要生存,不仅要制作生产工具,从事采集、渔猎和农耕,也要依靠鬼神的意志约束自己的行动,可见巫教思想是远古和上古时代占统治地位的思想意识。"③巫术在很多场合所起的作用主要还是取悦于神灵,其目的就是利用神秘的外在力量为自己造福。正如弗雷泽《金枝》中所论述:"在人类发展进步过程中巫术的出现早于宗教的产生,人在努力通过祈祷、献祭等温和谄媚手段以求哄诱安抚顽固暴躁、变幻莫测的神灵之前,曾试图凭借符咒魔法的力量来使自然界符合人的愿望。"④世界上各民族的巫术形式多样,由于社会和民俗的差异,曾经历了不同的盛衰过程,但在本质上都是鬼神信仰的伴生物。

中国先秦时期巫术非常盛行,"敬在养神,笃在守业;国之大事,在

---

① 参见《礼仪正义》卷四十六《祭法》,〔清〕阮元校刻《十三经注疏》下册,中华书局影印本1980年9月第1版,第1588页。
② 参见〔汉〕王充《论衡·祭意篇》,《百子全书》下册,浙江古籍出版社1998年8月第1版,第1042页。
③ 参见宋兆麟《巫与巫术》,四川民族出版社1989年5月第1版,第5页。
④ 参见〔英〕詹·乔·弗雷泽著,徐育新、汪培基、张泽石译《金枝》上册,中国民间文艺出版社1987年6月第1版,第84页。

祀与戎"的观念①，曾长时期左右着人们的思想和行动。祭祀活动曾是当时的头等大事，《国语·楚语》就记载："祀所以昭孝息民、抚国家、定百姓也，不可以已。""天子遍祭群神品物，诸侯祀天地、三辰及其土之山川，卿大夫祀其礼，士庶人不过其祖。"由于统治者对祭祀的重视和身体力行，"其谁敢不战战兢兢，以事百神"②。传世文献对巫师沟通神灵的传说和祭祀活动就有较多的记载，如成书于战国时代的《山海经》，鲁迅先生认为就是一部"古之巫书也"。③图像资料对此也有生动精彩的刻画，如湖南长沙子弹库楚墓中出土的人物御龙帛画与长沙陈家大山楚墓出土的人物龙凤帛画④，就描绘了巫师沟通神灵的想象。这种崇巫的情形，随着社会的前进，到了秦汉时期才有了较大的改观。此时巫师已不再是社会的主流，祭祀活动也增添了礼法的理念，人与鬼神的关系也多了一些新的观念，譬如封建社会的等级观念在鬼神世界中的折射和体现，以及后来道教的崛起和佛教的传播对中国传统鬼神信仰的影响等。（图156、157）

如果说众神是先民相信万物有灵的产物，那么鬼就是人死后灵魂进入冥间的化身了。按照《礼记·祭法》的说法："大凡生于天地之间者皆曰命。其万物死皆曰折，人死曰鬼。"⑤《礼记·祭义》又说："众生必死，死必归土，此之谓鬼。"⑥《尸子》也说："鬼者归也，故古者谓

---

① 参见［周］左丘明撰，［晋］杜宇注《春秋左传正义》卷第二十七《成公十三年》，［清］阮元校刻《十三经注疏》下册，中华书局影印本1980年9月第1版，第1911页。
② 参见上海师范学院古籍整理组校点本《国语》下册，上海古籍出版社1978年3月第1版，第567页。
③ 参见鲁迅《中国小说史略》第2篇《神话与传说》，《鲁迅全集》第9卷，人民文学出版社1981年第1版，第19页。
④ 参见《中国大百科全书·考古学》，中国大百科全书出版社1986年8月第1版，彩色插页第32页。参见《中国大百科全书·美术》Ⅰ，中国大百科全书出版社1990年12月第1版，彩色插页第25页。
⑤ 参见《礼仪正义》卷四十六《祭法》，［清］阮元校刻《十三经注疏》下册，中华书局影印本1980年9月第1版，第1588页。
⑥ 参见《礼仪正义》卷四十七《祭义》，［清］阮元校刻《十三经注疏》下册，中华书局影印本1980年9月第1版，第1595页。

图156 战国"人物御龙帛画"(湖南长沙子弹库楚墓出土)

图157 战国"人物龙凤帛画"(湖南长沙陈家大山楚墓出土)

死人为归人。"①许慎《说文》的解释是:"人所归为鬼,从儿、田象鬼头,从厶,鬼阴气贼害,故从厶。"段玉裁注释曰:"鬼之为言归也,郭注引尸子,古者谓死人为归人。""自儿而归于鬼也。"②值得指出的是,古人认为人的生命是由形骸和灵魂构成的,所谓"人死曰鬼",并不是指人的形骸死亡便成为鬼,而是认为灵魂在人体死亡时才成为鬼。也就是说,古人关于人死为鬼的说法,和古代对灵魂的认识有关。在汉代的文献史料中,对此已有较多的记述。如司马迁《史记·太史公自序》中说:"凡人所生者神也,所托者形也。神大用则竭,形大劳则敝,形神离则死。死者不可复生,离者不可复反,故圣人重之。由是观之,神者

---

① 参见《尸子》卷下,《二十二子》,上海古籍出版社1986年3月第1版,第380页。
② 参见[汉]许慎撰,[清]段玉裁注《说文解字注》,上海古籍出版社1988年2月第2版,第434页。

生之本也，形者生之具也。"①刘安《淮南子·精神训》中说："是故精神，天之有也，而骨骸者，地之有也。精神入其门，而骨骸反其根，我尚何存？"高诱注曰："精神无形，故能入天门，骨骸有形，故反其根归土也，言人死各有所归。"②一旦形神俱灭，生命就不存在了。人死了，形体随之而亡，灵魂也就转化成了另外一种形态。《汉书·杨王孙列传》说："精神者天之有也，形骸者地之有也。精神离形，各归其真，故谓之鬼，鬼之为言归也。"③

按照古人的解释，归于天者便为神——所以古代有祖先神之说并衍生出祖先崇拜的观念，归于地者便为鬼——古代因此而有了鬼的观念。《礼记·郊特牲》就说："魂气归于天，形魄归于地。"④古人也有认为魂魄一起转化为鬼的，如《左传·昭公七年》记子产言："人生始化曰魄，既生魄，阳曰魂。用物精多，则魂魄强。是以有精爽，至于神明。匹夫匹妇强死，其魂魄犹能冯依于人，以为淫厉。""强死"是说不能善终，"淫厉"是比喻恶鬼，意思是说如果普通男女不得善终，魂魄就会变为恶鬼。所以"鬼有所归，乃不为厉"。⑤可见古人不但认为鬼是由魂魄变化而来，而且认为鬼有善鬼与恶鬼之分。《礼记·祭法》中认为王公贵族士大夫之流死后灵魂都有变为厉鬼的可能⑥，所以要祭祀，以禳除灾祸。在古人的观念中，恶鬼多为未得善终者的灵魂所化，会专门与人作祟；善鬼则能福佑众生，保佑四季平安、五谷丰登。祖先神在一定意

---

① 参见［汉］司马迁《史记》第10册，中华书局点校本，1959年9月第1版，第3292页。
② 参见［汉］刘安《淮南子》卷七《精神训》，《二十二子》，上海古籍出版社1986年3月第1版，第1234页。
③ 参见［汉］班固《汉书》第9册，中华书局点校本，1962年6月第1版，第2908页。
④ 参见《礼仪正义》卷二十六《郊特牲》，［清］阮元校刻《十三经注疏》下册，中华书局影印本，1980年9月第1版，第1457页。
⑤ 参见［周］左丘明撰，［晋］杜宇注《春秋左传正义》卷第四十四《昭公七年》，［清］阮元校刻《十三经注疏》下册，中华书局影印本，1980年9月第1版，第2050页。
⑥ 参见《礼仪正义》卷四十六《祭法》中所述及孔颖达疏义，［清］阮元校刻《十三经注疏》下册，中华书局影印本，1980年9月第1版，第1590页。

义上说，就属于能保佑子孙造福后人的善鬼。

总之，在古人的认识中，鬼是人死后灵魂不灭的表现形式。关于灵魂不灭的观念，其实在世界上很多民族都存在。弗雷泽《金枝》中就谈道，在澳大利亚、北美洲、加拿大、东南亚、太平洋岛屿、印度洋周边地区等很多民族都认为，人是有灵魂的。中国一些少数民族也同样认为，灵魂是独立于人体形骸之外而又寓于人体形骸之中的东西，人体死亡后灵魂便离开身体而成为鬼魂。如"彝族人坚信人有鬼魂，灵魂不灭，人死后鬼魂依然存在。鬼，又分为好鬼和恶鬼。好鬼护人，恶鬼害人"。"羌族人同样坚信'灵魂不灭'，凡羌族地区都有送鬼、招魂、赶鬼、驱邪的活动。"① 羌族人"鬼的观念与灵魂观念分不开。羌族相信人有魂，人死了，魂魄不灭，死后几天，魂魄留恋家庭，要回煞，要祭奠"。纳西族人也有同样的观念，"纳西族原始观念中认为人有灵魂，并重视对灵魂以及亡魂的处理"。② 类似的民族史料记载很多，可见灵魂不灭与"人死为鬼"，在古代人类社会中是一种较为普遍的观念。正是这种灵魂不灭的观念，形成了古代鬼神信仰的基础。

在中国古代人们的观念中，鬼作为生命进入幽冥世界的一种转化形式，或者说是人死后灵魂不灭的一种象征，通常认为也同样具有和神灵相似的某些神秘威力和作用。譬如先民大都相信自己部落或家族的人死后变作鬼，仍然会保护着自己的部落或家族，尤其相信祖先的鬼魂会保护子孙后代。又譬如先民相信历史上一些伟大和杰出的人物，死后会变为善鬼或善神，给后世的人们乃至整个社会以护佑。如《淮南子·氾论训》中就说："故炎帝于火而死为灶，禹劳天下而死为社，后稷作稼穑而

---

① 参见戈隆阿弘《彝族古代史研究》，云南民族出版社1996年5月第1版，第70—71页。
② 参见吕大吉、何耀华总主编，倪为国副总主编《中国原始宗教资料丛编》卷二《羌族卷》《纳西族卷》，上海人民出版社1993年10月第1版，第459、124页。

死为稷,羿除天下之害而死为宗布。此鬼神之所以立。"[1]可知后世祭祀灶神、社神、稷神、宗布神的由来,原本都是祖先灵魂所化之善鬼或善神。又如屈原《楚辞·九歌·国殇》中赞扬阵亡将士说:"身既死兮神以灵,魂魄毅兮为鬼雄。""鬼雄"乃鬼中强者,《章句》解释是:"言国殇既死之后,精神强壮,魂魄武毅,长为百鬼之雄杰也。"[2]也是属于善鬼或善神之类。此外,还有死后变为恶鬼的,《礼记·祭法》中称之为"泰厉""公厉""族厉",都是游荡在人间的恶魂变成的厉鬼。据孔颖达解释:"泰厉者,谓古帝王无后者也,此鬼无所依归,好为民作祸,故祀之也。""公厉者,谓古诸侯无后者,诸侯称公,其鬼为厉,故曰公厉。""族厉者,谓古大夫无后者鬼也,族,众也,大夫众多,其鬼无后者众,故曰众厉。"[3]古人认为,各种厉鬼都是有害于社会和民众的,对待这些恶鬼最好的办法就是采用祭祀,使有所归而不再为祸。还有就是采用禳除之法,达到镇鬼辟邪的目的。古人的这种鬼神观念,不仅导致了古代祭祀活动的频繁,而且对古代的丧葬文化以及人们的日常生活,也都产生了深刻的影响。

## 二、鬼神解释系统的形成

在鬼神信仰的基础上,中国从远古时代开始就逐渐形成了一套鬼神解释系统。我们知道,中国的鬼神信仰属于多神信仰,这种以鬼神信仰形式而存在的解释系统由于内在的多层次结构,而使解释本身具有了

---

[1] 参见[汉]刘安《淮南子》卷十三《氾论训》,《二十二子》下册,上海古籍出版社1986年3月第1版,第1270页。
[2] 参见[宋]朱熹《楚辞集注》第1册,人民文学出版社1953年影印宋端平刻本,第16页。参见黄寿祺、梅桐生译注《楚辞全译》,贵州人民出版社1984年2月第1版,第52页、第53页注18。
[3] 参见《礼记正义》卷四十六《祭法》,[清]阮元校刻《十三经注疏》下册,中华书局影印本,1980年9月第1版,第1590页。

更大的灵活性。随着神话思维的发展，对鬼神的解释也日益变得错综复杂。

秦汉时期中国神话的发展已经日趋成熟，这个时期鬼神信仰的一个显著特点，就是不仅有漫无统序的杂神，而且出现了天神与主神。先秦时期，中国神话中已有了三皇五帝的说法。《周礼·春官·外史》中就有"（外史）掌三皇五帝之书"的记述，据郑玄与孔颖达、孔安国等注解，《周礼》中的"三皇"是指伏羲、神农、黄帝。[①]《庄子·天运》中也有"三皇五帝之治天下"之说，成玄英注解也是"三皇者，伏羲、神农、黄帝也。五帝，少昊、颛顼、高辛、唐虞也"。[②]《吕氏春秋·用众》也提到了"三皇五帝"，高诱注解为"三皇，伏羲、神农、女娲也。五帝，黄帝、帝喾、颛顼、帝尧、帝舜也"。[③]也有认为三皇是伏羲、神农、燧人的，或认为三皇是伏羲、神农、祝融的，如班固《白虎通·号》中就说："三皇者，何谓也？谓伏羲、神农、燧人也。"又说："《礼》曰：伏羲、神农、祝融，三皇也。"[④]

到了秦始皇统一天下之后，完全抛开了这些传统的说法，将三皇解释为"古有天皇，有地皇，有泰皇，泰皇最贵"。这种解释与之前传统说法的显著不同，就是比先秦时期的泛指具有更加浓郁的神话传说色彩，说明当时已经有了天神的观念。但秦始皇是不怕鬼神的君王，自以为功盖五帝，虽然迷信求仙渴望长生不老，却不把三皇五帝放在眼

---

[①] 参见《周礼注疏》卷二十六《春官·外史》，[清]阮元校刻《十三经注疏》上册，中华书局影印本，1980年9月第1版，第820页。参见罗竹风主编《汉语大词典》第1册，汉语大词典出版社1990年12月第1版，第216页词条。
[②] 参见[周]庄周撰，[晋]郭象注《庄子》卷五，《二十二子》，上海古籍出版社1986年3月第1版，第47—48页。参见郭庆藩辑《庄子集释》第2册，中华书局1961年7月第1版，第527页。
[③] 参见[秦]吕不韦撰，[汉]高诱注《吕氏春秋》卷四，《二十二子》，上海古籍出版社1986年3月第1版，第641页。参见陈奇猷校释《吕氏春秋校释》第1册，学林出版社1984年4月初版，第232页、第238页注18。
[④] 参见[汉]班固《白虎通德论》卷一，《二十二子》下册，上海古籍出版社1986年3月第1版，第1056页。

里。①秦始皇晚年热衷于求仙，为了表示对神仙的虔诚，在巡游各地时祭祀过很多杂神，却仍十分看轻五帝之祭。秦始皇作为一个高度独裁的最高统治者，所作所为必然影响到当时的整个社会，正是由于他的这些做法，而使秦代的鬼神信仰成了一个无中心的多神崇拜局面。有学者因之而认为"秦代是一个上帝迷茫的时代"。②

到汉高祖刘邦夺取天下建立政权后，情形有了很大的改变。刘邦于汉二年六月下诏曰："吾甚重祠而敬祭。今上帝之祭及山川诸神当祠者，各以其时礼祠之如故。"③ "于是令祠官祀天地四方上帝山川，以时祀之。"④汉代与秦代在鬼神信仰方面的不同，首先是将秦时的上帝祠由白、青、黄、赤四帝，增加了黑帝祠而确立为五帝祠；其次是恢复了各地民间的杂祀诸神习俗，使天神与多神崇拜融合并行。据司马迁《封禅书》记载刘邦建国后的祭神情形，是将大神小神都杂糅在了一起。

到了汉武帝时，"尤敬鬼神之祀"⑤，除了尊崇五帝之神，对众多的杂神也很重视。后来又增祭太一天神，并建立了太一祠坛；其后又增添了对后土的祭祀，设立了后土祠。虽然汉武帝和秦始皇都热衷于封禅求仙，但在鬼神信仰方面还是有很大的不同，秦始皇一切都以自我为中心而蔑视鬼神，汉武帝则大力倡导鬼神之祭祀，并大致确立了以太一为上帝，以五帝、后土为辅神的汉代鬼神信仰体系。在五帝中，汉武帝又特别重视对黄帝与赤帝的祭祀。正是由于汉武帝的喜好和倡导，使汉王朝的鬼神信仰大为兴盛，并形成了与秦王朝完全不同的一套崇尚体系，对两汉时期的信仰意识和社会风尚都产生了深远影响。（图158、159）

---

① 参见［汉］司马迁《史记》第1册，中华书局点校本，1959年9月第1版，第236、246、248、263页。
② 参见田兆元《神话与中国社会》，上海人民出版社1998年11月第1版，第201页。
③ 参见［汉］司马迁《史记》第4册，中华书局点校本，1959年9月第1版，第1378页。
④ 参见［汉］司马迁《史记》第2册，中华书局点校本，1959年9月第1版，第372页。
⑤ 参见［汉］司马迁《史记》第4册，中华书局点校本，1959年9月第1版，第1378—1379、1381、1384页。

汉代鬼神信仰和祭祀活动的昌盛，还表现为各地鬼神崇拜的多元化。汉武帝确立的以太一为上帝、以五帝后土为辅神的鬼神信仰体系，在一定意义上说，属于汉王朝的主流神话。在此之外，还流行有一些地方神话，对鬼神信仰体系有着许多不同的解释。譬如淮南王刘安在《淮南子》中崇尚伏羲、女娲"阴阳"二神，与汉武帝时五帝系统中独尊炎黄二帝的正统解释截然不同，就是一个显著的例证。值得注意的是，《淮南子》中大力宣扬的地方神话由于与汉武帝主张的正统神话相矛盾，甚至表现出

图158、159　汉代画像中的鬼神崇尚（陕西神木大保当出土）

一定的对抗性，而被汉王朝的卫道者斥责，认为《淮南子》宣扬的是"邪说""妖言"，所以淮南王刘安和追随他的人都为之付出了生命的代价。[①]刘安虽然死了，《淮南子》却流传甚广，在民间造成了广泛而深刻的影响。从史料记载看，伏羲女娲作为阴阳二神和创世神的至尊地位并未得到汉朝皇家承认，故未进入正统神话，但考古揭示各地汉墓中皆刻画了大量的伏羲女娲像，由此可见他们在民间的巨大影响。汉代画像中常见有主神"天帝"或"天帝出巡"的画面（图160），应是汉武帝

---

① 参见［汉］班固《汉书》，中华书局点校本，1962年6月第1版，第7册第2152、2153页，第1册第174页。又参见［晋］张华《博物志》卷五，《百子全书》下册，浙江古籍出版社1998年8月第1版，第1300页。

图160 河南南阳卧龙区王庄墓出土的汉代画像石上的《天帝出巡图》

确立的以太一为上帝、以五帝后土为辅神的鬼神信仰体系的体现,"天帝"显然就是太一神,为汉王朝主流神话中的主神。而画像中大量出现的伏羲、女娲,则显示了地方神话的影响。相比较而言,汉朝的统治阶层理所当然要信仰主流神话,而民间大都对地方神话表现出更加浓厚的兴趣。正是由于这个原因,所以除了汉朝皇亲国戚与豪门贵族的墓葬之外,民间普通墓葬中伏羲、女娲是最为常见的画像。客观地说,汉朝在文字方面和思想领域还是比较宽松的,没有像秦始皇那样搞焚书坑儒,也没有像后世明清时期那样搞文字狱。汉武帝虽然治了淮南王刘安唱反调的罪,但并没有下令禁止《淮南子》的流行。汉武帝之后,汉朝的其他皇帝对《淮南子》也大都持宽容态度,这也是伏羲、女娲作为地方神话中的主角,两汉期间得以在各地民间备受尊崇和长期流传的一个重要原因吧。

汉代鬼神信仰的另一个显著特点,就是神鬼世界变得日益明朗化,有了相对稳定的空间定位。中国上古时期神话大致分为华夏、东夷、苗蛮三大系统,对神鬼世界的解释并不完全相同。秦汉时期的昆仑神话系统与蓬莱神话系统,对神鬼世界的解释也是异彩纷呈。我们知道,在先秦时期的很多典籍与著述中,都有神灵居于天界的说法,但鬼的世界位于何处,则比较模糊。

《山海经·西山经》有"天地鬼神"之说，又说槐江之山"槐鬼离仑居之，鹰、鹯之所宅也。东望恒山四成，有穷鬼居之，各在一搏"。郭璞注："搏犹胁也；言群鬼各以类聚，处山四胁，有穷其总号耳。"《山海经·海内北经》说："鬼国，在贰负之尸北，为物人面而一目。"①《山海经》中记述的这些鬼属之地，大多在以昆仑为中心的西北地区。因而有学者认为："以昆仑山为中心，以西王母为主神，连及昆仑附近山系区域的鬼神精怪，奇鸟异兽，构成中国上古冥界神话的世界，这个世界，便是数千年来人们深以为惧的幽都地狱。"②

　　此外，在东部沿海地区传说也有一个鬼的世界，汉代王充《论衡·订鬼篇》中就记载了这一传说："《山海经》又曰：沧海之中，有度朔之山。上有大桃木，其屈蟠三千里，其枝间东北曰鬼门，万鬼所出入也。上有二神人，一曰神荼，一曰郁垒，主阅领万鬼。恶害之鬼，执以苇索而以食虎。于是黄帝乃作礼以时驱之，立大桃人，门户画神荼、郁垒与虎，悬苇索以御凶魅。"③神荼、郁垒作为驱鬼的象征，演化为门神，即与这个传说有关。由此可知，古人认为鬼的世界一是在昆仑附近，二是在沧海之中，显然应属于昆仑神话系统与蓬莱神话系统的两种说法。虽然地域不同，但都认为鬼是住在山上的。相比较而言，昆仑神话系统中关于西王母与鬼神冥界的说法更为流行，特别是《山海经》中将鬼之所居称为幽都，对当时和后世都产生了深远的影响。（图161、162）

　　关于幽都之说，战国时期就开始流行了。从有关文献记载来看，长江中游的楚地当时已流行幽都的说法。《楚辞·招魂》中就说："魂兮

---

① 参见袁珂校注《山海经校注》（增补修订本），巴蜀书社1993年4月第1版，第48、53—55、364页。
② 参见周明《论上古冥界神话》，《民间文学论坛》1988年第2期。
③ 参见［汉］王充《论衡》，上海人民出版社1974年9月第1版，第344—345页。参见《百子全书》下册，浙江古籍出版社1998年8月第1版，第1031页。

图161 河南南阳市区东关出土的汉代画像石上的神荼画像

图162 河南南阳市区东关出土的汉代画像石上的郁垒画像

归来！君无下此幽都些。"王逸注云："幽都，地下后土所治也；地下幽冥，故称幽都。"①但幽都的说法，并不仅限于楚地。《山海经·海内经》中就有"北海之内，有山，名曰幽都之山"的记述，袁珂先生认为，其"景象颇类《招魂》所写幽都，疑即幽都神话之古传也"②。茅盾先生认为："我们猜想中国的幽冥神话大概也是丰富美丽的，但不知为什么缘故，散逸独多，只剩下这一些，令人只见其门，别的都没有

---

① 参见［宋］朱熹《楚辞集注》第3册，人民文学出版社1953年影印宋端平刻本，第4—5页。参见黄寿祺、梅桐生译注《楚辞全译》，贵州人民出版社1984年2月第1版，第158—159页、第160页注32。
② 参见袁珂校注《山海经校注》（增补修订本），巴蜀书社1993年4月第1版，第525—526页。

了。"①蒙文通先生曾指出："春秋战国时代，各国都有它所流传的代表它的传统文化的典籍……巴、蜀之地当也有它自己的作品，《山海经》就可能是巴、蜀地域所流传的代表巴蜀文化的典籍。"认为《海内经》等篇章应是蜀人所撰写。②可见古代巴、蜀、荆楚地域流传的幽都之说，应是肇始于蜀地，然后再传播到长江中游地区的。

类似的例子还有古代蜀人的天门观念，也是起源于岷山之域，然后才流行于巴国、荆楚地区的。据扬雄《蜀王本纪》记述，秦朝李冰为蜀守的时候，"谓汶山为天彭阙，号曰天彭门，云亡者悉过其中，鬼神精灵数见"。③《华阳国志·蜀志》对此也记载说："李冰为蜀守，冰能知天文地理，谓汶山为天彭门，乃至湔氐县，见两山对如阙，因号天彭阙。仿佛若见神，遂从水上立祀三所，祭用三牲，珪璧沈濆。汉兴，数使使者祭之。"④从出土的汉代画像资料看，简阳市鬼头山东汉崖墓出土的3号石棺右面画像，双阙上镌刻了"天门"二字⑤，四川合江县张家沟出土的四号石棺左侧刻画有一幅"车临天门"图⑥，巫山东汉墓葬中出土的7件鎏金铜牌饰上也刻有双阙和隶书"天门"二字。⑦其实在三星堆和金沙遗址出土器物中，已出现了"天门"观念，譬如在三星堆二号坑出土的一件玉璋图案，刻画了古代蜀人祭祀神山的情景，在玉璋图案上边

---

① 参见茅盾《神话研究》，百花文艺出版社1981年4月第1版，第87页。
② 参见蒙文通《略论〈山海经〉的写作时代及其产生地域》，《蒙文通文集》第1卷《古学甄微》，巴蜀书社出版，1987年7月第1版，第65、50页。
③ 参见《全汉文》卷五十三，[清]严可均校辑《全上古三代秦汉三国六朝文》第1册，中华书局影印出版，1958年12月第1版，第415页。
④ 参见[晋]常璩撰，刘琳校注《华阳国志校注》，巴蜀书社1984年7月第1版，第201页。
⑤ 参见《中国画像石全集》第7册，山东美术出版社、河南美术出版社2000年6月第1版，图九六。又参见高文编著《四川汉代石棺画像集》，人民美术出版社1998年4月第1版，第52页图九八。
⑥ 参见《中国画像石全集》第7册，山东美术出版社、河南美术出版社2000年6月第1版，图一七八。又参见高文编著《四川汉代石棺画像集》，人民美术出版社1998年4月第1版，第70页图一三六。
⑦ 参见《四川文物》1990年第6期，封二"天门图"。

画面的两座神山之间，就刻画了悬空的天门符号。①又譬如成都金沙遗址出土的一件玉兽面纹斧形器，也刻画了天门图案。②用历史发展和民俗延续的眼光来看，古代蜀人从商周时期到汉代的天门观念可谓一脉相承，远古时代关于人神往来沟通的想象已演化为灵魂与天国的联系。这些图像，都表达了古代蜀人对于鬼神与幽冥世界的想象，可知天门观念与幽都之说实际上是密切关联的，具有内在的逻辑关系。正如蒙文通先生所指出的："古时中原说人死后魂魄归泰山，巴蜀说魂魄归天彭门，东北方面又说魂魄归赤山，这都是原始宗教巫师的说法，显然各为系统。从这一点来看，巴蜀神仙宗教说不妨是独立的，别自为系。"蒙文通先生还提到了古老的巴蜀文化对楚文化产生的广泛影响，认为"巴蜀和楚，从文化上说是同一类型"，提出了"始于巴蜀而流行于楚地"的精辟见解。③《文选》刊载的宋玉《对楚王问》说："客有歌于郢中者，其始曰下里巴人，国中属而和者数千人。"④下里巴人是巴蜀地区的通俗歌曲，在楚地得到了广泛流传，其他文化形式和观念习俗上的传播影响显然也一样。随着幽都之说与天门观念由岷江流域往长江中游地区的传播，到了汉代这一观念已成为巴蜀和荆楚等南方地区的共同信仰。

如果说古代人很早就有了三界的想象，那么在汉代这种想象已经形成了较为固定的形式和说法。《淮南子·道应训》说："游乎北海，经乎太阴，入乎玄阙，至于蒙谷之上。"有学者认为"玄阙"和"蒙谷"都是形容黑暗的地下世界的惯用语。总之，汉代人已有了上中下三界的神话空间意识。也就是说，在人间世俗生活之外，不仅有一个天上的神仙

---

① 参见黄剑华《古蜀的辉煌——三星堆文化与古蜀文明的遐想》，巴蜀书社2002年4月第1版，第172—185页。
② 参见黄剑华《古蜀金沙——金沙遗址与古蜀文明探析》，巴蜀书社2003年11月第1版，第213—219页。
③ 参见蒙文通《巴蜀古史论述》，四川人民出版社1981年8月第1版，第100页。又参见蒙文通《古族甄微》，《蒙文通文集》第2卷，巴蜀书社1993年4月第1版，第258页。
④ 参见［南朝·梁］萧统编，［唐］李善注《文选》中册，中华书局影印本，1977年11月第1版，第628页。

世界，还有一个地下鬼魂的幽冥世界。幽都之说，这时也演化为地下幽冥世界的象征，因其符合对于鬼域世界的想象和解释，所以具有强大的渗透力，逐渐为更多的人所接受，在正统神话和地方神话杂糅并行的汉代更是显示出了大为盛行的趋势。从考古资料看，湖南长沙马王堆汉墓出土的彩绘帛画上对此就有生动而形象的描绘。①整幅帛画将世界明确分成了天上、人间、地下三界，人间部分采用写实手法描绘了墓主人日常生活中的起居、出行、乐舞、礼宾、宴飨、祭祀等情景；地下部分描绘了许多怪兽大鱼和龙蛇以象征"水府"或"黄泉"阴间，并有一裸体巨人脚踩大鱼，以头和双手托举着人间和天界；天上部分描绘了天门和两位帝阍、腾飞的一对神龙、有金乌的太阳和有蟾蜍玉兔的月亮，以人首蛇身的女娲居于天界中央取代了西王母，还有奔月的嫦娥以及星辰祥云等绚丽多彩的景象。②透过这些神奇诡异的画面，我们可以看出原始的、混沌的神鬼世界此时已分化为二："一个神的世界和一个鬼的世界。神的世界总是位于上方空间，在天上或与天相接的高山之巅。鬼的世界总是位于下方空间，在地下或水下。"③人间世界则处于天神世界和地下幽冥世界之间，长沙马王堆汉墓帛画描绘的便正是"这种经过装饰性夸张的神话宇宙三分世界模式"；"神话意识中的三分世界分别确定了神、鬼和人的空间分界。在正常情况下，三界之间的界限是不得混淆的。神界是永生的世界，凡人与鬼魅不可企及；人间是有生亦有死的世界，一切生物都要受到死亡法则的支配，它们的最后归宿是地下的鬼域，那里是黑暗之家，也是水的世界。只有太阳和月亮才有权力周游三个世界，

---

① 参见《中国大百科全书·考古学》，中国大百科全书出版社1986年8月第1版，第164页文字与线描图、彩色插页第45页帛画图。又参见《中国大百科全书·美术》Ⅰ册，中国大百科全书出版社1990年12月第1版，第505页辞条、彩色插页第25页帛画图。参见何介钧、张维明《马王堆汉墓》，文物出版社1982年第1版。
② 对长沙马王堆彩绘帛画中女娲、帝阍的定名，参见郭沫若《出土文物二三事》，人民出版社1972年8月第1版，第54页以及图版十四—图版二十一。
③ 参见申华清《神鬼世界与人类思维》，黄河文艺出版社1990年3月第1版，第34、31页。

它们在运动中获得永生。"①（参见图114）

对于汉代鬼神信仰意识中三界的描绘，长沙马王堆汉墓帛画是一个非常有代表性的典型例子，在各地出土的汉代画像中对此也有形式多样的展现，但全景式的描绘相对来说较少。客观地来看，汉画中表现最多的仍是仙人世界和神灵天国的想象，而对地下幽冥世界和阴曹地府的虚构仍比较模糊。诚如有的学者所说："它说明了我国古代关于地狱的神话并不发达。""在佛教地狱观念尚未传入前，中国的地狱神话尚十分幼稚。"②汉代对于鬼神世界的空间定位，在一定意义上也可以说是神话思维发展的必然结果。正是由于空间意识的拓展和加强，而促使了阴阳二元对立观念的形成，并导致了神鬼关系的分化与对立。尽管鬼与神二者是有区别的，但都属于真实生活之外的虚幻世界，所以在汉代画像中，当时的人们仍常将神灵与鬼怪组合在一起。

随着汉代鬼神信仰意识的演变，先秦以来传统的灵魂不灭观念至此也有了进一步发展。如果说先秦时期的灵魂不灭观念还相对比较简单，主要局限在敬畏鬼神的范畴之内；那么两汉时期的灵魂不灭观念则变得更为复杂了，已和当时盛行的阴阳五行学、谶纬迷信、神仙方术等糅杂在一起。值得注意的是，当时的一些具有独立精神的学者和进步的思想家，曾对"人死为鬼""灵魂不灭"之说进行了新的审视和深刻的批判，对死亡现象做出了振聋发聩的较为科学的解释。譬如王充《论衡·论死篇》中说："鬼神，荒忽不见之名也。""天地开辟，人皇以来，随寿而死。若中年夭亡，以亿万数。计今人之数不若死者多，如人死辄为鬼，则道路之上，一步一鬼也。"又说："天地之性，能更生火，不能使灭火复燃；能更生人，不能令死人复见。能使灭灰更为燃火，吾乃颇疑死人能复为形。案灭火不能复燃以况之，死人不能复为鬼，明

---

① 参见叶舒宪《中国神话哲学》，中国社会科学出版社1992年1月第1版，第37、42页。
② 参见田兆元《神话与中国社会》，上海人民出版社1998年11月第1版，第220—221页。

矣。"①《论衡》中类似的论述很多，这些见解当然都是很有道理的，在崇尚鬼神信仰的时代背景下能如此批驳迷信，真可谓言简意赅，痛快淋漓。总的来说，无神论在东汉初已经崭露头角，王充等著名学者曾为之大声疾呼，运用严谨的逻辑、缜密的思辨、犀利的语言，旗帜鲜明地张扬着一种具有划时代意义的批判精神，是需要极大的勇气的，其积极意义也是显而易见的。尽管无神论在当时代表着一种先进的思想，对鬼神信仰中的种种荒唐无稽进行了无情的揭露和批判，但古老的习俗并不是那么容易改变的，传统观念仍然以巨大的惯性左右着人们的世俗生活。汉代的鬼神信仰依旧是一股巨大的力量，由于巨大的"集体无意识"惯性，很难使之退出历史舞台，特别是一种习以为常的风俗或由来已久的信仰，确实是很难改变的。无神论虽然"真理在少数人手里"，对之也无可奈何。

汉代的鬼神信仰在葬俗上反映尤为突出，这与两汉时期的厚葬习俗显然有着较为密切的关系。两汉之后，厚葬之风虽然衰微并停止了，但鬼神信仰与仙话依然流行，对后世造成了深远而广泛的影响。

## 三、仙话的演化与盛行

仙话是由神话发展演变而来的，它和神话同属幻想虚构，然而性质却比较特殊，仙话是"以寻求长生不死途径为其中心内容，进而幻想人能和仙人们打交道，终于由仙人们的导引，采取各种修炼的方式而登天"；"用幻想的胜利——升仙，来向威胁人类最大的厄运——死亡进行了挑战"。②在一定意义上说，仙话虚构的是一个神人之间的魔幻世界，幻想人可以通过修炼而得道成仙长生不死，或幻想死后仍可以通过升仙

---

① 参见〔汉〕王充《论衡》，上海人民出版社1974年9月第1版，第315—317页。参见《百子全书》下册，浙江古籍出版社1998年8月第1版，第1025页。
② 参见袁珂《中国神话通论》，巴蜀书社1993年4月第1版，第16、17页。

的方式而进入仙间得以永生。从本质上看，神和仙是有区别的，神出于天生，仙属于人为修炼而成，但二者都能超越时空束缚，可以长生不死与天地同老，还可以来去逍遥自由飞行。仙既能与神一样永生，又能享有人间世俗快活，自然也就成了人们向往的目标，从帝王将相到芸芸众生都不能免俗，这也正是仙话问世以后大为盛行的重要原因。

据有的学者考证，中国仙话的诞生大约是在战国前期，"最早问世的西王母仙话、黄帝仙话、蓬莱仙话，系由中国上古神话的两大系统即发源于西北高原地区的昆仑神话与发源于东方海滨一带的蓬莱神话演化而成"。①昆仑神话中有大量关于不死山、不死树、不死药和上下天庭、龙马飞升、羽民国等描写，所宣扬的"不死"观念和"飞升"幻想，随着神话传说的广泛传播和扩散而对人们的信仰习俗产生过深刻的影响。蓬莱神话中因受海市蜃楼幻景刺激而产生的海上大人传说，与昆仑神话相融合后，也为仙话的演化发展提供了便利。仙话中除了竭力宣扬的长生不死与得道升仙观念，还有大量关于仙界情景的渲染描写，也是仙话发展历程中非常重要的内容。秦汉时代是仙话发展的成熟期，关于仙界的描绘除了昆仑、蓬莱两大仙境，还出现了向天上仙宫、海中仙岛、凡间仙窟三维时空结构演进的趋势。这个时期关于仙话的记载，在史书和各类著述中也大为增多。

庄子的著作中就有仙话的记述，如《庄子·逍遥游》说："藐姑射之山，有神人居焉，肌肤若冰雪，淖约若处子，不食五谷，吸风饮露，乘云气，御飞龙，而游乎四海之外。"《庄子·大宗伯》中又说："古之真人，不知说生，不知恶死"，"登高不慄，入水不濡，入火不热"，"夫道，有情有信，无为无形……黄帝得之，以登云天……西王母得之，坐乎少广，莫知其始，莫知其终"。②《列子》中也有"列姑射山在海河

---

① 参见梅新林《仙话——神人之间的魔幻世界》，三联书店上海分店出版，1992年6月第1版，第2页。
② 参见《二十二子》，上海古籍出版社1986年3月第1版，第14、28、29页。

洲中，山上有神人焉，吸风饮露，不食五谷，心如渊泉，形同处女"的记述，又有神巫季咸能"知人死生、存亡、祸福、寿夭，期以岁、月、旬、日如神"以及周穆王命驾八骏之乘"升昆仑之丘以观黄帝之宫"，"遂宾于西王母，觞于瑶池之上"的故事。[1]伟大诗人屈原在《楚辞·远游》中也提到了当时盛传的仙话，并感叹了对仙人的向往："闻赤松之清尘兮，愿承风乎遗则。贵真人之休德兮，羡往世之登仙。"据《列仙传》介绍："赤松子，神农时为雨师，服冰玉，教神农，能入火自烧，至昆山上，常止西王母石室，随风雨上下。炎帝少女追之，亦得仙俱去。张良欲从赤松子游，即此也。"[2]可见此类仙话曾对当时的人们以及秦汉时人产生过深远影响。

《山海经》是成书于战国时代迄今保存中国古代神话资料最多的一部著作，其中也有很多关于仙话的记载。如《山海经·大荒南经》记述有"羽民之国，其民皆生毛羽"，《山海经·海外南经》记述"羽民国……身生羽"。据古代学者的注解：人得道才会身生羽毛，故羽人之国又称为不死之民，"是以羽民即仙人矣"。[3]最为典型的则是关于西王母的记载了，说西王母是有时住在玉山有时住在昆仑之丘的一位神奇的传说人物。到了秦汉时期，西王母已经成了昆仑山上掌管长生不死灵丹妙药的女神，《淮南子·览冥训》说"羿请不死之药于西王母，姮娥窃以奔月"，[4]便是显著的例证。因为西王母掌管着不死之药，连穆天子都要到西方去见西王母，所以很自然地成了当时人们祈求升天成仙的崇拜对

---

[1] 参见《二十二子》，上海古籍出版社1986年3月第1版，第198、200、203页。
[2] 参见［宋］朱熹《楚辞集注》第3册，人民文学出版社1953年影印宋端平刻本，第2页。参见黄寿祺、梅桐生译注《楚辞全译》，贵州人民出版社1984年2月第1版，第123页、第124页注16。又参见王叔岷《列仙传校笺》，"赤松子"，中华书局2007年6月第1版，第1页。
[3] 参见袁珂校注《山海经校注》（增补修订本），巴蜀书社1993年4月第1版，第423—424、238页。
[4] 参见［汉］刘安《淮南子》卷六《览冥训》，《二十二子》，上海古籍出版社1986年3月第1版，第1233页。

图163　山东嘉祥满硐乡出土的西王母画像石

象。仙话中竭力渲染的西王母居住的昆仑仙界，也就成了人们的向往之地。（图163）

仙话在秦汉时期的盛行，除了方士的推波助澜，与统治者的喜好与倡导也大有关系。秦始皇就是一个仙话的信奉者，为了追求长生不死而采取了很多行动，有些做法甚至达到了疯狂的地步。如《史记·秦始皇本纪》记载，秦始皇统一天下后，晚年多次东巡寻仙，曾上泰山封禅，又登之罘、琅邪停留三月，当地的方士便投其所好，"齐人徐市等上书，言海中有三神山，名曰蓬莱、方丈、瀛洲，仙人居之，请得斋戒，与童男女求之。于是遣徐市发童男女数千人，入海求仙人"。[1]这种求仙行动可谓规模空前，叹为观止。后来由于方士的欺诈，仙药久寻不至，而导致了秦始皇的坑儒。仙话本身并没有错，可视作是一种虚构和寄托，也可视为一种美好的追求。但求仙行动却是一柄荒诞的双刃剑，不但耗费无尽的财力物力，还断送了统治者与方士的性命。一年以后，秦始皇便病死在再次出游途中，"始皇南至湘山，遂登会稽，并海上，冀遇海

---

[1]　参见［汉］司马迁《史记》第1册，中华书局点校本，1959年9月第1版，第242—258页。

中三神山之奇药。不得，还至沙丘崩"。①秦始皇的求仙行动虽以失败而告终，但历朝历代统治者和芸芸众生对求仙和常生不死的向往并没有停止，而且有更加风行的趋势。（图164）

汉代是仙话更加大肆泛滥的时代，汉代的皇帝也大都是仙话的信奉者。到了汉武帝即位之后，"尤敬鬼神之祀"，随着国力的强盛，整个社会情形和民俗民风都发生了很大的变化。汉武帝不仅对方士虚构的很多仙话传说深信不疑，而且利用最高统治者拥有的权力，对追求长生不死的求仙行动也是不遗余力。这自然给方士提供了绝好的机会，成为方士最为活跃的时期。汉武帝的各种求仙行为，不仅在当时对朝野上下影响甚大，而且对后来数百年间的两汉社会风尚也影响深远。诚如《后汉书·方术列传》中所说："汉自武帝颇好方术，天下怀协道艺之士，莫不负策抵掌，顺风而届焉。后王莽矫用符命，及光武尤信谶言，士之赴趣时宜者，皆骋驰穿凿，争谈之也。"②由此可见，一个时代社会风气的形成，自有其深刻的原因，统治者的嗜好和倡导往往起着至关重要的作用。正是由于皇帝的迷信，加上方士的推波助澜，从而导致了两汉时期

图164　四川彭山高家沟崖墓出土三号石棺上的三神山图

---

① 参见［汉］司马迁《史记》第4册，中华书局点校本，1959年9月第1版，第1370页。
② 参见［南朝·宋］范晔《后汉书》第10册，中华书局点校本，1965年5月第1版，第2705页。

求仙的盛行和方术的泛滥。

从传世文献记载来看，汉代著述中关于仙话的记述亦大为增多，如《淮南子》《春秋繁露》《史记》《汉书》《后汉书》等都有很多仙话的记载。《史记》中不仅在《秦始皇本纪》《孝武本纪》中真实地记述了秦始皇与汉武帝的求仙行为，在《封禅书》中也有很多历代仙话的记载。《汉书·艺文志》中则记载了当时流传的很多书目，在道家、小说家、占卜等类中有很多与仙话和方士之术有关，并专门开列了神仙类的书目，有十家，二百五卷。《后汉书》中专门有方术列传，留下传记的方士有数十人之多。在当时涉及仙话内容的著述中，《淮南子》也可谓是一部代表作，书中充满了浓郁的神仙思想。汉代这些著述中所记录的仙话内容和神仙思想，充分显示了朝野上下求仙的盛行，真实地反映了当时的社会风尚。

早期的仙话主要以入山成仙为主题，如《释名》说："老而不死曰仙。仙，迁也，迁入山也。"《说文》解释："仚（仙），人在山上貌，从人山。"仙又作僊，"僊，长生僊去，从人僊"。[1]无论是"仚"或"僊"，都与"山"有关，从中也透露出与昆仑仙话有着十分密切的渊源关系。如《淮南子·地形篇》所说："昆仑之丘，或上倍之，是谓凉风之山，登之而不死。或上倍之，是谓悬圃，登之乃灵，能使风雨。或上倍之，乃维上天，登之乃神，是谓太帝之居。"[2]《论衡·道虚篇》对此也说得很清楚："如天之门在西北，升天之人，宜从昆仑上。淮南之国，在地东南，如审升天，宜举家先从昆仑，乃得其阶。"[3]但传说中的昆仑仙境究竟在西北什么地方，历来说法不一，当时并无一个准确的位置。

---

[1] 参见［汉］许慎撰，［清］段玉裁注《说文解字注》，上海古籍出版社1988年2月第2版，第383页。
[2] 参见［汉］刘安撰《淮南子》卷四《墬形训》，《二十二子》，上海古籍出版社1986年3月第1版，第1221页。
[3] 参见［汉］王充《论衡·道虚篇》，《百子全书》下册，浙江古籍出版社1998年8月第1版，第980页。

这个时候，蓬莱仙话也流行日广，出身于燕齐之地的方士对蓬莱仙话也更为熟悉和有着更加浓厚的兴趣。经过方士对昆仑神话与蓬莱仙话的巧妙整合，又增添了对海上仙山缥缈神奇的描绘，前往海上仙山求仙因之而成了一个非常热门的话题。这种情形在当时文人的记述中就有生动的反映，如《拾遗记》就同时记述了仙话中的昆仑山、蓬莱山、方丈山、瀛洲，说昆仑山上"群仙常驾龙乘鹤游戏其间"，说蓬莱山、方丈山、瀛洲皆为仙人所居而且有各种服之可以千岁不死的仙药。[1]有了这些妙笔生花活灵活现的描述，自然更加增添了海上求仙的诱人魅力。秦汉时期的帝王不遗余力去海上求仙，便正是因深受蓬莱仙话的诱惑所致。在民间，去海上求仙是很不现实的，所以更相信昆仑仙境之说，这也正是西王母在整合后的仙话中始终居于主神位置的重要原因。（图165、166）

仙话的广泛流行，与鬼神的信仰也是常常交融在一起的。广大民众对鬼神的信仰，主要是出于敬畏和祈祷保佑；而对于仙话，则出于生前对长生不老的向往，并幻想死后也要通过升仙的方式进入神仙极乐世界享受荣华快乐。二者崇尚不同，却又紧密相连。由于鬼神解释系统对于三界的确立，对升仙的向往也延伸到了幽都与冥界，成为葬俗中的一项重要内容。汉代各地墓葬中埋入地下的画作，对此就有大量的描绘。通过各地出土的画像可知，幽都本是鬼魂的世界，也受到仙话的影响，和升仙意识结缘，被渲染了仙都的色彩。这种情形在求仙盛行的汉代已逐渐为人们所认可，不仅流传的范围日益广泛，而且融入了各地的民俗，特别是在富有阶层（包括地主、富商、豪族、官吏等）的丧葬中成了必不可少的表现形式。求仙不必去海上，追求长生不老也不用去缥缈的昆仑，通过画像就可以充分表达这种意愿，肯定会大受民众的欢迎。正是由于求仙意识与鬼神信

---

[1] 参见［前秦］王嘉撰，［南朝·梁］萧绮录《拾遗记》卷十，《百子全书》下册，浙江古籍出版社1998年8月第1版，第1253—1254页。

图165　河南南阳出土的鹿车升仙画像石

图166　四川新都区出土画像砖上的"骑鹿升仙"图

仰的交融，所以提到幽都，便会联想到仙都。后世将幽都与仙都联系在一起，成为地方民间的一种崇尚，显然是从汉代就开始了。故而幽都与仙都之说，在后世也成了重要的民俗传承，特别是在长江流域和南方地区，备受民众的推许和信奉，可谓由来已久。（图167）

秦汉之后，随着本土宗教道教的崛起和传播，仙话为道教利用和改编，增添了许多新的内容，发生了新的演化。仙话中的神仙人物，数量日渐增多，得道升仙的故事也更加丰富多彩了。譬如为仙话主神西王母衍生了对偶神东王公，虚构了西王母和东王公相会的仙话故事。如《神异经》就记述了西王母岁登大鸟希有翼上与东王公相会的传说："昆仑之山有铜柱焉，其高入天，所谓天柱也，围三千里，周圆如削，下有四屋，方百丈，仙人九府治之。上有大鸟，名曰希有，南向，张左翼覆东王公，右翼覆西王母，背上小处无羽，一万九千里。西王母岁登翼上，会东王公也。"①《神异经》假托为西汉东方朔撰写，而据学者考证，实际上是"由六朝文士影撰而成"。②其次是虚构了黄帝

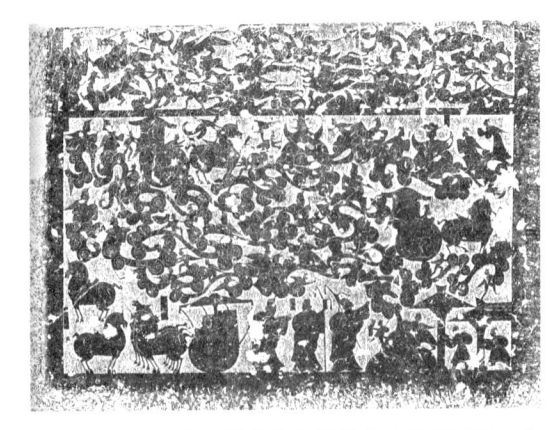

图167　山东嘉祥武宅山村北出土的西王母、东王公画像石

乘龙升天、汉武帝曾与仙人六博的传说③，将一些著名的历史人物如张良、东方朔等都被神仙化，连老子和孔子也被视为神仙中人④，借以扩大仙话的神奇与影响。

再者是增添了许多仙人的传说，如赤松子、王子乔等。《搜神记》卷一有"赤松子者，神农时雨师也"的记载⑤，《水经注》卷四十也有关于赤松子采药与羽化登仙的记述。⑥关于王子乔有多种传说，汉乐府古辞有"王子乔参驾白鹿云中遨"之说，刘向《列仙传》、刘安《淮南子》、应劭《风俗通义》、干宝《搜神记》、杜光庭《王氏神仙传》等都有记述，有说王子乔是周灵王太子，有说是汉晋时河东人王乔，或说王

---

① 参见〔汉〕东方朔《神异经》，《百子全书》下册，浙江古籍出版社1998年8月第1版，第1225页。
② 参见张心澂编著《伪书通考》，上海书店出版社1998年1月第1版，第868页。
③ 参见〔汉〕应劭撰，吴树平校释《风俗通义校释》，天津人民出版社1980年9月第1版，第54—56页。
④ 参见邢义田《画为心声——画像石、画像砖与壁画》，中华书局2011年1月第1版，第429—430页。
⑤ 参见〔晋〕干宝撰，汪绍楹校注《搜神记》，中华书局1979年9月第1版，第1—3页。参见《百子全书》下册，浙江古籍出版社1998年8月第1版，第1255页。
⑥ 参见〔北魏〕郦道元撰，王国维校《水经注校》，上海人民出版社1984年5月第1版，第1249—1250页。

乔是越人，还有蜀人王乔之说，总之是一位著名的得道成仙者。而据常璩《华阳国志》卷三记述，王乔是在蜀中犍为武阳升仙的，并说武阳是彭祖的故乡；传说彭祖从唐尧时活到殷末，寿八百余岁，也属于神仙人物了。[1]有学者认为传说中的天彭阙，可能就与彭祖和古代彭人有关。常璩《华阳国志》中的这段记述透露了古蜀天门观念与仙话的关系，是很值得重视的。后来的很多著述也都引用了这个说法，如《历代仙真体道通鉴》卷五就说："王乔，犍为武阳人也……今武阳有乔仙祠。"[2]南朝萧梁李膺《益州记》（亦作《蜀记》）也有同样记载：武阳"县有王乔仙处，王乔祠今在县。"《水经·江水注》卷三十三也有犍为武阳县北山是"昔者王乔所升之山也"的记述。[3]由此可见蜀中王乔升仙传说的影响，在汉晋南北朝时期已传播很广了。（图168）

随着道教的广泛传播，追求长生不老和升仙不死传说的影响也日益扩大。晋代葛洪撰写了《神仙传》，记载了很多仙人的故事，其中有阴长生、王方平的传说，在长江流域和南方地区产生了很大的影响。传说阴长生是河南新野人，是东汉和帝阴皇后的曾祖，后来在巴蜀地区修炼道术，于平都山白日升天；传说王方平是东汉末东海人，辞官隐居修炼，也是在平都山升天成仙的。"阴长生的活动远及巴蜀，对当地道教的兴盛影响甚深"[4]。平都山在重庆丰都县，因为有了阴长生和王方平于此修炼成仙的传说，故而成了一个很有名的地方。后来又有了女仙麻姑也到过这里的传说，而麻姑原是亲见"东海三为桑田"的仙人，被人们视为长寿不死之象征，平都山的名气因而就更大了，成了道教信众心

---

[1] 参见［晋］常璩撰，刘琳校注《华阳国志校注》，巴蜀书社1984年7月第1版，第273—275页。
[2] 参见袁珂《中国神话大词典》，四川辞书出版社1998年1月第1版，第78页。又参见卿希泰主编《中国道教》第3册，知识出版社1994年1月第1版，第68—69页。
[3] 参见［北魏］郦道元撰，王国维校《水经注校》，上海人民出版社1984年5月第1版，第1043页。
[4] 参见卿希泰主编《中国道教》第3册，知识出版社1994年1月第1版，第75页。

图168　四川新津崖墓出土石函侧面的仙人裸体六博图

中的一块洞天福地。正是由于巴蜀荆楚地区自古就流传天门观念与幽都之说，也由于仙话与鬼神信仰的交融，又由于汉晋之后佛教在巴蜀的传播，丰都县的平都山从而被附会成了幽都与仙都的所在地，后世人们于此修建了祠庙建筑并增添了鬼神雕塑，于是这种神鬼与仙人混杂的道教信仰，终于促成了"鬼城"的形成。从虚幻到实物，加上后世的渲染，使得丰都"鬼城"演化成为著名的人文景观。与之相伴随的是丰富多彩的鬼神文化，也于此得到了充分的凝聚与精彩的展示。

## 四、佛教在巴蜀的传播与影响

佛教起源于印度，其创立时间大约在公元前6世纪。关于佛教传入中国的时间，学术界有多种看法，见解不一。有认为佛教传入中国是在东汉明帝时的，或认为佛教在西汉时期就已传入中国。虽然有诸多说法，迄今仍有争议尚无定论，但在东汉时期佛教已经传入中国，应该是没有什么疑问的。

从文献史料看，对此已有了比较明确的记载。如《后汉书·西域传》说:"世传明帝梦见金人,长大,顶有光明,以问群臣。或曰:'西方有神,名曰佛,其形长丈六尺而黄金色。'帝于是遣使天竺问佛道法,遂于中国图画形象焉。楚王英始信其术,中国因此颇有奉其道者。后桓帝好神,数祀浮屠、老子,百姓稍有奉者,后遂转盛。"又说:"汉自楚英始盛斋戒之祀,桓帝又修华盖之饰。"于是佛教才得以盛传。[1]

佛教在东汉时期传入中国,并从宫廷到民间开始在全国流行,有两个非常重要的原因。其一是中华民族自古以来对宗教信仰的宽容,不管是本土的宗教,还是外来的宗教,都一视同仁无分轩轾,各民族的不同信仰都能够和平相处,这一传统在汉代表现得尤其充分。其二是汉代的开放,大力加强中西方文化的交流往来,对外来的新鲜事物常持欢迎态度而绝不排斥。正是这种博大宽容的民族襟怀与开放活跃的时代精神,为佛教的传入提供了绝好的环境与机会,使佛教在中国得以广泛传播,其影响不断扩大,浸入到了中国思想文化与社会生活的各个方面。

佛教传入中国的路线,根据考古发现并参照文献记载来看,主要有两条:一是汉武帝时开通的连接中原与西域、中亚各国的沙漠绿洲丝绸之路;二是由蜀入滇经过西南夷地区通向印度和南亚地区的西南商道,亦称南方丝绸之路,或简称西南丝路。众所周知,中国很早就和周边其他国家有了交流往来。汉武帝派遣张骞出使西域开通沙漠丝路,张骞在大夏(今阿富汗北部一带)曾见到了邛杖与蜀布,这些货物是从蜀地运到身毒(印度)然后再贩运到中亚的,由此可知西南丝路早在沙漠丝路开通之前就已存在并发挥着贸易通商与文化交流的作用了。正如方国瑜先生《中国西南历史地理考释》中所述:"中、印两国文化发达甚早,已在远古声闻相通为意中事。最早中、印往还经过西南夷的交通线,各家所说是一致的,至于取道南海及西域,则为汉武帝以后之事。"[2]

---

[1] 参见[南朝·宋]范晔《后汉书》第10册,中华书局点校本,1965年5月第1版,第2922、2932页。
[2] 参见方国瑜《中国西南历史地理考释》,中华书局1987年10月第1版,第7页。

关于这条西南古商道，传世文献史料里的一些记载就透露出了明确的信息。如司马迁《史记·西南夷列传》中就说："秦时常頞略通五尺道，诸此国颇置吏焉。十余岁，秦灭。及汉兴，皆弃此国而开蜀故徼。巴蜀民或窃出商贾，取其筰马、僰僮、髦牛，以此巴蜀殷富。"又记述在汉武帝建元六年（公元前135年，张骞尚在出使期间），唐蒙被派往南越执行平定使命，"南越食蒙蜀枸酱，蒙问所从来，曰：道西北牂柯，牂柯江广数里，出番禺城下。"汉武帝元狩元年（公元前122年）张骞出使西域回到长安，向汉武帝讲述说，在"大夏时见蜀布、邛竹杖，使问所从来，曰'从东南身毒国，可数千里，得蜀贾人市。'或闻邛西可二千里有身毒国。骞因盛言大夏在汉西南，慕中国，患匈奴隔其道，诚通蜀，身毒国道便近，有利无害。于是天子乃令王然于、柏始昌、吕越人等，使间出西夷西，指求身毒国"①。

张骞与唐蒙报告的这些信息促使汉武帝做出了经营西南夷的决定，并采取了很多措施，如拜司马相如为中郎将，建节往使，"略定西夷，邛、筰、冉、駹、斯榆之君皆请为内臣。除边关，关益斥，西至沫、若水，南至牂柯为徼，通零关道，桥孙水以通邛都"等。②到了东汉明帝时期，在云南西部设置了永昌郡。随着西南丝路这条国际商道的全线畅通，客观上促进了中国同世界的经济文化交流，有许多外国使者便是通过这条路线进入中国内地前往京城洛阳朝贡的。使者有来自缅甸也有来自罗马的，史籍中这方面的记载颇多。英国历史学家霍尔说："公元97年，从罗马帝国东部前来永昌的使节曾沿着这条路线旅行。"③罗马等

---

① 参见［汉］司马迁《史记·西南夷列传》第9册，中华书局点校本，1959年9月第1版，第2993—2996页。
② 参见［汉］司马迁《史记·司马相如列传》第9册，中华书局点校本，1959年9月第1版，第3046—3047页。
③ 参见霍尔著，中山大学东南亚历史所译《东南亚史》，商务印书馆1982年出版，上册第45页。参见江玉祥主编《古代西南丝绸之路研究》第2辑，四川大学出版社1995年12月第1版，第13—14、59—60页。

国的杂技艺人也随着庞大的使团来到了中国，做杂技艺术和幻术表演。《后汉书》卷八十六记述："永宁元年（120年），掸国王雍由调复遣使者诣阙朝贺，献乐及幻人，能变化吐火，自支解，易牛马头，又善跳丸，数乃至千。自言我海西人。海西即大秦也，掸国西南通大秦。"[1]大秦就是罗马。掸国大概在缅甸东北部一带。据《魏略·西戎传》记述，大秦"俗多奇幻，口中出火，自缚自解，跳十二丸巧妙"，可知罗马的杂技幻术是很有特色的。大秦"又有水道通益州、永昌，故永昌出异物。前世但论有水道，不知有陆道，今其略如此"[2]。说明了罗马与蜀滇在经济文化交流方面的密切关系。在交往路线上，从史料记载透露的信息看，罗马人很可能是先由海道至缅甸，然后由西南丝路进入云南和四川，再前往中原的。四川地区出土的一些东汉杂技画像砖上，便留下了他们的精彩表演画面。成都市郊出土的一方汉代"杂技饮宴图"画像砖，中间的一位"幻人"，便是外国魔术师表演吐火的造型。新都收集到的汉代"驼舞"画像砖，也是外来表演的生动写照。此外德阳出土汉代画像中的跳丸、在叠案上做倒立表演，也带有外来艺术表演的特色。《邺中记》有"安息五案"的记述，说明这种表演可能来自伊朗等处。外国艺人表演吐火等幻术的画像，在山东、江苏、河南等地也有发现，比如河南新野汉墓出土画像砖上高鼻长须尖帽长靴的幻人[3]，不论其画面风格或人物形象，都是典型的外来艺术表演。

　　早期的佛教图像也在东汉时期传入了中国，而且传入的途径和西南丝路有着非常密切的关系。我们知道，佛教传入中国可能有两条不同的

---

[1] 参见［南朝·宋］范晔《后汉书·南蛮西南夷列传》第10册，中华书局点校本，1965年5月第1版，第2851页。
[2] 参见［晋］陈寿《三国志·魏书》第3册，中华书局点校本，1959年12月第1版，第860—861页。
[3] 参见高文编《四川汉代画像砖》，上海人民美术出版社1987年2月第1版，图四三"观伎"、图四四"杂技"、图四八"驼舞"。参见《中国画像砖全集·河南画像砖》，四川出版集团·四川美术出版社2006年1月第1版，图九九。

传播途径，一是佛教图像的传入，包括佛像、浮屠寺庙建筑、佛塔等；二是佛经的传入与翻译。考古资料也告诉我们，早期佛像的传入显然应在佛经的传入与翻译之前。也就是说，佛教传入中国，首先传播的是佛教图像，其后才是佛经的传播。学术界以往对此并未深究，随着考古资料发现的增多和研究的深入，我们对此才有了越来越清晰的认识。有学者认为，近年在南方出土的大量佛教遗物从时代上表明，佛像在中国的最早兴起，并不在西北丝路，南传系统是遥遥领先于北方与西北地区的。[1]

四川与周边地区考古发现的早期佛教图像数量很多，例如1941年彭山东汉崖墓出土了一件陶质摇钱树座，底部为双龙衔璧图像，身部采用浮雕手法，塑造了"一佛二胁侍"人物造型，陶座现藏于南京博物院。该摇钱树座出土于门楣上有石刻的双室墓M166中，其时代推断"彭山有门楣石刻的崖墓时代当为东汉中晚期"。这是发现比较早的一件重要文物，当时参加考古发掘的有李济、冯汉骥、吴金鼎、夏鼐、曾昭燏等人，都是中国近代著名的考古专家。学者们一致认为这是真正的佛像，认为这件"M166所出的佛像插座，对佛教的传播以及佛教在我国的开始年限提供了一些实物依据"。[2]在乐山麻浩和柿子湾两座东汉崖墓中后室的门额位置上，也发现了三尊坐佛像。麻浩崖墓坐佛像高37厘米，头部后有圆形项光，结跏趺坐，手作施无畏印，其形态一望而知明显是模仿外来佛教造像风格。[3]柿子湾崖墓带有项光的坐佛像，虽已残泐，但仍可看出原貌，与麻浩崖墓坐佛像完全相同。在彭山一座东汉崖墓的门柱内侧，也发现了雕刻的带项光佛像两尊，以及凿雕在墓壁上的小佛像甚多。[4]

---

[1] 参见阮荣春《佛教南传之路》，湖南美术出版社2000年12月第1版，前言第7页。
[2] 参见南京博物院编《四川彭山汉代崖墓》，文物出版社1991年7月第1版，第36—37页图44、彩图1，时代推断见第6、97、100页。
[3] 参见唐长寿《乐山崖墓和彭山崖墓》，电子科技大学出版社1993年8月第1版，图版15、第72—73页。
[4] 参见江玉祥主编《古代西南丝绸之路研究》第2辑，四川大学出版社1995年12月第1版，第55页。

除了崖墓上发现的佛教造像，四川境内出土的摇钱树座和摇钱树干上也发现有佛教造像。1989年11月绵阳市郊何家山一号崖墓出土了一株摇钱树，在高达70多厘米的青铜摇钱树干上，等距离地分别铸有五尊佛像。[1]类似的摇钱树干佛像在四川、重庆、陕西很多地方都有发现，尤其以四川地区为多。如1998年在四川绵阳双碑白虎嘴发现崖墓30余座，其中M19和M49出土有摇钱树干佛像四尊；四川安县崖墓出土的一件摇钱树干上也铸有形态相似的佛像，摇钱树枝叶上也铸有佛像；1970年在四川梓潼县宏仁羊头山出土的摇钱树干上有圆雕裸体佛像等。据何志国《汉魏摇钱树初步研究》著述中统计，西南地区出土摇钱树的汉魏时期墓葬有189座之多，由此而发现的佛像资料颇为可观。[2]特别值得注意的是，四川泸州出土有一件东汉陶灯台，灯座为一结跏趺坐佛像。（图169）文物考古工作者认为，四川地区以往出土的位于画像石或摇钱树上的早期佛像遗物，均为线刻或浮雕的二维图像，而这件灯台上的佛像，是三维形态的早期佛教图像，对于早期佛像研究具有重要意义。[3]这里还应该提到，2001年在重庆丰都县发现了一座东汉"延光四年"（125年）砖室墓，出土了一尊摇钱树铜佛像。[4]由于有可靠的确切纪年，丰都佛像可以作为中国初期佛像特征的年代标尺，进而成为研究佛像传播年代的重要依据。（图170）

上面列举的这些出土实物资料，无可争议地说明了佛教在东汉中后

---

[1] 参见何志国《汉魏摇钱树初步研究》，科学出版社2007年10月第1版，第43—45页。参见绵阳博物馆何志国《四川绵阳何家山1号东汉崖墓清理简报》，《文物》1991年第3期，第5—6页。
[2] 参见何志国《四川梓潼汉木摇钱树小记——兼考梓潼摇钱树佛像》，《中原文物》2006年第3期。参见何志国《汉魏摇钱树初步研究》中所述，科学出版社2007年10月第1版。
[3] 这件佛像陶灯台现藏于泸州市博物馆。参见邹西丹《泸州市博物馆藏东汉陶佛像灯台略考》，《四川文物》2013年第2期，第63—65页、图版肆。
[4] 参见何志国《早期佛像研究》，华东师范大学出版社2013年11月第1版，第12—13页。丰都县东汉"延光四年"砖室墓出土的摇钱树干佛像，参见何志国《汉魏摇钱树初步研究》，科学出版社2007年10月第1版，第197—198页图9-14。

期已传入巴蜀地区并在民间广泛流传。也可以说，巴蜀是最早传入佛教图像的地区，对南传佛教在长江流域和向中原传播起到了重要的先导作用。值得特别注意的是，西蜀是道教的发祥地，乐山、绵阳、丰都等地的道教活动都十分活跃，早期佛像传入后便与鬼神信仰以及仙话崇尚结合在了一起，在传播方面形成了仙佛模式，或称为佛神模式。①从文献记载来看，当时东汉统治阶层也是认为佛教同中国黄老之术差不多，将信奉佛教同求仙企盼长生不死并列的，如《牟子理惑论》说佛能飞行虚空、能隐能彰、不死不伤②，这同汉代方士宣扬的神仙道术主张炼形炼神、白日飞升、长生不死的说法非常相似。《后汉书》说楚王刘英"诵黄老之微言，尚浮屠之仁祠"③，襄揩上书说"闻宫中立黄老、浮屠之祠"④，也都是将佛教同黄老并列。可见汉代人当时还不完全了解佛教理论，基本上是用中国黄老之学和汉代道术思想在理解和对待佛教。"将佛陀视若仙人，这是当时宗教信仰的一个总的特点"。⑤在巴蜀

图169　泸州出土的东汉佛像陶灯台

图170　丰都县东汉"延光四年"砖室墓出土的摇钱树干佛像

---

① 参见温玉成《中国佛教与考古》，宗教文化出版社2009年7月第1版，第73—94页。参见何志国《汉魏摇钱树初步研究》，科学出版社2007年10月第1版，第235—254页。
② 参见［汉］太尉牟融《牟子》，《百子全书》下册，浙江古籍出版社1998年8月第1版，第1098页。
③ 参见［南朝·宋］范晔《后汉书》第5册，中华书局点校本，1965年5月第1版，第1428页。
④ 参见［南朝·宋］范晔《后汉书》第4册，中华书局点校本，1965年5月第1版，第1082页。
⑤ 参见阮荣春《佛教南传之路》，湖南美术出版社2000年12月第1版，第34页。

地区出土的摇钱树上，常见摇钱树干上有佛像、摇钱树枝叶上有西王母像的现象，正是这种融合传播的写照。

南北朝时期，佛教信仰在巴蜀地区和长江流域已大为兴盛，成都西安路出土的南齐永明八年（490）弥勒佛造像碑、梁中大通二年（530）佛教造像碑、梁大同十一年（545）释迦多宝造像碑等，成都万佛寺出土的梁普通四年（523）释迦造像与经变故事等[①]，充分揭示了当时人们对佛教的信奉日趋高涨。此后，巴蜀地区的佛教造像更是不断增多，石刻造像几乎遍及各个州县，蔚然可观。人们对于佛教的理解，随之有了很大的转变，接受了佛教的因果轮回观念，特别是佛教关于地狱的说法，也为信众们所熟悉。这个时期，道教的传播也是很广泛的，各地名山大川修建的道观也在明显增多。从宗教的信仰看，道教是一个多神教，宣称三清是道教诸天界中最高神祇，三清为玉清元始天尊、上清灵宝天尊、太清道德天尊，认为得道可以成仙，把尊崇诸神和讲究修炼作为人生的追求目标。佛教的说法与道教有很大的区别，佛教有三世佛，说有前世、今生、未来，而没有灵魂之说，主要讲因果轮回，把自度解脱烦恼痛苦与普度众生作为宗旨。佛教与道教虽然说法不同宗旨有别，但在有些方面却又相互交融，譬如对于地狱与阎王的信仰便是一个例子。道教讲人死去阴间需要路引，佛教说生前作恶死了便会入地狱，而地狱中有判官与阎王却又是借用了中国式的说法。总之，佛教、道教与传统鬼神文化在传播与交融过程中，自然而然形成了你中有我、我中有你的情形。大约在隋唐时期，已有了十殿阎罗之说，阎罗王被认为是地狱的主宰，掌管地狱轮回。佛教的地狱之说，在早期的汉译佛经中就已出现，而十殿阎罗与十八层地狱等说法，显然是佛教在中国盛传之后与传统信仰系统相互影响的结果，具有明显的汉化色彩。

---

① 参见阮荣春《佛教南传之路》，湖南美术出版社2000年12月第1版，彩图第20—23页。参见刘志远、刘廷壁编《成都万佛寺石刻艺术》，中国古典艺术出版社1958年11月第1版。

丰都"鬼城"中的十殿阎罗，便正是接受了汉化佛教的影响，融入了道教与传统鬼神文化之中，从而成为丰都"鬼城"中一项最重要的内容。此时对于幽冥世界的解释，也随之变得更为丰富了，出现了奈何桥、鬼门关、阴曹地府等说法。阴长生与王方平于平都山升天成仙的传说，也被人讹传成了"阴王"，即阴间之王。丰都"鬼城"对各种鬼神传说也兼收并蓄，鬼神系统不断扩展，形成了庞大的鬼神谱系。这里还要特别说到，在鬼神文化的描绘与雕塑方面，汉代已有了将鬼神大量绘入画像的做法。传说中的鬼神本来都是臆测虚构之物，是凡人看不见摸不着的，谁也不知道究竟是什么样子。而一旦通过雕塑、石刻或壁画加以描绘表现，本来无形无声、来去无定、变幻莫测的鬼神也就成了有形之物。虽然这种做法早在战国时代甚至更早就已有之，但将鬼神大量绘入画像则是汉代的一大创造。这个做法也为后世所延续，得到了更为生动和充满想象的发展。有学者认为大约南宋时期，阴曹地府与十殿阎罗也通过建筑与雕塑而展现在了人们的眼前，成了"鬼城"中的重要景观。虽然道教关于幽都曾有多种虚构和说法，但丰都在宋代却是天下唯一鬼城，被公认为是幽都地狱所在之地。到了明朝洪武年间，更是将丰都改为酆都，正式确立了丰都鬼城的地位。由于封建王朝统治者的认可，丰都鬼城名声大噪。正是有了这些丰富的内容，更增添了丰都"鬼城"的魅力，使之成为天下闻名的幽都与仙都，以及十殿阎罗所在之地，也成了天下灵魂归宿的幽冥之都。丰都也因之被称为"鬼国京都""中国神曲之乡"。

## 五、中国鬼神文化的特点与意义

通过以上论述，现在让我们对秦汉以来的鬼神信仰与仙话崇尚、佛教的传播与影响，以及丰都"鬼城"的形成与鬼神文化的意义，做一些归纳和总结。

（一）中国的鬼神信仰由来已久，从远古时代就有了，在商周至秦汉时期都非常盛行，是传统文化中的重要组成部分。研究远古以来的鬼神文化，可以更加深入、全面、客观地了解中国的民间信仰的发展与特点。先秦的鬼神信仰多源而杂乱，汉代的鬼神信仰已经比较系统化，由汉王朝确立了比较正统的主流神话，又很宽松地包容了地方神话的存在和流行。先秦的鬼神信仰主要通过巫术的形式加以表现，到了汉代巫师已逐渐被以求仙为宗旨的方士们所取代。虽然"汉末又大畅巫风，而鬼道愈炽"[1]，实际上已演化为道教的传播。当时神仙之说盛行，加上佛教亦入中土，由此而形成了汉末以后鬼神信仰许多新的变化。汉代的神鬼世界已经有了相对稳定的空间定位，形成了人间、神界、冥界的三分世界，出现了幽都之说。而由于仙话的影响，幻想死后仍可以通过升仙得以永生，故而幽都也常被渲染为仙都。

（二）中国的鬼神文化，在战国与秦汉时期开始与流行的仙话相互交融，汉代更是出现了多种信仰和崇尚习俗杂糅在一起的倾向，灵魂不灭观念和当时盛行的阴阳五行学、谶纬迷信、神仙方术等相互羼杂，使得鬼神文化具有了更为复杂的内涵。东汉之后，随着本土宗教道教的崛起和外来佛教的传入，传统的鬼神文化也随之增添了新的内容，形成了更为丰富多彩的民间信仰。作为不同的宗教信仰，道教有自己的修炼宗旨与鬼神谱系，佛教也有自己的佛法理论与庞大的鬼神系列。但双方也相互借用对方的概念来充实自己的教义，比如关于道教阴间之说与佛教地狱说法的结合，就说明了双方在鬼神概念上的靠拢与交融。传统引魂升天的意识，也融入了佛教因果轮回的观念。之后随着道教和佛教的广泛传播，在长江流域和中原地区的影响不断扩大，中国民间百姓对佛道的鬼神解释采取了兼收并蓄的态度，才逐渐形成了融佛道鬼神为一体的

---

[1] 参见鲁迅《中国小说史略》第5篇《六朝之鬼神志怪书》，《鲁迅全集》第9卷，人民文学出版社1981年第1版，第43页。

民间鬼神系统。由此可知，中国的鬼神文化具有很大的包容性，从秦汉发展到唐宋时期，已将道教的宗旨、佛教的说法，以及传统儒家的某些观念，相互交融在了一起。比如民间神仙谱系之中，既有佛教与道教的神灵，又使用儒教的方式分列君臣与级别，就是显著的例证。

（三）中国鬼神文化的精神内核比较复杂，具有多层结构，由此将丰富而又复杂的内涵巧妙地交织在了一起。首先是构建了信仰寄托，将敬畏神灵作为一种非常重要的思想意识，使人们获得精神上的慰藉；其次是宣扬惩恶扬善，把忠孝仁义和积德行善融入了鬼神信仰之中，来规范人们的行为和社会秩序；再者是告诫民众、教化百姓，作恶必下地狱，借以限制人们的贪婪与恶念，起到警示与劝诫的作用。由此可知，中国鬼神文化中很多内涵都具有明显的积极意义，而且始终占据着主导地位。中国鬼神文化与佛教道教交融之后，将"惩恶扬善"的终极审判与"轮回转世"的终极关怀相结合，通过地狱的构建而生动形象地展现出来，也显示了教化与警戒的双重作用，具有明显的积极意义。同时我们也应清醒地看到，中国鬼神文化中有很多愚昧或虚妄的传说附会，对世界与自然的认识和理解缺乏科学精神，具有浓郁的迷信色彩。显而易见，中国鬼神文化的内涵很复杂，具有多重性，其主流是健康的，同时也交织着迷信，而这正是中国鬼神文化客观而又真实的特点。

（四）丰都鬼城的出现，和秦汉时期鬼神文化中的幽都之说有着很大的关系，后来又附会了仙都的说法。这里不仅是道教创立后的重要活动区域和修炼福地，也是南传佛教进入巴蜀后的重要传播地点。唐宋之际，佛教地狱的说法和道教幽冥观念相互交融，出现了十殿阎罗之说以及奈河桥、鬼门关、阴曹地府等说法，加上后人附会而于此修建了相关的建筑并增添了鬼神雕塑，对丰都鬼城的形成都起到了重要作用。同时也要指出，丰都鬼城被视为幽都与仙都，这种特殊地位的确立，并不仅仅是民众对鬼神文化的崇尚与宗教信仰交融传播的结果，其实与历代封建王朝统治阶层的重视与认可并加以充分利用也有很大的关系。特别是宋朝与明朝，对丰都鬼城的确立发挥了至关重要的作用，有力地扩大了丰都鬼城的影响。从历史发展的角度来看，丰都鬼城在一定意义上也可以说是顺应社会需求的产物，使之成为民间信仰与宗教文化的重要展现场所，这也反映了历朝统治者对掌控意识形态的重视，说明了中国鬼神文化在历史上所具有的重要地位和积极作用。

（五）中国鬼神文化作为一种重要的传统文化，千百年来在人们的生活中曾发挥过非常重要的作用。我们研究中国鬼神文化，深入剖析其内涵，首先应该充分肯定其惩恶扬善的精神内核，同时也要客观而清醒地指出其中的迷信糟粕。鬼神文化的另一个重要特点，是敬畏神灵、警诫民众，我们对此也应看到其积极的意义，充分肯定其在历史上的影响和作用。其次是鬼神文化与传统民俗具有非常密切的关系，譬如年节贴门神、清明扫墓、祭祖习俗、庙会进香、许愿祈福、禳灾驱邪等都是显著的例证，我们对此也应给予客观的充分的肯定。中国幅员辽阔，各地的民俗并不完全相同，鬼神文化也显示出丰富多彩的特点，譬如东岳泰山有城隍，沿海地区有妈祖，以及港澳地区对黄大仙的崇拜，少数民族也有各自的鬼神崇尚等。相比较而言，丰都鬼城不仅是传统鬼神文化中的经典之作，而且具有浓郁的巴蜀地域文化特色，从而成为著名的人文景观。

总而言之，我们从学术研究的角度，对多学科视野下的鬼神文化进行深入探讨，实事求是地论述其由来、剖析其发展过程与形成特点，将有助于我们更加客观地认识鬼神文化的作用与影响。无论是对于文化建设还是对旅游业的发展来说，都是具有积极意义的一件事情。以上所述，都是个人浅见，敬请方家指正。

# 后　记

　　古蜀神话是个内涵极其丰富的话题，也是一个比较独特的研究领域。
　　关于古蜀时代的历史文化与社会状况，传世文献记载比较少，能够查阅的也就只有《蜀王本纪》和《华阳国志》等古籍。但汉代的扬雄和晋代的常璩对古蜀早期历史的了解，也都所知甚少，其中的记载传说色彩很浓，而且语焉不详。由于记载的历史与人物都比较迷茫，能够查找到的资料又非常有限，所以后人对古蜀的了解常常云遮雾绕，特别是对蚕丛、柏灌、鱼凫时代充满了猜测。千百年来，神秘的古蜀历史曾激发了文人墨客的丰富想象，并引起了后世学者的浓厚兴趣。要揭开古蜀历史之谜，神话传说也是非常重要的研究资料，还有就是考古发现出土的文物资料也是很重要的研究依据。
　　我对研究古蜀文明以及秦汉以来四川的历史人文，始终怀有浓厚的兴趣，三十多年来投入了很多精力与时间，做了许多力所能及而又颇为独到的探讨。在资料搜集和引用方面，扬雄与常璩的著述是我经常翻阅的，《史记》《汉书》《后汉书》《三国志》《晋书》等史籍中的记载也是反复阅读，还有地方志书与相关的野史笔记，以及民族史料等，都是非常重要的参考。更为重要的就是三星堆、金沙遗址、宝墩文化古城遗址群、成都商业街船棺葬遗址等重要考古发现，出土了大量文物，为古蜀文明提供了极其重要的印证。在学术研究方法上，王国维先生和陈寅恪先生主张将出土资料与文献记载相结合，确实是非常好的经验。采用多学科相结合的研究方法，前贤们曾大力倡导并树立了很好的榜样，现在已成为很多学者的共识。多学科相结合有利于资料的汇集和相互印证，更有益于开阔学术视野、拓宽研究思路。这也是我多年来采用的研究方法，在学术研究领域进行了长期的深入探讨，使我获益良多。我对古蜀时代的历史文化与神话传说，因此而有了很多独到的理解和思考，并提出了一些自己的学术见解。这些年我相继出版了《古蜀的辉煌》《古蜀金沙》《天门》《金沙考古——太阳神鸟再现》《丝路上的文明古国》《文宗在蜀》《〈华阳国志〉故事新解》《从三星堆到金沙》《探寻古蜀国》等著述，发表了百余篇学术论文，还创作出版了"古蜀传奇"三部曲《梦回古蜀》《金沙传奇》《五丁悲歌》等长篇历史小说，在研究和写作方面还是颇有收获的。在古蜀神话研究方面，我也发表了不少文章，譬如《神话研究集刊》创刊以来，就连续几期刊载了我研究古蜀神话的学术论文。

最近接到四川省社科院神话研究院的邀请，参加巴蜀神话研究丛书的写作，是令人高兴的一件事情。因为这是我涉猎已久的一个研究领域，也是我很喜欢做的一项研究工作，当然也是非常有意义的一件事情，便欣然接受了邀请，开始了《古蜀神话研究》书稿的写作。写作还是比较顺利的，我在2021年就全力以赴完成了这部书稿。平心静气而论，这部书稿从构思到写作完成，并非一蹴而就，而是厚积薄发，和我多年来的学术研究积累密不可分。其中很多篇章都是我长期深入研究的范畴，提出的探讨分析和学术观点，也是我多年的研究心得。研究和写作都是非常辛苦的事情，其实并非那么轻松和随意。其中的甘苦，也只有长期潜心笔耕者，才能深有体会。需要说明的是，因为古蜀神话的绚丽多彩，涉及的范围比较宽广，我在这部书中讲述的，只是我的一家之言，难免会有疏漏，有些论述也可能会有争论，所以很希望得到学界同人的指正。

感谢四川省社科院神话研究院的盛情邀请和对丛书出版的大力支

持，感谢四川人民出版社对巴蜀神话研究丛书的热情重视和精心编校。特别感谢责编在编校时的辛劳，也非常感谢学界同人和朋友们的关心支持。但愿此书能为弘扬古蜀历史文化而略尽绵薄之力，同时也希望此书能成为广大读者喜欢的读物，那将是笔者最大的欣慰了。

二〇二二年元月<br>于天府耕愚斋